葛森家族合法授權 ①

HEALING
The Gerson Way
成功擊敗癌症及慢性病

正統

葛森
自癒全攻略
沉冤70年的癌症治療祕密大公開

作　者 ── Charlotte Gerson & Beata Bishop
翻　譯 ── 宋寶莉、施博巽
總審譯 ── 夏穆特
審　定 ── 王凱群醫師

讀者警語

無論你想保持或改善健康狀態，或者已患病想逆轉疾病。你手上拿著的這本全新指南已經涵蓋你所需要的資訊，它會逐步指導你進入適當的航道。不過，你是否應該選擇葛森療法，還有幾個重要問題要考慮。因此，為顧及你的權益，建議你用心讀完全書，將知識牢牢記住！

葛森療法就像音階調校得極精確的樂器一樣，每一個組成的部分互相牽制，各自扮演著重要角色。請謹記要完全執行每個細節，缺一不可，方能發揮最大功效。否則，治療不但毫無結果，甚至有反效果，更有可能會引發其他健康問題。

千萬不要嘗試以實驗性質進行葛森療法，更別誤以為在艱難時刻時可以隨時放棄。這個療程的確要求非常嚴格，每天密集式的時間表和長時間的療程——與傳統醫學即時吞下藥物截然不同，遠超乎你的想像。藥物治療症狀是治標不治本的方法，而葛森療法則能夠徹底治癒疾病，達到治本之效，令你有更健康的未來。你有選擇權，好好研讀這本書然後找出接受治療的真諦。

所以，為了你自身最大利益，如果決定接受這個療法，請堅持到底，直到身體完全康復。全世界已經有很多人做到，他們逆轉危疾，恢復健康，甚至比以前活得更精彩。在此，歡迎你加入他們的行列！

當你閱讀本書時，你會看到很多參考資料，大部分都屬於葛森醫師的劃時代作品，他的著作之一：《A Cancer Therapy-Results of Fifty Cases[1]》（中譯本：《大成功！葛森醫師癌症療法》）於 1958 年首次出版，翌年葛森醫師便離世。現正進行第六次編版，同時被翻譯成 4 種不同的語言。這些年來，自醫療科技開始創新發展，醫學技術的研究已跨進一大步，為治療疾病提供了很多機會，這是在葛森醫師那個年代難以想像的。

因此，現今的讀者們可能發覺這本書某些部分已過時或無效。雖然如此，這個療法仍備受關注，甚至前所未有地更具意義，功勞全歸功於葛森醫

師原創的療法。因為此療法對病因、治療過程、至完全治癒癌症，都達到驚人的效果，與目前腫瘤學的臨床實踐截然不同，不能相提並論。況且，癌症的成因，為「生物體的細胞層失控而損毀所以引發癌症」，這理論至今未變，而葛森療法能有效處理這類的損毀情況，成功將細胞壞死過程逆轉的成果，至今亦從未改變。

值得一提的是，葛森醫師不但是位仁心仁術的醫師，也是位傑出的科學家。他積極參與癌症治療的成果，經常在美國國會中被提出並辯論相關議題，他的成就獲得諾貝爾和平獎得獎者亞伯特・史懷哲博士（Dr. Albert Schweitzer）的賞識。由於葛森醫師的文章全都符合傳統需求，並客觀地舉列了科學實證；現代科學理論對於葛森療法的成功之謎，也慢慢有點頭緒了。

最後，再次提醒您，葛森療法是以有機的蔬果做為藥劑的自然療法。每位患者罹患疾病的背景成因都不同，重症者請務必諮詢您的葛醫，依據患者的血液及尿液報告結果，設計出適合每位病患的個人化療程。

目前全世界只有兩間正式的葛森診所，分別位於墨西哥及匈牙利。若要查詢您的所在地區是否有合格的葛醫，或是查詢某醫療機構／教育中心是否為葛森機構所認證的合法單位，請務必直接聯繫本書作者夏綠蒂・葛森所創建的葛森機構（Gerson Institute）。聯繫電郵 info@gerson.org。聯繫電話及傳真，請參訪葛森機構的官網 www.gerson.org。

參考資料：

1 Gerson, M. A *Cancer Therapy: Results of Fifty Cases and The Cure of Advanced Cancer by Diet Therapy: A Summary of Thirty Years of Clinical Experimentation*, 6th ed. San Diego, CA: Gerson Institute, 1999.

出版者免責聲明

《正統葛森自癒全攻略》（Healing The Gerson Way）這本新書是夏綠蒂‧葛森（Charlotte Gerson）根據其父親馬克斯‧葛森醫師（Dr. Max Gerson）——葛森療法創始人的臨床與實驗研究記錄手札，加上其對舊版療法的局部修正及相關知識的更新，與黑色素瘤癌末的葛森復原病人——貝塔‧比莎（Beata Bishop）所合著。

出版者將原著忠實地以中文呈現，目的為提供醫學知識的探討與分享寶貴的相關資訊，絕非意圖令讀者或患者取代其原有療法，更非否定其他專業醫師對社會所做出的重大貢獻。

病患應向主治醫師諮詢最適合自己病情的醫療方式，而本書的醫學教育知識亦非適用於所有相關患者的病理。慢性疾病和癌症的主要肇因為毒性、缺乏營養而造成新陳代謝失調與免疫力下降，所以葛森療法的大綱為排毒、補充營養來修正代謝與提升免疫力，以重建人體的免疫系統，俾使恢復自體療癒機制，戰勝疾病。

此種原理契合現代醫學的主流而非分庭抗禮，準此及前述，本書所包含之治療原理、藥理、知識、方式、機構、作者以及出版者均無需負擔任何刑民事責任，若讀者或患者未諮詢專業醫師（包含葛森機構所訓練出的專業葛醫），而有實施本書內容之行為時，一切後果請自行負責。

葛森家族給讀者的一封信（原文）

To all of our valued patients, supporters, customers and donors:

You hold in your hand a clear description of the most effective and best documented holistic therapy for the prevention, treatment and reversal of chronic, degenerative diseases. From migraine headaches to advanced cancer, most of these diseases are considered "incurable" by Western Medicine. Named "*The Gerson Therapy*" this method of treatment has been developed over the past century. Its unbroken history begins with Dr. Max Gerson, who began his research in the 1920's and culminating today in this book, written by his daughter Charlotte Gerson and her friend Beata Bishop, a survivor of "terminal" melanoma using the Gerson Therapy. This Chinese translation of "*Healing The Gerson Way*" documents the Therapy as it is taught today at The Gerson Institute in the United States, and practiced by Gerson-trained physicians at the accredited treatment centers in Mexico and Hungary.

As with any successful technology that touches many people, imitators have sprung up to benefit from and take advantage of, its success. We have no objection to its use; after all, the method and its results have been published for the better part of a century. However, it has come to our attention that in China, including Hong Kong and Taiwan, imitators and pretenders have …

- Taken our good name
- Fraudulently used the name and logo of the Gerson Institute
- Copied the therapy and modified it without authorization
- Sold expensive, useless and even harmful products to desperate patients

All of this is done to advance their commercial agendas. This is unacceptable, and to protect the integrity of the Therapy, and the lives and health of patients from such frauds, the Gerson Institute registered the names "Gerson" and "Gerson Therapy" as trademarks, so misuse can be prosecuted. The Gerson Institute trains and certifies licensed health care workers trained in the practice of the Therapy, while tracking their activities to assure the proper application of this magnificent healing technology today and into the future.

If you have questions regarding whether …

- A practitioner is licensed
- A company is authorized to use the Gerson name or trademark
- A company or practitioner is using the Gerson name fraudulently
- A company or practitioner poses unacceptable danger to your health or recovery

-OR-

- If you wish to file a claim against a company or practitioner, or you want to check if there is any q*uestion at all* about your center or practitioner.

We urge you to contact the Gerson Institute directly. They have extensive files and records and will be able to answer all of your questions. The best email address is info@gerson.org. To find the best phone or fax number to contact them, please visit their website at www.gerson.org.

We wish you all the best in your health journey and will be happy to assist you in whatever way we can. If you have any questions for me or my team at Gerson Media, please contact us by email, phone, Skype or Facebook.

eMail – info@gersonmedia,com
Phone – +1 （530）529-1100
Skype – howard.straus
Facebook – Gerson Media

Thank you, Sincerely,

Sincerely,

Howard Straus,
President, Editor in Chief
Gerson Health Media

作者謝詞

首先,這本書是為了紀念家父——馬克斯‧葛森醫師(Dr. Max Gerson)。他不僅是一位醫生,更是真正的治療師。他對人體內部極其複雜的基本器官結構,有著非常深入的瞭解。透過其天才橫溢的天賦,他研究出恢復及治癒危疾的方法。除了治療師的天職之外,他的願望是要將療法推廣至全世界,終結疾病和痛苦。

我們之所以能成功將那些「不治之症」、曾面臨死亡和受長期疾病折磨的病人,協助他們完全恢復健康和重拾生命,全賴葛森醫師經年累月的豐富知識和經驗。本書的宗旨,是要運用葛森療法的精髓,協助病患回歸快樂而有意義的生活。

在過去30年以來,世界因為各種因素及環境惡化而產生巨變。葛森療法的療效也隨之降低,療法的知識也不得不有所更新。為了實現這些變化,很多學問淵博,經驗豐富且先知灼見的人投入其中。同時陸續有更多人士加入,協助我們詳細記錄葛森療法每一個不能盡述的細節。

為這本書做出貢獻的人太多,很遺憾不能逐一列出他們的名字,在此對他們致上最深切的感謝!要感謝的人包括葛森培訓出的醫生和護士,每天每小時協助榨果汁的幫手們——及最重要的,所有全心全意奉獻自身,全程無私投入的照顧者。他們日復一日地嚴格執行治療時的規定,提供了病患自癒所需的一切!還有我們偉大的病患們,他們都是英雄,他們堅毅不撓的精神,有紀律地堅定地遵守著療程。在這裡還要感謝那些給予患者無限支持的朋友、伴侶和親人,他們無微不至的關懷,鼓勵患者擺脫被醫生宣判「死刑」而放棄的心理,協助他們完成治療。

另一個要致謝的是我的兒子霍華德‧史特勞斯(Howard Straus)。他經年累月地為本書尋找資料和參考資訊、收集意見,集思廣益,將資料整理好,然後上傳到網路。同時將療法推廣至美國、加拿大和亞洲地區,親自前往當地演講。還有小女瑪格麗特‧史特勞斯(Margaret Straus),感謝她將葛森療

法引入英國和義大利，在當地舉辦講座、研討會和發表文章。小女對患者的幫助和鼓勵，深深激勵了我的好友貝塔・比莎（Beata Bishop）使用葛森療法，而且是最成功的治癒個案之一。

從最初病入膏肓（黑色素瘤末期），到現在奇蹟地康復，貝塔投入無止盡的時間和力量，撰寫和編輯本書。她的著作《A Time to Heal》，形容自己處於危在旦夕的生死線，之後接受葛森療法至完全康復的旅程，現已翻譯成8種語言，大概已挽救了世界上無數的生命。20年前她將葛森療法引入匈牙利，成立了匈牙利葛森支援社團，現在已有自己的診所設施，由經訓練的葛森治療師和富有同情心的醫師共同經營。

1993年，貝塔是英國葛森支援社團的創始人之一，現今她仍是活躍成員。在此同時非常感謝他們允許我們使用其出版的《葛森美食》（Gerson Gourmet）。另外對食譜有貢獻的人還包括伊馮・尼史達（Yvonne Nienstadt）、蘇珊・德西蒙（Susan DeSimone）和幾位已康復的患者。

還有太多的人要感謝，我無法全部列出名字，全靠著他們在心理上，甚至是經濟上的協助、鼓勵和支持，這個計畫才得以開花結果。我謹以此書向所有堅持葛森療法的忠實支持者表示最真摯的感謝！

夏綠蒂・葛森
Charlotte Gerson
加州 伯尼塔／2009年3月

推薦序

「我認為葛森醫師是醫學史上最傑出的醫學天才之一。」

——亞伯特・史懷哲（Albert Schweitzer）

在過去30年來，我堅持不懈向癌症病患推薦葛森療法，至今我仍無怨無悔。《正統葛森自癒全攻略》這本全新葛森大全，蘊涵著得天獨厚的人體奧祕，其內容新穎全面，參考資料詳盡且通俗易懂，不但逐步引領患者進入康復到完全治癒的境界，更讓人意識到人體有自癒的威力。葛森療法除了治癌之外，針對各種慢性疾病，包括很多被診斷為「不治之症」，全都能迎刃而解，這就是本書要帶出的重點。葛森的出現，讓我們擺脫傳統醫學一直在灌輸我們的觀念，令「末期病人」得以重生，重啟自癒力！書中集結幾十年的成功經驗和成功案例，知識面廣且極具價值，必可發揮醍醐灌頂的效應，令你目不暇給，迫不及待想與人分享！

——安德魯・W・索爾，助理編輯（Andrew W. Saul, Assistant Editor）
《分子量醫學期刊》（Journal of Orthomolecular Medicine）

《正統葛森自癒全攻略》這本書主要分為兩大類別，在毒素和缺乏營養的章節中，準確地記載著現代人普遍處於的健康狀況；其餘章節則提供了有效的解決方法。在「療程中新增的項目和程序」一章中，提到葛森療法新加入了一些重要的補充劑，包括葡萄柚籽（Grapefruit seed）萃取物、保哥茶（Taheebo Herbal, Pau D'Arco）提取物、硒（Selenium）、葡萄糖-鉀-胰島素治療（Glucose-potassium-insulin），以及吡啶甲酸鉻（chromium picolinate）等。這些額外加入的補充劑，加強了葛森療法治療現代日益惡化的慢性退化性疾病：如癌症、念珠菌感染、病毒感染，以及糖尿病等。

——卡洛琳・迪安，醫學博士（Carolyn Dean, MD）
《鎂之奇效》作者（Author of The Magnesium Miracle）

中西醫一致推薦

▌葛森療法救回我姊姊

　　本書的總審譯者，也是以葛森療法成功重拾健康的夏穆特，是我的親姊姊。她從小就是我的偶像，個性好強認真，做什麼像什麼。多年前一人隻身從台灣去美國唸碩士時，英文還說不好，最後透過自己的才華與努力，成為美國 NASDAQ 上市公司的全球行銷總監，坐擁獨立辦公室，並管理著一個 10 人團隊，團隊中多是資深年長的美國人。身為在美國奮鬥的少數族裔第一代女性，能取得這樣的成績，背後所付出的努力與精神壓力，不是一般人所能想像。

　　工作的壓力與作息不正常，最終導致了不幸，她在 2013 年 3 月時確診乳癌，還是最麻煩的一種類型（發炎性三陰性乳腺癌）。是種對化療藥物、標靶治療等標準主流癌症療法都沒有反應的腫瘤類型，前幾年的復發率及死亡率都特別高，全家人知道消息後頓時晴天霹靂。這件事對家人打擊特別大，感覺像是死神對我們的震撼教育。

　　當時我仍在南京東南大學生命科學學院擔任教授與博士生導師，我本身是從事疼痛機制研究的，但是聽姊姊說她因劇烈的癌痛痛到難以忍受，從前胸痛到後背，我束手無策非常焦急。身為正統西方醫學教育出身的德國醫學博士，就算知道姊姊的癌型對化療反應不佳，還是希望她能去做化療，接受主流的癌症治療法。

　　然而，姊姊竟然斬釘截鐵地拒絕我心急的要求，她對我說，自己在國際大藥廠工作時看過太多案例，因此決定選擇葛森療法，因為那是從細胞下手的免疫營養療法，她說，她只能先靠自己的免疫細胞了，若失敗，至少她是無痛地過世，或者那時候，她才去做化療。她要我支持她，不再催促她去做化療，我只能無條件尊重她的選擇。但我還是很擔心，總覺得她拒絕做化療，去選擇這個我聽都沒聽過的葛森療法，她死定了。

為此，我寢食難安，每天想到就哭，不敢相信最愛的姊姊正朝著死亡一步步走去。

　　姊姊選擇用葛森治療，實在是個因緣巧合，由於姊夫的雙親皆死於癌症，尤其是他母親在確診罹患卵巢癌至死亡只有 8 個月時間，接受的是主流西醫的化放療及手術，也是在美國最權威的治癌中心 MD Anderson Cancer Center 接受治療卻仍然不治。姊夫在悲痛下找到了葛森療法，在評估後發現不是騙人的賣保健食品的營利單位，於是自費了數千美金飛去位於美國加州的葛森機構正式受訓，成為領有葛森執照的家庭訓練師，希望未來有機會幫助他人。和姊姊交往時，他正用葛森療法治療他因為工作關係，長期接觸重金屬而造成的汞中毒（超標 300%），及其他一些健康毛病。重金屬進入體內對西醫來說基本上束手無策，但是長時間不處理會影響智力且導致器官衰竭。（現在姊夫體內重金屬已排除，檢驗報告已恢復正常。）

　　從姊夫那裡學到葛森療法的姊姊，本來也半信半疑，一直不肯和姊夫一起在家實作。直到被宣告惡耗時，因為西醫的主流治療預後不佳，只能選擇以葛森療法抗癌。德國的馬克斯·葛森醫師所創的這個天然的支持療法，原理是創造條件，幫助身體重新建立秩序（包含免疫系統、細胞機能等），有別於臨床醫學上慣用的消去法（針對病灶進行對抗）。在面對所有現代醫學治療方法效果都不好的發炎性三陰性乳腺癌時，這個整體性概念的支持療法，反而成了一種死馬當活馬醫的可能。

　　為了安撫我們這些不在美國的家人們，姊姊因此在 Google 上寫了抗癌日記。看著她的記錄，葛森才開始的隔天，結合一天 1,500mg 的維他命 B_{17}，她幾個月來吃遍中西藥都沒用的發炎性劇烈癌痛就開始逐漸消失了，接著腫瘤四周有如小刀割的痛及其他強烈的排毒反應，這是我不相信也不瞭解的地方。我認為這屬於心理作用，因為生物現象不是物理現象，生物現象逆轉需要不少的時間來完成（蛋白質表達、抗體生成等等都是以週為單位在進行），這是自然規律。一天見效的事情比較像電影情節。不過第一次世界大戰當德軍缺少嗎啡時，也是用咖啡灌腸幫受傷的軍人止痛。加上葛森蔬菜綠汁中有許多可以止痛的元素，這療效也是有其可能性的。然而，做為一位科學家，以我的觀點來看，在沒有足夠科學證據可證明葛森療法可迅速止痛時，我不妄下結論。然而，葛森療法在我姊姊身上確實是有效的。我希望有

朝一日,能有足夠經費,支持願意研究的醫學實驗室,在這方面做深入研究。

因為一開始我不太相信葛森療法能有如此效果,所以當初仍然在百忙中,與太太從中國大陸及英國飛去美國看姊姊,心想,也許這是和姊姊今生相見的最後一面了。抵美時,我不敢相信我眼前所見的,巨大的腫瘤像水球晃呀晃的,怎麼觸診姊姊都說不痛,她之前還痛到想死呢。在我判斷下,是動手術的時機了。(姊姊本來癌灶在開始葛森前四散皮膚,腫瘤界線不明顯,無法手術。)

在進行腫瘤移除手術前的 CT 檢查顯示,幸運地無任何遠端轉移,但臨近腫瘤的兩個淋巴結已經受到感染,然而術後報告顯示,腫瘤外科醫生確認是腫瘤而切下的唯一淋巴結,癌細胞俱已死亡,巨大的腫瘤(>9cm)居然只有一根細小的血管支持(與確診時超音波檢查下腫瘤四周布滿血管不同),原本在開始葛森前發炎的皮膚無癌細胞反應,移除的腫瘤有約 40% 已死亡,當初姊姊才施行葛森療法 3.5 個月而已。只消滅癌細胞而不傷害正常細胞,是目前主流癌症療法所做不到的!這份術後報告,在姊姊這種極惡性 Grade-III 的案例中來說,算是相當成功的「奇蹟案例」。

現在姊姊已經術後兩年多了,雖然沒做化放療,但各項檢查都正常。每天看姊姊種花種菜、精力充沛到處趴趴走的健美照片,不但無心插柳地與台灣一些病友成立了一個有近 7,000 人團友的臉書社團「葛森療法互助園」,以志工性質幫助很多病友。在邊忙碌治病的同時,邊鍥而不捨地向葛森家族談下葛森新書,以幫助更多人正確地執行葛森療法。她說,這樣病人才不會被某些以葛森之名做直銷或營利的不肖單位誤導。得知姊姊現在依然堅持以類葛森的生活方式防止癌症復發,我很感謝上天能透過我姊夫帶給我姊姊這個機會接觸葛森療法,我實在無法想像,如果當初我堅持姊姊繼續化療會是什麼樣的結果,或許還沒等到康復,劇毒的化療藥物就已奪走了寶貴的生命。

因此,特別榮幸能有這個機會,以一位德國醫學博士、教授,及癌症病人家屬的身分,向大家分享家姊與病魔對抗的成果,希望這本經葛森家族正式授權,美國葛森機構的指定用書,《Healing The Gerson Way》中文版《正統葛森自癒全攻略》,能帶給大家對於葛森療法的正確認知,以及在抗癌路上更多的力量,並祝福各位病友戰勝癌症!

——前南京東南大學生命科學學院教授‧蔣禮陽 博士

葛森療法讓我的妻子恢復活力

初次聽聞葛森療法,是因為去聽台南拉法自然診所的許素貞博士演講。當時我的妻子吳靜儀因為反覆性的慢性腹痛,十多年間嘗試過西醫、中醫、順勢療法,雖然症狀皆得到控制,但體質一直未得到根本性的改善,只要壓力、飲食稍有不慎,症狀又捲土重來,因而希望能找到一個徹底解決的方法。她聽了葛森療法的內容深受感動,認為葛森博士是真正理解虛弱病人的需求,該療法中的禁忌食物與將食物煮爛的料理方法,都與妻子的體驗不謀而合。

老婆親身實作葛森療法之後,歷經了一波又一波的排毒反應,幾乎每週都有新的狀況,但是身體卻一天一天強健起來,不會再因為一個不小心,就舊疾復發,有一種脫胎換骨的感覺。

我們在實作過程中,常常可以感受到這個療法的精妙之處,各個部分緊密配合。例如喝了葛森的綠汁之後,可以感到體內能量上升,隨後就是疲倦、頭暈、情緒低落……等毒素反應襲來,但在咖啡灌腸之後,這些反應就能得到緩解。又如無鹽飲食讓身體排出多餘的鹽分之後,身體與精神都變得更敏銳,但是會感到胃酸的分泌不足,造成脹氣,所以葛森療法就設計了鹽酸胃蛋白酶做為補充品的一部分。

因此也開啟了我對葛森療法的興趣,不但自己實作,也在2015年的5月到美國聖地牙哥參加葛森機構主辦的葛森療法執業醫師第一階段的訓練。

葛森療法是由德國醫師馬克斯・葛森在20世紀初發展出來的,雖然被認為是一種癌症療法,但對於相當多的慢性病也有很好的療效。療法內容包含有設定無毒環境、遵守禁忌食物、葛森食療、新鮮蔬果汁、咖啡灌腸、營養補充品…等部分。

重建病人的肝臟與免疫功能是葛森療法最核心的部分。一方面藉由特殊設計的食療與補充品,降低身體負擔、提供身體所欠缺的營養,啟動本身的自癒力,達到分解毒素的目的;另一方面藉由咖啡灌腸、希波克拉底湯、蓖麻油…等排毒方法,加速排出毒素;而排毒的結果就是全面提高所有器官的功能,旺盛的免疫系統則會摧毀癌細胞。

在癌症已經變成流行病的今天,除了傳統的西醫治療,病人們都在尋

求療效更好、對身體傷害更小的方法。根據美國葛森機構的葛森療法執業醫師 Dr.Donato 的經驗，如果結合葛森療法與外科手術，往往可以達到更理想的治療效果。在某些情況下，也需要搭配化學治療、放射線治療、荷爾蒙治療。葛森療法的各個部分必須互相精密搭配。藉由熟悉葛森療法的醫師與專業人員的協助，根據病人的病情與檢驗報告，設計出適合病人的療程分量，並須根據病人反應定期調整。

實行葛森療法需要投入大量的時間與努力，整個療程為期 2 到 3 年，雖然辛苦，但換來的是更健康的身體與更好的生活品質，建議每位癌症病人都應該瞭解自己還有這樣的一種治療選擇！

另外要提的是，由於葛森療法的「藥」就是營養豐富的無毒蔬果，治療的成敗完全取決於蔬果的品質，因而真正抗癌的戰場不只是在病人體內，也在體外的土地上。若要療癒身體，必先療癒土地。當前台灣的農地污染嚴重、營養貧瘠，有賴大家對於有機產業的支持，才能挽救台灣母親大地的生機。

這本《正統葛森自癒全攻略》(*Healing The Gerson Way*) 是美國葛森機構的指定用書，也是每個在家執行葛森療法的病人之必備參考書。很高興本書的中文版，由現居美國，經由葛森療法康復的台灣籍癌症病人的引進及許多葛森療法互助園的熱心志工們的努力之下，終於問世了。

我相信這對於葛森療法在華人世界的普及有很大貢獻，可以造福許許多多的癌症病人。由於家母也是直腸癌的患者，我好希望當年她在抗癌過程中，就能遇到葛森療法。

——衛福部台南醫院新化分院急診主任、台南拉法自然診所兼任主治醫師
趙鴻丞 醫師

▌葛森療法讓我學會不用藥自癒

　　台灣健保好，一卡在手，看病不愁，大小病症，通通有保。

　　但台灣病人苦，科目愈看愈多，藥物一直沒少，就真只能這樣嗎？

　　身為醫生的我，近年來竟也當起病人了，當我與同事看著自己的檢查報告，我問：「這怎麼辦？」

　　他答：「生活作息要正常，飲食定量，細嚼慢嚥。」

　　我問：「可能嗎？你可以嗎？」

　　他微笑不答。

　　就真只能這樣了嗎？

　　我發現，在短短幾分鐘的門診時間裡，要完全解答心中的疑惑是很困難的，就算醫療是我本業，有時，我不知道怎麼表達；就算表達了，對方也不見得能懂。但是，你說出一個現象，倒是很快就能被「處理」，頭暈、肚子脹、肩膀痠痛，或是血壓高……等等，藥物很快就能讓這些「現象」消失，但前提是，你必須一直吃藥！就只能這樣了嗎？

　　帶著這些藥物離開門診，我心想，即使只是稍稍不舒服，就令自己疑神疑鬼得那麼害怕，那絕症病患怎麼辦？也許不能返老還童，但要怎麼做，可以不再吃藥？要怎麼做，可以預防疾病的產生？我們有可能自癒嗎？

　　種種心中的疑問，讓我輾轉接觸了葛森，這位天才醫師因苦於偏頭痛而遍訪名醫，卻發現他們到最後也是愛莫能助，還叫他學習「與疾病共存」，但他沒有打算就此吃吃藥就罷了，反而逐漸讓他發現了如何以自然的方式，喚醒身體本身的免疫力及排毒能力，不但治好自己的問題，更陸續治療了多種疾病，甚至是癌症；而且是早在 80 多年前，他就已經奠定了成功治療的基本公式。

　　原來，我們身體就擁有強大的「自癒」能力。

　　從他的療法，及很多觀念，其實和所學的西方醫學是不相違悖的，只是我們大多尋求速效，而非追根究柢地去尋找病痛的原因；同時我也瞭解到疾病其實和環境及食物是密不可分，必須學習如何選擇，如何從生活中去實踐，才有可能更接近葛森的理念。是的，你才是自己健康的掌舵者，用葛森的方法，大

部分時間你已經在喚醒免疫能力並排出毒素，你才是自己的醫生，上天已經給我們強大的「自癒」能力，但還需要我們「自律」的能力。

我在找尋如何正確做葛森的過程中，發現到網路及坊間資訊凌亂，未經葛森機構授權卻私自以葛森自然療法掛勾的直銷及收費療程或課程充斥，讓病友在遭受疾病打擊下，還要被這些唯利是圖的人趁虛而入，或被錯誤資訊誤導。輾轉地，我找到了臉書上的社團「葛森療法互助園」，抱著好奇心加入，發現版主原來是名住在美國的台灣女性，在兩年多前正值新婚與事業巔峰之時被診斷為最惡性的發炎性三陰性乳癌，連做化療存活的希望都極低，所幸她的先生正是葛森機構授權的家庭訓練師，在純正的葛森療法下，效果連她的主治醫師都感到不可思議，為了糾正坊間一堆有關葛森的錯誤資訊及亂象，這位版主於是義無反顧地從臉書社團中做起。如今已經痊癒的她也開始慢慢脫離葛森療程，逐漸回到正常人生活。

在她的鼓勵下，我也在今年（2015 年）5 月至葛森機構接受葛醫的訓練，希望在不久的將來，能逐漸將葛森療法與飲食觀念推廣出去，並讓病友在互助園有系統的幫助下，得到最正統葛森的治療和即時的協助。

同時，為了尋求最正確的資訊，被葛森救回一命的互助園版主花了超過半年時間，終於取得了葛森家族多年來遲遲不願釋出的《Healing The Gerson Way》中文版《正統葛森自癒全攻略》的發行及出版權。而翻譯的工作，是由互助園裡的專業翻譯們，以志工的身分自願完成。有些一邊為自己做治療，依然願意付出心力幫忙翻譯，因為他們最瞭解：唯有正確的方法與理念，才能讓葛森的效果發揮出來。受病已經很苦，如果還要為療法東猜西找的，那真的會讓人崩潰，很榮幸能以自己微薄的專業知識，為您手上正在閱讀的這本中文翻譯本，做醫學方面的審定。

也祝福大家
平安健康

——骨科‧王凱群醫師

葛森療法，是完美的治療計畫

我畢業於中國醫藥大學，備有內科專科醫師、心臟專科醫師、中華民國重症醫學專科醫師執照。過去治療病人大多以西醫為圭臬，在加護病房急救很多瀕臨死亡的患者，我們每天都在跟上帝拔河，雖然病人活下來了，卻發現我們只能治療急症，但針對慢性病尚未有完全治癒的療法，目前只能用藥物改善。可是，罹患慢性病時間愈長，所吃的藥物就愈多，久了之後，併發症會引發器官功能失調甚至器官衰竭，後面的問題就變得更複雜了。

患者及家屬最常問的問題就是：為什麼我會得到慢性病或癌症？最常聽到醫師們的回答總是：遺傳、基因、甚或沒正面回答。因為醫師們尚未找到真正解答，一再依照症狀治療，雖然可以即時改善症狀所帶來的不適，但卻無法完全根治，時間久了，藥物副作用發生，未治好疾病反而要再治療藥物所引起的副作用。

過去醫界較少考慮到環境、食物的污染會影響我們的健康。食安風暴引發，才讓大家開始深思「無毒的食物」方為健康之鑰。當病因被去除，疾病就會康復。環境污染造成土質貧瘠，營養缺乏的土壤，只能靠人造肥料來填補極少量元素，而貧乏土質所生長的植物容易受蟲害，因此需要積存許多有害的化學農藥，一旦吃下這些植物，也讓我們吃下許多農藥殘餘物，這會破壞我們細胞的正常運作及免疫系統。

再者，我們常吃的牛、羊、雞，業者往往想要牠們可以在最短時間成長，而打了抗生素及生長激素，這些物質無形中也影響了你我的健康。這讓很少食用牛羊雞的我改吃魚類。

有天，我做了頭髮的檢測，發現我有汞中毒的現象，排除了口內的汞合金牙齒填充物的問題，才想起是因為長期食用魚類及海鮮，這嚴重影響了我的睡眠品質。一直到減少了對海鮮的攝取及做排汞的治療，我的睡眠品質終獲改善，不必再靠安眠藥入睡了。

可見得，事出必有因，要找出病因才能完全根治，絕非一味地症狀治療。大家都知道，人們所製造的廢棄物，最後的掩埋場終歸大海，而海中的生物只能被動地接受並吸收我們對牠們的污染災害，生物鏈循環也讓人類自

食其果。

　　慢性疾病是由於身體系統故障所造成,當身體的免疫系統完全瓦解時,癌細胞就會脫離免疫系統的監控,漸漸長大。葛森療法就是找出一切疾病源頭,用有機無毒的新鮮蔬菜水果來補充身體所缺乏的大量營養素,因為新鮮食材具有活的維他命、礦物質及酵素,較易被身體吸收作用。

　　另外,利用咖啡灌腸來刺激肝臟加強排毒,把脂溶性的毒素從膽汁排到小腸至大腸,而水溶性毒素從腎臟排出。再搭配營養補充品如甲狀腺素,可以促進患者的新陳代謝;鉀可以補充細胞內長期缺鉀的狀況及排除細胞內的鈉,使細胞水腫得以改善,恢復細胞正常的功能及代謝;維他命 B_{12} 促進造血及肝臟萃取物,其會加強肝臟功能;癌症病人長期消化吸收不好,使用消化酵素來幫助食物消化及吸收。如此完美的治療計畫,可以讓身體運用人體的自癒力及免疫系統來預防及治癒疾病。

　　馬克斯・葛森醫師在治療癌症及慢性疾病上有許多成功案例。以現今的生理、病理及生化學研究基礎驗證,發現他的醫學理論是如此完善,他真不愧為醫學天才。

　　2015 年 5 月,我參加美國聖地牙哥葛森機構所舉辦的醫師訓練,讓我更加確認食物就是最好的良藥,葛森醫師搭配完整葛森療法,確實能根治癌症及慢性病,全世界已有許多癌末病人,得以重生!

　　這些年來,葛森療法的成功見證有目共睹,本書以簡明扼要的方式讓讀者可輕鬆瞭解葛森療法。隨著時間的變遷及眾多臨床經驗,加入了許多美國葛森機構更新的資料,讓這本葛森療法著作《正統葛森自癒全攻略》更加完整且有價值,成為患者做葛森療法的治療指南。希望本書可以讓身陷疾病所苦的讀者,得到治療的方向及疾病的痊癒。

──前埔里基督教醫院加護病房主任・楊海醫師

葛森療法協助病人重獲自癒力

還記得偶然間在網路上看到葛森療法的那一刻，真有如當頭棒喝，從此顛覆了我對醫學的想法。後來拜讀了葛森醫師的傳記和其他相關書籍，看到這麼多目前醫學仍無解的慢性病，葛森的療法卻奇蹟似地成功治癒了，身為一名醫師，我只能說真是難以置信，這也引起我對葛森療法的興趣。

葛森醫師被史懷哲喻為醫學史上最傑出的天才，他有超凡的臨床觀察能力，使他能透過照顧病人的過程領悟出他的創見，可以說是提倡飲食療法和排毒觀念的先驅者，他的思想影響力遍及自然醫學各學派，乃至於主流醫學也愈來愈認同他的飲食觀念。在他的著作裡，可以看到他的許多觀念是超越時代的限制，很值得我們深刻地省思與借鏡。

葛森醫師認為理想的醫療是要把人當成一個有機的整體，於是提出了「整體醫療」的概念（totality in medicine），一名優秀的醫師在治療病人時應有整體考量，這和強調分科和微觀科學的西方醫學有所不同。葛森醫師也可以說是一位「生態醫學家」，他除了關注人，也注意到健康其實和外在環境息息相關，葛森醫師在他的書中就提到人類因不當使用農藥、化肥、飼料等，破壞了生態環境，最終必然危及到自身健康。所以葛森醫師很早就覺悟到人類若無視自然生態的平衡，最後必將為自己帶來災難。大自然賦予了我們抵抗疾病的一切所需，唯有重新回歸到自然的法則，我們才有可能重拾健康。

葛森療法的基礎就是飲食療法。營養可以治病的觀念，其實一直被主流醫學所刻意忽略。今天的醫學養成教育，所教的治病手段除了手術、放射線治療外，其他都是以藥物導向的治療，臨床醫師所關注的是如何以藥物治療疾病，而病人也習以為常地認為生病就一定要吃藥。我相信時至今日，仍然有很多患慢性病的病人之認知就是：糖尿病、高血壓、心臟病是不會好的，病人一旦被診斷，就是要吃一輩子的藥。

但，實際的情況真的是如此嗎？當然不是！

在過去幾十年裡，有不少醫師如：John McDougall、Neal Barnard、Dean Ornish、Caldwell Esselstyn 等致力於推廣飲食可以改善疾病的觀念，他

們的臨床研究結果證實飲食可以改善、甚至治癒很多常見的慢性病如：糖尿病、心臟病、高血壓⋯⋯等。在他們的病人身上，可以看見飲食治療的效果驚人。可惜的是，他們在醫界仍是少數，儘管他們已證明大部分的疾病其實是錯誤的飲食所造成的，正確的飲食才是治癒疾病的希望，而藥物是不可能解決我們的問題的，但這些想法至今仍未被醫療界所重視。

因此，我認為葛森醫師給我們的最大啟示就是：我們每一個人其實都具備了強大的自癒能力；葛森療法的核心理念其實就是協助病人重新獲得自癒的能力。病人應重新拿回健康和治療的主動權，病人實行葛森療法，就是在治療自己，所以每個人都要對自己的療癒負起完全責任，這和一般「把健康交給醫師」的觀念是完全不同的。Dr. Andrew Weil（安得列‧威爾）在其著作《自癒力》就提到病人應自己決定要用什麼方式讓自己重拾健康，如果病人自己不負起責任做出決定，那別人會為他做出決定，但別人所做的決定卻不一定是最好的。

葛森療法是極為繁複的療法，但療法裡的每一部分都是經過葛森醫師經年累月反覆探索修正而得出的結果。葛森療法之所以如此複雜，正說明了疾病的形成原因是複雜的，「簡約論」主導的科學無法瞭解複雜的療癒過程，當然我們不可期待只靠一種方法或藥物就可以治癒疾病。

所謂「整體醫療」必然要身、心、靈三者兼顧，唯有如此，才有可能達成療癒的目的。葛森療法很注重病人心理層面的問題，毒素可以分成「外在」毒素和「內在」毒素，食物、環境的毒素屬於前者，而後者是指心理毒素。所以在忙於實行療法的同時，也要顧及病人心理的壓力和情緒。負面情緒會阻礙我們免疫力的正常運作，所以在本書第廿六、廿七章就特別提到這方面的問題。

得知《Healing The Gerson Way》中文版《正統葛森自癒全攻略》在一群葛森病友的熱心護持和參與之下得以翻譯出版，病友們在忙於療癒自己的同時，仍願意付出時間心力，實在令人欽佩！

衷心期盼本書可以讓更多讀者正確地認識葛森療法，並重新啟動完美的自癒力！

——內科‧李昇聯醫師

▍我從無藥可治到再也不需用藥

我本身是正統西醫出身,行醫至今將近30年,在醫學中心經過完整訓練,擁有3張專科醫師證照、3個碩士學位。我如此介紹並非有意要自我宣傳,而是想陳述我為何會走向自然醫學之路。回想當我40歲左右還在醫學中心從事主治醫師時,我得了自體免疫病又合併有關節炎、高血壓、腎結石,吃了10年的西藥,打了4年西藥的針劑,日子不好過,當時不打針不吃藥是無法下床工作的,所擁有的證書證照竟無法幫助我走出困境。我有時會自問:這輩子難道要吃藥打針直到進棺材為止?有時候即使吃藥打針,關節照樣發炎腫脹,還真的令我滿沮喪,不知明日將會如何?

幾十年所從事的西醫給了我症狀的緩解,但也帶給我身體器官的受損,吃藥打針似乎是沒完沒了。我在無可奈何的情況下,選擇嘗試自然醫學的方法,花了幾十萬向人學自然醫學,剛開始也是半信半疑,跟我過去西醫背景的想法做法差異很大,常處在兩邊的衝突矛盾中,甚至有昔日的同事、同學、好友認為我不務正業在亂搞。我也吃了不少營養補充品,飲食也逐漸改變,好像有某些效果但是不穩定。後來買了肝膽排毒的書,自己土法鍊鋼,做到第三個療程後,我的關節居然不用打針也完全不痛了!之後不斷調整飲食習慣和內容,至今5年了,一顆藥也不用吃,更別說打針了,不僅如此,還可以重拾少年時的興趣,和年輕人三三鬥牛打籃球。

我真感謝上帝賜我如此恩典,在我這把年紀還能享受打籃球的樂趣。正因為我開始不用藥,我反而治癒了自己,自然療法的神奇讓我從此深深認定:自然療法是條正路,不僅可以幫助自己,也可以幫助許多被慢性病纏身、找不到出路的病人。

任何人踏入自然療法的領域時,必定都會接觸到被尊稱為「自然療法之父」的馬克斯‧葛森醫師所創的葛森療法,我也不例外,愈深入瞭解,愈讓我重新思索:人生病的根本原因到底為何?這真是個大哉問!但在十九世紀的法國,學術界就已針對此問題產生了激辯。當時學術界有兩派,一派由巴斯德所領導的,主張人之所以生病,是由於外來的細菌(Germ)侵入人體,是造成疾病的原因,形成今日西醫致病原因的主要理論根據「細菌說」

（Germ theory），此理論對急性病的解釋很有說服力，尤其在二次大戰後廣泛運用的盤尼西林（penicillin），拯救了成千上萬的人免於因細菌感染而致死的病，更奠定巴斯德 germ theory 的可信度及穩固基礎；然而對於慢性病及今日人人聞之色變的癌症是否仍然適用？就成為很大的問號。

而今巴斯德在西醫的世界裡已成為家喻戶曉的偉大科學家──細菌學之父，但他當時的對手貝尚（Béchamp）卻成為沒沒無聞的學者。

1995 年，傑拉爾德‧蓋森（Gerald Geison），一位普林斯頓大學的教授根據巴斯德後代子孫所流傳下來巴斯德的手稿，寫了一本書，書名為《The Private Science of Louis Pasteur》，書中揭露巴斯德的「細菌理論」，其實是根據欺騙的資料，巴斯德在臨終時，竟然親口承認貝尚的理論是對的，這真讓學西醫的人跌破眼鏡。

那很多人可能就要問，貝尚提出的到底是什麼樣的致病理論？

簡單地說，貝尚的理論就是根據發酵反應，提出細胞環境理論（cell terrain theory），認為人之所以會生病，是因為細胞所在的環境先惡化才會導致人生病，其中又提出微小體（microzyma theory）理論，此微小體比病毒還小且具有多形性，認為它存在於正常人的血液中，當人體內部環境惡化後，可由球狀變成多種形狀，並入侵正常細胞內，造成細胞的病變後產生各種慢性病及癌症，並指出一個健康或疾病的細胞環境由 4 件事決定：

① 毒素水平─Level of poisoning（toxicity）
② 營養狀態─Nutritional status
③ 酸鹼平衡─Acid / alkaline balance（pH）
④ 電磁負荷─Electric / magnetic charge

以上 4 點，完全符合本書在前言中所解釋的，葛森療法為什麼能處理各種疾病狀況，其最重要的機轉就是在恢復細胞所在的環境（cell terrain），即有機體的整體（total organism）；讓這有機體可以自己癒合自己。應用到人類的身上，就是改善人體細胞所在的整體體內環境，就可以啟動人體自身的自癒能力來治癒自己，這與中醫或各種文明傳統自然醫學的理論及智慧，似乎

有異曲同工之妙。

　　本書在第三章寫到葛森療法之目的，是在處理造成疾病的原因而非症狀，並且聚焦在疾病的兩個主要敵人，一個是「毒素」，另一個是「缺乏營養」，這兩個敵人會造成細胞退化，為各種嚴重的慢性退化性疾病（包括癌症）打開大門。

　　這理論與貝尚的理論堪稱一脈相承，也可以說葛森與貝尚是身處於不同年代的醫學先知，他們的基本理論是不謀而合，並且英雄所見略同。在我斷斷續續接觸葛森療法時，今年（2015 年）因緣際會認識一位正在用葛森療法抗癌的病人（臉書社團「葛森療法互助園」的版主），因為她在丈夫指導下的自身抗癌經驗（她丈夫是葛森機構授與執照的家庭訓練師），及她與葛森家族的友好關係，她有第一手正確的葛森資訊。經由她介紹，我自費前往美國聖地牙哥接受葛森機構為期 1 週的專業訓練，這次的課程讓我大開眼界，把我過去經歷認識的自然醫學重新做了系統性的整合。

　　我深信葛森療法是條正路，當我踏進葛森機構，在接待室牆上掛了一幅葛森醫師本人的照片，其上有一行字「Stay Close To Nature And Her Eternal Laws Will Protect You」（跟緊大自然，她永恆的法則將會保護你）。深深印入我的心中，我相信這應該就是現代醫學困境中的未來出路。

　　葛森療法處理了許多慢性病及癌症的根本問題，本書《正統葛森自癒全攻略》，是葛森機構指定的必備用書，有葛森療法最新最透明的內容，書中也誠實提到：「葛森療法並非萬靈丹，但是葛森療法傳遞出一個重要的信息，就是回歸上帝創造的自然之道，乃是得痊癒的根本之道。」我十分阿門，是以為序，期盼許多受慢性病及癌症煎熬的病人，能因葛森醫師的療法找到一條活路，恢復強健體魄及興旺靈魂。

——高雄拉法診所・王修平醫師

中醫 V.S. 葛森療法 ?

我由衷地希望，在您拿起本書時並未收到任何癌症確診結果，也無任何充滿歉意或同情的醫生告訴您，他們對您的病情已無能為力。但大多數試圖瞭解葛森療法的人，卻處在與我的願望恰恰相反的情境。得知自己或親人罹患癌症，大概是人生最大的痛楚之一了。沒有人會忘記自己被診斷為癌症的那天，因為自己或家人此後的生活再也回不去從前了。

現行主流醫療體系內的大多數癌症病患，面對的總是只有手術化放療，或等待死亡兩種選項。葛森療法卻能為很多人提供另一種充滿希望的選擇。然而，葛森療法並不能治百病，所以在考慮使用葛森療法之前，病患及其家人應當對相應的注意事項有全面瞭解。

與大多數醫療機構不同的是，領有正式葛森執照的葛森療法從業者並不販售任何商品（墨西哥葛森診所會代賣補充品），不做任何直銷，更從不試圖從您的疾病中牟取暴利。位於美國加州的葛森機構的營運是以捐款為主，為非營利機構，並不販售任何榨汁機和營養補充品，做葛森療法最大的投入在於時間和精力及採買大量的有機蔬果。

要以葛森成功治病沒有任何捷徑，兩年的治療會像個全職工作，在時間和金錢上都要有所保證。幸運的是，很多開始使用葛森療法的人都發現到：這一療法見效甚速，沒有做過化療者，大多數在 1 週之內就開始有效果。

葛森療法的發明者是德國醫生馬克斯·葛森（1881-1959），他起初並未特意尋找某種癌症療法。葛森療法原來是葛森醫師用來治療自己的偏頭痛，後來卻被他的病人用於治癒他們的重症。然後，一些已經被其他醫生宣判死刑的癌症患者，懇請葛森醫師用該療法治療他們。

當葛森醫師發現此療法有驚人的癌症療效時，他完善改良了此療法。與此同時，他卻為此付出了巨大代價。出於利益糾葛的顧慮，主流醫學迄今不肯傾力研究論證像葛森這種整體療法的療效，葛森醫師還因為發現了此療法可治癌的知識而被詛咒。

其實，葛森療法從來就不把自己定位為萬眾矚目的「癌症療法」，但成千上萬的癌症患者卻因為它而重拾健康。主流醫學普遍用「5 年存活率」衡

量治癌的療效，5 年之後的存活率及生活質量不納入考慮。反觀大多數經由葛森療法治癒的人，都重拾健康並愉快地多活了數十年，在治療期及治療後都擁有良好的生活品質。主流的西醫教育我們，病症治療就應對症下藥，只要引入一些物質就能祛除疾病；但大多數西藥的問題在於，它們在治療一種疾病的同時，副作用會製造出另一種或多種疾病或隱患。人體是一個整體，目前西藥能做到選擇性地治療及暫時壓抑症狀，但葛森療法卻能夠使人全面自癒。

　　我曾在中國大陸研習中醫，也在 2015 年時至位於美國加州的葛森機構參加他們的葛醫訓練課程。以一位中醫的觀點來看，葛森療法的原理看似簡單，但內涵極為深刻：免疫及代謝系統因毒素和缺乏營養而導致癌症及其他退化性慢性病，若阻止毒素進入體內，並盡可能灌注營養補給身體所需，就可逆轉身體細胞的損傷，那麼癌症及其他慢性病便可能治癒。這是一種通過繁複的食療與對應身體機能的組合，達到系統且精確地重建免疫系統及修復新陳代謝的治療方法。

　　它的理論與歷史悠久的中醫原理不謀而合。中醫的整體觀念強調人與自然環境的統一，往往通過服用中草藥使患者平衡陰陽、改善體質、祛除病灶。兩者在醫學理念上，都強調了以蔬果為主的傳統飲食結構，及貼近自然的生活方式。但葛森療法更強調食療在整體療法中的重要性，竭力避免了在中草藥施治中「是藥三分毒」的傷害。

　　中醫和葛森療法也同樣重視精神因素在治療癌症中的作用，傳統中醫將五神五志與五臟健康相連，重視七情六慾的平衡制約和精神意志的頑強不屈。葛森療法的兩年治療期中，精神上的心理健康也對病患的身體健康影響深遠。

　　葛森療法與中醫藥的相似與區別不僅僅於此。與葛森醫師意見雷同，一些中醫認為癌症的病因在於「正氣不足」和「熱毒內蘊」。但目前大陸醫療界對中醫治療癌症多持謹慎態度。中醫藥常常做為西醫手術或化療後扶正祛邪、調理臟腑、減輕不適的輔助療法。許多個案中，中醫治療癌症的成功，還依賴於經驗豐富的醫師妙手回春，或是某種特殊體質的患者誤打誤撞。中醫治療方案目前並不統一，也很難有普適性。

相比之下，較為系統的葛森療法，對癌症中的某些癌型非常有針對性，治癒率也高。它獨立於西醫療法，遵循自成一體的癌症病理學原理，避免了放化療的痛苦。治療癌症時，葛森療法是否能與中醫療法結合使用？或是將氣功和針灸引入葛森療法？或是將葛森的系統性食療做為中草藥製劑的補充？這些都有待有志之士進一步研究。

　　葛森療法對於中國人甚至亞洲人的適用性，也是一個值得探討的議題。自《黃帝內經》始，中醫藥盛行於亞洲千餘年，深刻反映並廣泛影響了東亞人，尤其是中國人的疾病觀和飲食觀。根據中醫食療理論，食物具有熱溫涼寒四性及辛甘酸苦鹹五味，偏食厭食容易導致陰陽失衡疾病叢生。那麼葛森療法所必須的大量果蔬是否導致四性不平五味不勻呢？

　　實際上，從熱性的櫻桃到平性的馬鈴薯（土豆）到寒性的梨，葛森療法的可選食材涵蓋了中醫四性五味的各個分類。對中醫食療有一定研究的病患可以通過對自身體質的理解，在葛森療法的食材中盡可能地平衡四性、增刪五味，用三因調食達到辯證施治的效果。

　　再者，在全球西方化的今天，起源於西方的葛森療法或許是西醫與中醫之間的某種平衡。它不僅為夾在西方科技和東方傳統之間的亞洲體質提供了第三種選擇，也為癌症治療的理論化和舒適化提供了新的可能。

　　面對癌症，懷疑中醫的聲音會說：「古方今病不相能。」在從南宋到民國的中醫典籍中，癌症不過是一種只有描述性症候卻無具體療法的病症，甚至連「癌」這個字的發音，也只是在二十世紀後半才被固定下來。中醫是否對日益增多的癌症病患有療效？或者中醫療法要如何做才能治癒癌症？這是中醫現代化中所面臨的巨大挑戰，也是中醫同仁們非常關注的課題。

　　當我因緣際會認識臉書上葛森療法互助園版主時，拒絕化療的她曾告訴我，在一開始葛森療程的前2個月，她因為沒找葛醫，自己在家做，所以在葛森的同時也喝抗癌的中藥，當時她的腫瘤縮得很快，勢如破竹，但之後找了葛醫，因為葛醫擔心中藥藥材的重金屬污染而拉掉中藥後，她的腫瘤縮減程度減緩，甚而停頓。這讓我覺得，中醫和葛森兩者比照所能產生的對疾病的洞見，和兩者結合所能產生的抗癌效能，都會是有趣且有意義的研究。

　　葛森療法是二十世紀30年代由葛森醫師發明，並不斷在改良的慢性病

療法。雖然在治癒率已取得了不俗的成績，但葛森療法的潛力還有待更進一步挖掘。對於主流醫學來說，中醫療法和葛森療法都是所謂的替代性療法，在地位上，也是不被強勢的主流西醫正視的一對難兄難弟，兩者若能奮發圖強，互相合作，才是癌症患者的福音。在病患眼中，管它中醫西醫或葛森，只要能治好癌症的就是良醫。但在醫家看來，在攻剋癌症的道路上，中醫診療和葛森療法真可謂任重而道遠，頗值得吾輩為兩者上下而求索。

—— 中醫內科・乾觀昌
葛森機構第一階段內科醫師訓練畢業生
2015 年 8 月 6 日於美國麻省劍橋鎮

來自台灣的亞健康見證

※ 癌症見證，請見第廿九章〈歷年來以葛森療法康復的案例〉。

子宮內膜異位症（子宮腺肌症）

葛森療法讓我保留了子宮。

——《覺醒的力量》作者浮雲游子茵／2015 年 7 月 20 日於台北市

　　十年多前就知道自己有 5 到 10 公分無感的子宮肌瘤，後來與日俱增每個月生理期間宛如刀割針刺般的疼痛，已逐漸超出了我所能承受的範圍，2011 年經醫生確診是子宮內膜異位症（子宮腺肌症）引起。超音波顯示合併肌瘤整個子宮被撐大了一倍以上，團塊至少有 4 處最大超過 6 公分，另外宮腔內又有息肉與一些異常的節結，整個子宮狀況看來實在不良。

　　要命的是每到生理期間，下腹劇烈經痛，又伴隨著腰痠背痛的程度節節升高，嚴重影響了生活品質，所以醫生建議最根本的解決方案只有將整個子宮摘除了。

　　面臨這樣的抉擇，我只得一邊檢視自己現有的身體狀況；一邊尋求替代（自然）療方並大量研讀與健康相關的書籍與資訊，更深切體認到自己不單純只有婦科方面的疾病，另外長期便祕、結腸過長、乾眼症、失眠、頻尿、呼吸道、慢性疲勞、脂肪瘤問題；還有皮膚方面有小腿一處 3 年未癒合的蜂窩性組織炎，每年好發一次長青春痘、傷口不易癒合等等慢性的大小毛病。心知肚明，即使做了切除手術也僅僅能免除每月劇烈經痛的磨難，卻無法恢復整體的身體健康。

　　後來粗淺地認知到中醫獨特的醫療技術發展源自於系統性地對人體與疾病關聯的闡述，其整體性系統學幫助我們進一步理解自己的身體，更有助於理解葛森博士的理論。

廣泛吸收有益健康相關的知識與療法期間，我也估量著自己長久實施的可行性。開啟了自然療法這扇大門以後，我先由自製蔬果酵素入手，飲用半年多以後雖很快改善了睡眠問題，卻因便祕體質使得毒素不停往臉上排，於是粉刺痘痘再度復發，我成了個大花臉！

在明瞭長期便祕急需解決下，我嘗試了拉筋拍打，不久後決定合併施行肝膽淨化法，但始料未及初次排石當天使痔瘡脫出，如此陰錯陽差之下促成我在2012年12月開始施行每天1至2次咖啡灌腸。

正如日本腸胃科新谷弘實醫師所言，咖啡灌腸著實為改善如我這類深受長期便祕苦惱患者的革命性療方，幾星期過後，臉上的青春痘便逐漸褪去。另外每當農曆年前後（最寒冷的季節）都會發作一次為期3至7天嚴重咳嗽並伴隨41度的高燒，此症狀也在該年度起停止發作。

這樣的效果讓我因咖啡灌腸才注意到「葛森療法」，並著手研讀國內相關著作，認識到此療法細節眾多且環環相扣缺一不可，為達療效而要求嚴格。我暗暗地掂算著這樣的飲食與生活習慣竟需要更新得如此徹底，實在不輕鬆更無法速成。

在做完了8次排石療程後，因疼痛仍未改善，2013年9月6日受強烈經痛刺激，我決定再一搏，終於採取葛森飲食、喝果菜汁、增加灌腸次數，僅僅如此第4、5個月時不知不覺發現腿上的蜂窩性組織炎已不藥而癒；另外，從青春期便開始對抗的鼻頭粉刺與傷口不易癒合等皮膚問題，也不翼而飛了，頻尿大幅改善，也大多能一覺到天亮。

後來我相信是因為療法施作未完全之故，而拉長了我的療程，半年後回診發現腫瘤團塊竟水腫到10公分，整個子宮變得肥大不堪。當時我期望能局部清理病灶，但醫生評估後建議必須整個切除以絕後患；因狀況就像芝麻揉進麵團裡根本撿不乾淨。

當時這看似惡化的結果讓我一度慌張起來，但冷靜下來後，翻開書中葛森博士提到：正常運作的人體免疫系統能自行掃蕩體內異常的病變（或腫瘤），病灶被摧毀之前會經過反覆相應地充血與潰散，直到完全消失。我發現目前子宮腫大的現象正符合這種好轉（發炎）反應症狀的說法；另一方面這個階段的報告亦顯示我的身體正發炎中。

於是我決定更加嚴謹地遵守葛森飲食規範，蔬菜（綠）汁與希波克拉底湯更不敢省略，不久後加入營養補充品、蓖麻油灌腸，此時全套的葛森療法總算全面到位。

與此同時也明顯感受到療效正加速進行中，次月後生理期三更半夜不再疼痛難眠必須以咖啡灌腸止痛或拉筋拍打渡過。

療法進行一年後，返診追蹤時醫生不再催促我拿掉子宮，超音波顯示腫瘤清楚可見 4 顆縮小至 4 至 6 公分；一年半多以後，子宮腔內已癒合平滑正常，主要病灶也剩 1 至 3 公分，生理期不再抽痛難忍。

我會繼續施行全套葛森療法直到身體完全康復。同時衷心建議以治療為目的之慢性病患或癌症病患熟讀本書，遇疑惑時隨時翻閱，當你一旦選擇這個療法以後，就早日實施全方位的葛森療法，以利加速達成最高療效。

真正有益健康的知識能賦予我們堅實的信心；前人走出的療效將帶給我們長遠的耐心；細心體會身、心的變化，身體也將如實反映，並透過由內而外的健康來回饋你。葛森醫師開出的完善處方乃至清晰的邏輯概念，是最能善待我們身體最有效的療法與飲食生活的態度。

想起班傑明‧富蘭克林留給後人遵循的 13 個美德其中第一條，意如：「節制—人應為生存而食，不應為食而生存。」感激葛森博士這位近代的自然療法之父研發了這套療法，造福了無數人！

類風溼性關節炎

感謝「葛森療法互助園」無私的情報分享（特別是互助園版主），因為有她，讓我看見類風溼性關節炎復原一道曙光。

——郭蔡俊／2015年7月22日於台灣新北市林口區

病史概要

類風溼性關節炎及僵直性脊椎炎為陽性，症狀為反覆／遊走性關節紅腫熱痛。29歲那年的某一天開始莫名其妙輕微發病，至去年2014年11月底，這期間發作頻率愈來愈高，疼痛的激烈程度也變化無常到後期時而對稱性發作，嚴重時一天同時痛3到4個關節。

關節施力處更易發炎，常被我家那2位美女笑說是玻璃娃娃，自覺雖非癌重症但久了真是會要人命。看了多年西、中醫久久不癒，後期西藥幾乎都丟掉只留無類固醇止痛藥應急（因瞭解到只能抑制藥理），每每回診只能演演戲，期許可以獲得較昂貴的生物製劑治療，卻始終無法如願。

其他亞健康還有睡眠障礙（最高紀錄21天沒入睡而白天亢奮工作無異樣）、心悸（指心跳頻率正常，但時而心搏感覺明顯，夜深人靜易有感）、飯後無精打采、外出易受寒、手腳長期冰冷、黑眼圈、倦怠無體力、鼻塞等等，就像殭屍行屍走肉人生無明天。

葛森緣分

長年關心我的兩位搞笑陳氏兄妹，某日捎來一句「葛森」2字，隨即展開情報特蒐後，將器具物資整備，二話不說進行療法，得到他們大力協助，展開第一階段白老鼠試驗計畫。

◎ **STEP 1 摸索期（2014/11/15～11/30）**：自家邊做邊問（2紅1綠汁1灌2波波湯〔希波克拉底湯〕），還好有互助園的葛友修正我的3項錯誤：①葛森禁鹽→所以灌腸液中不可加鹽。②原本我使用含鹽咖啡灌腸液→改為採用中淺焙的咖啡粉新鮮現煮成咖啡灌腸液。③原本我使用轉

盤式榨汁機→改採陳氏兄妹提供的雙軸心 Green Power 牌榨汁機。）
◎ STEP 2 驗證期（2014/12/01～2015/01/21）：在陳氏兄妹家全職以阿信精神做葛療（12 月有加 1 杯柳丁汁 3 紅 2 綠汁 2～3 灌 2 波波湯），第 20 天後開始無痛點（簡直不敢相信這是真的）。期間一度踩到禁忌，2015/01/01 中餐外食有海鮮，當晚即被關節的痛教訓了一頓（大家記得葛森奶奶年節提醒的火雞肉故事嗎？）。這期間體重掉了 8 公斤左右，我幻想著減重的意義為將身體不好的廢物代謝掉或餓死壞東西，心中一股暖流安慰自己。
◎ STEP 3 耕耘期（2015/03～06）：關節病情好轉確信後當然堅持下去，如大家心得一樣它是個勞力密集工作，這期間在生活／工作／葛療取得平衡下，餐表嘗試調整又微調，最終心得就是「**愈接近葛森規範，效果愈好**」。

一路走來的評分表

1. **各類益生菌**（我給它 40 分）。一路走來，各類益生菌幫助腸道蠕動清潔、免疫力提升，個人體會任何療法第一要務：一定也要先健腸胃，營養輸送帶功能好了，吃喝得夠營養，身體才能充分吸收。
2. **葛森整體療法**（無法言喻，只能以身體的食物進出口慢慢體會品嚐，我給它 30 分）。細胞構成組織再構成器官最終成為人體，不再殘害細胞，給它營養修復，自然而然什麼病症都會漸獲改善，並期待葛森醫師是我病旅中踢出病圈外的臨門那一腳。
3. **平甩功**（我給它 29 分）。甩到忘我境界與世無爭是我嚇（下）訂的目標。

分數只是我現階段的體會，不可思議的是竟然從症狀群中最嚴重的關節痛首先好轉。

三者加成或許「病」不恐懼。**還有重要的 1 分就給我自己**，因為如果**什麼都不做，成效自然空空也**。感謝老爸老媽給我智慧，茫茫大海裡不斷敲門、求教、禱告，感恩最終獲得應許，阿門！

感想

老婆每天顧店很辛苦,讓我專心研究做葛森,在此由衷感恩。

說到此療法是從細胞治療(**修復免疫系統/酶系統細胞**)下手是我埋頭苦做的動力。受惠的喜悅讓我找回失去多年內心的笑容,希望微薄的分享文帶給您信心,在不久的將來也和我一樣,找回自己的健康。

當然世上沒有 100% 完美的療法,但相信此整體、修復細胞療法是我日後照顧保健身體的基礎。不過,分享就像傳福音也要緣分,也許有朋友會疑惑:「我的體質是否適合葛森療法(整體、修復細胞)?」但當您瞭解葛森後,既然用如此自然的有機食材當藥,何不嚐鮮試看看呢?

典型登革熱

——魏先生／2014 年 11 月 20 日於台灣桃園市

我是亞健康人士，使用葛森療法中的果汁和咖啡排毒已經兩年了，身體狀況明顯好轉，幾乎沒再生病。

2014 年 9 月 21 日，因為熬夜到清晨 5 點才睡，睡到早上十點，起來的時候頭非常痛，我已經很久沒這樣了，以為只是個小病痛，由於當天要參加一個武術研習營，我硬撐著身體去，沒想到半天就受不了，只好回家休息。

回家後有嚴重的感冒症狀，且頭痛得更厲害了，斷斷續續吞了約 20 顆維生素 C 膠囊，想說這樣就會好。

隔天上午起床，頭痛欲裂，發現臉是紅腫的，脖子附近開始有紅疹，難以進食、發燒、虛弱。我猛喝有機布魯士果汁，猛灌維生素 C，然後繼續睡覺，睡起來還是覺得沒好轉，非常難過。

晚上七點多，我頭痛得更嚴重，甚至嘔吐，家人逼我去看醫生。

這個醫生非常用心，不像其他醫生會隨便打針。醫生看診後說：「這是很厲害的病毒。」他推測是兩、三種病源，但是又難以確定。這時我才發現早上的紅疹已轉移到肚子和手臂。

醫生先開胃藥和解熱，還有一些我看不懂的藥。他說抗生素對病毒沒用，打針可能會讓狀況更糟，所以先吃這些藥，觀察幾天，星期三複診。

我吃完藥之後果然胃好多了，而且可以進食，我吃了一點水果，狀況有好些。

第三、四天，我開始用葛森機構推薦可給非癌症人使用的 Angel 5500 榨蘋果純胡蘿蔔汁來排毒，勉強榨了兩杯左右，力氣就用光了。雖然略好轉，但是紅疹開始長到大腿了。

生病第五天，我去複診，醫生看到我非常高興，他說找出原因了，是登革熱！我一聽到整個傻眼，登革熱？這不是那種會被蚊蟲咬的病嗎？可是我沒印象被叮啊？

醫生找出所有證據給我看，確認是100%登革熱，然讓我去拿藥，他說第一次得沒關係，不要再感染就好了。

這次的藥和之前的都不一樣，我一方面把該吃的藥吃下去，同時想明天去買菜，開始用葛森療法輔助。想不到吃了這兩包藥，才是噩夢的開始。

生病第六天，我吃了藥之後，睡到中午，全身乏力。感覺好像回到第二天左右，頭又開始痛了，全身無力，怎麼吃藥比沒吃更慘？我上網查了登革熱的資訊，原來這個沒藥醫，要靠自己的治癒力。

既然不能吃藥，我要實施葛森療法才行。下午去買了有機食物，準備煮希波克拉底排毒湯，同時開始一天兩次排毒。但是我已沒多少力氣榨果汁了。

我下午花了4個小時煮湯，同時排毒。但是我的狀況好糟糕，前幾天的好轉像是騙人的一樣，我又開始發燒了。

我於是把所有的營養補充品都拿出來吃，我猛吃維生素，並且拿我知道的分子矯正醫學的書來看，同時開始用平板看夏綠蒂・葛森的教學影片，避免我有其他沒做好的地方，夏綠蒂・葛森堅定有力的聲音，此時成了我的精神支柱。

半夜，頭、胃均痛，我只好拿醫生在9月21日開給我的藥來吃，吃下去之後就解熱了，我終於能入睡。

生病第七天：實施完整版葛森療法。我請表弟來照顧我，替我打理葛森療法需要的東西。

表弟幫我一小時打一杯現榨胡蘿蔔＋蘋果汁，一小時一次，總共打了7杯（一杯350 cc，5紅汁2綠汁）。我喝果汁，然後每3小時做一次排毒，做了5次。並將昨天做的希波克拉底排毒湯拿來喝，同時補充維生素C和各種營養補充品。喝到第二杯果汁時，我已經覺得體力回復了，但是喝到下午第五杯果汁時，手上紅疹又冒出來了，令我很沮喪。幸好之後好多了，表弟打完7杯果汁就得回家寫論文，我繼續排毒。

老媽幫我打了第八杯果汁，但晚上我依然無法順利入睡，情緒非常不佳。我記得夏綠蒂・葛森的影片中有說，果汁會把毒素排出來，我想很可能是血液中的毒素過多，所以影響我的情緒，我做完最後一次排毒之後才睡著。

生病第八天：葛森療法威力很強。終於知道為什麼葛森療法這樣厲害，

標準量 13 杯果汁，我只喝 8 杯就威力十足，整個人活回來，體力大幅度地好轉。

秤體重時發現自己只剩下 60 公斤，臉頰凹下去，皮包骨，足足少了 3 公斤，狀況真慘，今天幾乎快恢復正常了！今天喝 4 杯果汁，排毒 3 次。

後續

後續感覺登革熱都治癒了，1、2 週後卻嚴重的體力不足，再去看醫生才知道罹患登革熱會貧血，抽血檢查數字卻是正常（紅血球數字及格，但是是低標），我以一小時喝 4 克的維生素 C，持續 8 小時來模擬靜脈注射維生素 C 的效果，同時吃葡萄乾。持續 3、4 天後好轉，解除貧血的狀況。

為此請教了兩、三個醫生朋友，他們說登革熱要住院的，這會痛到像骨頭斷掉一樣，所以叫作「斷骨痛」，不過我沒有這個症狀，可能是初期我就服用大量維生素 C 的關係。**葛森療法結合高劑量維生素 C，真的很有力！**

陰陽二虛——嚴重體寒及嚴重頭痛

因為葛森，我的陰陽二虛再也不虛了！

——曾勇領／2015/07/24 於台灣屏東市

我的名字是曾勇領，男性，身高約162公分，體重在開始葛森前是86公斤。本身不抽菸、不喝酒、葷素都吃。年輕時從事廚房約10幾年，現在從事鋼鐵電機維修約19年，公司環境空氣較不好，有時會吸入極微細的二氧化矽粉塵。

從年輕時我就時常感冒、頭痛，及不喜歡吹冷氣，可能跟那時候有換前排6顆牙齒有關吧？而到了最近這2、3年來，身體變得更虛弱，更容易感冒頭痛，也更加怕冷。

去看中醫時，醫生說，我陰虛又陽虛，陰陽二虛。腰膝時常痠，那時看中醫吃藥都沒什麼效，也就懶得看了。我住在台灣南部炎熱的屏東市，前幾年開始，我染上感冒的頻率更頻繁了，而且都伴隨著頭痛，頭痛發作時，當時的我會先吃西藥，但藥效沒那麼快起作用時，頭就會愈來愈痛，痛到無法走路，只能勉強走到廁所馬桶旁，身體會開始一直不由自主地發抖、想吐，就算已把胃裡的東西吐完，仍然會乾嘔。

當時每次發作時，我都會想：如果死了就沒感覺了，多好！但是我還活著呀，只剩頭痛陪伴我。慢慢地，西藥開始發揮效果，我才能夠逐漸入睡到天亮。這種惡性循環，一直周而復始地折磨我。

當時我整年一定得穿襪子，因為光腳時寒氣會從腳底傳上來，身體就會發冷。我還得穿長褲，短袖要加袖套，夏天時睡覺得緊閉大部分的門窗，不能吹電扇，都穿襪子、穿袖套。比較虛弱時，睡覺還得再加上下兩條電熱毯。

而冬天就更慘了，晚上睡覺時門窗一定得緊閉，床上先鋪一張電熱毯，胸部再蓋一條電熱毯，而且要束起來，免得翻身掉了。頭部要戴頭套，只剩下雙眼露出。頭套不能脫落，若是脫落，就會開始頭痛。（畫面用想像的很好笑，但我很痛苦。）

每到冬天時,我都會有一種感覺,不知道自己還能撐多久(還能活多久)?能過得了今年的冬天嗎?

之後,因為要幫朋友找自律神經失調的治療方法,偶然發現了葛森老奶奶的影片,有中文字幕,於是接二連三看完了所有影片,覺得這個葛森療法真好!於是在網路上搜尋葛森,發現了臉書上「葛森療法互助園」這個社團,看了裡面要實行葛森的內容,因為想推薦給朋友,於是自己先做葛森,好的話才能夠推薦給朋友啊!

從 2015 年 4 月初開始實行葛森療法,無鹽、無油、無肉類蛋白質,不吃任何加工品、飲料,改喝約 400 cc 的紅蘿蔔及比較青的蘋果榨出來的汁。為了去除任何毒素,我自製了 3 管 10 吋專門去除自來水的氯及重金屬,後又加了水龍頭專用的 O_3 臭氧水生成器,盡量把蔬果洗乾淨,再外帶一杯約 500 cc,用慢磨機壓榨的紅蘿蔔蘋果汁去公司,在 4 小時內喝完。中餐就是波波湯(希波克拉底湯)、有機燕麥粥、一條香蕉,有時候是清煮地瓜,清煮青菜加蒜頭,青菜沒味道就加點波波湯。放空吃完中餐,若口渴就喝水(因為我不是重症病人,沒有全葛森)。下班回到家後開始洗水果,壓紅汁,煮有機咖啡;晚餐就是一杯約 400 cc 的紅汁(胡蘿蔔蘋果汁),偶而喝(蔬菜)綠汁,整天都超忙的。睡覺前再做有機咖啡灌腸。

剛開始時我簡直無法忍受,而且前幾次做的時候,灌腸尾管也沒拔,怕一拔出來,馬上就拉出來了。後來再研究一下,原來是要拔出來的。前 10 天都要分 2 次才量灌完一次的量 1,000 cc。第一次灌 500 cc,能忍多久就算多久,能夠 5 分鐘以上就不錯了;再來第二次才進入正式的,拚了命也要忍住 15 分鐘,因為有機咖啡很貴啊!

後來又看到社團的資料,原來第一次可以先用溫水 500 cc,灌 5 分鐘後排便,第二次就可以灌 1,000 cc。終於忍住 15 分鐘了,而且每次排都很多,用衛生紙很傷本,所以又改裝了最省錢的手動噴水洗屁屁馬桶座。進水前加裝除氯及重金屬濾心,這樣沖到屁屁的水就安全了,而且很乾淨。浴室及洗臉檯因為旁邊有防火巷空地可利用,所以也加裝修改了 3 管 10 吋除氯及重金屬的濾心,這樣每天接觸最多的洗澡水及刷牙水,就都是符合葛森要求的乾淨無污染的水了。

如此進行葛森一個多月後，好多不可思議的事發生在我身上：

1. 體重從原本的 86 公斤降到 73 公斤。算有點標準不是過胖了，可是還是有點重。好處是，以前的褲子變好大，因為以前我有一顆大肚子。我工作時要拉電線，爬高約 300 公分以上，前面有個消防管；變輕後的我，竟然在用力吸氣後，就可以跨過消防管，直接上平台繼續工作。
2. 我變成可以光腳著地了！雖然我仍然可以感覺到地上的寒氣沖上來，但是我變得可以抵抗它了。
3. 門窗再也不用緊閉，可以開窗戶了。但是有加裝門簾以便通風。
4. 不能吹電扇的我，可以吹電扇了！！有幾次太累，外面的門沒關，竟然也可以安睡到天亮，而不會像以往一樣被頭痛痛醒過來！晚上騎機車出去，不用加穿外套，甚至可以穿短褲！
5. 不怕冷，我可以吹冷氣了！後來我在 85℃ 咖啡店的冷氣房裡，竟然是穿著短袖短褲吹冷氣等老婆，這真是不可思議！以前無法想像我的身體可以這麼不怕冷，我已經不大會感冒頭痛了，前幾天去逛百貨商場，逛了整晚回來還是不太累。
6. 身上的鐵味不見了！我老婆以前都會聞到我身上散發著一股鐵的味道，最近她說已經聞不到那股味道了。

回想我情況好轉的前幾個禮拜，我的好轉反應是頭痛到跟以前一樣痛了，但這次我絕對不吃西藥，趕快去做咖啡灌腸。在廁所灌完腸以後，頭還是痛，身體也無法動了，我只有把門窗緊閉，坐在馬桶上，閉上眼睛大口大口地喘氣，身體一直冒汗約半小時吧，沒辦法收灌腸後的東西，慢慢拖著身體走回房間，躺在床上，拿起吹風機吹痛得要死的頭。用大熱風吹，吹了快 2 小時左右吧，竟然感覺頭不痛，也可以起身了，雖然比較虛弱。真是神奇啊，不吃藥還能熬過這麼嚴重的頭痛，我更有信心了。

今天寫這篇分享時，早上已灌腸一次，快下班時開始流鼻涕，一到家就壓紅汁，繼續流鼻涕，頭已經怪怪的，趕緊再去灌腸一次，灌後有好點。晚餐後繼續寫分享文，這在以前，我早就陣亡了，只能躺在床上，門窗緊閉，

吹風機伺候,所以葛森療法真是很神奇!葛森療法治好我的無敵怕冷及頭痛,套句佛門的話,這真是前幾輩子不知道做了多少善事,才會聽到葛森療法,並且起身實行它啊!更希望我的親身經驗,能讓你增加對葛森療法的信心,誠心由衷地感謝、祝福大家。

目錄 | Contents

讀者警語 5
出版者免責聲明 7
葛森家族給讀者的一封信（原文）............................. 8
作者謝詞 10
推薦序 12
中西醫一致推薦 13
　　・葛森療法救回我姊姊／生命科學院教授・蔣禮陽博士 13
　　・葛森療法讓我的妻子恢復活力／急診主任・趙鴻丞醫師 16
　　・葛森療法讓我學會不用藥自癒／骨科・王凱群醫師 18
　　・葛森療法，是完美的治療計畫／加護病房主任・楊海醫師 20
　　・葛森療法協助病人重獲自癒力／內科・李昇聯醫師 22
　　・我從無藥可治到再也不需用藥／身心醫學科・王修平醫師 24
　　・中醫 V.S. 葛森療法？／中醫內科・乾觀昌醫師 27
來自台灣的亞健康見證 31
　　・子宮內膜異位症（子宮腺肌症）................................ 31
　　・類風溼性關節炎 34
　　・典型登革熱 37
　　・陰陽二虛——嚴重體寒及嚴重頭痛 40

前言 48

第一部　在惡化環境中的健康與療養 53

第 一 章　故事於焉開始 54
第 二 章　療程中新增的項目和程序 61
　　　　　葡萄柚籽萃取物 63｜保哥茶 64｜硒 64｜葡萄糖－鉀－胰島素治療 64｜吡啶甲酸鉻 65｜結論 65
第 三 章　認清敵人 66
　　　　　毒素 66｜缺乏營養 68
第 四 章　人體的防禦系統 70
　　　　　免疫系統 70｜酶（酵素）系統 71｜荷爾蒙系統 72｜重要器官 73｜礦物質的平衡 74

第 五 章　人體防禦系統的全線崩潰 76
化學農業 77｜藥物 79｜食品添加劑 81｜結構改變的食品 84｜氟化物 86｜尼古丁和酒精 87｜化妝品 88｜疫苗接種 90｜電磁場 91｜壓力：內在的敵人 92

第 六 章　為何葛森療法禁鹽 99
鉀／鈉新陳代謝／無鹽飲食的重要性？100

第 七 章　現代文明疾病 105
擊敗殺手 106：癌症 106：過往病例 108｜心臟及循環系統疾病 109｜膽固醇對心臟的影響 111｜過往病例 112｜高血壓 113｜過往病例 114｜糖尿病 114｜過往病例 116｜對抗慢性疾病 117｜慢性免疫缺陷疾病 117｜慢性疲勞綜合症 117｜過往病例 118｜多發性硬化症 118｜過往病例 119｜人體免疫缺陷病毒（愛滋病）120｜B 型肝炎和 C 型肝炎 121：過往病例 121｜膠原性疾病 122｜全身性紅斑狼瘡 122｜過往病例 122｜風溼病／關節炎 123｜過往病例 124｜硬皮症 124｜危害健康的各種敵人 124｜氣喘 125：過往病例 126｜過敏和食物不耐症 126｜上癮 127｜過往病例 128｜過動症 129｜憂鬱症 129｜過往病例 131｜克羅恩病 131｜過往病例 131｜偏頭痛 132｜子宮內膜異位 132｜過往病例 133｜病態肥胖症 133｜骨質疏鬆症 136：過往病例 138｜問題牙齒 138：過往病例 141｜纖維肌痛症 141：過往病例 142

第 八 章　葛森療法的禁忌與侷限性 146
較難以葛森療法治癒的疾病 147｜葛森療法可治療並改善，但無法治癒的疾病 149｜總結 151

第 九 章　恢復身體的防禦系統 153
巨量營養 154｜排毒 155

第 十 章　為何葛森療法有效？ 156

第二部　葛森療法的完整操作指南 162

第十一章　葛森所需的居家設定 164
冰箱 164｜榨汁機 165｜照護好你的榨汁機 166｜爐灶與烤箱：插電的或是瓦斯？166｜微波爐 167｜鍋具與餐具 167｜蒸餾水機 168｜清潔劑 169｜氯 169｜溶劑 169｜洗碗劑 170｜洗衣劑和漂白劑 170｜衣物柔軟精 170｜乾洗 170｜各式噴霧劑 170｜浴室 171｜家中的活動區域 171｜房屋粉刷 172｜室外花園噴灑劑／農藥 172

第十二章　葛森允許的食物 174
葛森允許的食物清單 175

第十三章　葛森禁吃的食物 178
禁食及禁用項目 179｜在葛醫解禁前的暫時禁食項目 182｜禁用的個人及家用物品 182

第十四章　葛森食物與蔬果汁的準備 184
　　　　基本步驟 184｜必備的重要果汁 185：酸蘋果胡蘿蔔汁 186、純胡蘿蔔汁
　　　　186、蔬菜綠汁 186、柳橙汁（或葡萄柚汁）187｜每日例行餐飲 188｜協助你開始的基本食譜 189｜特製
　　　　湯：「希波克拉底湯」190

第十五章　關於灌腸 192
　　　　基本原理及操作方法 194｜一次咖啡灌腸液的做法 195｜濃縮咖啡灌腸液的做法 195｜
　　　　咖啡灌腸的步驟 196｜洋甘菊灌腸液的做法 198｜用量？頻率？198｜可能遇到的問
　　　　題及解決之道 199：嚴重便祕 199、胃脹氣 199、疼痛無法朝右躺 200、腹瀉 200、嘔吐
　　　　200、預防脫水 200、無法排出灌腸液 201｜蓖麻油灌腸 202｜蓖麻油灌腸的步驟 202｜
　　　　清洗灌腸設備 204

第十六章　藥物 206
　　　　鉀鹽化合物 206｜甲狀腺荷爾蒙劑及魯格爾碘劑 207｜菸酸片 208｜肝萃取膠囊 208｜
　　　　肝臟與維生素 B_{12} 注射液 209｜胰酵素 209｜胃蛋白酶 209｜牛膽粉 210｜亞麻籽油
　　　　210｜輔酶素 Q10 210

第十七章　不用藥止痛法 212
　　　　蓖麻油包 213｜黏土（泥）包 213｜熱療（水療）法 214｜氧氣治療 215｜彈跳運動 215｜
　　　　三合一 216

第十八章　瞭解好轉（治癒）反應 217
　　　　噁心 218｜疼痛 219｜憂鬱 220｜無法施行咖啡灌腸 220｜發燒 220｜總結 221｜過往病
　　　　例 221

第十九章　全套葛森療程 223
　　　　「一般癌症患者的小時制療程表」注意事項 223

第二十章　修改療程——適用於曾接受化療及嚴重虛弱的病患 228
　　　　「修改版小時制療程表」注意事項 231

第廿一章　非惡性疾病的葛森療程 233
　　　　「非惡性疾病患者的小時制療程表」注意事項 234

第廿二章　謹記事項 236
　　　　傳統癌症療法 236｜手術 236：給癌症患者的手術建議 236｜切片手術 237｜放射線治
　　　　療 238｜化療 239｜隆乳 241｜家中的幫手 241｜陽光的問題 243｜輔助療法 244：腳底
　　　　按摩 244、靈氣療法 244、針灸 244、瑜伽 245、按摩 245

第廿三章　小心即將面對的陷阱！ 247
　　　　保留精力 247｜破戒犯規 248｜面對親朋好友時要堅持 249｜面對友善的醫生時要堅持
　　　　250｜好轉反應及情緒波動 250｜用水警告 251｜謹慎選擇資訊 251｜偷工減料 252｜附
　　　　註 253

第廿四章	常見問題	254

葛森療法與化療 254｜其它常見問題 257

第廿五章	葛森療法後的生活	269

明智地飲食 270｜維持健康的藝術 271

第三部　不可或缺的各項補充 …… 273

第廿六章	對葛森患者的心理支援	274

恐懼是敵人 275｜壓力的影響 278｜情緒的急救箱 279｜跨越第一道障礙 280｜堅持就有結果 281｜治療道路上的問題 282

第廿七章	克服緊張和壓力	285

關注身體 285｜心智的力量 287

第廿八章	葛森中檢驗項目的解說	290
第廿九章	歷年來以葛森療法康復的案例	312

鼻咽癌（新加坡）313｜胃癌（中國大陸）313｜肺癌（台灣）314｜發炎性三陰性乳癌（台灣／美國）314｜高度侵襲性淋巴瘤 315｜子宮內膜異位導致的子宮頸癌 316｜乳癌 316｜乳癌轉移到肝臟 317｜化療和放療後復發的乳癌 318｜黑色素瘤 318｜黑色素瘤復發 319｜大腸癌轉移到肝臟 320｜胰腺癌 320｜前列腺癌 321｜前列腺癌併發骨癌和肺癌 321｜星形細胞瘤 322｜黑色素瘤及尼古丁成癮 323｜食道癌 323｜全家康復病例：乳癌、前列腺癌及胸膜炎 324｜尤文式肉瘤 325

第三十章	葛森食譜	327

溫馨提醒：黑麥麵包 327｜優格（酸奶）328｜甜味劑 328｜清洗水果和蔬菜 328｜烘烤 329｜烹調時間／餐點分量 329｜「希波克拉底」湯 329｜食譜：蘸醬 330｜開胃菜 331｜淋醬 335｜沙拉 338｜湯品 353｜主菜 362｜甜點 404

附錄	葛森資源供應商	410

療程表單	【表 19-1】	一般癌症患者的小時制療程表 224
	【表 20-1】	修改版小時制療程表——適用於曾接受化療及身體嚴重虛弱的患者 230
	【表 21-1】	非惡性疾病患者的小時制療程表 234
	【表 28-1】	三酸甘油酯值 301
	【表 28-2】	血清的正常範圍 301
	【表 28-3】	正常的血清鐵值及總體結合量 305
	【表 28-4】	正常的紅蛋白值 307
	【表 28-5】	白血球差異值 311

前言

時代變遷，人類活在一個充滿危機的社會中，我們的健康面對著前所未有的威脅：無論是自找的麻煩，或是地球周遭環境引發的，兩者均有牽連、密不可分。出現這種情況，我們不能怪罪環境因素，因為這一切都是人類一手造成的。

回顧過去幾世紀，地球的種種變化反映出人類錯誤對待她的後果。地球是人類唯一的棲息地，卻遭到殘酷地濫用，原料猶如取之不盡用之不竭的天然寶庫，肆無忌憚任由我們開採。

今日，為時未晚，我們終於醒覺了，地球實質上是個複雜而又龐大的生物體，雖然提供了能夠自我調節的能量，但供應有限。

有趣的是，當人類不留餘地繼續破壞時，地球會戲劇性地做出反常行為。可惜，人類的無知，造成至今仍未意識到，這種反撲現象其實已經發生了。

無疑地，這些現象直接影響了我們，不論是全球性或個人性的日常生活中，處處可見人類違反自然定律、漠視大自然的行為，人類和大自然脫離關係。

高科技的普及、電子創新科技、太空探索、無限的電腦能量、以及舒適的社會消費模式，令我們忘記了人類的生存之本，換句話說：

- 地球上所有的生命都依賴著大約10吋厚的表層肥沃土壤，供應著植物的生長，繼而維持動物及人類的生存。可惜這些珍貴的物質，因為洪水氾濫、水土流失、農業工業化、森林開伐及其他毀滅性活動的關係，正在從全世界的每一個角落迅速流失中。如果情況持續惡化下去，即使發明更尖端的科技，也無法餵飽人類。
- 我們與大自然脈動相連，透過其他形態的生命體，再經過幾千年進化演變而成，只有透過大自然的滋潤、呼吸清新的空氣、飲用純天然的水源和生活在無毒素的環境中，才有可能繁榮和茁壯成長。

然而生活在已開發國家中的人們，並非過著這種自然生活。他們生活水

準極高、有良好的衛生條件、加上現代醫學所創造的奇蹟、以及社會日益繁榮之下，民眾的整體健康反而每況愈下，甚至進一步惡化。

雖然人類的平均壽命增加了，但卻在晚年時被種種疾病纏身，如關節炎、老年痴呆（失智）症、行動不便、消化不良……等痛苦的折磨，更糟的是還要靠大量的藥物生存，這些日子對他們來說是毫無意義的。至於年老階層的另一端，兒童罹患慢性退化性疾病已趨向年輕化，不久以前，這些疾病只會影響中年人或年長者。除此之外，還有肥胖症、持續不良的飲食習慣，情況好像疫情般蔓延至各個年齡層，後果不堪設想。看看花費在醫療研究及健康護理上的天文數字，這個普遍化的現象確實令人擔憂。

相反地，生活在開發中國家的人民，他們雖然過著農耕式的傳統原始生活，活在不同階層的貧窮線下，但他們普遍的健康狀況，卻比任何已開發國家的人民更健康，這是多麼諷刺呀！這種差異，全因他們謹守大自然原則，以大自然為人類生存的根本──只要避免被令人羨慕的西式生活方式誤導，他們就可以維持良好的健康狀態。

很明顯地，我們需要改變生活方式。十八世紀法國哲學家盧梭曾提出：「回歸大自然！」的定律，告誡人類該謹守的規條；我們必須回歸到純自然的生活方式，學習治標又治本的方法來恢復健康。

本書的主題「葛森療法」正是在實現這個理念──從治癒各種慢性退化性疾病，到在眾多的細微症狀中，將未確定的亞健康狀況清除，幫助我們回復精力，滿足我們想重獲健康的需求。

葛森療法的基本原則就是全體性（也稱為整體論），意思就是把人體看成一個整體，然後納入研究範圍，所有問題和小毛病會一併處理，並不會只針對一個症狀或器官，或把個別器官當成獨立個案來治療。除此之外，還會考慮到個人的日常生活環境及健康狀況，甚至其職業和生活方式。葛森療法與傳統的對抗療法相去甚遠，因後者以專科領域、集中症狀治療，然後找出一個病因，再用處方藥物來壓抑症狀，實有很大差異。

有科學家指出，現代對抗療法停留於前愛因斯坦時代的唯一主要科學，這個說法已被公認。十九世紀法國科學家路易斯．巴斯德，也被稱為「細菌理論之父」（father of the germ theory），他的精神尚存，對抗療法亦因此仍堅

持其理念。巴斯德終其一生,堅持疾病是由病菌引發(他是首位提出這個觀點的人),因此治癒方法就是要殺死細菌(病菌)。安托萬·貝尚(Antoine Béchamp)──同時代的反對者,他聲稱關鍵不在於細菌,而是生物體的狀態受到攻擊,不過巴斯德臨終前終於否認自己的學說,承認「細菌並非根源,自然環境才是一切。」[1] 不幸地,對於這個遲來的改變,大部分的世人仍被蒙在鼓裡,因此現代醫學繼續困在細菌理論,忽視「自然環境」,與殘酷的對抗治療的迷魂陣中。

葛森療法的理論則完全相反,其治癒方法非專科性的,因此可以處理廣泛的症狀:其終極目標是要恢復「自然環境」(即完整的生物體),啟動身體的自癒力,從而進行修復工程。人體驚人的自癒力在葛森療法中被充分應用,很遺憾卻遭到對抗療法的忽視甚至遺忘。當然,非專科性的療法對於接受傳統西醫醫學院所訓練出的醫生來說是一種詛咒。年輕的葛森醫師發現藉由低脂、低鹽的蔬食餐飲,讓他擺脫了他經常反覆發作的偏頭痛。經過多重過程與實驗,葛森醫師最後發現自己的飲食是治癒他偏頭痛的關鍵,不但是偏頭痛,也治癒了他的整體健康,而非只治癒某一症狀。由此可見,身體的治癒力實在驚人且無可限量。通過了近90年的成功治療記錄,證實了葛森醫師是正確的。

無可否認地,隨著人類文明發展至今而產生出的各式毒性物質已無法估計,西方飲食的毒害,比葛森醫師年代更具傷害性,雖然治癒的過程更艱難甚至需時更長,但葛森醫師的療法仍可達到驚人效果。

不過,必須強調一點,「葛森療法不是宇宙萬靈仙丹或奇蹟療法,仍然可能因為各種原因失敗」(例如:病人接受各種範疇的傳統西醫療法後,卻無法得到緩解,之後再開始進行葛森療法便太遲了;不遵守葛森飲食規則;或因為手術而失去某個主要的器官)。

除了這些個案之外,葛森療法治癒癌症及很多其他嚴重的慢性退化性疾病的成功率,在某些案例中,仍然遠遠勝過主流的西醫療法。

葛森醫師曾在著作《*A Cancer Therapy: Result of 50 Cases*》(中譯本:《大成功!葛森醫師癌症療法》)中提到,「在某些晚期的癌症病例中,葛森療法只能夠做到讓病人康復一些,無法完全復原;而在某些末期的癌症病例中,就

算是葛森療法也束手無策。影響葛森療法成功率的原因有很多,例如:缺少幫手、經濟有困難、親友及醫生的反對及病人的心態⋯⋯等。」² 其中,尤其以病人的心態最為關鍵。病人的求生意志、是否要被治癒、心理狀況、家人們對病患的心理支持及合作度,外在環境⋯⋯等,都是左右成功率的重要因素。

本書將會詳細解釋原因,及葛森療法在某些病例中的成功祕訣。

參考資料:

1 "The germ is nothing, terrain is everything," Claude Bernard (1817-1878).
   While Pasteur preserved his stance until the end of his life, he conceded on his deathbed that Claude Bernard had been correct. "Claude Bernard was right," conceded Pasteur. "The microbe is nothing, the terrain is everything." Louis Pasteur (1822-1895). Expounded by Louis Pasteur Valery-Radot, sentence pronounced on his deathbed (www.originalquinton.com/history.php).

2 Dr. Max Gerson, *"A Cancer Therapy: Result of 50 Cases"*, page 213-214.

第一部

在惡化環境中的健康與療養

知識就是力量,它可以引領我們找到通往陌生領域的道路,如:葛森療法引導我們邁向康復及健康。本書的第一部提供給您所需要瞭解的有關葛森療法的背景知識及其嚴謹的科學理論。「理論」一詞可能聽來枯燥乏味;不過在葛森療法中卻恰恰相反!本書用令人吃驚的革命性角度,清楚說明了現代文明社會中陰沉的健康問題。要扭正現代的問題,我們必須找出問題的根源!

請仔細閱讀隨後的章節,當中所涵蓋的實施理論,就是開啟您治癒大門之鑰匙,可徹底恢復人體的精力。總言而之,您所學到的知識,會令您意識到:必須為自己的身體健康及福祉負責——捍衛您的身體,而不是進行破壞性活動後再進行修補的工作!

第一章

故事於焉開始

偉大的精神總會受到平庸大眾思潮的暴力阻擋。

——亞伯特‧愛因斯坦（Albert Einstein）

　　一些偉大的科學發現，往往來自突然的洞察或突如其來的靈感，就像晴天霹靂一樣。而某些發現則是經年累月、刻苦耐勞的成果。而最驚人的成就，就是透過一連串看似巧合的事情，漸漸進入令人意想不到的結局，葛森療法就屬於後者所述。葛森療法的誕生，源自一位非凡人物——馬克斯‧葛森醫師（Dr. Max Gerson），他出生於德國，擁有才華橫溢的智慧，在適當的時機發問了適當的問題，然後以極精密的科學尋求答案。他的故事讓我們明白葛森療法之「救生救命」能夠傳承至今的原因。

　　馬克斯‧葛森小時候已對科學展現出好奇心。他喜歡在祖母的花園玩耍，花園裡栽種著各色各樣的花、以及日常生活食用的蔬菜。有一次，祖母正在研究一些新的人造肥料，估算可以種出更大更好的農作物，葛森驚愕地注意到蚯蚓卻逐漸離開那布滿了新人造肥料的土壤，而遷移到先前鋪有天然肥料的土壤裡，追隨傳統的天然物質為本。年紀小小的葛森隨即斷定這些新肥料，必定含有毒害物質，否則蚯蚓不會遷徙到天然環境裡。他對這次的經歷刻骨銘心，無法遺忘。

　　高中畢業後，葛森決定當一名醫生，然後選擇進入布雷斯勞（Breslau）、維爾茲堡（Wuerzburg）、柏林（Berlin）和弗賴堡（Freiburg）的大學深造。無論是他在大學生涯之中，還是往後的人生，葛森對外間的事物常存好奇心，嘗試各種事物時永遠離不開假設性的問題，總想知道「如果這樣或那樣……會有什麼可能性的結果？」當年還是一位年輕醫生時，他在布雷斯勞

擔任助理一職，協助奧特弗萊德・福斯特教授（Professor Ottfried Foerster）。當時他做了個實驗，從荷蘭訂購一批優質玫瑰花，精心栽種並不斷調整肥料和養分，並透過安裝濾光器──因為玫瑰接收陽光的程度也要受到控制。通過這些方法，葛森成功改變了玫瑰花的顏色。

這個小實驗讓他明白營養與陽光能夠改變生長中植物的新陳代謝，不過他完全沒概念要如何將此發現應用到人體身上，更不用說治癒疾病。最後他利用了自己的宿疾──反覆無常又劇烈發作的簇聚性偏頭痛──藉此找到方向。

偏頭痛的破壞性太強，頻繁地反覆發作令他拚了命要找出解決之道。他諮詢過的老師和教授，通通無法建議任何治療方法。他們告訴葛森，等他過了50幾歲後，情況便會漸漸好轉，但這位年輕醫生無法想像往後30年都要飽受這種折磨式的生活。偏頭痛發作時的強烈頭痛和嘔心，有時逼使葛森醫師不得不待在黑暗的房間裡或臥床，頻率為一星期2至3天！他知道一定有更好的答案，自此立下決心尋找。

為了開始研究，葛森醫師閱讀了所有相關資料，但毫無頭緒。他以病人的身分向多位教授求診，但一無所獲。一次意外中（如果你相信意外的話），他在報章上看到一個病例，一名同樣患有偏頭痛的女士，通過飲食調理將偏頭痛治癒。「飲食！」他靈機一動，才發覺從未有人教導他任何有關飲食方面的知識，他的教師也從未提及任何慢性疾病的衍生與飲食有關。一如既往，他很樂意進行實驗，甚至將自己當作「白老鼠」也在所不惜。他戒掉日常的飲食習慣，開始嘗試不同的飲食方式。經過一段時間的實驗及多次失敗的結論，他制定了一套無鹽的蔬食餐單，偏頭痛引發的疼痛和嘔心的確神奇地消失了。

自此之後，他將飲食療法應用到他位於比勒費爾德（Bielefeld）診所的臨床實踐中，當有偏頭痛患者前來向他求診時，他會坦白告訴他們，根據所有醫學文獻的記載，這種疾病是無治癒方法的。他同時分享自己患偏頭痛的經歷，直至改變飲食習慣才得以舒緩，因此建議患者同樣嘗試這個方法。當這些病人數星期後回到診所複診，他們異口同聲，均稱偏頭痛已得到舒緩──大前提是只要他們嚴格遵守飲食規則。

這次經驗後，葛森醫師將自己的療法命名為「偏頭痛食療」，是針對身體特定病症的單一療法，正如傳統西醫中指定的做法。後來因為一些重大發現，徹底扭轉了他的看法。

有一天，一位偏頭痛患者向葛森醫師諮詢，葛森醫師便極力建議他使用「偏頭痛食療」，患者亦照著他的指示執行食療。一個月後，該患者的偏頭痛消失了，連一直患有的皮膚結核症（尋常狼瘡）也逐漸痊癒。葛森醫師很懷疑地說：「這不可能，你不可能有尋常狼瘡，肯定是誤診，因為尋常狼瘡是不治之症。」

病人就拿出自己的體檢報告，的確證明結核菌曾經在組織之中產生病變。葛森醫師大為震驚，他看不到偏頭痛與尋常狼瘡之間有何關聯，對兩種狀況均可治癒，完全摸不著頭緒。

這個問題又勾起了葛森醫師的思緒，為了尋找答案，他再次將自己推進決定性的時刻。開始研究前，他請求這位病人找一些罹患尋常狼瘡的病友，為他們提供免費治療，最後前來的患者都被他治癒了。葛森醫師證實了他的「偏頭痛食療」也可以治癒被喻為不治之症的皮膚結核病。

葛森醫師的驚人事蹟，很快傳到位於德國慕尼黑的著名肺結核專科醫生——弗迪南德．紹爾布魯赫（Ferdinand Sauerbruch）的耳中。紹爾布魯赫於是安排 450 名「無法治癒」的尋常狼瘡患者採用葛森醫師的特別飲食，並提出葛森醫師只要能治癒一位患者，他就完全相信葛森所宣稱的療法。結果，葛森食療不但制止尋常狼瘡的進一步蔓延，甚至治癒了 446 名嚴重病患。紹爾布魯赫就將「他」的結果發布到多份科學論文上。[1]

葛森醫師並未因此而滿足，他開始質疑皮膚結核對此特殊飲食呈現陽性反應，那麼其他類型的結核病是否也如此？有名的「殺手病」肺結核呢？腎臟、骨骼、腦炎還有其他形態的疾病呢？他同樣開始使用這個食療法來治療該批患者，結果全部康復了！當中的病者還包括亞伯特．史懷哲博士（Dr. Albert Schweitzer）的妻子。更重要的是，眾多患者之中，他們除了罹患皮膚結核病外，還有其他疾病，如：高／低血壓、過敏症、哮喘、腎病等等更多的疾病。這些疾病全部被「偏頭痛食療」治癒！

到目前為止，葛森醫師已經很清楚知道，改變飲食除了治癒一種疾病之

外，還會刺激病人新陳代謝和免疫系統的反應，這代表著身體上的整體性治療。此舉為所有「無法治癒」的慢性病重開治癒之門，自此之後，他的研究引領他步入一條與傳統醫學完全不同的道路，他的病人不再受藥物控制，而是真正地被治癒。

談到葛森醫師邁進癌症治療的歷史，要追溯到西元1928年。當時有位女士要求葛森醫師到她家中應診。葛森醫師回憶道：「我問她健康哪裡出問題了？但她不想在電話中說明。」[2] 當葛森醫師到診後，病人提到她剛剛做了膽管癌的手術，現在她出現了黃疸症狀和持續高燒，很需要幫助。

葛森醫師告訴此病人他並不懂癌症的治療，但病人對葛森醫師治療結核病的成功很有信心，堅持要他嘗試。病人邀請葛森醫師參考桌上厚厚的書本，請他打開「治癒癌症」的章節。這本記載民間醫藥的書，令葛森醫師回憶到一些歷史：「西元前425年有關希臘名醫希波克拉底（Hippocrates）的故事……，他意識到病人需要透過飲用一種特製湯藥，以及灌腸來排毒。」[3]

葛森醫師再次提醒這位病人，他不懂如何治好她的病，但在患者堅持下，他同意嘗試。他為病人設計了一個治療計畫，主要與他治療結核病時採用的一樣。葛森醫師之後憶述：「我嘗試了，結果6個月後病人完全痊癒！她精神奕奕，各方面的狀態都非常好。之後這位病人轉介兩個癌症個案給我，其中一位患者的癌細胞已擴散到胃部四周的腺體──最後同樣治癒！第三位患者也同樣治癒！3個病例全部都是臨床實驗式治療，結果全都治癒！」[4]

之後葛森醫師到了維也納，又再次進行實驗，治療6個癌症病例，不過此次全都以失敗告終。他感到驚訝和氣餒，雖然如此，「一旦這個念頭進入了我的腦海，問題交到我手上，並觸動了我的心靈，我再也無法置之事外。」[5]

幾年後，葛森醫師移民至美國定居，為了取得行醫執照，首先要通過一項醫學考試，領取執照後，他找不到一間可以讓他用食療治療病人的醫院。「我無法忘記那3個病例，我不停思考：**一定有方法，放棄就等於犯罪。**」[6]

葛森醫師研究了所有找到的醫學文獻和參考資料，並發現慢性疾病與癌症之間是有分別的。之後他就此結論提出一個觀點──「慢性疾病患者身體衰弱、肝功能受損；而癌症病人的肝臟則含毒素。」[7] 葛森醫師發現癌症患者無法完全消化及吸收脂肪和油脂。這些未消化的殘留物被腫瘤組織吸收，因

此導致腫瘤的急劇增長。

經過多年的臨床實驗及錯誤中累積出的經驗，葛森醫師發展出一個非常有效的治療方法——即使癌末病患也適用。

葛森醫師的驚人原始思維和新方法完全不符合對抗療法的醫療系統。他撰寫了多篇有關食療的研究和病人成功結果的醫學報告，遞交到多份醫學期刊；很不幸全都被不同的藉口拒絕。後來，有病人前往美國醫學公會（AMA）查詢有關葛森醫師的資料，卻被美國醫學公會告知葛森醫師並不想公開，要將療法「保密」，並以「葛森醫師拒絕公布」為由來回應市民。[8]

紐約醫學公會的審查委員會向葛森醫師發出5次信件，要求他提交研究的紀錄證明。[9] 每次他都很有耐性地收集更多紀錄，有時甚至提交一些康復病患者的見證。他不求什麼，只要求委員會可以公布那些研究；可惜從未被刊登。

葛森醫師為確保可以繼續進行研究，所以很焦急，想盡快培訓其他醫生或助手繼續實踐他的療法。那些尚未開設診所的年輕醫生們，一有機會就會請求葛森醫師，收他們為他的助手學習療法。經驗豐富的葛森醫師，早準備好隨時將療法傳授給一些熱心的年輕醫生，所以他總是欣然答應。

然而，「助理實習生」卻總未超過4天或5天，實習的年輕醫生們往往會收到嚴重恐嚇，他們只得尷尬地向葛森醫師解釋，如果繼續隨葛森醫師進行研究，會被醫院公會列入黑名單，不會獲得醫生轉介病人，甚至沒機會執業。年輕醫生因接受多年醫學訓練而累積的巨額債務，實在無法面對這種困局，很無奈地被迫放棄與葛森醫師合作。（其實現今類似的情況仍然發生，當有一些未完全自給自足，未開立診所的醫生想前往位於墨西哥的葛森診所實習葛森療法時，他們的上司會解釋此舉的後果，必定會令他們醫途盡毀。可想而知，今日接受葛森療法培訓的醫生仍然嚴重不足，願意接受的屬極少數。）

葛森醫師並未因此障礙被嚇怕而放棄，他繼續研究療法，期間不斷進行改良及完善化。雖然如此，無論他怎樣努力，醫學期刊仍然封殺他的文章，最終葛森醫師將所有資料收集和整理好，然後記錄在自己最後的一本書，這本書也成為醫學界的永久見證。

多年前，我們收到一些驚人資料，來源是一位紐約的知名健康作家（同時也是國際法專家）。當時他正在收集資料，發現了一個重要見證，這個見證是葛森醫師於1946年在美國國會[10]上發表的供詞，由參議員克勞德‧佩珀（Claude Pepper）贊助下舉辦的。該名作家打算將葛森醫師的見證內容出版，於是，他專程飛往華盛頓特區，並調出國會紀錄檔中尋找那份見證報告。據瞭解，國會報告屬於官方式的美國政府文檔，不能隨意篡改。作家清楚知道這些證詞共有好幾頁，包括葛森醫師對自己研究的問題和答案，還有葛森醫師主診的5位癌症康復者的相關醫療記錄，這5位病人曾被診斷為癌末患者，無法醫治。研究員仔細檢查了國會紀錄檔報告，卻發現日期下方是空白一片，根據規則該部分應該是記錄供詞的地方。很明顯地完全違反了國會文件「不能隨意篡改」的規定，在沒有任何解釋的情況下已全被刪除了。

研究必須有一定數量的考證根據支持，如果主題數目不足（少於250個），就算被研究的主題有優點，傳統「科學」醫學一般仍會不承認其研究。以下有個相關引證，這個例子與葛森醫師的故事相關：

「醫學科學已被人類應用了超過數百年，卻被本已存有偏見的少數主觀醫學科學研究揶揄『控制值是什麼？』『統計數據在哪裡？』『你怎知道患者透過別的方法不會更舒服呢？』『數字上的統計並不能說明問題』『他們真的掌握了所有變數嗎？』『你怎知道藥物無法發揮一樣的功效？』『心臟起搏器同樣也可以運作得很好。』『如果我們能好好利用現有的，就已足夠。』」[11]

參考資料：

1. Ferdinand Sauerbruch, *A Surgeon's Life* (London: Andre Deutsch, 1953); see also Howard Straus, *Dr. Max Gerson: Healing the Hopeless* (Carmel, CA: Totality Books, 2002).
2. M. Gerson, *A Cancer Therapy: Results of Fifty Cases and The Cure of Advanced Cancer by Diet Therapy: A Summary of Thirty Years of Clinical Experimentation*, 6th ed. (San Diego, CA: Gerson Institute, 1999), Appendix II.
3. Ibid.
4. Ibid.
5. Ibid., pp. 403-405.
6. Margaret Gerson, *Dr. Max Gerson: A Life Without Fear* (New York: unpublished manuscript, 1968-1969).
7. Note 2 (Gerson), supra.
8. Patricia Spain Ward, "*History of the Gerson Therapy*," under contract to the U.S. Congressional Office of Technology Assessment: "Compared to Miley's testimony, Gerson's was innocent, concentrating on the histories of the patients he brought with him and on the likely mechanisms whereby his diet caused tumor regression and healing. Only under pressure from Senator Pepper did Gerson state that about 30% of those he treated showed a favorable response (U.S. Congress, 1946, 115). Nonetheless, *JAMA* devoted two pages to undermining Gerson's integrity (JAMA, 1946). Showing no restraint where Gerson was concerned, Fishbein, contrary to fact, alleged that successes with the Gerson-Sauerbruch-Hermannsdorfer diet 'were apparently not susceptible of duplication by most other observers.' He also falsely claimed that Gerson had several times refused to supply the AMA with details of the diet. (Fishbein said he could provide them in this editorial only because 'there has come to hand through a prospective patient' of Gerson a diet schedule for his treatment.) Fishbein emphasized, without comment, Gerson's caution about the use of other medications, especially anesthetics, because they produced dangerously strong reactions in the heightened allergic state of his most responsive patients." The statement was in Morris Fishbein's editorial, cited by Ward above. "Gerson's Cancer Treatment," editorial, *Journal of American Medical Association* 132 (Nov. 16, 1946) : 645-646.
9. S. J. Haught, *Censured for Curing Cancer: The American Experience of Dr. Max Gerson* (San Diego: Gerson Institute, 1991).
10. Ibid. See also the transcript of Dr. Gerson's testimony before the Pepper-Neeley Subcommittee. "Cancer Research, Hearings before a Subcommittee of the Committee on Foreign Relations, United States Senate, Seventy-Ninth Congress, Second Session on S. 1875, A Bill to Authorize and Request the President to Undertake to Mobilize at Some Convenient Place in the United States an Adequate Number of the World's Outstanding Experts, and Coordinate and Utilize Their Services in a Supreme Endeavor to Discover Means of Curing and Preventing Cancer. July 1, 2 and 3, 1946"(Washington, DC: United States Printing Office, 1946).
11. R. J. Glasser, *The Body Is the Hero* (New York: Random House, 1976) p. 242.

第二章
療程中新增的項目和程序

採用葛森療法的新患者往往會提出一個疑問：創於近 90 多年前的療法，至今一直都沒有改進，肯定已經過時。況且，自 1959 年葛森醫師逝世後，醫藥方面已有突破性的發展，療法已無存在價值；其實這種想法是完全錯誤的。

由於人體生理學以及慢性病的性質沒有改變，所以葛森療法也不會過時。相反地，根據近期世界各地的調查結果，驗證了葛森醫師採用的方法及食材是有效的。[1] 多年以來，葛森療法並非一成不變，毫無發展，經過年代的更迭，療法本身也加入了許多經過謹慎細選的新元素，完全符合葛森醫師永不滿足的精神。即使之前的葛森療法已很完善並有卓越的成就，葛森醫師在生前仍一直繼續尋求進步，不斷地改良療法。

自從葛森醫師逝世後，治療工作變得愈發困難。因為空氣、土壤和水源的污染，已經蔓延至全球；在貧瘠土壤種植的食物已失去了最重要的營養成分，再加上這些食物經過強度的加工處理，摻雜了許多化學添加物。

更糟的是，藥物的使用急劇增長，無論是處方的還是非處方的。一些自毀性的個人習慣也成了現代生活方式的一部分（例如吸煙、酗酒，還有所謂的休閒藥物等等）。因此人體中毒的程度愈來愈嚴重，身體的損害比以往更深層。

其實我們早已注意到，即使墨西哥葛森診所內嚴格執行著葛森療法，卻因為上述各種因素，與葛森醫師當年親自記錄的治療結果相比，不及葛森醫師當時的年代有效。除此之外，某些原始的藥物已被更改，還有一些食材再也無法取得或無法使用了。舉例來說，葛森醫師曾用天然的肝臟萃取物（Lilly）來促進患者的肝臟功能。

不過現今的肝臟萃取物是經過進一步加工精製，很可能不如以往的那麼

有效。那些因殺蟲劑而造成肝臟受損的患者，葛森醫師當年會使用新鮮現榨的生牛肝汁，來幫助患者恢復受損的肝功能。很遺憾地，這一切現今再也無法實現了，因為研究發現，即使來源是最優質的小牛犢肝臟，也感染了彎曲桿菌（campylobacter）——一種會引起痢疾、腹痛、高燒、噁心和嘔吐的細菌。

為了彌補由此產生的缺陷，葛森療法開始加入新項目和新程序。其中之一就是**輔酶** Q10（CoenzymeQ10），其成分能夠取代生牛肝汁的部分，不但可以促進免疫系統，還可以增強人體抵抗力，足以應付某些感染及各種類型的癌症。另一種物質是**脫脂的初乳**，即母親乳房最先分泌出用來餵飼新生嬰兒的液體（或所有哺乳類動物同等腺體的第一次分泌體）。

這種具高度價值的物質，可以幫助建立和組織新生嬰兒的免疫系統，同時也能增強免疫缺陷患者的衰弱防禦系統。不過，這二項新加入的取代品，畢竟無法完全替代原本葛森醫師時代所使用的新鮮現榨生牛肝汁，所以所有的患者必須要瞭解：現代的葛森療法和葛森醫師時代的葛森療法，已不盡相同。

胰酶酵素（Pancreatic Enzymes）在葛森療法中自始至終都是很重要的補充品。葛森醫師利用它來攻擊、分解和消化腫瘤組織。為了幫助現今更嚴重的患者，療法加強此部分，改成較高濃度的胰酶酵素。此外，沃泊－穆格斯®（Wobe-Mugos®）錠劑，成分包含了支持免疫和抗腫瘤的物質，也被證實具有同樣療效。此類型補充品的功能之一，就是在溶解癌細胞的外層蛋白質，讓被葛森療法精確喚醒的抗癌細胞，可以辨識出癌細胞進而摧毀它們。

葛醫們還採用人工發熱療法（高熱療 hyperthermia）來改善免疫功能及加速好轉反應。這項治療需要服用苦杏仁素（也稱之為**維生素** B_{17}），一種由杏核中提取的維生素。發現者為恩斯特．克雷布斯醫生（Dr.Ernst Krebs Sr.）和他的兒子，小恩斯特．克雷布斯（Ernst Krebs Jr.）。由於苦杏仁素含有小部分的氰化物（cyanide），能夠在不傷害健康細胞的前提下攻擊和摧毀癌細胞。研究還發現，苦杏仁素靜脈注射使很不容易升溫的腫瘤組織的溫度上升了整整一度——這是非常難得的，因為在正常人體組織所能忍受的高溫下，腫瘤組織是無法生存的。為提升高溫作用，患者必須浸泡在高溫的熱水中（高熱療），從而提高整體體溫，來達到「發熱」的效果。整體來看，此療

法加速了腫瘤的毀損，減輕了患者的痛苦，並提高了患者的舒適感。（當然，只有一次療程不可能立刻摧毀整個腫瘤組織。）

※請注意：雖然苦杏仁素能夠縮小腫瘤組織和減輕癌痛——尤其是骨頭疼痛——但它不能重建身體系統和器官，也不能清除毒素。苦杏仁素是有用的補充品，有助療效但並非治癒疾病。苦杏仁素（維生素 B_{17}）並非葛森療程中的標準藥物及補充品，在未了解它對身體會造成的影響及可能會出現的風險之前，請勿服用。請謹記，苦杏仁素（維生素 B_{17}），是由醫師們在極少數的情況下處方，一般會與高熱療法結合，為"輔助"性質。相關的劑量及用法，請遵照醫囑。

葛森療法中另一個有幫助的添加項目是臭氧（通過直腸灌氣法 rectal insufflation）或過氧化氫（俗稱雙氧水 peroxide）（用來擦拭皮膚）。因此臭氧在葛森療法中有兩種形式可供選擇：雙氧水或臭氧氣體。不管哪一種形式，都可以殺死細菌和病毒，破壞癌症組織，增加血液含氧量——延伸至所有的器官系統——將有害的自由基，轉換成人體可代謝掉的化合物。濃度3%或更低的雙氧水各藥房有售，可用來擦拭患者全身，每天一至兩次，便可經由皮膚上的毛孔進入身體系統。若雙氧水只有高濃度的，則必須稀釋濃度至3%或更低。在此再次強調，雙氧水絕對不可內服！

在葛森診所內經常使用的室內臭氧機，建議給居住在海拔較高（3,000呎以上）地區及／或毒物噴灑的地區，或空氣污染較嚴重工業區的患者使用。吸入經臭氧淨化過的空氣使人精神煥發、充滿活力，甚至有助於病患改善情緒。

隨著現代飲食的創新，影響了某些乳糖不耐症（Lactose Intolerance）的患者。（無法消化脫脂及事先處理過的奶蛋白，如優格和乾酪，這些食物通常會在6～10週後加回葛森療法）。考慮到這些情況，具豐富的植物性蛋白質的食材，如螺旋藻（Spirulina），便成為替代性食材。

葡萄柚籽萃取物（Grapefruit Seed）

由於病患的免疫能力普遍低落，所以要特別小心照顧，預防他們患上一般感冒或病毒性感冒。葡萄柚籽萃取物含抗病毒和抗菌功用，是天然的抗生素。最近加進療法中，而且效果良好。如果你覺得似乎有感冒前兆，

立即口服或用來漱口，兩者均可發揮預防作用。另一個出色的預防感冒方法為順勢療法——為美國多利瑟斯公司所創（Dolisos America., Inc.）（www.dolisosamerica.com）。

保哥茶（Taheebo Herbal，Pau D'Arco 或 Lapacho）

保哥茶取自於安第斯松樹（Andean Pine Tree）的內部樹皮，很多居住在南美安第斯山脈附近的傳統部落用此樹皮治病。保哥茶加入葛森療法中後，很多患者均對其附加價值讚不絕口，此茶不但可減緩身體的不適，甚至還可縮小腫瘤。保哥茶其實就是許多細碎的木片，因此必須浸泡於煮沸後小滾中的蒸餾水裡5到10分鐘，過濾後才能飲用。這個傳統的療法被用於多個不同部落，所以命名也有多個，分別為為蟻木（Taheebo / Lapacho）或保哥果（Pau D'Acro）。

硒（SELENIUM）

化學元素「硒」，由多位研究人員發現，其中包括——哲合德‧斯格拉哲教授（Gerhard N.Schrauzer），任教於拉荷亞（La Jolla）的加州大學[2]（University of California），以及位於加拿大維多利亞[3]的哈樂德‧福斯特教授（Professor Harold D. Foster）。——硒是一種刺激免疫系統的重要興奮劑，因此被加入很多患者的葛森療程中。

葡萄糖—鉀—胰島素治療（Glucose-Potassium-Insulin）

靜脈葡萄糖—鉀—胰島素治療，是著名心臟專家德梅奇奧‧索迪‧帕拉里斯醫生（Demetrio Sodi Pallares, MD）研發的。葡萄糖和胰島素提供鉀通過細胞膜進入組織時所需的能量。由於葛森療法已透過果汁及鉀鹽攝取了充足的葡萄糖和鉀，因此通過皮下注射的方式，只施打低劑量的胰島素（3～5單位）。

吡啶甲酸鉻 (CHROMIUM PICOLINATE)

研究發現，鉻（chromium），以吡啶甲酸（picolinate）的形式，可刺激胰腺分泌胰島素。200 微克（mcg）的膠囊或錠劑已被加入葛森療法中，尤其能減輕糖尿病患者的病況。

結論

這些只是近代加入葛森療法中的部分新項目，目的為提升療法的有效性。很明顯地，這些項目都是通過葛醫們的測試，證實是「無毒」的。葛醫們以極度謹慎的態度，測試有顯著療效且有可能可加入葛森療法中的新品項，藉此才能確保葛森療法在現今日趨惡化的大環境下實施時，仍能發揮最高的療效。

參考資料：

1. Carmen Wheatley, in Michael Gearin-Tosh, *Living Proof: A Medical Mutiny* (London: Simon & Schuster, 2002), Appendix.

2. L. Olmsted, Gerhard N. Schrauzer, M. Flores-Arce and J. Dowd,"Selenium supplementation of symptomatic human immunodeficiency virus infected patients," 1: *Biol Trace Elem Res*. (April/May 1989) ; 20(1-2) : 59-65. Department of Family Medicine, School of Medicine, University of California, San Diego, La Jolla. "The mean whole blood selenium levels in male San Diego, CA patients with acquired immune deficiency syndrome (AIDS) are 0.123 +/- 0.030 micrograms/mL (n = 24) , and 0.126 +/- 0.038 micrograms/mL (n = 26) in patients with AIDS-related complex (ARC), compared to 0.195 +/- 0.020 micrograms/mL (n = 28) in San Diego healthy controls(males). To establish whether intestinal absorption of dietary selenium is impaired in AIDS or ARC, a supplementation trial was conducted in which 19 symptomatic HIV-antibody positive male patients with AIDS or ARC were taking 400 micrograms of selenium/d in form of selenium yeast for up to 70 d. The mean whole blood Se levels increased to 0.28 +/- 0.08 micrograms/mL after 70 d of supplementation, the selenium supplements were well tolerated. A rationale for adjuvant selenium supplementation of symptomatic and asymptomatic HIV carriers is proposed." PMID: 2484402 [PubMed - indexed for MEDLINE].

3. Harold D. Foster, Ph.D., *What really causes AIDS* (Victoria, BC: Trafford Publishing, 2002) .

第三章

認清敵人

　　葛森療法面對健康和疾病的態度，與傳統西醫程序有很大差異，因此要完全理解其基本原理，才能掌握療法之精髓。一旦徹底瞭解後，葛森療法的理論與實踐就會變得十分明確，深奧的邏輯也逐漸明朗。

　　事實上，很多經由葛森康復的病患都坦承，當他們的健康亮起紅燈，生命危在旦夕時，選擇葛森療法的原因正是因為療法合乎邏輯，並且擁有令人信服的成功治癒率。

　　葛森療法的目標是根治疾病的起因，並非其症狀。療法的聚焦點在危及人體健康的兩大敵人上：有毒物質和缺乏營養。兩者都是違反大自然定律和錯誤的生活方式所致；在某種程度上，與現代西方飲食和被污染的大環境有關。讓我們進一步分析各點。

毒素

　　空氣——是人類生存的必備條件——現實生活中卻受到各種形式的污染，如車輛排放出的廢氣、從輪胎飛濺出的隱形微粒沾黏於肺部、天空降下的飛機燃料殘留物、以及數不清的從工廠煙囪冒出的工業有毒廢氣，或是社區乾洗設施排出的廢氣。

　　水——另一個人類生存的必備條件——同樣無可倖免地，也遭到氯和氟化物，及廣泛類型藥物之殘留物的污染，而此污染是現代所有的水淨化技術都無法排除的（蒸餾法例外）。除此之外，河流和湖泊也受到工業和農業用水的污染。

　　近代大環境又多增加了一項污染源——圍繞在我們四周的持續增強的隱形電磁輻射（electrosmog）。室內環境的輻射源為電視機、冰箱、電腦、微

波爐及手機等電子產品。如果人體的自然磁場受到干擾,會導致健康受損。[1]發射手機信號的基地台,為戶外場所的輻射源,可導致嚴重的健康問題:研究證明,居住在新架設的手機信號基地台附近,易罹患各式各樣的疾病,尤其是癌症。[2](見第五章〈體內防禦系統的全線崩潰〉,第76頁。)

植物將肥沃土壤中的礦物質及營養素轉化成人體可吸收的養分,可惜商業化農業採用了劇毒的殺蟲劑、殺菌劑、除草劑和其他化學物質,在農作物被收成之後,留在植物上的毒素卻變成我們的食物。

這些化學藥劑,很多是系統性的毒素(即滲透於植物中,用水也無法清洗掉)。除非我們只吃有機栽種的植物,否則我們每天攝取的大量混合式化學農藥,其所累積的影響從未經過測試。

在食品進行加工的過程中,會大量使用化學添加物,這些添加物大部分都是不安全的。[3]廠商的目的是無限期延長食品的保存期限,讓食品的包裝更吸引人,並且以人造調味料取代加工過程中流失的天然原味。諷刺的是,這個過程被命名為「美化食物」,以為廠商創造最高利潤為宗旨,完全與健康的營養無關。

食品添加劑的危險性應該透明化,事實上我們日常飲食中的罪魁禍首就是鹽(鈉)──一種無可避免的物質。雖然政府部門已發出過度用鹽的警告[4],但在西方國家中,鹽的攝取量仍是驚人地高。鹽會導致水分停滯在人體細胞中,進而造成水腫。同時為腎臟帶來不必要的負擔、提升血壓、抑制味覺,讓人覺得需要更多的鹽,食物才會美味,並會干擾消化過程。除此之外,鹽也在細胞性活動中扮演著危險角色,進而引發癌症,稍後我們會進一步討論。

由於肉類已成為現代飲食之中有價值的標誌,所以當你學到,其實過量的動物性蛋白質對身體來說是毒素時,你可能會相當訝異。但事實上,人類體內頗長的腸道,不是為負荷高動物性蛋白質的飲食而設計的。(相反地,肉食性動物的腸道,如獅子和其他大型貓科動物,其腸道很短──因此在消化肉類後的廢物可被快速代謝掉。)適合人類理想的飲食應該以植物為主,輔以最低量的動物性蛋白質;可惜,現今人類的飲食方式卻完全背道而馳。

人們終其一生,會變得愈來愈能消化動物性蛋白質。這些消化不良的和

未被完全分解的碎渣便沉積在體內，逐漸變成毒素。幾乎所有的肉類、家禽及乳製品都含有動物性脂肪，隨著身體的老化，及身體的酵素無法有效地正常運作時，這些脂肪也會愈來愈難被充分消化。另外，食用性動物是被荷爾蒙、抗生素和合成性生長激素餵大的。無論牠們被逼服食什麼，都會殘留在肉類、蛋類及乳製品中，最後成為我們餐桌上的菜餚，為我們體內已日積月累，不知不覺中攝取的許多毒素，再增添一筆。

人體為了自衛，會嘗試擺脫掉所有的有害物質。不幸的是，除了要處理大量毒素的負擔之外，人體也面臨了因缺乏營養而衍生的問題。

缺乏營養

如同毒素，第二個對良好健康造成危害的敵人也始於土壤。150多年前時，商用化農業使用人造肥料的情況已急劇成長，提供土壤3種主要礦物質：氮（nitrogen）、磷（phosphorus）和鉀（potassium）。但沒有提供50多種可保持土壤健康、肥沃及富含酵素的重要元素與礦物質，更缺乏提供象徵了自然施肥，腐植質豐富的土地的微生物群。結果，這些貧瘠的土壤只能生產缺乏完整礦物質及重要元素的植物，這些營養不良的植物，變成我們日常食用的營養缺乏的食物。

更進一步地，食品在被加工過程中，無法避免的高溫和防腐劑，經過所有罐裝、瓶裝、盒裝、燻製、醃漬、樽裝及其他防腐技術後，食物中僅存的營養價值也被消耗殆盡。

這些加工食物缺乏維他命及酵素，特別是酵素，對強健的消化功能非常重要，它們在超過華氏140°F（攝氏60°C）的高溫時會被完全破壞，只能從新鮮的水果及生菜沙拉中攝取。然而，很少有人會攝取足夠的酵素來維持健康狀態。

讀到這裡，大家應該已很清楚危害健康的兩大主要敵人——有毒物質和缺乏營養，也是葛森療法嘗試解決的首要難題——這兩大敵人已累積成一個惡性循環。因為如果食物含有真正豐富的營養，身體自然可以對抗毒素，可惜事與願違。惡性循環的後果，就是身體退化的過程加速，開啟了嚴重的慢

性病之門。顯然地,需要解決掉健康的兩大敵人,才可啟動身體的自癒力和重建身體的自然防禦系統;以下的章節將會一一詳細說明。

參考資料:

1. Robert O. Becker, MD, as quoted in *Icon* magazine in Eileen O'Connor,Trustee of the EM Radiation Trust, "Mobile Phone Mast Radiation and Breast Cancer: Eileen O'Connor's Personal Story," The Interdisciplinary Centre for Obesity, Nutrition and Health (ICON-Health), University of Leeds (UK), No. 34 (Winter 2006); *Gerson Healing Newsletter* (San Diego: Gerson Institute, March/April 2007); Joseph Mercola, MD, "Are EMFs Hazardous to Our Health ? " (www.mercola.com/article/emf/emf_dangers.htm).

2. Note 1 (Becker), supra; *see also* Ronni Wolf and Danny Wolf, "Increased Incidence of Cancer near a Cell-Phone Transmitter Station," *International Journal of Cancer Prevention* 1 (2), (April 2004).

3. Sally Fallon, "Dirty Secrets of the Food Processing Industry," presentation given at the annual conference of Consumer Health of Canada (March 2002) (www.westonaprice.org/modernfood/dirty-secrets.html).

4. "Excessive Sodium is One of the Greatest Health Threats in Foods," World Health Organization (WHO) report from October 2006 meeting in Paris, part of the implementation of the WHO's Global Strategy on Diet, Physical Activity and Health.

第四章

人體的防禦系統

人體就像一個奇妙又充滿生命力的精密樂器，零件與零件間互相緊密串連，缺一不可。由千億個細胞組成的人體，每個細胞都蘊藏著自己的智慧、功能和位置。若說人體是生命的奇蹟，其潛能離被我們充分理解仍差之甚遠，絕對完全不誇張。儘管高科技研究急速發展，科學家們也才剛開始從細胞層面上揭開生命體其浩瀚無垠的複雜性。

人體，為了生存與維持自我平衡的狀態（又稱動態平衡 Dynamic Equilibrium），在給予適當的條件與功能時，會自行調節。在此狀態下，人體組織維持其穩定性，同時適應著不斷變化的環境。一旦這種穩定狀態瀕臨危險時，多個體內的防禦系統便一觸即發，立即付諸行動。下一節我們將深入探討這些複雜的系統。

免疫系統

自然界數以萬計生物體的循環生態，是一物剋一物的。這也適用於每天曝露於被各式各樣細菌、病毒和寄生蟲攻擊的風險的人體。人體的主要防護者是免疫系統，近年來透過許多「增強免疫系統」保健食品的宣傳，已獲得大眾的公認。不管這些保健食品是否有效，消費者在購買這類藥物時，對免疫系統的結構或位置仍一無所知——這個問題相當值得關注。

免疫系統不是單一器官，也不是單一腺體；它其實遍布於身體各處。數個器官（例如肝臟、腦部及胰腺），由於他們太重要了，所以有自己的免疫機制——網狀內皮組織系統（Reticuloendothelial System）——為他們提供了額外的保護。

免疫系統當中還有負責將過量的液體，從體內組織輸送到血液中的淋巴

系統。淋巴是種稻草色液體，內含對抗發炎的細胞。正常人體的淋巴系統有700多個節點，遍布於身體各個部位。不同於血液，是通過心臟這個幫浦進行全身循環，淋巴則是透過肌肉的活動在體內流動。

然而，淋巴系統的主要基本元件位於骨髓，即白血球形成之處。當白血球從骨髓中被釋出時，其實尚未成熟。有些會到胸腺，在那裡成熟，變成T淋巴細胞；有些會到脾臟和淋巴組織，發育成B淋巴細胞。這些不同類型的細胞，全都會吞噬細菌、病毒、惡性細胞或有毒物質，毀滅或以其它方式中和它們。

如同人體中的其它部分一樣，免疫系統也是由需要營養的細胞所組成。這些細胞需要充足的礦物質、酶（酵素）和維生素來維持，但必須是天然的形式才容易被吸收。藥丸及成藥無法滿足這項需求；有時候這些加工過的保健品甚至完全無法被身體吸收。事實上，人體需要的是新鮮、有活力的有機物質來滋養，及維持此重要的生命保護系統。

酶（酵素）系統

酶，又稱酵素，外界對其認知只是略懂皮毛。根據權威單位的定義，酶是一種複雜的蛋白質，能夠在其它物質中誘導化學催化作用，但自己則保留不變。[1] 人體內進行的一切活動，如：呼吸以供應氧氣到血液中，消化後將已消化的食物結合氧氣轉化成能量——數百種類似這樣的生理活動過程都需要酶的參與。

人體必須自我製造酶。為了製造數百種體內所需要的酶，人體的器官系統需要特定的礦物質來作為催化劑，才能夠運用由生食或動物製品中所攝取到的酶。（催化劑是一種加速反應的物質，同時自己維持不變。）

人體是如何製造酶的？研究員迪克森（Dixon）和韋伯（Webb）[2] 曾進行一項詳細的研究。他們發現大部分的酶，均需要鉀來作為催化劑，而鈉則扮演著酶的抑制劑（即一種抑制物質）。由於酶在溫度高於華氏140度（攝氏60度）的情況下就會遭到破壞，因此身體無法從熟食或加工食品中攝取酶。如果人體無法攝取新鮮的有生命的營養，例如葛森療法中所提供的養分，嚴

重的健康問題就會出現。這項研究結果在那些身體已亮起紅燈，例如消化不良、食慾不振、便祕、腹瀉、脹氣的病患身上更被驗證。這些病患的胰腺酶未執行攻擊腫瘤組織的工作，氧化酶未製造足夠的能量…等等，皆由於缺乏酶所造成的。

　　酶（酵素）——尤其是胰酵素，之所以可在消化食物的同時，進行攻擊和破壞腫瘤組織，全因它們可辨別腫瘤細胞，將它們視為需要被消滅的「外來物」。然而，這種酵素的基本功能是消化蛋白質。由於一般飲食中的動物性蛋白質含量偏高，所以大部分的胰酵素便忙於消化食物中的蛋白質，而極少部分（如果還有剩的話），才會用來摧毀腫瘤組織，後果即是腫瘤的生長和擴散。而病患缺少胰酵素的原因，是因為他們的器官已經無法正常運作了。在葛森醫師的著作《*A Cancer Therapy: Results of 50 Cases*》第 129 頁中曾提到：「因為胰臟已中毒，所以停止或減少分泌各種酵素，如：胰蛋白酶、脂肪酶、及澱粉酶。」[3]

　　明顯地，酶的活性不足是病患的主要問題之一，尤其是癌症患者，這個問題必須克服。解決之道即是為病人提供無毒、新鮮的有機食品，並通過咖啡灌腸加速病患們密集的排毒。除此之外，補充病患額外劑量的消化和胰酵素，配合高含氧成分的新鮮蔬果汁，都是完整的葛森療程中不可或缺的組合。

荷爾蒙系統

　　荷爾蒙於特定腺體內產生後，直接被釋放至血液中，所以也被稱為內分泌（即無管）腺體。大多數人提到荷爾蒙時，總會聯想到性功能，但其實荷爾蒙在人體內還扮演了許多其它的重要角色（例如胰島素、甲狀腺素和腎上腺素等）。荷爾蒙，特別是甲狀腺素和腎上腺素，作用是調節人體整個的新陳代謝。

　　甲狀腺非常值得我們關注，它是免疫系統中一個非常重要的部分。甲狀腺的眾多功能中，有項是調節體溫，包括發燒。當細菌和病毒入侵人體時，免疫系統便產生多餘的熱量來作出反應，也就是發燒。我們必須謹記，大部

分的細菌和病毒，甚至腫瘤組織，都無法承受健康細胞可輕易忍受的持續升溫。因此，功能良好的甲狀腺有助於恢復健康，碘的補充可讓甲狀腺產生其非常重要的荷爾蒙——甲狀腺素。

不幸地，近代碘的補充嚴重不足。日常用水中所含的氯會輕易將碘從甲狀腺中移除。氟化物，一種非常危險的毒素[4]，破壞程度比氯更強勁，可以完全阻礙碘發揮作用。此外，經過商業化耕種後，土壤裡含碘量不足，進而產生缺碘的植物性食品。

認知到此問題，很多國家的政府強制規定食鹽中必須添加碘，因為既然一般大眾攝取大量的鹽，藉此多少也會攝取到一些碘。然而，高鹽的食用習慣引發健康問題已是眾所皆知的事，所以事實上政府相關單位並不鼓勵多用鹽[5]，導致的結果就是，有良好飲食習慣的人出現了嚴重缺碘的情況。

其它酶抑制劑還包括食品添加劑，如：防腐劑、乳化劑、食用色素，人工調味料和很多所謂的食物美化劑，還有我們的食品供應鏈中被加入的殺蟲劑和其它劇毒的農藥。部分殺蟲劑殘留物已被證實會抑制男性的精子。[6] 荷爾蒙系統，做為人體防禦系統的重要部分之一，本身也受到嚴重攻擊。

重要器官

某些器官（如肝臟、胰臟、肺部、腎臟、心臟和大腦）都屬於「重要」器官。雖然這些器官很重要，但不應就此否定其它器官的重要性，例如：大腸！相同理論也適用於小腸、骨髓、脾臟——甚至也屬於免疫系統一部分的盲腸。事實上，體內所有的器官都重要。

因此，在療癒的過程中，調理整個人體系統是極重要的。由於肝臟在療癒過程中扮演著主要的角色，因此葛森療法特別著重於重建肝臟功能，並且要在最短時間內徹底完成。肝臟是一個非常神奇的器官，是體內唯一一個在被部分切除後，仍能再生和再長的器官。肝臟參與體內大部分的系統活動；所有生理活動從開始到結束都在此進行。肝臟經常被形容為排毒器官，事實的確如此。肝臟有很多功能——就算沒有幾百種，也有數十種——即使現代醫學的高科技設施也無法確認。

根據葛森醫師的說法，肝細胞的更新，每一代約需 5 週的時間。他假設可能得需要 12 至 15 代新的肝細胞，來形成一個全新而又健康的肝臟。為此，他制定了一個為期 18 個月的療程，以便充分治療和重建癌症末期病人的肝臟，甚至治療整個內臟系統。遺憾的是，這個模式已不夠有效。

過去 50 多年來，由於環境的惡化和食物供應問題，現代人的健康狀況與葛森醫師年代所治療的病患相比，受損程度更惡化。更嚴重的是，部分患者在選擇葛森療法前已進行過化療，這代表著他們的系統更加被摧殘。

所以今日的患者需要接受為期 2 年──並非以往 18 個月的療程──來完全恢復健康；之前做過化療的病患，則需更長時間來排毒和療癒。

礦物質的平衡

要維持人體功能正常運作，及強健的防禦系統，人體需要大量的──約 52 種或更多的礦物質。此項需求在葛森療法中，是透過由肥沃土壤栽種出的食材所榨出的大量新鮮有機蔬果汁充分達到。然而，葛森醫師也體認到，鈉和鉀這兩種礦物質，是導致人體礦物質失衡的主要元素。

經過百萬年的演化，人體已進化為「鉀動物」，日常飲食需要約 90% 的鉀及 10% 的鈉──此比率約相當於天然新鮮的有機蔬食。可惜，現代飲食的平均含量卻完全偏離這個比例；相反地含有過量的鈉，因此必須被人體排泄掉。正如迪克森和韋伯[7]所形容的，過量的鈉為酶抑制劑。同時亦被證實會刺激腫瘤生長，並進一步引發水腫[8]，因為人體會將鈉與水結合以減低其毒性。

葛森醫師為了挽救這種情況，在病患的飲食清單中加入了大量的鉀──在療程一開始的 2 至 3 個星期內，除了每日含鉀量豐富的有機天然飲食之外，還每天額外補充最多達 40 茶匙的 10% 的鉀化合物溶液。這個分量可立即舒緩水腫、腹水和疼痛。他還注意到若加入其它礦物質，如鎂（magnesium）、鈣（calcium）和鐵（iron），會干擾病患的礦物質平衡，反而會損害健康。葛森醫師強烈反對將鈣加入飲食中。

葛森醫師更與他的好友，資深生物化學家魯道夫·凱勒[9]（Rudolf

Keller）——共同發現鈣屬於鈉礦物質的組別，會刺激腫瘤生長。即便因為腫瘤組織所引發的嚴重骨質毀壞，或骨質疏鬆症，只要採用葛森療法——透過其高標準的平衡礦物質——即能達到重建骨質的目標。鑑於這些理由，便很容易理解，礦物質的平衡，是組成人體防禦系統的重要部分之一。

參考資料：

1. *Taber's Cyclopedic Medical Dictionary* (Philadelphia: F. A. Davis Company, 2005).
2. Malcolm Dixon and Edwin C. Webb, Enzymes (New York: Academic Press, Inc., 1964).
3. Dr. Max Gerson "*A Cancer Therapy:Result of Fifty Cases*" p.219.
4. John Yiamouyiannis, *Fluoride: The Aging Factor* (Delaware, OH: Health Action Press, 1986).
5. "Excessive Sodium is One of the Greatest Health Threats in Foods," World Health Organization (WHO) report from October 2006 meeting in Paris, part of the implementation of the WHO's Global Strategy on Diet, Physical Activity and Health.
6. D. Whorton, R. M. Krauss, S. Marshall and T. H. Milby, "Infertility in Male Pesticide Workers," The Lancet 2 (8051)(1977) : 1259-1261.
7. Note 2 (Dixon/Webb), supra.
8. M. Gerson, *A Cancer Therapy: Results of Fifty Cases and The Cure of Advanced Cancer by Diet Therapy: A Summary of Thirty Years of Clinical Experimentation*, 6th ed. (San Diego, CA: Gerson Institute, 1999), p. 210.
9. Rudolf Keller, as quoted in Note 7 (Gerson), supra, p. 64.

第五章

人體防禦系統的全線崩潰

在上一章中，我們探索了人體多重的防禦系統，這些系統在理想的環境下時，能夠讓身體維持著被稱為穩態（homeostasis）的動態平衡境界。然而，當我們考慮到現代已開發國家中居民們的健康問題好發率時，顯而易見地，人體複雜的防禦系統已無法完成工作，因此動態平衡已不再是理所當然的了。要瞭解箇中原因，我們必須從更廣闊的角度深思此問題。

如前文所提到的，人體和動植物一樣，經過百萬年的演化，皆屬於大自然的一部分。之前只曝露於不含任何人造或非自然的天然物質當中；如環境、食物和住所。史前人類的生活無疑是艱苦和短暫的，但他們緩慢的演化過程卻是百分百純自然，並且完全適應於他們存活的世界。

文明發展卻令此步調產生變化，尤其十八世紀後期的工業革命，激烈且快速地改變了人類的生活。接著在第二次世界大戰後，已開發國家掀起了第二輪更激烈的創新，改變了人類的日常生活、例行工作，和生活條件，最重要的，改變了人類的飲食習慣——影響我們所有人的最重要因素。農業商業化的大躍進，以及飲食工業明顯地無限擴張，改變了我們的「日常飲食」習慣，至幾乎面目全非的局面。

雖然如此——這就是重點——人體無窮無盡的複雜結構，還來不及適應並調節，追上這些基本面上的改變，因此防禦系統無法應付接踵而至的挑戰。人體機制努力爭取，保持運作正常，不過被污染的空氣、水和錯誤的食物包圍著，終將面臨全面崩潰。很不幸地，每個新世代其防禦系統的崩潰，會來得更早。

在本章，我們將詳細探討人體防禦系統全面崩潰的肇因。

化學農業

在過去的150多年中，人造肥料的使用情況逐漸增加，破壞了保持土壤健康及所有植物生命仰賴的微生物們，導致土壤的貧瘠。植物，是動物和人類的食物，其營養價值不斷降低，對人類產生了深遠的影響。有少數遠見卓識的科學家們早就意識到這點，葛森醫師就是其中一位。他發現飲食營養不足與疾病有一定的關連——而疾病與枯竭的土地也有關聯。他提到：「所有生命都依賴著外在環境及自身體內的新陳代謝生存；兩者緊密相連，難解難分；再者，其儲存量皆非取之不盡，用之不竭的。」[1] 一旦土壤中的營養成分被耗盡，植物就開始生病。植物缺乏營養時，它們的防禦機制就此失效，無法對抗害蟲、腐蝕、真菌及各種侵略者。人類於是發明了殺菌劑、殺蟲劑及其它有毒化學製品進行反擊。當然，假設這些農藥「僅遵指示」使用的話，照理來說應該無害；遺憾的是，情況並非如此。

約1943年第二次世界大戰中期，劇毒殺蟲劑，特別是DDT（學名「雙對氯苯基三氯乙烷」DDT–Dichloro-Diphenyl-Trichloroethane）首次被使用。葛森醫師在他的書中[2]提到，DDT和其它有毒的成分，在肉類、奶油、牛奶甚至人類18個月內的母乳（滯留體內時間長達18個月）都曾被檢驗出。

毒性農藥滲入土壤和地下水中的情況，變得愈來愈明確。今日，美國加州的多個地區已出現此問題，每年大量噴灑的劇毒殺蟲劑，毒化了土壤和水源，造成常在戶外玩耍的兒童們出現罹患原發性肝癌的疫情。[3]

形勢每況愈下，使用DDT一段時間後，害蟲產生了抗藥性，因此需要製造更強更毒的農藥，如狄氏劑（Dieldrin）。同時，人體卻無法發展出抗藥性來抵抗這些有毒物質。這些農藥對成年人的影響已夠糟了；更可悲的是，對於正在發育的較脆弱的胚胎、嬰兒和幼童來說，他們所承受的傷害實難以想像。在從前，癌症是老年人的衰退性疾病，現在連兒童也無可倖免。癌症病發率正明顯地不斷急劇增加中。

為了說明癌症增長的程度和速度，我們可追溯到1937年，當時葛森家族剛移居美國，街上的海報上寫著，每14人當中就有一人死於癌症。1971年，尼克森總統（President Nixon）宣布「向癌症宣戰」，並向民眾保證，若

有足夠資金投資在這項研究上，就必定可找到治療癌症的解藥。[4] 那一年，將近215,000人死於癌症[5]；25年後，即1996年，《美國新聞世界報導》（*U.S. News & World Report*）公布了研究結果：在投資了290億美元資金之後，該年預計癌症死亡人數為555,000人。[6] 而這項研究只針對化學藥物和更多更毒的化療藥物進行試驗——並非營養。有趣的是，現今每5個人中就有2個會罹患癌症[7]。根據加拿大的預估[8]，這個比例的趨勢是每兩個人就有一人會罹癌。

多年來，食物含有農藥的禍害已逐漸為人所知。瑞典一項研究[9]提出證據，證實了非霍奇金淋巴瘤（NHL - non-Hodgkin's lymphoma）與殺蟲劑有關連。（早在1981年的研究就將苯氧除草劑（phenoxy herbicides）確定為凶手。[10]）另一種引起非霍奇金淋巴瘤高病發率的除草劑是草甘膦（glyphosate），由孟山都（Monsanto）公司旗下的註冊商標Roundup®銷售。更令人擔憂的是，這種毒藥現已摻入孟山都生產的基改種子中，目的是讓農民使用更多農藥時不會毒死植物。[11] 同一個瑞典研究團體在早先的研究曾暗示，使用Roundup®會造成毛細胞白血病（hairy cell leukemia）[12]，用動物研究的結果已顯示，使用Roundup®會導致基因突變和染色體異常（chromosomal aberrations）[13]。

殺蟲劑DDE〔1,1-雙（對氯苯基）-2,2-二氯乙烯（DDE- Dichlorodiphenyldichloroethylene）〕是DDT分解後形成的化合物，眾所皆知它會降低男性荷爾蒙睪丸素的分泌，導致男性性功能障礙。[14] 在歐洲，據統計男性生育能力的精子數目正在下降中。[15]（研究發現精子量最高的，是丹麥那些沒接觸過有毒農藥的有機農民們。[16]）同樣令人擔憂的是，女性乳癌不分年齡，在各年齡層中皆有蔓延趨勢。在英國，每星期都有250名女性死於乳癌[17]，而且至少有850人被診斷罹患乳癌。[18] 縱然這個趨勢很可能是其它因素所引致，但也不能低估農藥的影響。

要解決當前問題，只針對農藥帶來的後果是不夠的，人類的健康正面臨著基因改造食品帶來的更嚴峻威脅。雖然生產者孟山都公司竭力打壓相關的安全數據，但巨大商業利益和公眾健康之間的矛盾仍迫使真相被公開，一般民眾也因此普遍對基改食品存有疑慮。[19] 於是農藥製造商們不約而同地設法

證明其產品的安全性，藉此規範了農藥的常規及正常。然而，採用一般現代飲食的人，仍無法避免吸收到蔬果中所含的數種有毒物質的殘留物，亦從未有人對這種毒性混合物所累積的影響進行研究。

雖然現況灰暗，但仍未到盡頭。從小產量開始，近年有機蔬果的產量已按倍數成長，讓覺醒的消費者可食用到無毒的產品。有機食物，生長於用傳統方式施肥的土壤上，此種土壤含有維持人體良好健康狀態時所需的礦物質、微量元素、酶和維生素。這就是為何為了要達到治癒的效果，葛森病人必須只用有機農產品的原因。

現代飲食所造成的惡性循環已陳述夠了。某些以含毒量高且缺乏營養的食物——特別是「快餐」——維生的人，常出現頭痛、關節炎、失眠、抑鬱症、經常性感冒、感染、消化不良及更多健康問題。於是他們服用非處方藥物，及醫生處方的止痛藥、安眠藥、抗抑鬱藥及其它舒緩症狀的藥物，但全都只是治標不治本。因為所有的藥物都具有毒性[20]，長遠來看，人體的防禦系統會逐漸降低以至完全崩潰的地步。病態的土壤及疾病之間的關係不但十分明顯，且相當沉痛。

藥物

醫生首要職責之一就是教育大眾不要吃藥。

——威廉‧奧斯勒爵士（Sir William Osler），1848-1919年，醫學歷史家（Medical Historian），被譽為：「該年代最具影響力的醫生」

現代醫藥有過半以上可丟出窗外，
估計只有鳥兒才會吃。

——梅軒‧菲舍爾醫生（Dr. M.H. Fischer, MD）

藥物能治百病「A pill for every ill」，這句話總結了我們依賴藥物的氾濫情況，已變成了日常生活的一部分。只要我們打開電視機或收音機，就可以聽到無止境又反覆的藥物宣傳，還有治療各類疾病新藥上市的廣告。一如以

往，有關每個藥物的多種有害副作用，在廣告中永遠都是快速讀過且毫不強調。雖然如此，這種否認風險的手法並非每次都成功：2004 年底，製藥業巨頭默沙東製藥有限公司（Merck & Co., Inc.）被揭露涉入一宗有關關節炎藥物 VIOXX® 的醜聞。[21] 一開始，默沙東公司就公開承認，全世界因服食這個藥物，因副作用影響而在服後 2 至 3 年內死亡的人數約有 16,000 人，所以他們將 VIOXX 從市場上下架。值得關注的是，默沙東公司已多年在《美國藥典》（Physicians' Desk Reference，簡稱 PDR）[22] 中警告服用這種藥物的副作用是「會致命」。隨後調查進一步擴大，默沙東公司最終被迫承認，約有 55,000 人因服用此關節炎止痛藥而死亡。真正可恥的事實，是美國食品藥物管理局（FDA - U.S.Food and Drug Administration）邀請默沙東公司，將這個致命的藥物重新推出市場，並聲稱它的好處遠勝過其風險。[23]

另一種被民眾過度服用的藥物是利他能錠（Ritalin®），已成為患有注意力缺乏症（ADHD）兒童們的指定藥物。《美國藥典》會列出及說明所有市面上醫生處方的藥物，書中明確指出六歲以下兒童禁止服用此藥，因為會出現下列副作用：抑制生長、引發食欲不振、腹痛、體重下降、失眠及視力障礙。[24]（書中未提及青少年因服食利他能錠而導致他殺及自殺的案例。）[25]

儘管發出了警告，醫生仍然向兒童處方「利他能」，有些甚至只有 2 歲及 4 歲，這種藥物極易上癮，藥癮會造成嚴重的疏離症狀。彼特‧伯金醫生（Peter R. Breggin, MD），國際精神病學和心理學研究中心主任，出版一本名為《Talking Back to Ritalin》（反駁利他能）的書。這本書列出很多科學研究，全被利他能的倡導者置之不理。書中寫道：「利他能不會修正生化學失衡──只會引發失衡。甚至有些證據可顯示，利他能會導致兒童的大腦和其功能的永久性損害。」[26] 不難想像利他能對整個發展中的人體和未成熟的防禦系統會造成什麼樣的損害。在寫這本書時，已有超過五百萬名的美國兒童正在服用利他能。[27] 真不敢想像 15 年後他們的健康狀況會怎樣？（請參考第七章〈現代文明疾病〉之「過動症」章節，第 129 頁。）

從濫用藥物的整體來看，真正的問題在於，藥物只是抑制症狀，治標不治本，讓人可在服藥後繼續如往常般生活，至少維持一段時間。但藥物從未將疼痛或疾病背後的真正病因根治。健康問題持續惡化；被藥物掩飾後變得

更難診斷。由於人體是個不可分割的整體，藥物的毒性不僅影響了肝臟——連帶心臟、肺部、腎臟，以及消化系統也遭殃——人體的防禦系統也跟著減弱。

因為所有的藥物都有毒性[28]，所以建議葛森病患們要遠離藥物，但抗生素除外。雖然現代臨床醫學上普遍濫用抗生素已削弱了人體的免疫系統，且變相增強了細菌的抵抗力，但葛森病患們偶爾仍需要服用抗生素。我們必須謹記，癌症患者本身的免疫系統極度虛弱，否則他們不會罹患癌症。但在停用任何處方藥之前，請務必先諮詢您的醫生。因為貿然中斷某些處方藥物是有危險性的。

由於免疫系統無法在幾星期或幾個月內完成重建（可能需要9至12個月），為了避免急性感染，有時服用抗生素是必要的。在牙科方面，建議謹遵牙醫指示的劑量服用抗生素。抗生素也會用來預防感冒和病毒型流感。當然，抗生素不會殺死病毒；但是，它們能夠幫助控制感染——以防止身體在虛弱的情況下讓病毒有機可乘。若病人對毒性較低的抗生素，青黴素（盤尼西林 penicillin）不會藥物過敏的話，在治療感冒時會使用到它。否則，就需要根據特定感染的情況選擇合適的抗生素。一般來說，在不增加劑量的情況下，可加入一片阿司匹靈、一片500毫克的維生素C，以及50毫克的菸鹼酸（niacin），與抗生素併服，藥效將會大幅增強。

當我們瞭解過度用藥會導致全身性的嚴重害時，就會明白所謂的休閒式藥物（毒品）是何等的威脅。青少年——或年輕人，將這些毒品當成糖果般隨意吸食，這些毒品使人上癮，最終摧毀生命。除了所有現代生活方式的有害成分之外，為了好玩吸食這些藥物，很有可能就是壓垮身體防禦系統的最後一根稻草。

食品添加劑

有種健康飲食方式，叫做「石器時代飲食」，也就是：「只吃什麼都沒去掉，什麼都沒添加，如果不馬上吃下就會壞掉的食物。」[29] "Eat only foods from which nothing has been removed, to which nothing has been added, and which would go bad if you didn't eat it immediately."」，但在今日地球上的任何一間超市中，要找到這類食物是非常困難的。超市中一座座由食品工業生產的疊得像寺廟的食品──除非超市中設有專門的有機蔬果區──卻恰恰與上述規則完全相反。

添加劑的使用情況非常普遍，目前大約有 4,000 多種[30]，使用它們的唯一目的，就是儘管食物原料品質低劣，工廠製造出的食物仍舊外觀新鮮，口感美味，保鮮期更長，因此利潤更高。食品化學的發展技術純熟，幾乎可仿造出任何天然的風味或氣味，但它們卻不能愚弄人體機制對這些「仿冒品」做出該有的生物反應。因為這些仿冒品只提供了身體不認同的毒素，而不是必需的營養素。

最廣泛使用的添加劑包括亞硝酸鈉（sodium nitrite）、糖精（saccharin）、咖啡因（caffeine）、蔗糖聚酯（Olestra）──一種食用油的替代品、人工色素（artificial colorings）和香料（flavorings）、抗氧化劑（antioxidants）、乳化劑（emulsifiers）、增味劑（flavor enhancers）、增稠劑（thickening agents）、代糖阿斯巴甜（Aspartame）、反式脂肪（transfats）以及味精（MSG）──另外還有不利於健康的糖、鹽和脂肪。這些添加劑會引起多種過敏反應、例如疲累、行為問題、情緒波動等，長期使用後甚至可能導致心臟病和癌症。

● 代糖阿斯巴甜（Aspartame）

代糖阿斯巴甜──市面上以多種品牌出售，NutraSweet®、Spoonful®、Neotame 和 Canderel®──值得特別審查，因為目前超過 5,000 多種食物[31]中都添加了這種物質，包括碳酸飲料、果醬、早餐麥片、維他命，日常飲食和糖尿病患者的食物。阿斯巴甜不含卡路里，因此吸引了關心體重的甜點愛好者。阿斯巴甜在美國研製，起初是用作潰瘍藥物，但由於美國食品藥物管理局（FDA）考慮到人體攝取後的不安全性，故禁止該藥物上市，時間長達 8 年。[32] 不過，經過製造商多年的遊說，在 1980 年初，FDA 忽視科學家們的疑慮[33]，將阿斯巴甜正式批准為食品添加劑。

阿斯巴甜含有 6 種化學物質，包括甲醇（methanol）、木醇（wood alcohol），木醇是種累積性毒藥，之後會轉化成甲醛（formaldehyde），一種

已知的致癌物質（carcinogen）[34]；哌嗪二酮（DKP - diketopiperazine），在動物實驗中已證實可引發腦癌[35]；以及會令人產生嚴重神經問題的苯丙氨酸（phenylalanine）。[36] 至於阿斯巴甜宣稱能夠幫助人們控制體重，但在美國、英國和其它國家隨處可見超重及癡肥的人們，此現象卻與此說法自相矛盾。

更令人擔憂的是，大量食用阿斯巴甜，如：低糖汽水的消費者，會發生酷似以下疾病的反應：多發性硬化症（Multiple sclerosis）、憂鬱症（Depression）、糖尿病（Diabetes）、淋巴瘤（Lymphoma）、關節炎（Arthritis）、老年癡呆（失智）症（Alzheimer's Disease）、恐慌症（Panic attacks）、癲癇（Epilepsy/seizures）、帕金森症（Parkinson's Disease），以及甲狀腺功能低下症（Hypothyroidism）等。糖尿病專家，羅伯茨醫生（H.J.Roberts, MD），在棕櫚灘醫學研究所（The Palm Beach Institute）創造了一個新名詞「阿斯巴甜症（Aspartame Disease）」[37] 來涵蓋其患者的病理狀況。他有近 2/3 的患者，只要戒食阿斯巴甜後，健康狀況就會好轉。

● **味精**（Monosodium Glutamate）

食物增味劑味精（MSG - monosodium glutamate），本身是無味的，是日本一位食品化學家於 1907 年時發明。味精在最初期時，是種天然的氨基酸——谷氨酸（glutamate）的鹽衍生物，這種物質在每一種動植物中都可以找到。最終，轉變成味精，被廣泛用於各種快餐當中——從湯料、罐頭肉汁、沙拉醬，冷凍食品，洋芋片，到全球連鎖的快餐店。（在食品標籤上，味精往往隱藏在「水解植物蛋白質（Hydrolyzed Vegetable Protein）」這一名詞背後。）

發現濫用味精問題的是約翰・埃爾伯（John E. Erb），他於加拿大安大略省沃特盧大學（University of Waterloo）擔任研究助理。當時他發現實驗室用於研究動物肥胖問題的白老鼠，必須在出生後沒多久被注射味精（MSG）才能增肥。[38] 在自然狀態下，嚙齒動物是無法變肥的。只有在注射味精後刺激胰腺分泌出 3 倍的胰島素時，白老鼠們才會變肥。增肥後，這類老鼠就是已知的「用味精處理過的老鼠（MSG-Treated rats）」。

除了應用於實驗室研究外，味精也因為其易上癮的效果，被食品製造

商及餐飲業加入人類的食品中。早在 1978 年，味精就被科學證明是一種會上癮的物質。[39] 自從食品製造商公開遊說使用味精的目的是為了增添食慾後[40]，此增味劑顯然在今日肥胖症的流行中扮演了主要的角色。很多人受苦於味精的嚴重副作用，這些副作用包括，頭痛、心悸、嘔吐、噁心、麻木、胸痛、睡意、臉部壓力及體力衰退。這些副作用之中，有部分被稱為「中國餐館症候群（Chinese restaurant syndrome）」。

約翰·埃爾伯在《The slow poisoning of America》[41] 一書中總結了他的研究結果，這本書詳細說明了食品添加劑產業中的多種有害活動。雖然味精的危害在近幾十年已廣泛為人所知，但美國食品藥物管理局（FDA）始終沒有規範出食品中可添加味精分量的限制。

結構改變的食品

● 反式脂肪（Transfats）

反式脂肪（Transfats）被稱為世界上最不健康的食物，及／或被稱為「心臟病發小方塊（heart attack in a box）」，這種無處不在的食物成分，是由氫化植物油提煉而出，可將液體轉為固體。反式脂肪，或氫化植物油（HVO - hydrogenated vegetable oils）眾所皆知會增加低密度脂蛋白（LDL - low-density lipoprotein），也就是「壞膽固醇」，同時降低高密度脂蛋白（HDL - high-density lipoprotein），即「好膽固醇」。反式脂肪使脂肪沉積在動脈，導致消化系統失調，且降低必要的維生素與礦物質的吸收率。

將植物油加熱至相當高溫時，反式脂肪便會產生，轉變成固體後被用於人造奶油、糕點、糕餅、派、冰淇淋，和數不清的即食食品中。（廣告商宣稱，由葵花籽油製煉的人造奶油，比一般奶油對心臟的健康更有益，不知情的消費者往往跌入這個陷阱；從未懷疑為何金黃色的液態油變成了雪白色的固體。）

氫化油脂（Hydrogenated fat）很便宜，沒有味道且可以確保延長食品的保質期，因此很受食品工業的青睞。不過，最近有證據顯示反式脂肪不但不能保護心臟，反而會損害心臟。其本質有毒，會導致肥胖甚至與某些癌症有

關係。哈佛公共衛生學院（The Harvard School of Public Health）對 18,555 名嘗試懷孕的健康女性進行了長期研究，結果顯示從反式脂肪中每增加 2％ 的卡路里攝取量，此名女性不孕的風險即增加 73％。[42]

英國反式脂肪專家，亞歷克斯‧理查森醫生（Alex Richardson, MD）評論說：「反式脂肪有毒，根本不應出現在我們的飲食中，無任何證據顯示其對健康有益，反而有很多已知的有害影響。」[43]於 2003 年，世界衛生組織（WHO）建議反式脂肪的攝取量，不可超過 1％ 的總能量攝取量[44]。在英國，所有大型的連鎖超市均已承諾，在他們自營品牌的食品和飲料中會盡快禁用氫化植物油。[45]

哈佛公共衛生學院估計在美國每年至少有 3 萬人或是 10 萬人──死於心血管疾病，都是因食用含有氫化植物油（HVO）的即食食品而致命。[46]美國營養學家，瑪麗‧愛妮格（Mary Enig）曾發表聲明，反式脂肪會擾亂身體的細胞功能，削弱其清除廢物和毒素的能力。[47]從而導致心臟病、糖尿病、癌症、免疫力低下和肥胖症等。

值得高興的是，根據美國政府的規則，自 2006 年 1 月開始，所有食品製造商都必須在其食品中標明反式脂肪的含量。[48]有些製造商已開始停用反式脂肪。英國土壤協會（The British Soil Association），也是英國有機運動的旗艦，最近已宣布所有的食品添加劑，包括反式脂肪、味精和阿斯巴甜，絕對禁止使用於任何有機食品中。[49]

要排除這些和無數其它有害添加劑的唯一途徑，就是避免食用所有工廠製造的加工食品；選擇麻煩但健康的飲食習慣，只食用新鮮、有機的天然食物；並減少到餐廳用膳的次數至只是偶爾外食。

充滿添加劑的垃圾食品不僅傷害身體，還會觸發反社會行為，威力驚人。來自美國加州和英國的研究人員，對監獄中的青少年罪犯進行了幾項實驗，在幾個月時間內給他們服用含有維他命、礦物質和人體必需脂肪酸的補充品，然後觀察他們的行為。研究發現在 2 個國家之中，輕微罪行下降了 33％；嚴重罪行，包括暴力行為也下降了 37％ 至 38％。[50]從監獄當中的調查情況來看，明顯地，很多反社會行為都可歸咎於有害的食品添加劑──這是另一個避免各種垃圾食品的有力論點。

氟化物

在破壞人體防禦系統的眾多因素中，氟化物（fluoride）值得特別注意。雖然昂貴的牙齒保健使用它是為了商業利益，但事實上氟化物是一種非常危險的毒藥。它的毒性同等於含有少量的鉛（lead）、水銀（mercury）、鈹（beryllium）和砷／砒霜（arsenic）的工業廢棄料。[51] 美國政府以改善兒童牙齒健康為由，強制性提高飲水中的含氟量，但常識告訴我們，缺少氟化物並不會造成口腔的健康問題，主要原因是不健康的飲食習慣，口腔衛生不足，及太多甜食。根據某些專家提出的說法[52]，氟化物只能夠保護5歲以下兒童的牙齒健康。由於這個年齡組別的人口只佔總人口數的極小比例，因此要將這個高度爭議性的化學物質強制在所有人身上，不論是年齡組別或口腔狀況，都是站不住腳的。

此外，有證據[53]顯示氟化物並不能持久地改善兒童的牙齒健康。相反地，每8名兒童之中就有一名會氟中毒，導致牙齒斑駁變色。[54] 根據美國2003年發布的資料顯示，儘管水中及牙膏已加氟，仍有超過一半年齡介乎6到8歲的兒童，以及2/3的15歲青少年，都承受著齲齒（俗稱蛀牙）的痛苦。[55] 同時，長期攝入氟化物會增加罹癌風險、髖部骨折、骨質疏鬆、腎臟病變，甚至先天缺陷的風險。[56]

已故的迪安·伯克醫生（Dean Burk, MD），曾於美國癌症研究學院（U.S. National Cancer Institute - NCI）擔任總檢驗師超過30年，他說：「氟化物使人罹患癌症而死亡的比例，比其它化學物質更多更快。」[57] 根據一項長達17年的研究，美國癌症研究學院發現，隨著氟化物的提升，罹患口腔癌及骨肉瘤的機率也隨之成長。骨肉瘤是一種很罕見的骨癌，一般只在年輕男士身上發生。[58] 研究發現，在過去10年內罹患口腔癌和骨肉瘤的增長數據，與自來水和牙膏中的氟化物，及氟化鈉致癌之間的調查結果一致，可見氟化物和這兩種癌症之間的顯著關係。[59]

即使美國癌症研究學院對氟化物的毒性做出結論，但支持氟化物的陣營卻竭盡所能地掩蓋和否認其害處。於2006年期間，一位在哈佛牙醫學院就讀的研究生伊莉斯·貝絲（Elise B. Bassin），撰寫了一篇有關氟化物的研究

論文,卻被賈斯特‧道格拉斯教授(Professor Chester Douglass)隱瞞了長達4年的時間。當此篇密而不宣的研究被揭發時,引起科學家們的一片譁然。在貝絲2001年的論文中,討論了氟化物與癌症之間的關係,特別是出現在年輕男性身上的骨肉瘤——即是骨癌。

當貝絲的研究最終在2006年5月公布後,真相引起了研究人員的驚愕,雖然如此,但哈佛大學竟然免除了道格拉斯教授不當行為和利益衝突所應有的懲治,縱使他是牙膏產業(即氟化物主要使用者)廣為人知的受薪顧問。[60] 多達500封抗議信寄到哈佛大學的校長博克(Bok)那兒,其中一封是來自森姆‧愛波斯坦教授(Samuel Epstein),他是癌症預防聯盟的主席(Chairman of the Cancer Prevention Coalition),他憤怒地要求「就這個非常反常的行動,給予一個詳細和嚴密的解釋。」[61] 在本文寫作之時,這個問題尚未解決。

類似事件不勝枚舉,在在顯露出既得利益者為了保護其有利可圖的產品,不擇手段,甚至罔顧公眾的健康。關於「宣稱」氟化物無害的真相,我們只能透過牙膏標籤上的警語猜測:「請置於6歲以下兒童接觸不到的地方。如在刷牙時不慎吞食,請立即求診或聯絡毒物控制中心。年齡介於2到6歲的幼兒:僅使用豌豆般大小的分量,並監督小童的刷牙及漱口情況,以盡量避免吞食。」

很多牙膏品牌、嬰兒配方和商業用飲料都會使用含氟水。因此,我們必須十分小心,全面禁用這類產品。

尼古丁和酒精

吸菸危害健康是長久以來眾所周知的事,但習慣依然存在。癮君子利用香菸提神或減壓。不管哪一種,其效果短暫,故需要持續吸菸,因此這種連環吸成為自毀的習慣。

菸草的主要活性成分是尼古丁(nicotine),權威說明為「毒性最強和最易上癮的有毒物質之一,毒性的快速等同於氰化物(cyanide)。」[62] 然而尼古丁並不是吸菸的唯一有害產品。吸菸過程中產生的焦油最終會導致肺氣腫和

癌症。⁶³ 癮君子卻以為只是損害肺部而已。

香菸所含的有毒物質會遍及全身，損壞所有器官。例如，癮君子罹患膀胱癌的機會，比非吸菸者更常見。⁶⁴ 也有充分證據證明來自家庭成員和同事們「二手菸」對身體的危害。⁶⁵ 今日社會已接受吸菸為一種社交習慣，但事實上其嚴重地攻擊著我們的防禦系統。

同樣情形適用於酒精，偶爾小酌才理想。酗酒會導致慢性酒精中毒。酒精的毒性會傷害腦部，對肝臟更甚，且會導致胃炎、胰腺炎、癲癇和精神錯亂。在極端的情況下，還會導致肝硬化和死亡。⁶⁶ 由於肝臟是人體的關鍵器官，所以顯而易見地，酗酒的破壞力道為整個人體。

化妝品

與尼古丁和酒精這類強烈有毒的物質相比，化妝品似乎不應列於黑名單上。畢竟，幾千年以來，化妝品都是用來增添美貌和魅力的；考古學家在遠古的皇家遺址和寺廟中，發現很多遠古遺留的珍貴油膏，乳液及彩妝品。

然而，現今的化妝品，截然不同於古巴比倫和古埃及時純天然的成分。它們包含很多令人震驚的成分，很多都含有毒性，例如：廣泛的甲苯酸酯類（Parabens）、十二烷基硫酸鹽鈉（Sodium lauryl sulphate 用於清洗車庫地板和去除機油）、戴奧辛（dioxins，港譯二惡英，疑似致癌物質）和甲醛（formaldehyde 一種高度刺激性的有毒物質）。由於所有毒素都會攻破身體的防禦系統，因此清除日常生活中所有毒素的來源，包含毒性豐富的化妝品是合理的。

事實上，噴或擦在皮膚上的物質，高達60％都會被迅速吸收並直接進入血液中。西醫就是利用這一點，通常是止痛藥，用貼片的方式將藥物送到血液中。粉底、面霜、油膏、噴霧劑和香水也以同樣方式快速地進入人體。估計每位女性每年通過淋浴用品和化妝品吸收近2公斤的化學物質。⁶⁷ 更糟的是，這些透過皮膚吸收的物質，包括致癌物，會繞過身體的代謝系統，無法被分解或中和。（我們經常告誡葛森的女性病患：「不要把你不會吃喝的東西塗在皮膚上或嘴唇上！」但是我們有個小小的妥協：眉筆是允許的。）

其中風險最高的「打扮」物質就是腋下止汗劑。幾乎所有品牌的腋下止汗劑都含鋁，一種極度有害的元素[68]，別忘了，腋下有很多淋巴腺，直接將吸收的有毒物質送到淋巴系統。即使那些完全不含毒素及號稱有機的產品，都應該避免使用，因為會阻礙身體嘗試以出汗進行排毒！

進行密集療程的病患常在夜間盜汗，這代表著身體利用休息期間努力排毒。若認為腋下出汗不禮貌，而使用止汗霜，噴霧劑或除臭膏來掩飾汗臭，其實是扭曲的想法；有些健康的人在熱天或做運動出汗時也會使用止汗用品。不論哪種情況，都是嚴重的錯誤。因為當身體企圖通過汗腺排毒時，過程不可被中斷或阻礙。

使用止汗劑阻斷腋下排汗，會強迫毒素回流至胸部和肩膀附近的淋巴系統，增加罹患乳癌的風險，甚至男性也無可倖免。[69]自從男性的美容用品普及化後，男性乳癌的病例也跟著遞增。可以假設這種現象始於男性養成使用腋下止汗劑的習慣所造成的。

那要如何解決出汗的問題呢？首要的規則就是避免有毒的（如，非有機的）食物和飲料，所以人體不用辛苦地排除毒性殘留物。肥皂和水是最好的清潔用品。正常的汗水是無臭的，不需用到化學用品來清除。

爽身粉也應禁用，除了堵塞毛孔之外，有研究發現嬰兒吸入後會導致肺癌。[70]而女性應用在生殖器的部位會罹患卵巢癌。[71]

另一種劇毒物質是男性和女性使用的各色染髮劑。我們的頭皮佈滿了血管，所以不管塗抹什麼，都很快地被吸收進血液中。大部分的染髮劑是劇毒的。[72]即使近年出產，主要成分是無毒的植物原料，也會將外來物質帶入體內。因此葛森療法病患禁用任何染髮劑，且只能使用最溫和的洗髮精。同時也建議避免使用香水，因為香水含有合成芳香劑，但可以使用稀釋過的純甘油（不含玫瑰水的）來滋潤乾燥的皮膚。男性病患則避免使用鬍後水及刮鬍泡或刮鬍凝膠。

市面上有些柔軟無毒，純天然成分製造的化妝品和美容用品，康復者及未進行葛森療程的人可使用。在購買之前，需用心搜尋並仔細閱讀包裝上的小標籤。為了保護自己的健康，一些麻煩的細節是不可避免的。

疫苗接種

疫苗可以救命，也可以致命。疫苗的故事要追溯至英籍醫生愛德華‧詹納（Edward Jenner, MD，1749-1823年）的研究上。他觀察到染上牛痘的擠奶工，病情只屬於輕微，之後還對天花免疫。藉此他得出一個結論：「輕微的疾病會使人產生免疫力，以對抗更嚴重的疾病。」[73] 這個結論是正確的，但之後嘗試獲得相同結果時，並未考慮到那些擠奶工很年輕且估計是健康的人，所以他們的免疫系統能做出反應。自此之後，許多世代的兒童都會接種天花疫苗；80年代之前，醫療當局宣布天花已被完全消滅。[74]

多年以來，美國兒童在更年幼時就接種白喉、百日咳、破傷風的三合一疫苗（Diphtheria-Pertussis-Tetanus "DPT"）。已故的羅伯特‧孟德爾森醫生（Robert S. Mendelsohn, MD，1926-1988年），是美國兒科協會會長（American Pediatric Society）和芝加哥兒科醫院（Chicago Pediatric Hospital）的前院長。他一直反對嬰兒接種疫苗，亦從未停止作出警告，因為許多嬰兒接種疫苗後出現永久性損傷，包括相當多的腦部受損案例。羅伯特注意到一項研究，位於雷諾（Reno）的內華達醫學院的威廉‧圖許醫生（Dr. William Torch），曾通報103名死於嬰兒猝死症（Sudden Infant De ath Syndrome SIDS）的嬰兒中，有三分之二在死亡前的3星期內曾接種過DPT疫苗，大部分接種不到一天就死亡。[75]

1994年一項調查指出，和未接種過百日咳疫苗的兒童相比，已接種過的兒童，被診斷患有氣喘（一種與嬰兒猝死症相似的呼吸系統疾病）竟高出5倍。另一研究也發現，嬰兒在接種DPT疫苗後3天之內，死亡率比正常情況高出8倍。[76] 當日本禁止2歲以下的兒童接種疫苗後，他們的嬰兒猝死症問題就幾乎消失。[77] 由於DPT接種造成太多損害和死亡，生產疫苗的藥廠被迫面對大量訴訟。最終，美國政府不得不保證DPT疫苗的安全性。[78]

到現在，美國仍舊在接種DPT疫苗。其實是毫無科學根據的，由於嬰兒尚未有他們自己的免疫系統，因此無法對疫苗作出反應。嬰兒出生時就有來自母體約6個月的免疫力，但兒科醫生仍然持續對2至3個月大的初生嬰兒注射DPT疫苗。明顯地，此舉會影響孩童日後免疫系統的自然發展。

在英國，對於麻疹（measles）、腮腺炎（mumps）、風疹（rubella）等疫苗的安全性問題一直都有強烈的爭議，此疫苗慣例接種於嬰兒身上，有些醫生聲稱，接種後有可能導致自閉症和腸道疾病[79]——無奈，醫療當局嚴詞反對。[80] 在美國，於新生嬰兒和兒童身上注射含有硫柳汞（thimerosal）（乙基汞 ethyl mercury）的疫苗，已引發激烈的辯論。因為接種後很多青少年出現自閉症、語言遲緩和抽搐症狀，疫苗中的汞毒，和美國整體人口數中高比例的精神和免疫失調的問題也有關[81]。

到目前為止，所有小兒科慣例接種的疫苗，出廠時都有兩種：不含硫柳汞或含少量的硫柳汞。總而言之，許多有關慣例接種疫苗的問題仍然懸而未決。

一如以往，看似有價值的醫療創新，結果總是出現相當大的缺點。一般而言，強烈的化學介入，不管是食品添加劑、藥物或是環境毒素——都會削弱身體的天然防禦系統，從而引發嚴重疾病。因此有必要通過葛森療法來重建，下幾章中我們將詳細說明有關方法。

電磁場

每個生物體都被自己的電磁場環繞著——一種肉眼看不見，但可測出的輻射能量。數百萬年以來，生物的磁場都未受干擾。在十九世紀末期，英國發明了第一盞白熾電燈泡，隨後是美國。隨著電燈的發明，電力成為日常生活中的必需品，使用率以倍數增長。

今日，地球上所有人口都曝露於不同程度的電磁場中。電燈、電視、收音機、電冰箱、微波爐、電腦以及近年來的手機，全都在釋放著肉眼看不見的電磁波。再把天然的地發性輻射加入這些家中電器設備，說我們活在電子濃霧中，或認為其必定對人體有害及影響身心健康，也絕非誇大其辭。

全球手機用戶逐日增加，基地台如雨後春筍般地出現以服務這些用戶。到目前為止，政府部門宣稱住在基地台附近的民眾，並不會有任何健康上的風險。[82] 但情況卻並非如此，有關不同群集的疾病報告，主要是癌症，睡眠障礙、頭痛、皮膚疹、心悸和眩暈等症狀[83]，肇因皆是住家附近最新架設的

基地台。⁸⁴

有些科學家同意大眾的疑慮。舉例，兩次提名諾貝爾獎的羅伯特·貝克爾醫生（Robert O. Becker, MD），稱增值擴散的電磁場為「地球上最大的環境污染元素」。⁸⁵ 世界衛生組織（WHO）和歐盟議會（European parliament）已針對電磁場⁸⁶對環境的影響展開討論。

應用預防法則，「若有疑問，就千萬別做」，我們要盡可能減少無孔不入的電子煙霧對身體的風險。手機應盡量減少使用，使用完應立即關機，即使關機後也不要靠近身體。若情況允許，應儘量使用免提裝置，避免頭部和身體接觸手機。

除了手機之外，建議於夜間睡眠時，不要將任何的電子設備放近床頭，以避免整晚曝露於輻射當中。所有不使用的電子設備都應關機，避免開啟待機狀態。一些常見的室內植物（例如：百合）可吸收有害輻射⁸⁷，應該大量準備並置於家中。

壓力：內在的敵人

除了外界有害因素攻擊身體的防禦系統之外，還有一個自創的內在敵人，即是壓力，這點必須重視。現代人生活步調匆忙急躁，有壓力變成理所當然的事，然而一直到二十世紀前半，壓力才被重視。

一名出生於匈牙利的傑出內分泌醫生，漢斯·賽爾耶（Hans Selye, MD，1907-1982年），當時他感到疑惑，為何有如此多的人出現一種他稱為亞健康的狀態，亞健康即是無病，但也不健康，且缺乏活力。他最終確定是壓力造成的，他的定義：「壓力是身體對任何需求所做出的無特異性反應，愉快或失落的情緒可能是原因，也可能是結果。如何處理此情緒，決定了你能否成功地適應變化。」⁸⁸ 換言之，壓力本身並不是壞事。相反地，再次引述自賽爾耶，「一般認為，生物體需要某種程度的壓力來維持身心健康。然而，……系統無法處理的過度壓力，會產生病理變化。」⁸⁹

問題在於，現代人類面對真實或虛構的危險時，與史前人類遇到長毛象或敵人，會使用打火石斧頭（做出攻擊時無異，生理本能反應為：「對抗

或逃跑」，此反應會刺激人體爆發能量以對抗襲擊者或以高速逃跑。驚慌的反應迫使腦下垂體腎上腺皮質系統做出反抗、產生重要的荷爾蒙來對抗或逃跑。於是心跳加速、血糖升高，瞳孔擴張令視覺更清晰，及減緩消化速度將能量轉移到四肢。腎上腺素和皮質醇快速進入系統。但當擊退敵人或逃離到安全地點後，這些變化就會自動消失。

當今的威脅主要來自非暴力因素，而這些挑戰會導致挫折，生悶氣或壓抑緊張等無處可發的情緒。畢竟，我們不能得罪吹毛求疵的老闆，或逃離令人瘋狂的大塞車，所以人體停留在不自然的興奮狀態。與史前的山頂洞人一樣，現代人同樣要經歷驚慌、反抗，到最終筋疲力竭 3 個階段。在適當時，壓力造成荷爾蒙變化，會引發各種疾病，包括高血壓（hypertension）、心臟冠狀動脈血塞（coronary thrombosis）、[90] 腦溢血（brain hemorrhage）、胃病（gastric）或十二指腸潰瘍（duodenal ulcers）、[91] 動脈硬化症（arteriosclerosis）、[92] 關節炎（arthritis）、腎臟病（kidney disease）及過敏（allergic reactions）。[93] 除了以上的病症外，還會削弱人體的免疫系統，而我們知道那有多危險。

幾乎每個人一生中都會經歷數不清的巨大壓力。如，生意失敗、經濟問題、巨額債務、離婚、家人生病或失業等。人們通常的回應是：延長工時、狂吃垃圾食品和不健康的零食、失眠時服用安眠藥和「提神藥」來應付新的一天、喝更多的咖啡、酒及抽更多的香菸，這些習慣全都會加速致病。然而，這是人們回應壓力的做法，不是壓力本身引起的一連串問題。尤其當我們面對的是像賽爾耶醫生的其中一位「亞健康」患者，其肝臟狀況本來就有問題了，身體其它部分也中毒及營養不良時，壓力和其所引發的後果，就會如同諺語，「壓斷駱駝背脊的最後一根稻草（last straw that breaks the camel's back）」。

在多個破壞身體防禦系統的因素中，壓力必得囊括其中，並且要慎重處理。鬆弛法、瑜伽、呼吸運動和心理諮詢，均可幫助人體重新調整在遇到人生中無法避免的混亂後，所做出的自發性抵擋深度損害的反應。（參考第廿七章〈克服壓力和緊張〉，第 285 頁）再結合一些優質營養，就有可能出現像賽爾耶醫生建議的理想模式，「無苦難的壓力。」[94]

參考資料：

1. M. Gerson, *A Cancer Therapy: Results of Fifty Cases and The Cure of Advanced Cancer by Diet Therapy: A Summary of Thirty Years of Clinical Experimentation*, 6th ed. (San Diego, CA: Gerson Institute, 1999). 2. Ibid., pp. 145-173.
2. Ibid., pp. 145-173.
3. B. P. Baker, Charles M. Benbrook, E. Groth III and K. Lutz Benbrook, "Pesticide residues in conventional, integrated pest management (IPM)-grown and organic foods: insights from three US data sets," Taylor and Francis Ltd., *Food Additives and Contaminants* 19 (5) (May 2002): 427-446 (20).
4. State of the Union address by Richard M. Nixon (1970), which led to the National Cancer Act of 1971.
5. Dispatches from the "War on Cancer, Special Report," *U.S. News & World Report* (Feb. 5, 1995).
6. Ibid.
7. "Probability of Developing Invasive Cancers Over Selected Age Intervals by Sex, US, 2001 to 2003," American Cancer Society, Surveillance Research (2007) (www.cancer.org/downloads/stt/ CFF2007ProbDevelInvCancer.pdf).
8. "Chasing the cancer answer," Canadian Broadcasting Corporation broadcast (Mar. 5, 2006).
9. L. Hardell and M. Eriksson, "A case-control study of non-Hodgkin lymphoma and exposure to pesticides," *Cancer* 85 (6) (1999): 1353-1360.
10. L. Hardell, "Relation of soft-tissue sarcoma, malignant lymphoma and colon cancer to phenoxy acids, chlorophenols and other agents," *Scandinavian Journal of Work, Environment, and Health* 7 (2) (1981): 119130.
11. Charles M. Benbrook, MD, "Evidence of the Magnitude and Consequences of the Roundup Ready Soybean Yield Drag from University-Based Varietal Trials in 1998," Ag BioTech InfoNet Technical Paper, No. 1 (Jul. 13, 1999).
12. "Occupational exposures, animal exposure, and smoking as risk factors for hairy cell leukaemia evaluated in a case-control study," *British Journal of Cancer* 77 (1998): 2048-2052.
13. Caroline Fox, "Glyphosate Factsheet," *Journal of Pesticide Reform* 108 (3) (Fall 1998).
14. Gina M. Solomon, MD, "Breast Cancer and the Environment," School of Medicine, University of California, San Francisco, and the Natural Resources Defense Council (revised April 2003) (www.healthandenvironment.org/breast_cancer/peer_reviewed).
15. Elizabeth Carlsen, et al., "Evidence for decreasing quality of semen during the past 50 years," *British Medical Journal* 305 (1992): 609-613.
16. Annette Abell, et al., "High sperm density among members of organic farmers' association," *The Lancet* 343 (June 11, 1994): 1498.
17. "UK Breast Cancer statistics," Cancer Research UK, (http://info.cancerresearchuk.org/cancerstats/types/breast/).
18. Ibid.
19. G. Lean, "Revealed: health fears over secret study into GM food," *The Independent on Sunday* (London) (May 22, 2005).
20. Carolyn Dean, MD, Death by Modern Medicine (Belleville, Ontario: Matrix Vérité, Inc., 2005); Carolyn Dean, MD, and Gary Null, "Death by Medicine" (www.healthe-livingnews.com/articles/ death_by_medicine_part_1.html). For their statistics on the number and cost of annual U.S. adverse drug reaction deaths, *see also* J. Lazarou, B. Pomeranz and P. Corey, "Incidence of adverse drug reactions in hospitalized patients," *Journal of the American Medical Association* 279 (1998):1200-1205; D. C. Suh, B. S. Woodall, S. K. Shin and E. R. Hermes-De Santis, "Clinical and economic impact of adverse drug reactions in hospitalized patients," *Annals of Pharmacotherapy* 34 (12) (December 2000): 1373-9; Abram Hoffer, MD, "Over the counter drugs," *Journal of Orthomolecular Medicine* (Ontario, Canada) (May 2003). It is reprinted in *Death by Modern Medicine* (supra), Appendix C, pp. 349-58.
21. "News Release: Merck Announces Voluntary Worldwide Withdrawal of VIOXX®" (Whitehouse Station, NJ: Merck & Co., Inc., Sept. 30, 2004).

22 Note 20 (Dean), supra, p. 182. ("The FDA covered itself by telling Merck to amend their package insert for Vioxx to include precautions about cardiovascular disease, but on the other hand it still let the drug be mass marketed on the media.")

23 Mike Adams, "Health freedom action alert: FDA attempting to regulate supplements, herbs and juices as 'drugs,'" NewsTarget/Truth Publishing (Tuscon) (Apr. 11, 2007).

24 PDR Drug information for RITALIN® HYDROCHLORIDE (Novartis) (methylphenidate hydrochloride) tablets USP RITALIN-SR® (methylphenidate hydrochloride) USP sustained-release tablets (www.ritalindeath.com/Ritalin-PDR.htm).

25 "Learning and Learning Disabilities: Ritalin Side Effects," Audiblox (www.audiblox2000.com/learning_disabilities/ritalin.htm).

26 Peter R. Breggin, Talking Back to Ritalin (Monroe, ME: Common Courage Press, 1998).

27 "Ritalin: Keeping Kids Cool and in School" ("There are currently an estimated 5 million school-age children on the drug. Another 2 million children are thought to be on other psychiatric drugs, such as Adderall and Dexedrine. Production of these drugs has grown 2000%, according to the Drug Enforcement Agency.") (http://social.jrank.org/pages/1011/ Special-Needs-Gifts-Issues-Ritalin-Keeping-Kids-Cool-in-School.html).

28 Note 20 (Dean/Null), supra. For their statistics on the number and cost of annual U.S. adverse drug reaction deaths, see also J. Lazarou, B. Pomeranz, and P. Corey, "Incidence of adverse drug reactions in hospitalized patients," Journal of the American Medical Association 279 (1998): 12001205; D. C. Suh, B. S. Woodall, S. K. Shin, and E. R. Hermes-De Santis, "Clinical and economic impact of adverse drug reactions in hospitalized patients," Annals of Pharmacotherapy 34 (12) (December 2000): 1373-9.

29 Richard Mackarness, Eat Fat and Grow Slim (London: Harvill Press, 1958; London: Fontana/Collins, revised and extended edition, 1975).

30 Tuula E. Tuormaa, "The Adverse Effects of Food Additives on Health," Journal of Orthomolecular Medicine 9 (4) (1994): 225-243.

31 Nutrasweet Co. (www.nutrasweet.com).

32 "Aspartame, Decision of the Public Board of Inquiry" (Sept. 30, 1980), Department of Health and Human Services, Food and Drug Administration [Docket number 75F-0355] (www.sweetpoison.com/articles/pdfs/fdapetition.pdf).

33 Ibid. Note 20 (Dean), supra.

34 Betty Martini, MD, "Aspartame: No Hoax, Crime of the Century (Front Groups in Violation of Title 18, Section 1001 When They Lie About the Aspartame Issue and Stumble Others)" (Duluth, GA), Mission Possible International (Jul. 18, 2004) (www.wnho.net/aspartame_no_hoax.htm).

35 Luis Elsas testifies before Congress. Animals developed brain tumors; see also Note 34 (Martini), supra.

36 Ibid.

37 H. J. Roberts, MD, Defense against Alzheimer's Disease (West Palm Beach, FL: Sunshine Sentinel Press, January 1995); see also Note 20 Dean), supra.

38 John E. and T. M. Erb, The Slow Poisoning of America (available on-line at https://www.spofamerica.com).

39 Ibid.

40 Note 38 (Erb), supra.

41 Ibid.

42 J. E. Chavarro, J. W. Rick-Edwards, B. A. Rosner and W. C. Willett, "Dietary fatty acid intake and the risk of ovulatory infertility," American Journal of Clinical Nutrition 85 (1) (January 2007): 231-237.

43 Alex Richardson, MD, "Brain food: Why the Government wants your child to take Omega-3, the fish oil supplement," Food and Behaviour Research (Jun. 11, 2006) (www.fabresearch.org/ view_item.aspx?item_id=956).

44 "Diet, Nutrition and the Prevention of Chronic Diseases," World Health Organization, report of a Joint WHO/FAO Expert Consultation, WHO Technical Report Series 916 (2003).

45 Jeremy Laurence, Health Editor, "Should trans fats be banned?," The Independent (Nov. 17, 2006).

46 D. Mozaffarian, et al., "Trans Fatty Acids and Cardiovascular Disease," *New England Journal of Medicine* 15 (354) (Apr. 13, 2006): 1601-1613; *see also* "Trans Fatty Acids and Coronary Heart Disease" ("In an updated analysis of the trans fat-heart disease link, HSPH researchers have found that removing trans fats from the industrial food supply could prevent tens of thousands of heart attacks and cardiac deaths each year in the U.S. The findings are published in the April 13, 2006 issue of the New England Journal of Medicine. . . . Trans fats have also been associated with an increased risk of coronary heart disease in epidemiologic studies.4 ... Based on the available metabolic studies, we estimated in a 1994 report that approximately 30,000 premature coronary heart disease deaths annually could be attributable to consumption of trans fatty acids.4" Note 4: W. C. Willett, A. Ascherio, "Trans fatty acids: Are the effects only marginal?," *Am J Public Health* 1994; 84: 722-724.) (www.hsph.harvard.edu/reviews/ transfats.html)

47 Interview with Richard A. Passwater, "Health Risks from Processed Foods and the Dangers of Trans Fats."

48 "Food Labeling: Trans Fatty Acids in Nutrition Labeling . . ." U.S. Department of Health and Human Services, FDA 21 CFR Part 101, Federal Register (Jul. 11, 2003), p. 41434.

49 "What we can say—the quality and benefits of organic food," British Soil Association information sheet, Version 4 (Nov. 24, 2005).

50 B. Gesch, London press conference, Royal College of Psychiatrists (Jun. 25, 2002); S. Schoenthaler, *Anti-Ageing Medical Publications*, Vol. III. (Marina del Rey, CA: Health Quest Publications, 1999).

51 Emma Young, "Trace arsenic in water raises cancer risk," *New Scientist* (Sept. 14, 2001).

52 J. A. Brunette and J. P. Carlos, "Recent Trends in Dental Caries in U.S. Children and the Effect of Water Fluoridation," *Journal of Dental Research* 69 (Spec. Issue February 1990): 723-727.

53 Ibid.

54 M. A. Awad, J. A. Hargreaves, and G. W. Thompson, "Dental Caries and Fluorosis in 7-9 and 11-14 Year Old Children Who Received Fluoride Supplements from Birth," *Journal of the Canadian Dental Association* 60 (4) (1991): 318-322.

55 C. H. Shiboski, et al., "The association of early childhood caries and race/ ethnicity among California preschool children," *Journal of Public Health Dentistry* 63 (1) (2003): 38-46.

56 Elise B. Bassin, D. Wypij, R. B. Davis and M. A. Mittleman, "Age-specific fluoride exposure in drinking water and osteosarcoma (United States)," *Cancer Causes and Control* 17 (2006): 421-428.

57 Dean Burk, MD, Congressional Record (Jul. 21, 1976).

58 Perry D. Cohn, "A Brief Report on the Association of Drinking Water Fluoridation and the Incidence of Osteosarcoma Among Young Males," Environmental Health Service, New Jersey Department of Health (Nov. 8, 1992). In 1992, the New Jersey State Department of Health released the results of a study which found six times more bone cancer among males under the age of 20 living in communities with fluoridated water.

59 K. H. Gelberg, E. F. Fitzgerald, S. Hwang and R. Dubrow, "Fluoride exposure and childhood osteosarcoma a case control study, *American Journal of Public Health* 85 (1995): 1678-1683; *see also* J. K. Maurer, M. C. Cheng, B. G. Boysen and R. I. Anderson, "Two-year carcinogenicity study of sodium fluoride in rats," *Journal, National Cancer Institute* 82 (1990): 1118-1126.

60 Juliet Eilperin, "Professor at Harvard Is Being Investigated, Fluoride-Cancer Link May Have Been Hidden," *The Washington Post* (Jul. 13, 2005), p. A03.

61 Letter from Professor Samuel Epstein to Harvard University President Derek C. Bok (Aug. 31, 2006).

62 Taber's *Cyclopedic Medical Dictionary* (Philadelphia: F. A. Davis Company, 1993).

63 "Questions About Smoking, Tobacco, and Health," American Cancer Society (www.cancer.org/docroot/PED/content/ PED_10_2x_Questions_About_Smoking_Tobacco_and_Health.asp).

64 "Detailed Guide: Bladder Cancer, What Are the Risk Factors for Bladder Cancer, ? " American Cancer Society (www.cancer.org/docroot/cri/ content/ cri_2_4_2x_what_are_the_risk_factors_for_bladder_cancer_44.asp).

65 "Secondhand Smoke—It Takes Your Breath Away: Secondhand Smoke is unhealthy ..." New York State Department of Health (www.health.state.ny.us/prevention/tobacco_control/second/ second.htm).

66 Howard J. Worman, MD, "Alcoholic Liver Disease," Columbia University Department of Medicine (http://cpmcnet.columbia.edu/dept/gi/ alcohol.html).

67 "Is make-up making you sick? The hidden dangers on your bathroom shelf," *The Telegraph* (UK) (Mar. 18, 2005).

68 M. S. Petrik, M. C. Wong, R. C. Tabata, R. F. Garry and C. A. Shaw, "Aluminum adjuvant linked to gulf war illness induces motor neuron death in mice," *Neuromolecular Medicine* 9 (1) (2007): 83-100.

69 P. D. Darbre, et al., "Chemical Used in Deodorant Found in Breast Cancer Tissue," *Journal of Applied Toxicology* 24 (1) (2004).

70 M. A. Hollinger, "Pulmonary toxicity of inhaled and intravenous talc," *Toxicology Letters* 52 (1990): 121-127.

71 B. L. Harlow, D. W. Cramer, D. A. Bell and W. R. Welch, "Perineal exposure to talc and ovarian cancer risk," *Obstetrics & Gynecology* 80 (1992): 19-26.

72 F. N. Marzulli, S. Green and H. K. Haibach, "Hair dye toxicity—a review," *Journal of Environmental Pathology, Toxicology and Oncology* 1 (4) (March-April 1978): 509-30.

73 John Baron and H. Colburn, "The life of Edward Jenner," with illustrations of his doctrines, and selections from his correspondence (London, 1838).

74 "What You Should Know About a Smallpox Outbreak," Department of Health and Human Services, Centers for Disease Control and Prevention (www.bt.cdc.gov/agent/smallpox/basics/outbreak.asp).

75 Robert S. Mendelsohn, MD, "The Medical Time Bomb Of Immunization Against Disease," *East West Journal* (November 1984) (www.whale.to/ vaccines/mendelsohn.html).

76 Shirley's Wellness Cafe (www.shirleys-wellness-cafe.com/ vaccine_sids.htm)

77 Personal communication to Charlotte Gerson from Professor Takaho Watayo, MD, Subdirector of the Ohtsuka Hospital in Tokyo (September 2006).

78 National Vaccine Injury Compensation Program (Oct. 1, 1988).

79 Bill Parish, "MMR Vaccine and Subsequent Cases of Autism Suspected," *Sightings*, Parish s& Company (May 23, 2000), FreeRepublic.com (www.freerepublic.com/forum/a3931156b1dee.htm).

80 "Frequently asked questions about Measles Vaccine and Inflammatory Bowel Disease (IBD)," Department of Health and Human Services, Centers for Disease Control and Prevention (www.cdc.gov/nip/vacsafe/ concerns/ autism/ibd.htm).

81 James F. and Phyllis A. Balch, *Prescription For Dietary Wellness: Using Foods to Heal*, 2d ed. (New York: Avery (Penguin Group), May 26, 2003).

82 "Cell Phone Facts: Consumer Information on Wireless Phones," U.S. Food and Drug Administration (www.fda.gov/cellphones/qa.html#4).

83 "Cancer clusters at phone masts," The London Sunday Times (Apr. 22, 2007).

84 Eileen O'Connor, "EMF Discussion Group at the Health Protection Agency for Radiation Protection (HPA-RPD) on 2nd March 2006' (October 2006), Mobile Phone/Mast Radiation (www.mast-victims.org/ index.php?content=journal&action=view&type=journal&id=111). "Six other short-term mobile phone mast studies have also found significant health effects such as headaches, dizziness, depression, fatigue, sleep disorder, difficulty in concentration and cardiovascular problems:

"1) H-P Hutter, H Moshammer, P Wallner and M Kundi (http://oem.bmjjournals.com/cgi/content/abstract/63/5/307) Subjective symptoms, sleeping problems, and cognitive performance in subjects living near mobile phone base stations: Conclusion: Despite very low exposure to HF-EMF, effects on wellbeing and performance cannot be ruled out, as shown by recently obtained experimental results; however, mechanisms of action at these low levels are unknown. ... .

"2) Santini et al (Paris) [Pathologie Biologie (Paris)] 2002 (http://www.emrnetwork.org/position/santini_hearing_march6_02.pdf)

"3) Netherlands Ministries of Economic Affairs, Housing, Spatial Planning and Environment and Health Welfare and Sport. (TNO) 2003 (http://www.unizh.ch/phar/sleep/handy/tnoabstractE.htm)

"4) The Microwave Syndrome – Further Aspect of a Spanish Study – Oberfeld Gerd. Press International Conference in Kos (Greece), 2004 (http://www.mindfully.org/Technology/2004/Microwave-Syndrome-Oberfeld1may04.htm)

"5) Austrian scientists Dr Gerd Oberfeld send out a press release 1 May 2005 with this report: 'A study in Austria examined radiation from a mobile phone mast at a distance of 80 metres; EEG tests of 12 electrosensitive people proved significant changes in the electrical currents of the brains. Volunteers for the test reported symptoms like buzzing in the head, palpitations of the heart, un-wellness, light headedness, anxiety, breathlessness, respiratory problems, nervousness, agitation, headache, tinnitus, heat sensation and depression.

"6) Bamberg, Germany 26-April, 2005 Dr C Waldmann-Selsam, Dr U. Säeger, Bamberg, Oberfranken evaluated the medical complaints of 356 people who have had long-term [radiation] exposure in their homes from pulsed high frequency magnetic fields (from mobile phone base stations, from cord-less DECT telephones, amongst others)."

See also Warren Brodey, MD, "Radiation and Health," Oslo, Norway (Sept. 13, 2006), p. 14 (www.computer-clear.com/ radiation_and_health.pdf).

85 Linda Moulton Howe, "British Cell Phone Safety Alert and An Interview with Robert O. Becker, MD," Council on Wireless Technology Impacts (www.energyfields.org/science/becker.html).

86 "Minutes of the Seventh International Advisory Committee Meeting," The International EMF Project (Geneva), World Health Organization (Jun. 6-7, 2002) (www.who.int/peh-emf/publications/ IAC_minutes_2002MR_update.pdf).

87 Mary Lambert, Clearing the Clutter for Good Feng Shui (New York: Michael Friedman Publishing Group, Jan. 1, 2001). Lambert suggests that the following plants are especially good for absorbing electromagnetic emissions from computers and other electronics: Peace Lily, Peperomias, Cirrus peruvianus (a cactus) and Dwarf Banana Plants. Studies conducted by the National Aeronautics and Space Administration have shown it to be particularly effective in absorbing formaldehyde, xylene, benzene and carbon monoxide from the air in homes or offices.

88 Hans Selye, MD, *The Stress of Life* (New York: McGraw-Hill, 1956).

89 Hans Selye, MD, "The stress concept and some of its implications," in Vernon Hamilton and David M. Warburton, *Human Stress and Cognition: An Information Processing Approach* (New York: John Wiley and Sons Ltd., 1979).

90 Vijay Sood and R. N. Chakravarti, "Systemic stress in the production of cardiac thrombosis in hypercholesterolaemic rats," *Research in Experimental Medicine* 167 (1) (February 1976): 31-45.

91 "Digestive Disorders: Stomach and Duodenal Ulcers (Peptic Ulcers)," University of Maryland Medical Center (www.umm.edu/digest/ ulcers.htm).

92 E. C. Lattime and H. R. Strausser, "Arteriosclerosis: is stress-induced immune suppression a risk factor?," *Science* 198 (4314) (Oct. 21, 1977): 302-303.

93 M. Lekander, "The immune system is affected by psychological factors. High stress levels can change susceptibility to infection and allergy," Lakartidningen 96 (44) (Nov. 3, 1999): 4807-11.

94 Hans Selye, MD, *Stress Without Distress* (Philadelphia, PA: Lippincott, 1974).

第六章

為何葛森療法禁鹽？

鉀／鈉新陳代謝

人體整個新陳代謝的運作，完全倚賴人體整個器官系統內無數個細胞和血液之間不斷交換營養素和廢物。血液將營養素和氧氣輸送到每個細胞中，然後將廢料帶離組織排泄體外，以供應人體全面的需要。這個奇妙的交換運作，非常倚賴鉀／鈉間的吸力，及在細胞和血流之間移動。

血液——及人體中另一個重要的體液，血清——都必須含鈉，同時地，在每個細胞中，也需要充足的鉀含量。只有當體液內的鈉釋放營養素時（然後收集廢物），才會啟動體液和細胞之間的交換運作，因為這兩種礦物質的作用是製造細胞的輸送工作。因此，鈉必須留在細胞外（體液中），而鉀則需要停留在細胞（組織）內！

天然營養素，有機水果和蔬菜綜合起來，可修正這兩種重要礦物質在細胞間的平衡。人的身體大約由 10% 的體液及 90% 的組織所組成。

當人們的飲食習慣正確，也就是以大量蔬食為主的無鹽飲食，即提供了人體所需礦物質的最均衡標準：約 10% 的高鈉（約有 10% 的天然食物為高鈉低鉀，其所含的天然鈉已足夠，無需額外添加），及約 90% 的高鉀（由有機、無鹽蔬果供應，因為約 90% 的蔬果皆為高鉀低鈉）。

當各種經過人工處理、烹調、罐裝、冷凍、瓶裝、防腐⋯⋯等過程的加工食品逐漸取代了原始的食物原料，而成為主要食物供應鏈時，種種問題接踵而至。食物一經加工處理，在加工過程中，鉀已經大量流失，而人工添加品反而令鈉含量持續提升。很明顯地，這個加工過程已完全扭轉了人體的正常化學元素比例，各種疾病因而叢生。

無鹽飲食的重要性

人類廣用鹽的長久歷史，早超過史書所能記載，主要用於添加食物的美味及其它多種用途，如：保存食物、防治害蟲、當成牙膏、洗擦粉，及寒冬時道路和通道的融冰劑。我們在此強調的鹽害——是它被過量使用的地方——用於準備食物和保存食物時的氾濫現象。

在冷藏發明和廣泛使用前，鹽（氯化鈉）是保存食物最受歡迎方式之一。這個過程讓肉類、魚類和其它可食用的物質在世界某一角落製造，然後運送到另一國家食用，或者在產季量多時先醃漬好，保存起來以備不足時使用。除此之外，鹽可抑壓難聞味道，令某些食物更有風味或更添美味。當鹽被廣泛使用為防腐劑時，鹽的鹹味就漸漸變成習慣，所以無鹽的食物反而不好吃。

人類對鹽的味覺敏感度隨著時間流逝而漸漸失去，為了追求那份「鹹」的滋味，趨向就是要採用更多的鹽來填補。不過，廣泛和習慣食用鹽已衍生了很多健康問題。鹽可引致高血壓，兩者有重要關連的事實根據—早已被公認。[1] 如果你患有高血壓，醫師首先會建議你減低攝取鹽分量。不過在現代文化中，這是項艱鉅任務。

鹽由兩種元素組成，兩者化學元素都非常活躍：鈉和氯（食鹽是氯化鈉或（ NaCl ）；Na ＝鈉，Cl ＝氯）。兩者發揮負面的影響力，對人體的新陳代謝系統均產生害處。

氯對人體有直接影響，它將甲狀腺內的必要碘元素逼出，嚴重降低甲狀腺功能。鈉是一種酵素抑制劑[2]，對人體有更深遠的負面影響。它干預新陳代謝運作、阻礙能量的製造、營養和人體內每個細胞的廢物流動，並存留自己重量 15 倍的水分，導致水腫，引發組織受損綜合症，為癌細胞生長的主要成因。

鈉的相反化學元素是鉀，人體需要大量的鉀來維持身體健康。事實上人體是否需要減低攝取鹽分，部分醫學研究對此存爭議性，所以在鈉和鉀之間，建議**均衡攝**取較為重要[3]。標準美式飲食的鉀含量偏低，而鈉含量非常高，為慢性疾病建立了一個豐富的繁殖環境。

葛森醫師意識到高鈉和缺鉀對人體的損害，所以堅持病人要完全避免食用鹽和所有鈉化合物。他堅稱人體實際上需要適量的鈉才可以正常運作，每天只需攝取大約200毫克（mg）的鈉（即大約1盎司之1/150分量），一般綠葉菜中已有足夠的鈉，攝取容易。[4] 然而，每日的標準美式飲食包含了3,400至10,000毫克（mg）的鈉，即為17～50倍的過量服食！[5] 不論你攝取什麼物質，即使對你身體有益，長期的50倍過量攝取必定會造成嚴重的損害，甚至短期內即可看出此傷害。

現代食物所含的鈉化合物數量，特別是加工食品和餐廳食物，含量都非常高。我們飲食中不但充斥著食鹽外，還加入了味精、糖精鈉、小蘇打粉和一大堆加工處理過的含鈉化學品。如，牙膏含有一種比食鹽的毒性更高的化合物——常被用於老鼠藥的鈉氟化物！[6]

要避免這種毒害物質，我們必須親自小心選擇，準備及食用新鮮的有機食物。事實上，鈉的主要攝取處來自加工食品和餐廳食物。在我們日常生活中，幾乎每張餐桌上習慣性地使用鹽罐，都進一步增加了身體的有毒負載。

加工食品在處理的過程中，會移除食物原料中所含的鉀，並加入鈉化合物以增添風味，或用於保存，或美化食物，或改變口感。此舉將原本天然食物中所含的鉀鈉對比倒轉，此比例也是人體所需的鉀鈉平衡比。我們的身體原本就期望可從食物中攝取到大量的鉀（天然，新鮮的食物），所以不會盡力將鉀保留。同樣地，除非是在海邊幾英里範圍內，要在大自然中找到鈉是很罕有的，因此人體自然會強烈保留住所攝取的鈉，以便供應身體所需的鉀鈉平衡。當食物中的鉀鈉比例被倒轉時，鈉便大量湧進人體（即留存體內），鉀則大量流失（很容易濾出體外），而導致身體嚴重地受損。

狄克遜（Dixon）和韋伯（Webb）所撰寫的《*Enzymes*》（酵素）一書中，稱鈉為「酵素抑制劑」（又稱「毒藥」），其相反化學物質鉀，是酵素啟動劑。[7] 人體中的每個化學反應都是由酵素在規範和引導的，如同「火星塞」或催化劑的作用，來推動體內活動。抑制酵素自然就抑制或關閉了酵素的推動力，或其所負責的活動。

當你意識到複雜的人體結構需要無數活動適當地進行時才可維持正常運作，任何一項活動的反常或失敗，都會造成嚴重、甚至致命的後果。例如

蛇毒液，可以干預帶動紅血球輸送氧氣的酵素。即使處於一個氧氣充足的環境內，人體在缺乏氧氣傳輸到細胞的情況下仍會死亡。其它毒藥可干預血凝結、人體的自律呼吸系統、神經脈搏傳送……等等，此清單筆禿了也難道盡。鈉，干預了很多酵素，抑制或停止許多重要功能。

為了努力修補因為大量的鈉鉀失衡對於人體功能所造成的損害，葛森醫師處方病人鉀化合物，作為水溶液（以劑量處方），被其它醫師形容為「壯烈行為」。因為醫學院的學生都曾做過一項值得警惕的實驗，也就是直接應用氯化鉀溶液讓青蛙的心臟停止跳動，葛森醫師測試了超過 300 種的鉀鹽混合物，終於找出一種在所有情況下都可安全服用的鉀鹽混合物。此溶液的成分含有 3 種不同的鉀鹽，為各 33.3 克（g）的葡萄糖酸鉀、醋酸鉀和磷酸鉀（一元酸），溶於 1 公升（～ 1 夸脫）的蒸餾水中，再將此鉀鹽溶液加入療程的大部分果汁中。即使不小心過量服用 10 倍或更多，亦從未有病人因此鉀鹽溶液受到損害！

鉀回到人體系統後，重新取回它們在細胞中應有的位置。鈉被強逼離開細胞（因為鈉不應存在細胞內），回到血液裡（應存在的地方），過量鈉被排出然後人體中的鉀鈉比恢復平衡。當鉀鈉比平衡回復正常後，細胞新陳代謝正常化，重啟能量的製造，營養素和廢料在細胞膜內的轉換往正確的方向進行，自癒就此開始。這個過程的快速令人驚奇。

弗里曼‧寇普醫生（Freeman Cope），在《*Physiological Chemistry and Physics*》期刊寫道：「葛森療法的高鉀低鈉飲食，透過實驗觀察，證明可以治癒很多人類的晚期癌症，但原因不明。最近一項研究（1978 年）來自凌醫生（Dr. F. G. Ling）和助手的實驗室，結果顯示高鉀低鈉的環境可以局部地將受損害的細胞蛋白回轉到正常未受損的結構。因此，組織的損害，毒素和癌症製造的壞死產物被部分修補，可能就是透過葛森療法採用的機制進行的。[8]」

幾乎每個腫瘤或關節炎，大部分的慢性濾過性病毒，如生殖器疱疹和其它長期病理，病人的身體組織已流失鉀、增加鈉及嚴重的水腫。現代醫學已證實了此生理學論點。[9]

葛森醫師研究肺結核感染時，發現相同現象後記錄到他出版的文章上。他觀察到每個結核腔洞，遭到毒素損害的鄰近組織會出現水腫及失靈，然後

逃離結核病生物體。病變局部的代謝產物是廢料，導致機體的功能障礙，廢料存留會促進破壞性程序。它們的存在擾亂了其它正常組織，使正常組織反過來變成損害的組織。

　　1盎司的鈉在細胞中存留1磅的水分，造成細胞水腫或腫脹，當過量的鈉排出體外時，進入細胞內的水分同時被釋放。病人經歷這個過程時，很容易每天減少8～10磅（3.5～4.5公斤）存留的水分，直至過量的鈉及其相關連的水腫消失。

　　鉀鈉平衡恢復後（主要透過無鹽和補充鉀的機制），血壓很快會回復正常，快速的方式是以天數計算而不是按星期計算。葛森無鹽飲食的信譽，逆轉了很多對抗療法視為「慢性」或「絕症」的疾病，其中之一重要的關鍵即是恢復鉀鈉比的平衡。

參考資料：

1. "The positive relation of sodium intake and blood pressure, first recognizeda century ago, has been well established in ecological, epidemiological, and experimental human studies." "Salt, Blood Pressure, and Human Health,"Michael H. Alderman, Hypertension, *Amer. Heart Ass. Journal* (http://hyper.ahajournals.org/content/36/5/890.full. Mar. 2000).

2. Malcolm Dixon and Edwin C. Webb, *Enzymes* (London, New York and Bombay: Longmans Green and Co., 1966). p. 422-3.

3. Q. Yang, T. Liu, E. V. Kuklina, W. D. Flanders, Y. Hong, C. Gillespie, M. H. Chang, M. Gwinn, N. Dowling, M. J. Khoury and F. B. Hu. "Sodium and potassium intake and mortality among US adults: prospective data from the Third National Health and Nutrition Examination Survey." *Arch Intern Med.* 171 (13):1183-91, July 11, 2011.

4. Max Gerson, "Sodium and Potassium Content of Foods" (table), *A Cancer Therapy: Results of Fifty Cases and The Cure of Advanced Cancer by Diet Therapy: A Summary of Thirty Years of Clinical Experimentation*, 6th ed. (San Diego, CA: Gerson Institute, 2002). p. 225-9.

5. "With so much salt in our food, it's no wonder the average American gets 3,436 milligrams of sodium per day. That's more than double the American Heart Association's recommended limit of 1,500 milligrams." "Processed Foods: Where is all that salt coming from？" American Heart Association, High Blood Pressure webpage. Jul. 17, 2013 (www.heart.org/HEARTORG/Conditions/HighBloodPressure/PreventionTreatmentofHighBloodPressure/Processed-Foods-Where-is-allthat-salt-coming-from_UCM_426950_Article.jsp).

6. Carolyn Evans-Dean, "Fluoride in Rat Poison," *eHow home*. "Since the 1800s, fluoride has been a key component in rat poison and insecticides.When mixed into grain or other food, rats will readily consume the poison and die. This method was deemed to be preferable to other poisonous compounds because it was less hazardous to the humans and livestock that might accidentally ingest it." (www.ehow.com/about_6544969_fluoride-ratpoison.html).

7. Note 2 (Dixon and Webb), supra.

8. F. W. Cope, "Pathology of structured water and associated cations in cells (the tissue damage syndrome) and its medical treatment." *Physiological Chemistry and Physics*, 9 (6): 547-53, 1977.

9. Ibid.

第七章

現代文明疾病

　　進入先進的 21 世紀，人類本應有良好的健康和體魄，然而令人訝異的事實是，身處大多數文明社會的人們，反而飽受各種疾病的煎熬，這種現象在幾個世代前較不普遍。更糟的是，這種情況已蔓延至各個年齡層，不再是老年人和中年人的專利，疾病發作的年齡層有愈來愈低的趨勢。這種不同以往認知的病症，常被稱為「現代文明疾病」。

　　也許有人會說，這是現今空前的科技發展，追求便利性與以消費者為導向的經濟體所必須付出的代價，聽起來倒像是藉口；也就是說，這是人類違反大自然定律、享受過度文明生活方式而直接導致的後果。無論是與否，傳統醫學界定這些疾病為不治之症，他們所能做的只是對症治療，療效只能維持有限的效果及時間，並伴有嚴重的副作用。

　　現代文明究竟犯了什麼錯導致大眾健康的退化？公認的元凶為：污染的空氣、水和土壤、氣候的變遷、大幅增加的噪音、暴力和普遍的不安全、社會局勢緊張、壓力、以及生活中法律和秩序多方面的失序。奇怪的是，一個壓倒性的，牽動著每個活著的人的因素（飲食），卻未囊括在以上的有害清單中，我們的食物，在過去短短一世紀以來，不論來源、種類、組成或是添加物，也有了「空前的」巨變。（請參考本書第三章〈認清敵人〉，第 66 頁。）

　　若你稍加留意，也許會驚訝地發現，日常生活的飲食，其實與我們的健康息息相關。然而見怪不怪的是，營養學卻不是現在培養醫學生所被重視的課程及知識，結果是剝奪了許多醫師去認識這擁有強大能力可治癒不治之症，但對身體卻自然溫和的方法。我們衷心期盼有朝一日，自然營養的知識與療癒，能重回主流醫學。

　　同時，葛森療法所蘊含之營養療程，在過去幾十年中成功治癒了大部分的「現代文明病」。在本章，我們會列出部分疾病，並解釋葛森療法不可縮

減的準則，主要在重建免疫系統和恢復所有的人體防禦系統；為何能夠逆轉並治癒這些疾病的原因。

擊敗殺手

● 癌症

在所有的疾病當中，癌症無疑是最令人恐懼的疾病。其發病率飆升，影響是災難性的──不論是疾病本身或是現代醫學在治療上所造成的副作用──更不用說其偏高的死亡率。最重要的，癌症仍然是不治之症。綜合以上所述，不難理解大部人一提到癌症就恐懼。

讓我們深入探討這個災難性疾病，根據醫學字典的解釋，癌症被形容為「源自正常組織的不受控制的細胞增生」，[1] 有 200 多種不同類型。針對此定義，我們有些問題：為什麼癌細胞的生長不受控制？而正常細胞是如何控制生長？而不受控制的原因是什麼？為什麼癌症是殺手？所謂的良性腫瘤也可能有「不受控制」的細胞增生。良性腫瘤屬非侵略性（即是不會擴散），可輕易移除，且一般來說不會復發。那它們是如何變成惡性的殺手呢？

雖然良性腫瘤不是癌症，但它們的生成並不屬於人體的正常組織，是人體防禦系統崩潰前期的警訊。良性腫瘤不一定會復發，不過傾向在人體防禦系統持續地減弱時轉為惡性。當腫瘤開始侵略鄰近組織，並將腫瘤細胞釋放到血液中時，就被定義為惡性。當這些細胞在體內循環，並有能力建立新的細胞群聚，也就是轉移（metastases），癌細胞開始有侵襲其它組織器官的能力。在適合的條件下，惡性細胞進行侵略並破壞重要器官，最終導致死亡。

人體本有一套防禦系統在維持自我平衡（homeostasis），即是體內細胞的動態平衡。（請參考本書第四章〈人體的防禦系統〉第 70 頁。）當細胞的動態平衡遭到干擾，便會啟動細胞癌化，這些干擾可能由不同的化學物質所引發，特別是致癌物質、病毒、輻射、紫外線及菸草。有趣的是，也有可能由治療癌症[2]，具細胞毒性的化學物質所造成。當然，不良的飲食習慣也是干擾因素之一。

癌症無法在一個運作正常的身體出現，因為人體防禦系統能辨識及摧

毀任何有可能發展的惡性細胞，或完全不允許癌細胞的形成。免疫系統在人體所有防禦系統之中扮演最重要的角色，它將惡性細胞視為外來的侵略者，攻擊並毀滅它們，就像對待任何入侵的細菌或病毒一樣。不過，免疫系統與其它的防禦系統（例如：酶，荷爾蒙系統及適當的礦物質平衡），都是由需要適當的營養滋潤的器官及腺體所組成，並且只會在無毒素阻礙的情況下運作。若未符合這種狀態，防禦系統便無法完成任務，也就無法停止惡性細胞的生存和複製了。

截至今日，醫學所辨認出來的癌細胞已超過 200 多種形態，取決於它們源起的組織，以及各種細胞在顯微鏡下所表現的各種形態。在所有病例中，癌症實質上就是不受控制，持續複製增生的細胞。此定義也包括不屬於實體腫瘤群的白血病和骨髓瘤，因為它們會影響骨髓，惡性細胞在骨髓中不停複製且不受控制的情況，與實體腫瘤是完全一樣的。

有些癌症不是實體腫瘤，而是分解它們入侵的組織，造成嚴重的開放性損傷。傷口的邊緣通常是布滿惡性組織的腫脹，這些惡性組織會入侵及分解任何它所觸碰到的健康組織；這種類型同樣會擴散。

癌症可進一步依據它們源自的正常組織細胞分成兩個主要及數個次要的類別。來自上皮組織，覆蓋或包覆著所有器官，血管的上皮及黏膜表面者，稱為癌（carcinomas），也占惡性腫瘤的大多數。來自結締組織（connective tissue）、骨骼、血管（的結締組織）和淋巴系統的，稱為肉瘤（sarcomas）。葛森療法對這兩種類型都同樣有效，只需微調即可。

最具侵略性的癌症，例如：黑色素瘤（melanomas）、侵略性淋巴瘤（aggressive lymphomas）和小細胞肺癌（small-cell lung cancer）對葛森療法的反應最迅速。可能因為此種癌細胞是由正常細胞徹底轉化的，因此重新復原中的免疫系統能輕易辨識它們。同樣地，即使接受過少許化療，卵巢癌仍可獲得優異成果。這麼說並不代表其它惡性腫瘤就沒反應。不過，葛森醫師曾指出，部分腺體癌症，包括乳癌和前列腺癌，這類型癌症的惡性細胞會將腺體細胞分泌的出入口堵死。這會造成富含酶和免疫物質的新含氧血，在初期較難進入到腺體中將腫瘤本體殺死，而當這個問題隨著時間克服後，腫瘤也隨之被摧毀。這也許解釋了為何乳癌和前列線癌需要較長的時間縮小腫瘤。

病人必須瞭解，即使腫瘤消失了，身體仍未完全痊癒。這是葛森醫師與傳統西醫腫瘤學最明顯的不同之處，因為他意識到癌症的腫瘤不是疾病，只是人體防禦系統崩潰的症狀；換句話說，癌症不是單一徵兆（如：腫瘤），癌症是個涉及整個人體的過程。

因此，最重要的是，腫瘤的消失只代表身體恢復反應，病人的生命威脅暫時解除，不等於痊癒。這點絕對正確，完全康復的定義是指用最優質的有機食物和持續地排毒，恢復全部器官，真正地重建。完全痊癒，是當受損的有毒肝臟已完全淨化，並重建至近乎正常時，才算完成。困難處在於，沒有任何測試可顯示肝臟恢復的程度及其運作功能。肝酶測試很有幫助但不完整，因為即使惡性腫瘤仍然存在，病人的報告也可能會有「正常」的測試結果。血液生化（blood chemistry）、血液常規檢查（blood count）及尿液分析（urinalysis）只顯示基本器官已再次運作，身體開始有能夠治癒的能力。

若向康復中的病人解釋上述細節，他們可能會感到困擾或失望，但為了實現「完全治癒」的需求，就必須克服上述盲點。若不完全瞭解箇中道理，病人會承受很大風險。當所有測試顯示「正常」時，無法證實仍有腫瘤。不熟悉葛森療法的醫生，此時會告訴病人：「根據所有臨床結果顯示」，他們已痊癒。病人因此停止葛森療法，最後復發接著死亡。不幸地，這種情況屢見不鮮，浪費了很多人力物力、希望和寶貴的生命。

【過往病例】

因為葛森療法成功治癒癌症的長久紀錄，有足夠案例可供參考，也有專門記錄各類型癌症治療個案的小冊子可供選購（請參考 http://gersonmedia.com/product-category/the-gerson-healing-booklets）。在此，我們探討兩個病例，以解釋在惡性腫瘤出現前，身體如何地逐步受損。兩個病例都相當年輕（分別為 32 歲和 42 歲），但他們卻罹患與年紀大有關的癌症。

D.L. 在 3 歲時感染肺炎，一年後，她的盲腸被切除（appendix）。青少女時期，她健康有些小毛病，在她 20 歲初期，膀胱出現一連串的發炎，用抗生素治療。雖然抗生素控制了感染，但卻讓念珠菌（candida）有機可乘。藥物消除念珠菌後，膀胱卻再次感染，又得用抗生素治療感染，就這樣周而

復始持續了多年。D.L. 最終患有憂鬱症，醫生處方她抗憂鬱藥。經過持續的藥物治療後，她罹患罕見的侵略性淋巴瘤，醫生告訴她傳統治療對她無效，需接受骨髓移植。她拒絕了，選擇密集的葛森療法，她嚴謹遵守療法 3 年。完成療程後，所有疾病都治癒了——淋巴癌、膀胱炎、念珠菌和憂鬱症全數消失——之後身體一直都很健康。

D.W. 小時候飽受憂鬱症和驚恐症的折磨，20 多歲到 30 多歲期間一直服用抗抑鬱藥控制病情。即使持續的藥物治療，她的驚恐症仍惡化到完全無法獨處一室、外出或接觸人群。30 歲後期時，她罹患糖尿病。1995 年她 42 歲時，身體有劇烈的疼痛，她前往位於加州阿普蘭（Upland, California）的聖安東尼奧社區醫院（San Antonio Community Hospital）接受治療。被確診為左卵巢癌，並已擴散到子宮和右卵巢。

D.W. 接受子宮切除術（hysterectomy），並修復直腸壁。同時，醫生在大腸和腹壁發現了多個結節，還有許多小結節像肉芽般附著於陰道壁上，無法割除。除此之外，MRI 磁振造影（俗稱核磁共振）檢驗發現病人的左腎出現囊腫（cyst）。醫生強烈建議 D.W. 立即開始化療，她也隨之預約門診。然而，經過廣泛的搜尋後，在接受化療的前一天，她找到有關葛森療法的資訊，隨即取消化療，改去墨西哥的葛森診所接受治療。D.W. 持續進行葛森療法，為期兩年，並治癒了她所有疾病。她不需要荷爾蒙來控制因手術而引發的更年期，也不需要藥物來控制她的糖尿病。她的驚恐症已停止發作，腎臟的囊腫也消失。之後她工作、駕駛，身體回復正常運作。她講述當時得知診斷結果時，她的 3 位朋友同樣被診斷出罹患卵巢癌。D.W. 康復後，相當健康地生活了 12 年；可悲的是，她那 3 位接受傳統藥物治療的朋友，沒有一位活過 6 個月。

心臟及循環系統疾病

相對於其它慢性退化疾病，罹患心臟及循環系統疾病的病發率，在過去的 50 至 75 年內飆升。[3]

1920 年代及之後的美國最著名心臟專家保羅・達德力・懷特醫生（Dr.

Paul Dudley White）指出，1921年時他目擊首例心臟病發作的病例。[4]他之所以之前未遇過這類病例，是因為當時的罐裝、瓶裝以及高鈉量的食物才剛上市沒多久；政府供水的氯化也才剛開始。因此，這兩個因素還未能引發新陳代謝疾病。之後，有40%的心臟病患者聲稱，他們首次發作就是致命性的心臟病發。[5]

在懷特醫生首次目擊心臟病發作的60年後，即1981年，在慶祝葛森醫師100歲生日的紀念會上，其中之一的演講者是來自墨西哥市的著名心臟專科醫生德梅奇奧‧索迪‧帕拉里斯（Dr. Demetrio Sodi Pallares, MD）。他陳述他發展出一套療法，應用到他所收治的心臟病患者上，他宣稱心臟病不是局部性疾病（意即：心臟本身出現問題），而是人體流失鉀，而鈉滲透入細胞而造成的新陳代謝疾病。[6]這個見解與葛森醫師的理論基礎與實行幾乎完全相同。兩者最大不同點是，索迪醫生只將他的療法用於心臟和循環疾病患者，而葛森醫師則發現到高鉀低鈉對大部分的慢性疾病都是有效的。

索迪醫生出版了很多書籍和百篇的科學論文闡述他的成功療法。他與法籍醫生亨利‧拉伯利特（Dr. Henri Laborit）發展出的的技術之一，使用葡萄糖—鉀—胰島素（glucose-potassium-insulin〈GKI〉）靜脈點滴。這兩位醫生的發明很簡單，即利用葡萄糖和胰島素供應所需的能量將鉀送至細胞膜，進入組織。

同時，使用葛森療法的醫生們，也發現GKI靜脈點滴對於重新將鉀注入衰退的組織很有效。不過，葛森療法已含高葡萄糖（由大量果汁供應）和高鉀（同樣由果汁和加入的鉀鹽供應），所以只需加入少量的胰島素。因此，用葛森療法治療心臟病時，會額外進行低劑量（3～5單位）的胰島素皮下注射。

是什麼因素讓索迪醫生的心臟病療法成為革新性治療？答案來自《Bucks County Courier》（巴克縣快報）[7]的一篇文章：

「研究員表示：『一個遺忘已久的心臟病療法，既簡單又經濟，即使第三世界的醫院也可應用，有可信的數據顯示此法每年可拯救多達75,000名美國病人，』……在拉丁美洲29家醫院進行的一項研究發現，在心臟病發的24小時之內接受葡萄糖、胰島素和鉀混合點滴的病人，相較於未注射的病人，可以減少將近一半的死亡

機率。波士頓大學藥學教授卡爾·阿普斯坦（Dr. Carl S. Apstein）說：『死亡率大幅下降──這是有史以來試過的各種療法中,死亡率下降最多的。』較新的心臟病治療,如:溶栓藥物（clot-dissolving drugs）,每名病人一般要花費數百美元,而 GKI 靜脈注射不到美金 50 元。」

但後來 GKI 靜脈注射因為「太過有效地令人懷疑」[8],並未被學術界採用,但索迪醫生堅信他的論點:「所謂的懷疑是由於療法便宜且有效,那麼也就再也不需要超昂貴的繞道手術（bypass）、血管擴張術（Angioplasty）、心臟移植（heart transplants）等。有趣的是,現在的心臟專家們卻改口說,如果你無法負擔醫療費用,,或是你身處落後第三世界國家,這種便宜的方法是可行的！[9]

膽固醇對心臟的影響

普羅大眾認為,膽固醇與心臟病發和中風有關,但對實際的關係懵懵懂懂。膽固醇───一種柔軟像蠟的物質,是身體內脂肪的一種,由肝臟製造,隨血液循環全身。人體數個重要功能需要膽固醇,例如製造荷爾蒙,包括性荷爾蒙和皮質類固醇（corticosteroids）。膽固醇分為低密度和高密度脂蛋白（分別為 LDL 和 HDL）。高密度脂蛋白是必需且有益的,能夠清除血中有害的低密度脂蛋白。體內超標膽固醇的源頭,少部分來自遺傳代謝疾病,更主要是由於現代文明的飲食裡過量的飽和脂肪酸所引起。

根據紐約西奈山醫學院（Mount Sinai School of Medicine, New York）教授,維吉爾·布朗醫生（Dr. W. Virgil Brown）[10]指出,漢堡、起士堡、全肉吐司（像吐司的烤絞肉）、全脂牛奶及乳酪、牛排、熱狗和雞蛋,其膽固醇是最高的。由於這些食物在美國飲食中佔有很高比例,明顯地易由飲食攝取太過量的 LDL 膽固醇,並進入血液中。於是血脂（即脂肪）沉積於動脈壁上,形成斑塊,進而導致動脈粥狀硬化（atherosclerosis）。增厚的油脂斑塊減緩動脈中血液的流動,血小板就易堆積,造成血栓,令動脈阻塞。若此情況出現在圍繞著心臟,供應心臟血液的冠狀動脈時,就會引發心臟病發;若出現在腦部,則會引發中風。

葛森療法在降低有害膽固醇，溶解血管壁上的脂肪層及清除動脈阻塞，讓血液恢復正常流動上非常有效。已見到許多 1 週內未使用任何藥物，膽固醇即降低 100 點的案例。此成就全歸功於無肉類、脂肪、乳製品、雞蛋……等的飲食。使用亞麻籽油（flaxseed oil）是另一個重要的因素。喬安娜・布德維格醫生（Johanna Budwig, MD）[11]，發現有機的亞麻籽經過冷壓後，重要的 Omega-3 含量豐富且 Omega-6 脂肪酸含量低，這個比例可溶解過多的膽固醇，再經血流及肝臟排除。（相較之下，高膽固醇飲食中的 Omega-6 含量高，並且嚴重缺乏 Omega-3 脂肪酸。）

開始葛森療法後，效果立現，病人的膽固醇指數較為正常，能夠停止服用醫生處方的 Statin 類藥物。此類藥物佔了處方箋藥物最大市場之一，它們有毒且危險[12]，但西醫們被迫使用它們來防止心臟病發作及中風。能夠不服用 Statin，施行葛森療程的病人們可再多避免另一種毒素來源。任何剩餘的膽固醇可輕易地以完整葛森療程中的補充品：菸鹼酸（niacin，即維他命 B_3）清除。當然，吸菸——另一個膽固醇升高的原因——在葛森療法中是被嚴格禁止的。

葛森療法有助於清除動脈中沉積的脂肪，這是西藥界宣稱辦不到的事。所以可避免中風或更嚴重的二次心臟病發作。這是一種自然的預防方法，就算可能罹患遺傳性心臟病的人們也可以使用。葛森療法也適用於心臟病已發作過或中風的病人，協助他們康復，甚至恢復部分失去的功能。

【過往病例】

下列病例只是眾多個案之一。1993 年 12 月，一位接受葛森療法後康復的病人 M.W，她的 87 歲父親心臟病發作，在救護車送到急診室後突然中風。之後住院 3 週接受密集的治療，醫生為他安裝心臟起搏器並給予大量藥物，最終醫生告知他妻子，將他送至療養院。M.W. 不贊成，說服母親帶父親回家。

回家後，M.W. 看到父親時大吃一驚，他坐在輪椅上，頭部下垂傾向一側，流著口水。N.W. 不眠不休，小心翼翼地用葛森療法照顧父親。剛開始時，由於父親仍然服用所有藥物，所以每天只給他幾杯果汁，之後逐漸增加

療法的強度。3個月後，她年邁的父親不需要輪椅了。1994年8月，即心臟病發及中風後8個月，這位父親前往監理站申請駕照，並且成功取得。他維持著健康狀態，1996年8月時慶祝他的90歲生辰，過幾年後才逝世。

高血壓

血壓（血液對動脈壁施加的壓力），在健康或疾病中都扮演著重要角色。正常的血壓是120/80，當血壓超過140/90時，就是異常及危險，與腎臟病有關，同樣也是冠狀動脈和腦血管疾病的促發因素。標準的醫療程序是使用藥物降血壓，患者被告知他們必須終身服用，以保護腎臟。

血壓增加的原因有很多，主要原因是血管變窄，基本上是因為膽固醇沉積，在血管壁上形成脂垢所造成。其它原因包括腎臟病、冠狀動脈疾病和甲狀腺機能亢進（即甲狀腺過度活躍）。還有壓力、精神緊張或興奮都會導致血壓臨時上升。

標準的對症療法主要是用statin類藥物。這些藥物可降低血壓，有時候可降至25～35毫米汞柱（mmHg，是用於測量血壓的水銀刻度單位），如前述所說對身體具有毒性。[13] 此外，醫生很少會告知男性病患，statin類藥物會造成陽痿。[14] 這並不令人訝異，因為我們知道statin可舒解動脈壓力，包括充血時血管壁所需的壓力。而statin藥物的此種副作用，已摧毀了許多婚姻。

高血壓普遍被認為是種只能用藥減輕病情，治標不治本的（無藥可治）之疾。您可能會很訝異，採用葛森療法的無鹽、蔬食為基礎的飲食，高血壓可輕易被克服。剛開始採用葛森療法治高血壓時，病人先繼續服用西醫的處方藥，但3天後必須將劑量減半，因為療效已開始運作。到第六天前，得完全停藥，因為病人的血壓已回復正常，若進一步減低血壓至不正常的低點，可能會導致病人暈倒。

高血壓和心臟病在美國是頭號殺手。[15] 用葛森療法治療，簡單且見效快，不再被此二種疾病威脅，每年也可拯救數以萬計的寶貴性命。

【過往病例】

G.C.54 歲時前往葛森的墨西哥診所接受治療，當時的他已百病纏身，幾星期前才被醫生宣判第二個死刑。他患有肝硬化、胃酸逆流（即胃酸從胃倒流入食道中）、胃潰瘍、睡眠呼吸中止症（即暫時性停止呼吸），以及肺病、糖尿病、高血壓、慢性疲勞症候群和憂鬱症。他做過心臟 3 處接受迂迴手術，試過威而剛（Viagra®）（服用雙倍劑量，卻沒有預期的結果）。

經過 17 個月的葛森療法後，G.C. 的檢查報告全部恢復正常。他最後一次檢查是徹底的新陳代謝體檢，包含檢查肝臟、腎臟以及其它一些重要器官。他回報，感覺良好，精力充沛──再也不需要威而剛。除此之外，他的妻子一直跟著他做療法。結果，她每個月的偏頭痛，造成乾眼甚至昏厥到住院，也已停止發作。他戒菸，看起來變年輕了，精神奕奕，感覺煥然一新。

糖尿病

繼心臟病、循環系統疾病及癌症之後，糖尿病是美國排名第三的殺手[16]。糖尿病有兩種不同類型──第 1 型糖尿病，又稱為「胰島素依賴型」糖尿病（juvenile or "brittle" diabetes），患者多在兒童或青少年時期發病；以及第 2 型糖尿病，也稱為「非胰島素依賴型」糖尿病（age-onset diabetes mellitus），患者多以中、老年人為主──兩者需要不同的治療方法，將於以下段落提到。

一般而言，糖尿病患人數的飆升，說「最大的嫌疑犯」是現代美式飲食中所含的高糖及高脂肪，一點都不為過。若你將一名美國成年人每天所攝取的糖分全部加起來，如糖果、餅乾、蛋糕、速食、冰淇淋及最糟糕的元凶──碳酸飲料──總和起來是相當可怕的。由於人體及其與糖分最關切的器官：胰臟，無法處理這樣的衝擊；一段時間後，糖尿病逐漸出現。不過，第 1 型糖尿病（胰島素依賴型糖尿病）的病因是完全不同的。

第 1 型糖尿病，又稱為「胰島素依賴型（insulin dependent）」[17]是正確的。患有此型糖尿病的患者，無法製造可滿足身體需求的足量胰島素。胰島

素是種荷爾蒙，由胰腺中的胰島（Islets of Langerhans）所分泌。它在維持適當的血糖代謝，及維持穩定的血糖水平上是不可或缺的。胰島素不足通常是由於胰腺的嚴重損傷，或者感染，進而造成胰島的損傷或部分損壞。未受損的部分便無法製造足夠的胰島素。

在許多病例中，問題發生在童年早期，因此被命名為「少年 juvenile」糖尿病。兒童容易感冒和得到病毒性流感，憂心的父母會帶他們去看小兒科醫生，醫生照慣例會開抗生素。抗生素壓抑及暫時舒緩了症狀，但損害了兒童的免疫系統。結果，造成更多感染，直到某個階段，流感明顯變嚴重，並持續了好幾星期，最後才逐漸消失。後來發現那個流感原來是胰腺炎（即胰腺發炎）。不久之後，這名兒童就被診斷出糖尿病。

在此病例中，由於這個兒童的身體無法製造足夠胰島素，因此每天得注射缺少的此種荷爾蒙，變成胰島素依賴型。可悲的是，這個問題是一輩子的，並且會隨著時間惡化。傳統西醫建議此類病人大量攝取以蛋白質為基礎的食物，避免含碳水化合物，否則會影響腎臟，最終得進行血液透析（洗腎）。接著進一步問題相繼出現，包括血管中的脂肪沉積及循環系統問題，甚至因為血液循環不足而引致壞疽，需要切除腳趾、腳部或腿部。在青春期時，這類孩子無法專心於學業，而且成長速度不及同齡朋友。

這些在童年時出現的多個問題在施行葛森療法後得到緩解。當然，針對特殊需求的病人，療程必須調整。他們飲用較少量的胡蘿蔔蘋果汁，改喝較多的綠汁。用蔬菜及生機飲食取代馬鈴薯，水果只能少量，主要是蘋果和甜瓜類。視情況可繼續注射胰島素，不過大部分的病人能夠減少劑量。

一位 12 歲男孩，在採用葛森療法後，所需注射的胰島素劑量便減至原本的 1/3。之後他成為拿全「A」的優異生，也趕上了同班同學的成長進度。換句話說，他的狀況有巨幅改善，不過無法完全痊癒（即完全不需要注射胰島素），因為要恢復已損傷的胰島是不可能的事，而胰島負責製造人體所需的天然胰島素。於是這位男孩的葛森療程中，葛醫們為他加入了吡啶甲酸鉻（chromium picolinate），以提高他的胰島素分泌量，但無法回復正常。

※ **注意**：一旦病人開始洗腎，則不可使用葛森療法。

但葛森療法能夠治癒第 2 型糖尿病。這類型的病患實際上身體能製造充足胰島素。他們的問題在於胰島素無法送到細胞內的相關受體，因為它們被過量的膽固醇所堵塞。[18]

對於大部分的糖尿病患者而言，他們受益於葛森療程中的零膽固醇及無動物性蛋白質飲食。更重要的是，成功地恢復酶活動，結合含高 Omega-3 的亞麻籽油，能夠清除身體組織內的膽固醇。大部分的患者，即使他們不再服用降膽固醇藥物，過量的膽固醇仍可在一至兩星期內清除。只需很短時間，天然胰島素即可到達細胞中，血液中過量的葡萄糖（糖分）降至正常標準，因此不再需要額外的胰島素。

這類患者一開始療法時，必須嚴格禁止攝取胡蘿蔔蘋果汁及甜水果。但過不了多久，他們即可進入標準規格的葛森療法，飲用標準的蔬果汁，食用富含馬鈴薯的葛森餐及開始以燕麥加水果當早餐。他們也需補充吡啶甲酸鉻（chromium picolinate），但血糖指數正常者可省略。

【過往病例】

我們檔案中一位非常嚴重的糖尿病男性患者，他當時 41 歲，體重超過 300 磅（136 公斤），血糖指標超過 340（正常是 120 以下），完全不受胰島素及／或其它藥物的控制。他 38 歲時心臟病發作，高血壓竟達到 240／110（正常值 120／80），完全不受藥物控制，情況非常危險。他也有痛風，若一天沒服用痛風藥，就會承受難以忍受的痛苦。

開始葛森療法後，他的飲食主要為蔬菜、沙拉及綠汁，每天限吃一個馬鈴薯。早餐用一盤種類豐富的生菜取代燕麥片。並進行咖啡灌腸，服用吡啶酸及其它的葛森補充品。胰島素在療程初期需要持續注射，但劑量由固定的血液報告結果決定。

病人每天減少 1 至 2 磅（0.45～0.9 公斤），毫無飢餓感。除了每日三餐之外，外加一盤生菜做為零食。（非糖尿病患者若感到飢餓，可於晚間或每餐之間吃一盤水果當零食。）此病人的蔬菜盤有胡蘿蔔、芹菜條、蕃茄、白花椰菜及白蘿蔔。開始療法後他立即停用痛風藥，且疼痛並無發作。

10 星期後，病人的血糖回復正常，不再需要注射胰島素。他的體重減輕

了差不多100磅（約45.4公斤），以他身高6呎2計算（約185公分），他的體重降至近乎正常的210磅（約95公斤）。最後，他的血壓也降至正常標準，不再需要降血壓藥。

對抗慢性疾病

但很不幸地，到目前為止所提到的疾病，並不是現代錯誤的飲食習慣所引發的唯一幾個文明病。所謂病從口入，可惜大眾卻沒意識到我們正如何地毒害自己。多種嚴重疾病已悄悄地籠罩著我們，成為我們生死的一部分，我們卻從未質疑過慢性病的日益流行，或為何它們縮短很多人的壽命，反而覺得這是理所當然的事。

現在就是發問的時候了，請聆聽解答，開始改變我們的生活，活得更健康。好消息是嚴重損害健康的肇因是錯誤的飲食，可由正確的飲食方式逆轉。適用於之前提到的殺手疾病，及拖了很多年的慢性退化疾病，這些病造成許多痛苦、不適、憂鬱及低落的生活品質。現代西醫的對抗療法藥物可以舒緩病情，但卻無法治本。的確有很多人相信關節炎或骨質疏鬆症是不治之症，其實這個觀念是錯誤的。雖然葛森療法常被認為是癌症療法，但請謹記癌症只是種非常嚴重的慢性疾病，與其它所有慢性退化性疾病一樣，是可逆轉的。

慢性免疫缺陷疾病

● 慢性疲勞症候群（Chronic Fatigue Syndrome）

慢性疲勞症候群又稱「良性肌痛性腦脊髓炎」（myalgic encephalomyelitis）。與許多免疫力不足所導致的疾病一樣，患者大幅度增加，遍及全世界。有時它被稱為「雅痞症候群（Yuppie Syndrome）」，在過去被稱為「EB病（Epstein-Barr Disease）」。其實這個病名更準確，因為病因源於人體無法抵抗「愛潑斯坦—巴爾病毒（也稱人類疱疹病毒第四型）感染」。由於此病毒無藥可治──抗生素也無效──因此這個疾病不僅是不治之症，也無法用藥物控制。

最終，症狀漸趨惡化的人，愈來愈虛弱、注意力無法集中、身體和肌肉開始疼痛，後來發現根本的病因不能完全歸咎於「EB（人類疱疹病毒第四型）」，換句話說此病毒有可能已突變成其它形式，又或許其它病毒也介入其中。在此階段，此病照著它的主要症狀，被重新命名為「慢性疲勞症候群」。不幸的是，雖然病名被更改，但西醫仍然界定此疾為「不治之症」。

【過往病例】

我們已知葛森療法能夠重建受損、嚴重貧乏的免疫系統，所以應該對於為何葛森療法能有效地對抗此病症上有著清晰概念。一位病人對療法的強烈反應，清楚刻劃了治癒的過程。一位中年的男性工程師，因為被病毒感染，被迫離開他服務了 20 年的工作崗位。儘管他領的車牌是加州的「殘疾人士」，但他是否能開車仍是存疑。有時候，他甚至找不到自己的車子、無法平衡他的收支，抱怨他的日子好像「被一塊掉下來的黑布蓋著」。接受完整的葛森療法後，他親口說：「我很快就感覺到，雖然還比不上健康的同事們，那也是我一直期望的，但已經比以前好很多，我現在有精神了、前途一片光明。雖然我已 55 歲，但感覺像回到 25 歲一樣！我的協調能力、視力和聽力都相當好——現在我可以做到我 30 歲時做不到的事。」

● 多發性硬化症（Multiple Sclerosis）

多發性硬化症（Multiple Sclerosis，以下簡稱 MS）被認為是種自體免疫疾病。患者的免疫系統攻擊自身組織，造成其病變或受損。對「多發性硬化症」致病機轉在醫學上普遍的認知是：「滲透性淋巴（白血球），主要是 T 細胞和巨噬細胞（macrophage），攻擊包圍神經細胞的髓鞘質（myelin sheath of nerves）。」[19] 神經是電子脈衝的導體，需要髓鞘組成的絕緣體來防止短路情況。當髓鞘受損、出現電子短路、沿著神經傳達錯誤的訊息，這就導致了多發性硬化症的典型症狀。

多發性硬化症通常病發於 20 到 40 歲之間，較冷的氣候比溫暖的氣候常見。其症狀包括協調能力差、步伐不穩、眼球震顫（即眼球的移動不受控）及尿急。患者初期症狀並不明顯，會出現緩解，復發時症狀會更嚴重。很多

患者最終得坐輪椅，有些甚至臥床不起。

用葛森療法治療多發性硬化症，唯一的困難是療程一開始時的數週，MS 患者普遍經歷一段惡化期。很可能是排毒期時，清除來自髓鞘內病變組織的感染物質所造成的。這個清理過程會引發絕緣體的暫時性消失，以致症狀暫時性惡化。可以理解此情況會嚇壞病人，有些病人會中止療程，誤以為療法無效，結果反而導致病情更加惡化。

但若 MS 病患堅持療程，排清受損組織——在葛森療法的巨量營養及排毒的協助下——重組髓鞘，證實了多發性硬化症絕非不治之症。另外，葛森療法的強項在於恢復及強化免疫系統，明顯地，MS 不可能是自體免疫疾病。否則，一個被增強的免疫系統不可能治癒多發性硬化症。

【過往病例】

生於 1960 年，J.S. 自小在大牧場長大，一直曝露於各式各樣的農藥污染。他曾有過多次意外，第一次嚴重事故發生於他六歲時，導致他步態不平衡。後來又多次摔傷，肩部嚴重受損，需要服用強烈的止痛藥才能維持日常起居。

他第一次症狀發作是摔跤，肇因為無法控制腿部動作，病因未明。此意外造成他失去了一隻眼睛的大部分視力。1995 年 3 月，J.S. 當時 35 歲，他前往蒙大納州大瀑布鎮的貝利福醫院（Benefits Hospital in Great Falls, Montana）的神經內科檢驗，被確診罹患多發性硬化症。雖然此病的症狀常會暫時緩減再惡化，但 J.S. 卻沒任何喘息的空間，他的病況由嚴重直接惡化。西醫們向他宣布，他的 MS 無望被治好。

於是 J.S. 在 1996 年 2 月時開始進行完整密集的葛森療法。他的體力幾乎立即好轉，走路的步伐開始平穩，在進行嚴格的葛森療程時，他可同時在大牧場工作。該年秋天前，他的視力已改善，其它症狀也一併消失了。2002 年時，他多發性硬化症仍遺留的唯一症狀，只剩他那隻視力減弱的眼睛。進行葛森前，熱氣往往會令 J.S. 無法承受；如今，J.S. 可以在牧場應付每天 16 小時的工作，再也不被酷熱所影響，他與家人仍然一直過著葛森式的生活。

※ **注意**：糖精、阿斯巴甜（aspartame），以 NutraSweet® 和 Spoonful® 的品牌名販售，對神經系統來說為劇毒，會引發類似多發性硬化症的症狀。[20]

儘管醫界聲稱這類糖精是導致多發性硬化症明顯疫情的原凶，其實並非自體免疫系統所產生的症狀[21]。在多個病例中，患者只需戒吃阿斯巴甜，仿多發性硬化症的病況立即被逆轉，無需其它治療。[22]（請參考第五章〈人體防禦系統的全線崩潰〉之「阿斯巴甜」章節，第82頁。）

● **人類免疫缺陷病毒**（Human Immunodeficiency Virus）

人類免疫缺陷病毒（HIV），為導致後天免疫缺陷症候群（Acquired Immune Deficiency Syndrome），又稱為愛滋病（AIDS）的禍首，正快速擴散中且難以遏制。被用來治療愛滋病的化療，充其量其最大療效，只能夠暫時舒緩病情。到目前為止仍未找到任何有效的疫苗。由於愛滋病就是極度虛弱的免疫系統，因此葛森療法理當可根治這個疾病，據悉也有成功病例。然而，由於大部分的葛森療程是在墨西哥進行，而墨西哥衛生署（Mexican Health Department）禁止愛滋病患者入境治療，所以我們對此情況的經驗只有一點點。事實上，曾經有兩位感染HIV病毒的病人，在家中執行葛森療法，已復原且HIV測試為陰性。僅管如此，我們仍舊對於宣稱葛森療法能成功治癒愛滋病，沒有充分把握，因為只有兩個愛滋病的成功病例存檔。

另外，在治療這一類患者時，我們發現，加入硒（selenium）做為營養補充，是目前有限案例中，效果很好的療法，可有效治療HIV的證據來自此書《What Really Causes Aids》，作者是哈樂德‧福斯特教授（Professor Harold D.Foster）[23]。福斯特教授發現，居住在土壤含硒量豐富地區的人們，他們對HIV有很好的抵抗力。如果居住在土壤含硒量不足地區，正好相反：居民對於感染及各種疾病，包括癌症上的抵抗力普遍較低。他同時也指出，只要飲食正確和補充足夠的硒，HIV陽性的患者就可逆轉為陰性。令人驚訝的是，他發現巴西堅果（Brazil nuts）是含硒量最高的天然食品──比含硒量排名第二的食物高出7倍。[24]

● B 型肝炎和 C 型肝炎 (Hepatitis B and C)

照道理，肝炎或肝臟感染不應該存在。這個非常重要的器官，除了有自己的免疫系統之外，還有龐大的儲量。因此，在正常情況下，肝臟強勁的抵抗力可以自保不受感染。但事實上肝炎的確存在，而且正迅速擴散到愈來愈多免疫力減弱的人口當中。

實質上，B 型和 C 型肝炎幾乎相同。只不過是由不同病毒引起，也是大家知道的 B 型和 C 型肝炎病毒。兩種情況下，肝炎都是傳染性疾病，照護病人時應該要特別注意家居布料用品、碗碟、食物…等的清潔。正統西醫治療的唯一方法就是足夠的休息和良好的飲食習慣。

肝炎會導致肝功能指數（liver enzymes）上升。不幸的是，即使肝指數在病人度過急性肝炎的第一階段後通常會降低，但始終不能回復正常。這意味著病人永遠無法脫離肝炎。總有一天，肝臟變成嚴重受損，肝指數再次上升，病毒增加。這個過程最終導致肝細胞瘤（hepatoma）（原發性肝癌）或其它惡性腫瘤。

因為葛森療法能夠加強及重建免疫系統，我們有許多肝炎病患的康復病例，包括肝功能指數回復正常。

【過往病例】

54 歲的 L.M. 體力虛弱，缺乏生氣，舉步維艱，連過馬路都有問題且無法消化食物。最終，芝加哥大學診斷她患有慢性帶原侵略性肝炎（chronic active aggressive hepatitas）以及肝硬化（liver cirrhosis）。她的肝指數非常高——穀草轉氨酶 SGOT（serum glutamic oxaloacetic transaminase）1,360（正常值為 0～30）——醫生告知她尚餘大約 2 年的存活期。

L.M. 於 1995 年 1 月開始執行葛森療法，在 3 星期內，雖然康復過程緩慢，但她的 SGOT 指數急劇下降了 200 點。約一年半的時間，她的肝指數回復正常值；2 年後，她完全回復至「真我」。節錄自她最近的說法：「我從未感覺如此健康，我的精力充沛，實在難以置信。」

膠原性疾病

膠原蛋白（Collagen）是一種不能溶解的纖維性蛋白，存在於人體的結締組織內，包括皮膚、骨骼、韌帶及軟骨。膠原蛋白佔了人體總蛋白量的30%，膠原性疾病是由不同情況引發，例如虛弱的肝及消化系統，或由消化後的動物性蛋白質累積而成。以下的疾病均屬此類。

● 全身性紅斑狼瘡 (Systemic Lupus Erythematosus)

全身性紅斑狼瘡（SLE）被認為是種自體免疫疾病。但事實上「病因仍然不明」[25]。SLE 是種很嚴重的疾病，會影響每一個器官。其症狀眾多且嚴重。蝴蝶斑（butterfly rash）是早期症狀之一，為出現於鼻子兩側的皮疹，形狀看起來像展翅的蝴蝶。SLE 是種皮膚、關節、腎臟、黏膜和神經系統內結締組織的慢性發炎症。病患因此疾死亡並非不尋常的事。

儘管 SLE 享有不祥的聲譽，但葛森療法對其有絕佳的治癒率。療程所需的時間長短，全視病患先前接受西醫治療藥物的種類和時間長短而定。在極度嚴重的個案中，長時間使用醋酸去氫副腎皮質素（prednisone，或譯潑尼松，一種消炎的類固醇荷爾蒙藥，註：一種中效型類固醇）的病患，需要更長時間恢復肝臟、腎上腺和免疫系統。但即使是這樣的病例，仍有機會康復。

【過往病例】

A.B. 於 1951 年出生於澳洲，20 歲時結婚。當時她的膝蓋和關節已出現疼痛和腫脹。她第二次懷孕期間，所有症狀消失，產後又再復發。5 年多的時間，她的醫生們都無法找到問題的根源。1976 年後期，墨爾本一位專家診斷她患有 SLE，最後則由美國分析樣本後確診。

1978 年時，A.B. 開始斷斷續續地陷入癱瘓，1979 年，她開始注射可體松（cortisone，註：一種短效型類固醇）。她的膝蓋會腫到像橄欖球般大小，於是醫生會抽出液體，注射可體松。雖然有服用止痛劑，但晚上仍然痛不欲生，徹夜未眠。這樣拖到 1992 年，疼痛惡化到 A.B. 需要注射嗎啡止痛，醫生坦言他們對她的病情已束手無策。同年某段期間，她的丈夫發現了葛森療

法，似乎出現一絲曙光，不過 A.B. 反對咖啡灌腸，遂拒絕了葛森療法。幾個月後，她病情更加惡化，痛到生不如死，最後同意嘗試葛森的療程。

開始療程不久，A.B. 恢復了正常的排尿功能，據她丈夫的回憶，A.B. 之前已好幾個月無法順利排尿。但進行葛森後，她的好轉反應相當劇烈，咖啡灌腸總算舒緩了她的不適。至於葛森飲食，A.B. 承認有時會作弊，但每次都得付出到醫院注射嗎啡的慘痛代價。直到 1994 年，病人的情況已顯著改善，20 個月以來，首次享受到愈來愈長的無痛期。1999 年初期時，A.B. 再也不需要任何藥物，而且一直維持著此狀態，幾年前她連從桌上拿起一個盤子都有困難，現在可以管理他們在澳洲國內的產業——這是相當大的成就。另外，曾經長期折磨她的感染也消失了。

● 風溼病／關節炎

風溼病有幾種類型，大部分為關節炎。很多病例只出現短暫的肌肉和關節發炎，有可能偶爾復發，但不會造成永久性問題。根據醫學的資訊[26]，病因不明，也沒有特定的治療方式。

最常見的風溼病是骨關節炎（osteoarthritis），通常因老化而引起，會導致慢性變化，症狀最常發作於承載體重的多處關節上（如：膝蓋、髖部和脊椎）。骨關節炎的特徵為骨骼過度生長、形成骨刺及粗糙的畸形關節。同時，軟骨（即保持關節中的骨頭不會互相磨擦的堅硬結締組織）變薄損耗，骨與骨之間相互摩擦，導致骨頭的磨損及劇烈疼痛。

傳統醫藥只能舒緩疼痛，但不能遏止疾病的進展，葛森療法在舒緩關節炎的疼痛及軟化部分的畸形骨骼上有不錯療效。如果繼續療程，此療法可遏止疾病的進一步發展，甚至逆轉到某種程度。不過，如同其它囊括骨骼受損的疾病，治癒過程緩慢，病人通常不願意接受長時間、勞力密集的葛森療法。相反地，他們滿足於現代藥物所提供的止痛功效。

類風溼關節炎（Rheumatoid arthritis）的起因不明，藥物只能舒緩症狀。此疾病會蔓延到身體的每個關節，引發腫脹、畸形及激烈疼痛。西醫通常使用阿司匹靈、潑尼松（prednisone），及更強烈的止痛藥。由於類風溼關節炎也被認為是自體免疫疾病（即人體的免疫系統攻擊自己的組織），所以甚至

連治癌藥也曾被處方過，以暫停病患的免疫系統。

這種療法毫無益處，反而加重病情的惡化，所以用葛森療法需要更長時間才能治癒。病人先前若未使用過以上的藥物，則對葛森療程的反應極佳且快速，短時間內即可恢復免疫系統。由於類風溼關節炎是因為攝取了過量的動物性蛋白質而惡化，就算不是病因，嚴禁蛋白質的葛森療法也能夠立即消腫、舒緩或完全消除疼痛，開始治癒。在一段時間後，病人將完全康復。

【過往病例】

1970年，D.P. 在高中時是位很有潛力的運動員。她的教練建議她喝大量的牛奶來強化肌肉及補充鈣質。不到一年，未滿20歲的D.P. 就罹患類風溼關節炎，她的關節腫脹發炎，出現腫塊及鈣化現象。傳統西醫用潑尼松和黃金治療證明無效，到1976年時，D.P. 臥床不起，被全身不間歇的疼痛折磨著。

她全身的關節，包括手指、指關節、手腕、手肘、膝蓋及踝關節均已僵化；除此之外，她還有心悸及呼吸困難。她臉色蒼白、貧血以及低血糖，幾乎不能走路或睡覺。1979年5月，D.P. 抵達葛森醫院；6星期內，她的疼痛就完全消失，大部分的關節腫塊也軟化，手腕開始恢復活動力。1981年，進行葛森療程兩年後，她已經可以滑水，並結婚生子。

● **硬皮症**（Scleroderma）

在膠原性疾病類別中的第三成員「硬皮症」也被認為是自體免疫疾病。[27] 硬皮症造成皮膚及結締組織慢性硬化及收縮，最終影響活動力，如彎曲，特別是手指的活動會變得困難或完全僵化。此病最終也會蔓延到內部器官。罹患此病的人常明顯地絕望，但若執行葛森療法，情況也能迅速改善，達到完全康復的境界。

危害健康的各種敵人

本節討論已開發國家中的人們，是如何被不同的情況和疾病摧殘著健康。這些疾病只佔了危害美國人性命的所有慢性病中的一小部分：每10個

死亡案例中,有 7 個是死於慢性病,包括心臟病、癌症和中風,這些慢性病佔所有死亡率 50% 以上。2005 年,有 1.3 億美國人至少罹患一種慢性病![25] 雖然每個病症的性質都不同,但這些危害健康的「敵人」都有一個共通點:源於錯誤的營養,因此對葛森療程有很正面的回應。

● 氣喘

氣喘是一種呼吸道的發炎疾病,相當普遍,而且迅速增長。估計約 2,500 萬名不分年齡層的美國人有氣喘。[28] 氣喘發作時,圍繞呼吸道的肌肉緊縮;同時呼吸通道內層腫脹。結果,空氣出入不順暢,造成呼吸困難、喘氣、氣短及／或咳嗽。發作時會維持幾分鐘到一整天甚至更長。氣喘發作時往往很危險,導致患者焦慮甚至驚恐。

導致氣喘的原因有很多。空氣中的污染源、花粉、微塵及室內黴菌都有關聯;然而主要元凶可歸咎於對食物過敏及不耐,還有對藥物的不良反應。氣喘與心理因素也有強烈的連結,特別是幼童,當情緒性的根本問題解決時,症狀自然消失。在此,我們只關注生理上的營養這方面。

當營養出現錯誤時,氣喘——特別針對小孩——只需稍微改變飲食和生活習慣,其實很容易痊癒。針對任何年齡層,在食物上,最有可能引發氣喘發作的導火線為——起士、巧克力、柑橘類水果和小麥——因此必須逐一排除才可找出罪魁禍首。對於小孩來說,必須禁止所有的牛奶及奶製品。當母親們帶著患有氣喘的孩子看小兒科醫生時,這個說法總遭到傳統西醫的強烈質疑。醫生們總否定母親們的懷疑,告訴母親們必須確保他們的孩子飲用足夠的牛奶,否則會阻礙小孩成長和發育;然而,超過數月,甚至多年來,處方藥物始終無法治癒氣喘。但只要禁飲牛奶,氣喘便立即消失。

對成人來說,康復需要較長時間,因為長期使用藥物和吸入劑,他們受到的損害嚴重許多。因此,除了戒掉幾種食物之外,他們需要執行較不密集的葛森療法,禁食動物性蛋白質。事實上,不管是什麼年齡層,氣喘是可以痊癒的,但病人若長期服用潑尼松,想痊癒就變得困難。在許多疾病中,長期使用潑尼松導致更嚴重的損害,並且需要更長時間康復。

【過往病例】

　　一名母親憶述她女兒 D.B. 的故事，D.B. 在 6 個月大時首次氣喘發作。到她兩歲生日前，氣喘每 2 個月發作一次，每次維持 7 天。小女孩做過 40 種不同過敏原的測試，服用處方藥及每 3 星期接受免疫注射，這樣的治療維持了 6 年。注射讓她病懨懨、手臂水腫和眼睛浮腫。後來，D.B. 的母親發現 D.B 服用的藥物會損害肝臟。她詢問醫生，醫生卻聲稱藥物對肝臟的損害，還不及 D.B. 氣喘的嚴重程度。

　　D.B. 的母親不接受這個說法，決定尋找更好方法，她無意中發現營養可能與 D.B. 的氣喘有關。接著，她找到葛森療法，並徹底改變全家人的飲食習慣，D.B. 當時 9 歲。即使 D.B. 沒有施行咖啡灌腸，但她採用了完整的葛森式飲食方法，之後氣喘再也未發作過。D.B. 現在 38 歲，養了一隻黃金獵犬，她常和她的愛狗玩耍，完全沒有過敏或氣喘的反應。

● **過敏和食物不耐症**（Allergies and Food Intolerance）

　　根據一個權威的定義[29]，過敏是後天得到或先天遺傳的免疫反應，針對某一特定物質（過敏原——allergen）所出現的（通常不會有的）不尋常反應。這些反應出現過一次後，通常不會再出現，可能需要第二個場合誘導再次發作。過敏原可以是：食物、花粉、屋塵、清潔劑、室內黴菌或家用化學品。這些物質造成廣泛的症狀，如：皮膚發紅、發癢、舌頭及喉嚨腫脹造成呼吸困難、腹瀉、腹部痙攣，以及嘔吐。最嚴重的食物過敏原反應——過敏性休克（anaphylactic shock）——是突如其來、劇烈且有可能會致命，牽涉到人體的數個系統，需要立即性的醫療急救。

　　與過敏不同，食物不耐症（Food Intolerance）是種對某些可食用的物質出現較輕微的反應。它不涉及免疫系統，其症狀僅限於放屁、胃脹氣和腹痛。要解決這個情況以及避免強烈的食物過敏反應，明顯答案就是觀察身體的反應後避免造成不適及傷害的物質。

　　可能因為日益嚴重的環境污染，及人們遭到破壞的免疫系統，不同種類的過敏，其普及的程度從未如此廣泛過。據一項調查指出，1/4 的美國人

有某種過敏[30]，及超過5千萬的美國人鼻子過敏。[31] 傳統西藥使用抑制症狀藥物來治療過敏，此舉可能會舒緩症狀，但最終患者總得承受著不良的副作用。

相反地，葛森病人在攝取純有機食物後，就克服了大部分的食物過敏。改善情況通常出乎意料地快。舉個例子，一位病人對胡蘿蔔有嚴重的過敏反應，開始葛森療程的第一天就消失了。另一位病人對洋蔥過敏，進行葛森療程的第一個星期內就消失。另一方面，海鮮、大豆、牛奶、堅果和花生等難消化的食物，葛森病人是禁食的，因為這些食物會持續造成過敏反應。

很多偏頭痛患者——他們相信是由過敏引起的——開始葛森療程後，幾乎立即且持續性地舒緩了疼痛。即使對吸入過敏原後產生的頑固性過敏反應，例如花粉或某些臭味，進入葛森療法後也會減輕；在某些個案中，過敏甚至完全消失。葛森醫師禁止病人在開始療程時禁吃莓果類，因為它們常引發過敏反應，但在療程的18至24個月之後，病人再次食用莓果類時，也不會出現不良反應。

● 上癮（Addiction）

現今各式各樣的上癮，無疑是我們這個時代的瘟疫。上癮有很多種類，如果持續的話，不可避免地導致健康狀況不佳，甚至死亡。人們對某樣事物上癮來自於不同原因。年輕人因為崇尚時髦，開始嘗試街頭毒品。有些人則用喝醉或烈性藥物來減輕心理或情緒壓力。的確，幾乎任何物質都可使人們上癮，像是：酒精、菸草、安眠藥、糖、牛奶、鎮靜劑、止痛藥、處方箋藥物……等，當然還有食物——也是肥胖症患者人數飆升之主因，情況令人擔憂。除了這些肇因外，大部分的上癮——都是由營養不足所造成。人體渴求營養，但絕非藥物或飲料，更不是垃圾食物。上癮的人渾然不知，所以繼續攝取錯誤的物質，導致更強烈的飢餓感。

在眾多上癮的病例中，有一位剛抵達診所的病人，在每小時飲用新鮮壓榨的有機果汁後，令人驚訝的是，幾乎立刻戒掉癮頭。不過戒癮時的排毒症狀也可能幾乎立即出現，因為身體現在有能力排出大量長期累積的有毒殘餘物。殘餘物經由血液被帶到肝臟，所以必須清除。

咖啡灌腸可以相當有效地完成此任務，正因如此有效，所以不管哪種上癮──甚至最強烈的街頭毒品，及接著會出現的戒毒症狀──在執行葛森療法約 3 天後即可克服。在某些嚴重疼痛下使用了數月藥用嗎啡的患者，則需要更長的時間排毒。

【過往病例】

9 年前，當時 34 歲的 E.H. 前往墨西哥的葛森診所接受治療。他分享了一個傷心的故事：他所有吸毒的好友全部死亡，他留意到自己身上出現的預兆，亦接受了現實，若葛森療程無法幫助他，他也可能在 3 個月內死亡。E.H. 不但對古柯鹼的癮頭很重，還有重度的菸癮。此兩種癮頭的混合，造成他呼吸極度困難及胸口疼痛。

如大部分的上癮症，E.H. 對勒戒時將會出現的戒毒反應感到驚恐。的確，當毒癮發作時，若病人無法拿到他們的「修理法寶」，常會痛苦不堪。幸運的是，使用葛森療法戒毒，可以更容易地處理戒毒反應。由於 E.H. 每天飲用 13 杯鮮榨的有機果汁，他立即注意到毒癮幾乎完全消失。當戒毒反應很快出現時，他知道咖啡灌腸對於排除毒素相當有效。所以，他每天攝取充足的新鮮營養，克服了所有的癮頭，加上可以清除戒毒反應的咖啡灌腸，E.H. 享受了好些無毒一身輕的日子。

然而，一到晚上就全然不同，每天的最後一杯果汁大約在晚上 7 點飲用，而灌腸大約晚上 10 點進行，之後病人熄燈就寢。這表示接下來的 8 個多小時，E.H. 的身體沒有任何支援，所以 E.H. 在就寢後大約每 4 小時就被惡夢驚醒。毒素進入他身體的各部系統，沒有任何實質方式控制或清空。因此，葛醫建議 E.H. 在半夜時需多加一次灌腸。那時需要吃些水果補充血糖，及飲用一點草本茶補充水分，半夜的灌腸於凌晨 3 點施行。這個調整清除了 E.H. 的毒素，讓他熟睡到早上。

這個晚間療程持續 3 到 4 晚，之後白天的療程已清除了戒毒反應，E.H. 的夜晚不再受到干擾。像 E.H. 這類的毒癮病例，真正的挑戰開始於他們返家後。若他們的日常生活圈還是被吸毒者圍繞，種種治療即很容易回到原點，葛森療法的功勞（成果）也因此前功盡棄。

● 過動症（Hyperactivity）

注意力缺陷過動症（Attention Deficit Hyperactivity Disorder-ADHD）現今常被媒體報導。是指兒童有坐立不安及難以管教的行為：持續過動、注意力難集中、好鬥、衝動以及分心。權威觀點認為[32]，ADHD可能的肇因為中樞神經系統功能障礙——這點值得商榷。

超過30年前，班傑明‧法因戈爾醫生（Benjamin Feingold, MD）[33]，為ADHD設計了一個飲食療法，與葛森療法的原則十分相近。他排除所有人工調味料和色素、所有的防腐劑、某些類型的糖、酵母，及水楊酸鹽（salicylates），以新鮮的有機食物為配方。他的療法吸引了熱心的支持者及強烈的批評，反對聲浪主要來自食品工業。[34]

自此之後，很多自然療法師和營養師治療過動兒時，只是簡單地改變他們的飲食習慣，排除所有添加劑，轉為健康的有機食物，就可獲得良好成效。不幸的是，對飲食原則十分陌生的傳統西醫們，總是開處方藥利他能（Ritalin）給過動兒。利他能是種易上癮物質，非常類似古柯鹼。毫不意外地，利他能的多個副作用之一，為腦部的永久性損害，[35] 相當可怕。此藥甚至處方給不滿6歲的幼童，有時候護士認為某孩童「行為不乖」，想讓他們安靜和服從時，也會給他們服用——服用後的孩子就會像行屍走肉。

然而，一個可怕的事實始終存在，近9百萬美國兒童被「下藥」利他能[36]，且數據仍不斷攀升。母親們感激有利他能，因為減少兒童們的破壞和侵略性行為，可惜她們不瞭解真相——就是營養——兒童們如此的行為是因錯誤的飲食而引起，所以母親對此問題無所適從。小兒科醫生也不知道如何正確地建議，因為醫學院只訓練他們如何用藥。其實，即使只用最溫和的葛森療程，也能立即根治注意力缺陷過動症。

● 憂鬱症（Depression）

憂鬱症在已開發國家中迅速成為最主要的精神健康問題，病情令人飽受折磨、失去活動能力、甚至工作能力、還有不斷增加的醫療藥物支出。根據世界衛生組織的報告指出，[37] 到了2020年，憂鬱症將成為全球第二大頭號

殘疾的病因。令人驚訝的是,現今愈來愈多兒童和青少年陷入抑鬱的深淵;大部分的病態行為為飲食失衡或自殘。

我們需要區分兩種不同的憂鬱症——一種由心理因素造成;而另一種則由生理因素引起——雖然很多時候這二種因素會交互相影響。人生中不可能沒有任何問題和困難,因為問題及困難導致的憂鬱,需要心理學專家們的協助和支援來舒緩。(請參考第廿六章〈對葛森患者的心理支援〉第 274 頁。)

在此我們討論導致憂鬱症的生理因素,將焦點放在腦部。我們的思想、外觀、感覺反應、對日常問題的處理、及對動作的控制、身體的協調,以及更多的重要活動,無庸置疑地,都直接與腦部有關,所以這些功能是基於腦細胞的健康和正常運作。雖然在總體重比例上,腦部是一個相當小的器官,只消耗人體吸入氧氣的 2/5,和 1/5 的血液供應,但我們可以肯定它需要大量的營養——維生素、礦物質及酵素——以執行極為複雜的工作。由於所謂正常的美國飲食長期缺乏上述營養,很明顯並未能滿足腦部的需求。然而,做為中央神經系統一部分,腦部組織太專一化,與其它器官的組織不同,腦部的大部分無法重生(即再自我複製)。

接下來,若腦細胞滋養不足,將無法正常運作,脆弱的平衡被干擾,接著就會出現精神紊亂,包括躁鬱症、精神分裂、失眠、慢性焦慮,尤其是憂鬱症。大部分的症狀透過維生素 B_8(肌醇酯— inositol),可成功舒緩 90%。[38]

兩次諾貝爾得獎者勞瑞特・利努斯・鮑林(Laureate Linus Pauling)[39] 指出,60% 的精神分裂病患服用大量的維生素即可改善或完全舒緩症狀。雙諾貝爾獎得主,亞伯蘭・霍弗爾醫生(Abram Hoffer, MD)[40] 首次發現菸鹼酸(維生素 B_3)可以降低膽固醇,而過量的膽固醇是引致精神分裂的其中一個因素。勞瑞特只使用了大劑量的菸鹼酸和抗壞血酸(維生素 C),就將成千上萬的精神分裂患者逆轉回正常的精神狀態。

在正常情況下,血腦屏障(blood-brain barrier, BBB)會保護大腦,防止毒素滲透,BBB 是控制血液中的物質流進大腦的隔膜。BBB 被電磁波、輻射、高血壓、感染、及人體體內的強烈毒素破壞後,會停止屏障阻礙毒素滲入大腦的功能。因此,營養不足及被毒素圍繞的惡性循環,將導致憂鬱症及其它精神性健康問題的發生。

近年來用藥物舒緩憂鬱症狀的趨勢,幾乎與罹患憂鬱症人數的飆升一樣糟糕。這些毒性極高的藥物,連兒童也無可倖免,即使藥物的副作用已廣為人知,包括使憂鬱症嚴重惡化至自殺或犯下謀殺案的程度。[41] 相反地,標準的葛森療法可快速地緩解憂鬱症,即使是已接受藥物治療且受副作用影響的患者,也同樣受惠。葛森療法的咖啡灌腸排毒,以及用充足的營養滋養全身,包括大腦,是最迅速且安全地舒緩憂鬱症狀的方法。

【過往病例】

約莫 8 年多前,夏綠蒂・葛森(Charlotte Gerson)走訪美國各地進行演講,她留宿於一間迷人的小旅館,旅館經理 P.B. 對葛森療法很感興趣,在對話間他告訴夏綠蒂自己罹患憂鬱症,正透過處方藥物控制病情。他也承認到過越南,接觸過越戰期間所噴灑的「橙劑(Agent Orange)」。

夏綠蒂向大約 50 歲的 P.B. 詳細講解營養療法,之後 P.B. 購買了葛森的出版刊物,努力按照指示在家中執行療法。於 2006 年 12 月,他聲稱已經康復,完全戒斷藥物,感覺煥然一新,不再承受藥物副作用的影響,現在朝氣勃勃,生活回復正常。

● 克羅恩病 (Crohn's Disease)

克羅恩病的醫學名詞為局限性迴腸炎(regional ileitis),指小腸(迴腸)下端 2/3 出現慢性發炎,病情時好時壞。患者承受腹瀉、腹痛、體重下降、貧血等症狀,最終在幾年後會導致腸梗塞。根據《Taber's Cyclopedic Medical Dictionary》所引述「……病因仍然是一個謎。」[42] 傳統醫學對此病狀無任何有效治療,最後結果多是手術切除一部分小腸或一部分大腸或整條大腸後,再做迴腸造口術(ileostomy)或結腸造口術(colostomy)。

【過往病例】

M.G. 15 歲時被診斷患有克羅恩病,她當年因為頻繁進出位於加拿大安大略省的蘇聖瑪麗綜合醫院,差不多全年無法上學。在她多次入院期間,幾乎每次都出現腸梗塞;無法進食,體重只有 78 磅。醫生建議她接受手術但

她拒絕,剛好她家人發現葛森療法,M.G. 就在家中開始治療。雖然她的腸道幾乎被堵塞,但咖啡灌腸可以即時緩解痛楚,無需再到醫院。3 個月後,痛楚消失,體力恢復;一年之內,她的體重增加了 26 磅,可以如常上學,身體一直維持良好狀態,並進入醫學院攻讀醫學位。

● 偏頭痛 (Migraine)

偏頭痛是頻繁發作的單邊、突發、嚴重的頭痛。這種急劇性的陣痛,通常在接觸光線和聲音時會發作、感到噁心及(或)嘔吐;頭痛會不斷復發,並持續 4 至 72 小時不等。偏頭痛非常普遍:差不多有 3 千萬名美國人經常偏頭痛[43]。醫藥治療只限於止痛藥,有時藥力等同嗎啡,並且含有多種不良的副作用。舉例,醫生最常開處方的美國藥物,近來發現會提高血液的酸性,進而導致腎結石的形成。[44]

偏頭痛有多個誘發因素。有些是因為牙齒問題,例如牙齒排列不整齊,或下巴肌肉不協調。有些起因是脊椎或頸部出現神經壓迫或微小脫臼,需要專業的脊骨療法矯正。絕大多數的偏頭痛成因,主要是對某些食物敏感或不耐。被確認為最「常見疑凶」的食物有起士、巧克力和柑橘類水果。

當時還是名年輕醫生的馬克斯·葛森(Dr. Max Gerson)也經常被令人衰弱的偏頭痛所折磨。試驗過多種飲食療法後,葛森醫師發現他的問題是由毒性食物所引起,罪魁禍首主要為高鹽分重香料的肉類。為了治好偏頭痛,他研製了一套無鹽、低脂、蔬食的飲食療法,為其營養療法的主要基礎。經過完善和改良後,葛森療法就此誕生,在世界各地廣泛使用至今,並且成功地治癒了大部分的慢性退化性疾病。很多病人開始葛森療法後,迅速舒緩長久以來的偏頭痛,並一直保持著無痛狀態(除非他們回去食用以前讓他們發作的飲食)。

● 子宮內膜異位 (Endometriosis)

子宮內膜是指子宮內層的黏膜。在女性開始排卵的歲月中,若每個月排出的卵子未受精並著床於子宮內,這層內膜會被排出體外,也就是月經。當人體機能或荷爾蒙系統出現問題時,子宮內膜會擴散到骨盆多個部

位,包括腹壁。當這種情況惡化時,月經週期變得紊亂,子宮內膜組織就可能遍布全身,變成惡性「類似轉移性骨盆癌(resembling metastatic pelvic carcinoma)」。[45]

【過往病例】

S.T. 的案例最適合描述這種情況,她在月經初期時就有婦科問題。35 年後,她被診斷患有子宮內膜異位,進行了數次的子宮擴張刮除術(dilation and curettage),或稱子宮刮除術(scraping of the uterus),來移除子宮內膜上的污塊。最後,她進行了局部子宮切除術,但問題仍然存在。1979 年,子宮頸抹片檢查(巴氏抹片 Pap smear)顯示她血液中有「非典型」子宮頸癌細胞。同時間她注意到她乳房有腫塊,但並未做進一步檢查。醫生安排了全子宮切除手術,她拒絕手術並改變飲食習慣。在這之前,她曾聽過夏綠蒂·葛森的演講,當時她就決定,若她家人罹患癌症,就會執行葛森療法。S.T. 嚴謹地執行療法兩年。她痊癒後一直維持健康狀態,過著忙碌的生活。

● **病態肥胖症**(Morbid Obesity)

這個病被定義為「肥胖到影響日常生活的正常活動,包括呼吸。」[46] 體重超過個人年齡、性別及體格的正常平均體重 100 磅,就被確認為「病態」。不久以前,超重人士會引來別人奇異或批判的眼光,現在,超重的人數已多到讓人覺得習以為常。快餐連鎖店迅速在全球蔓延,還有便利食品的銷售數直線上升,導致肥胖症危機在全球的各年齡層中流行。

於 2004 年 3 月 10 日,電台(KNX1070 AM,洛杉磯)不斷廣播一則消息,位於亞特蘭大(Atlanta)的疾病控制中心(CDC),將美國肥胖症列為會致病但可預防的病因之一,其排行升級為第一位,取代了香菸的位置。

「病態」一詞表示「形成疾病的自然史或疾病的預示」,確實,醫學辭典引述肥胖症為導致以下疾病的因素:糖尿病(第 2 型)、高血壓及部分癌症。[47] 在辭典出版的年份(1993),估計美國有 3,400 萬名成人過重。[48] 公益科學中心[49] 於 2001 年的一項聲明指出,差不多 2/3 美國人過重。2001 年的肥胖症數字自 1980 年已上升了 2 倍[50];而糖尿病自 1958 年增長了 9 倍[51],而排

行第一名導致死亡的疾病仍然是心臟病。[52]

更糟糕的是，肥胖症已蔓延至幼童，肥胖兒童被稱為「小炸薯條：小號的沙發上馬鈴薯」。在 1980 到 1994 期間，美國兒童的肥胖症上升了 100%[53]；富蘭克‧布斯（Frank Booth）和唐娜‧克魯帕（Donna Krupa）報告指出，目前美國 1/4 的幼童是痴肥的。[54] 缺乏運動是導致這個悲劇現象的主要禍因，原因是——根據以上作者所指——平均一名幼童每年花 900 小時上學，1,023 小時看電視。孩童時期肥胖是特別危險的事，因為兒童發育中的器官尚未成熟，所以未能如成人般有足夠能力應付過胖的併發症。多位英籍研究員指出，人類出現史無前例的現象：父母比下一代更長壽！[55]

最近一部非常成功的電影，由摩根‧斯普爾洛克（Morgan Spurlock）製作，電影名為《麥胖報告／不瘦降之謎——Super Size Me》。揭露快餐毀滅性的真相，一位 33 歲男士，連續 30 天進食麥當勞套餐，嘗試找出這種單一飲食帶來的影響。實驗過程中，腸病學專家達瑞爾‧以撒克斯醫生（Dr. Daryl Isaacs）定期為他檢查，他指出：「斯普爾洛克原是一名非常健康的男士，食用麥當勞餐令他身體變得很差。」[56] 到了某一個程度，醫生警告斯普爾洛克他的肝臟已變成肉醬般的樣子，建議他立即停止實驗，但他本人卻堅持下去。到了月底，斯普爾洛克說：「我已進入八病九痛的地步。我的臉上全是斑點，肚子還暴脹了。（他在 30 天內暴增 25 磅。）我的膝蓋不能承受暴增的體重，開始感到痛，令我驚訝又害怕。」[57] 在這一切之上，主要是肝臟變得充滿毒性，膽固醇指數由原本很低的 165 提升到 230，他失去性慾，承受頭痛及抑鬱。開始這個「免下車飲食」的幾天之內，斯普爾洛克在車上嘔吐，醫生檢查完後，對他整個身體惡化的速度感到震驚。

兒童錯誤的營養攝取和不活動，罪魁禍首不只母親們。小兒科醫生很少告訴母親們有關營養的指引，其實醫生也一知半解。他們在醫學院所學的被簡化為「蛋白質、碳水化合物及脂肪」的教條，實在無法識別幼童喜愛食物的害處。例如，用於快餐的動物性食品在加熱後損毀、難以吸收、膽固醇及鹽分太高，而且缺乏真正的營養素——維生素、礦物質及酶。結果，他們無法滿足食慾，進而造成惡性循環，導致幼童進食過量且缺乏營養。若幼童吃完正餐後還想再吃，父母會本能地添加分量；因為他們不知道額外的食物並

不會補足失去的主要營養。

美國飲食一般會導致兒童覺得飢餓和低活力，所以他們花很多空閒時間閒晃，百般無聊。要補充能量，他們就會開始「尋找補充品」，不幸地，他們發現含咖啡因與糖、像興奮劑的可樂飲料、充滿毒性物質的香菸，甚至酒精及街頭毒品，可以提升能量和享受短暫的「興奮」感，最終導致上癮。

這個惡性循環同樣影響成人，由於傳統的美國飲食不含新鮮的營養素，所以身體得不到飽足之餘還會產生飢餓感——不是量而是質，適當的營養才可使身體運作順暢和健康。可惜大眾不知情，或不瞭解箇中道理，所以嘗試吃豐富的甜品、雪糕、蛋糕和餅乾來滿足食慾。其實此舉有反效果，不但無法滿足食慾，反而導致體重增加、高膽固醇、高血壓，最後造成糖尿病及更嚴重的疾病。肥胖症確實是一種病態，唯一可逆轉的方法就是改變飲食習慣，放棄垃圾食物、吃營養豐富並以蔬果為主的飲食。

除了所有種類的糖分都可導致肥胖外，還有現代的西方飲食，那些多樣化的快餐，都含有極豐富的糖分，這點不需擁有營養學位也能理解。不過每次當提到有關營養的官方政策時，那些牴觸公眾健康利益的根本事實都以商業理由被排除。最近的一次衝突為，由世界衛生組織（WHO）建議關於食物中所添加糖分的安全上限。柯林‧坎貝爾教授（Professor T.Colin Campbell）[58] 在他書中《The China Study》提到這件事，我們獲得許可在此引用他的說法：

「糖分添加的建議量與蛋白質的建議量一樣可恥。當這份食物及營養委員會（FNB–Food and Nutrition Board）的報告發布後，世衛組職（WHO）和聯合國糧食及農業組織（FAO）召集的專家小組正在完成一份關於飲食、營養和防止慢性疾病的報告。菲力浦‧詹姆斯教授（Professor Philip James）也是該小組成員之一，也是有關糖分添加量建議的發言人。有傳聞指出，這份報告顯示WHO／FAO建議食物加入糖分量的安全上限接近10%，遠低於美國FNB組織制定的25%。……一如既往，糖分添加的議題已牽涉到政治。根據WHO局長辦公室發布的消息，攸關糖的種植者和煉製商利益的美國糖協會（Sugar Association），與世界糖研究組織（World Sugar Research Organization），發動了一次強烈的遊說

活動，嘗試破壞 WHO 報告的信用度並打壓有關的新聞發布。……根據《倫敦衛報》(The Guardian) 指出，美國糖業嘗試恐嚇 WHO，揚言「誓讓 WHO 妥協投降」，除非 WHO 取消這份添加糖量的建議指南。WHO 有關人員形容恐嚇「與勒索無分別」。美國的相關組織甚至要脅美國國會，並公開向他們遊說，若 WHO 仍然堅持食物中可添加的糖量以 10% 為上限，就要減少對 WHO 的 4.06 億美元的基金撥款。有些報告……布希政府 (Bush Administration) 偏向製糖業受益者的一方。……所以加入糖分現在有兩個不同的「安全」上限：國際上限為 10%，美國區上限為 25%。」

上述是坎貝爾教授的結論。很明顯地，不管美國官方如何申明，現今肥胖症在美國人中流行，禍源絕對不僅限於缺乏運動！

● **骨質疏鬆症** (Osteoporosis)

骨質疏鬆症也稱為「骨質脆弱」，這種逐漸流失骨質的現象，無奈地愈來愈普遍。罹患此疾病的人，即使輕微碰撞也會導致骨折或斷骨，例如跌跤或其它意外。骨折極度痛苦且癒合進度緩慢——或對於長者來說，完全無法癒合。若是嚴重斷骨的情況，需要臥床好幾星期，有可能引致褥瘡感染及其它致命的併發症。

女性比男性更容易罹患骨質疏鬆症，原因很可能是衰老、停經後荷爾蒙雌激素流失、缺乏運動及吸菸所致。不過，我們發現一位年輕男性，只有 28 歲就罹患此病！傳統西醫一般會處方女性荷爾蒙、維生素 D 及經常運動。這些藥物的最大功效為減緩疾病的惡化速度，無法逆轉。此外，女性荷爾蒙可能引發乳癌、卵巢癌或子宮癌；由於人體無法利用鈣及人造維生素 D。明顯地，這種治療無法恢復骨質。

在研究全球案例的過程中，發現那些居住於東南亞，養育 6 到 8 名孩子，並以母乳哺餵的女性，並不會罹患骨質疏鬆症。確實的原因仍未知。但根據這個事實，醫生醫藥責任委員會（Physicians Committee Responsible Medicine–PCRM）報告指出，「在新加坡每天平均攝取鈣質為 389 毫克，比美國每天建議的攝取量少一半。即使美國的鈣攝取量更高，但新加坡的骨折

率卻比美國低 5 倍。」[59] 報告進一步評論:「飲食及生活方式促成鈣質流失的因素包括:動物性蛋白質、鈉、咖啡因、磷、菸草及長期久坐的人。」[60] 在一項研究中發現「戒食肉類可將尿液中鈣質的流失減低一半。」[61] 同樣地,「攝取鈉的分量減半,可將鈣質的每日需求量降低至 160 毫克。戒菸的效果也顯而易見:吸菸者比非吸菸者的骨骼脆弱 10%。」[62]

即使有明確的科學證明[63],顯示補充鈣質不是解決骨質疏鬆症的辦法,但於 1997 年 1 月,由全國液態乳處理促進局(National Fluid Milk Processor Promotion Board)贊助的一場推廣活動,仍然宣傳飲用牛奶的好處。廣告表示,「牛奶含有大量鈣質,所以是最佳之選。」[64] 廣告商邀請知名藝人,嘗試推出全新的「名人牛奶小鬍子」。醫生醫藥責任委員會遂正式向華盛頓特區的聯邦貿易委員會(Federal Trade Commission)投訴,並指出「增加牛奶攝取量以保護骨骼,是最糟的方法之一,這種建議是危險的誤導。」[65]

醫生醫藥責任委員會同時也指出,飲食需要鈣質,而綠色蔬菜所供應的鈣質比牛奶中提供的鈣質,其生物利用度(更容易吸收)似乎更高。為了強調他們的觀點,還附註:「荷爾蒙不會被過量攝取的鈣質騙到以建立更多骨骼,就如同運送額外的磚頭,也不會令建築工人興建一棟更大的樓宇。」[66]

隨著證據逐漸增多,造成骨質疏鬆的原因愈來愈明顯,與很多慢性退化性疾病一樣,都是由錯誤飲食習慣所引起。更進一步確認來自暢銷作者約翰・羅賓(John Robbins),他專門研究飲食、環境與健康間的關係,是該領域的世界級專家。他寫道:「一項長期的研究發現,每日只攝取少於 75 克的蛋白質(低於美國人平均攝取肉類的 3/4),鈣流失於尿液中就高於人體所吸收的鈣,透過飲食反而建立起鈣質的負平衡。」[67]

每項研究都出現相同結果:「蛋白質攝取愈多,鈣流失愈多。」全國最資深的飲食與疾病的關係權威之一,約翰・麥克杜格醫生(John McDougall, MD)發表:「我想強調蛋白質對人體造成流失鈣的影響,在科學領域中並不屬爭論的範疇。過去 55 年進行多項的研究一致顯示,若我們要建立正面的鈣質平衡來保護骨骼強壯,最重要的飲食改變,就是減低每日攝取的蛋白質。」[68]

以上證據都進一步證明了葛森療法的有效性,只要限制動物性蛋白質、鹽和吸菸,同時從蔬菜中攝取大量鈣質,以及適當的酵素將鈣質鎖入骨質,

不但可維持人體的鈣平衡，也能逆轉骨質疏鬆症。事實上，多位接受葛森療法的病人透露，他們的骨密度增加了，骨質疏鬆症所造成的不適或疼痛也隨之消失。

【過往病例】

A.C.（化名）是一位已康復多年的葛森病人，有一次在凹凸不平的人行道上摔倒，醫生安排用 X 光檢查她的髖部是否有骨折。檢查發現髖部無受損，但脊椎有 3 處出現骨質疏鬆症狀。女醫師將此壞消息告訴病人，處方止痛藥，不過她以無痛的理由拒絕了。她選擇聯絡夏綠蒂·葛森，夏綠蒂建議她除了執行平常的葛森療法之外，每天額外喝一公升新鮮的純胡蘿蔔汁和蘋果汁，和吃一些綠葉蔬菜。她補充：「如果有人告訴妳骨質疏鬆症無法康復，千萬不要相信他們。」

A.C. 遵照夏綠蒂的指示進行療程，6 個月後，她要求主治醫生再做另一次 X 光，證明了她的病情不但沒惡化，反而有顯著改善。女醫師將好消息告訴她，但 A.C. 對這個不尋常的進展並不特別驚訝或感興趣，女醫師只處方了止痛藥，即使她沒有任何痛楚。此次意外約 15 年後，A.C. 如今已 80 多歲，但她未呈現任何骨質疏鬆的症狀。

● 問題牙齒

雖然牙齒屬於人體的一部分，而且對整體健康的影響力很大，但是無奈地，整體論概念在醫界尚未被理解，所以尚未應用到牙齒的健康。若病人出現不同的健康問題，例如有感染病菌的傾向、身體不適或人體新陳代謝…等很難確診的疾病時，醫生很少會考慮檢查病人的牙齒。原因是牙齒屬於醫生們不重視、且完全不同的醫學領域。

忽略牙齒是個嚴重的錯誤；更糟糕的是，不正確地照護牙齒也會導致嚴重後果。就在幾年前，牙科專家前「根管治療協會主席」喬治·麥尼希（George Meinig）發現根管治療的問題，當時他讀了一本寫於數百年前的書籍，作者為韋斯頓·布萊斯（Weston Price）[69]。喬治開始明白，如果以為透過牙髓治療、清理污積、補牙，就可以把牙齒問題搞定，是件大錯特錯的事。

布萊斯醫生在他的書中寫道，他曾治療一位女士的牙齒，她患有全身性的類風溼性關節炎（RA），臥床不起。布萊斯把先前根管治療過的問題牙齒拔掉，進行清洗後消毒，再將牙齒植入一隻兔子的皮膚下。5 天後，兔子罹患嚴重的類風溼性關節炎，10 天後就因病過世。同時，病人的情況開始轉好，可下床，疼痛和腫脹也減輕，最終康復了。

　　布萊斯對這個變化印象深刻，決定進一步研究。每當他拔掉一顆蛀牙，就用同樣方式處理消毒，再將牙齒植入一隻兔子的皮膚下。而每次都出現驚人結果，不論病人罹患什麼疾病，只要將病人的牙齒植入兔子後，該疾病都會在 5 天內出現在兔子身上，然後 10 天內死亡。這個實驗進行了十多次，甚至上百次，無論是從罹患腎臟病、心臟病或其它健康問題的病人拔下來的牙齒，實驗結果都一致。

　　布萊斯接著再進行兩個實驗，在其中一個實驗中，一位健康人士因不小心掉了一顆牙齒，他將該顆牙齒植入兔子皮膚下，發現兔子仍然健康並且存活了 15 年。下一個實驗，他從一位已故病人的身上拔掉其牙齒，然後進行高壓滅菌（即是將牙齒暴露在溫度 250 ℉〔121℃〕的高壓蒸氣之下），再植入兔子皮膚下。結果無分別：兔子同樣死於病人罹患的疾病。

　　經過採用填補的方法來處理根管問題，喬治醫生終於瞭解生化學對整個人體的損害，他辭去根管治療協會主席一職，然後撰寫了一本書，書名為《The Root Canal Cover-Up》[70]，揭露原本由布萊斯發現和記錄的事實根據。

　　喬治醫生解釋由根管填補所引致的實際損害，箇中因素有 2 個。其中一個是移除牙齒神經腺後會令牙齒壞死。因此無法經牙齒內的微管系統（即是在其它組織內的微血管）吸收任何營養，更加無法釋放新陳代謝的殘餘物。第二個因素是因為空的微管在手術後布滿細菌和病毒，進而穿透顎骨再引致嚴重的骨骼受損及感染。之後感染所產生的毒素會釋放至血液中，導致幾乎永久性的中毒。

　　很不幸地，即使深層的骨骼受到感染而造成的氣穴現象（即空洞骨骼）也不會感覺疼痛，因此患者通常不覺得有問題。即使一般的牙科 X 光片也無法照出骨骼受損的情況；只有全新的「全口腔」牙科 X 光片可以做到。唯一解決方法就是拔掉有問題的牙齒，然後清理氣穴現象的感染物，讓有空洞的

骨骼治癒。

若牙醫發現牙根端出現膿腫，就會建議病人進行根管手術。請記住千萬不要同意這個療程！因為用於導管的補牙物質會微微縮小，讓細菌和病毒透過套管進入，成為侵略者的管道，造成重大問題。牙醫會向你擔保目前使用於根管治療的補牙物質不會縮小，雖然如此，但壞死的牙齒、布滿細菌的套管和不斷集中的感染，仍然存在於生物體內。所以寧願犧牲牙齒，也不要進行根管治療。

除了根管的問題，還有很多其它牙科問題，例如牙肉萎縮、牙肉感染和蛀牙，這些情況很容易發現和矯正，而且應該即時清理，避免口腔感染干預療癒過程。這些一直被忽視的牙齒問題，是導致人體其它部位嚴重受損的原因，只要我們瞭解生物的整體性是不能被破壞的，對於被忽略和未被解決的牙齒問題，會導致身體其它部位嚴重受損的情況將會清楚明瞭。

水銀補牙物不應被使用，已有很多資訊和研究資料證明[71]，透過咀嚼、飲用和吞嚥而釋放的微量水銀進入體內而造成的破壞，這樣小量但持續不斷釋放的強力神經毒素，同時也會被肺部及消化系統黏膜吸收進血液中，而造成嚴重損害。儘管有大量的科學研究資料確認這個風險，一些牙醫及美國牙科協會仍理直氣壯地反駁，只要植入牙齒後，水銀是完全安全的。[72]實質是漫天大謊！因為有多種低毒性填補物都能夠處理蛀牙。

牙冠又是另一個問題，牙冠不應被安裝在水銀填補物上，也不應使用黃金。若口腔其它部位有水銀──也稱銀汞合金（silver amalgam），在這兩種金屬之間因電位差關係，會產生少許微弱的電流，會干擾酵素的活動及其它在口腔內得先消化的元素。若需要安裝牙冠，應該採用其它材料，例如塑膠或瓷製品。

進行牙齒麻醉需要謹慎處理，當身體排毒狀態良好時，就容易對任何毒素敏感，包括牙醫用來舒緩牙齒手術疼痛的麻醉劑。葛森病人務必告訴牙醫使用麻醉藥前應注意的重要事項：

① 用量不超過平常的 1/3 到一半。
② 切勿將腎上腺素（epinephrine）與麻醉劑混合使用。
③ 立即開始手術（因為效果維持短暫時間）。

從牙醫診所回來後，不論時間表有沒有編排，患者都需要多進行一次咖啡灌腸。任何額外的痛楚多數在第二次咖啡灌腸後可以舒緩。

※ **注意**：若牙醫建議患者服用一定劑量的抗生素，應該謹遵指示，因為牙科感染可以很嚴重，甚至會有生命危險。

【過往病例】

我們記錄了幾個病例，當病人拔掉根管牙後，均出現戲劇化的的改善。一位使用葛森療法的乳癌病人，康復進度比較緩慢。當她丈夫開始懷疑，是因為牙齒問題拖延了妻子乳癌的康復速度，就帶妻子到牙醫檢驗，果然找到蛀牙，牙醫立即清理並拔掉那顆蛀牙。之後剩下的乳癌組織很快被身體排出，她康復並保持健康多年。

而另一個病例，一位年輕女士，與一位運動員結婚後想要寶寶，她連續懷孕了 3 次，但最後都流產。有一次她接受全面的牙齒檢查時，發現下顎骨深處的氣穴。當拔掉壞牙並清理顎骨後，不久便再次懷孕，之後的 3 次懷孕也正常生產。

我們收到一位父親的來函，他有次讀到一份由葛森機構（Gerson Institute）出版的報刊《*Gerson Healing Newsletter*》[73]，內容有關根管牙的損害，促使他立即安排兒子接受牙齒檢查，在此之前，他兒子罹患精神分裂症多年，接受藥物治療也無效。當這位年輕人的根管牙被拔掉後，他開始逐漸康復，再也不須服藥。

● 纖維肌痛症（Fibromyalgia）

雖然這種慢性病並不會構成生命危險，但仍是眾多因體內毒性所引發的疾病之一。纖維肌痛症會造成肌肉及關節附近的軟組織出現嚴重的慢性疼痛。使用消炎藥、包括類固醇激素（corticosteroids）來控制病情的療效不顯著，但到目前為止，尚未找到任何有效的治療方法，只能用止痛藥幫助病人入睡。根據國家纖維肌痛症研究協會（National Fibromyalgia Research Association）的保守估計，美國大約有超過 6 百萬人罹患此疾病。[74]

根據我們的經驗，纖維肌痛症基本上是由於空氣和水質污染、農作物中

的有毒化學殘留物，以及加工食品中的食物添加劑所造成的中毒情況。當這些有害物質達到身體無法排泄的程度時，為了避免肝臟超出負荷及阻止毒素（酶抑制劑）干預重要器官的功能，毒素就會被釋放到肌肉和軟組織中，之後有毒的刺激物引發疼痛，最後會幾乎無法忍受。

就像其它因為體內毒性高而導致的病症一樣，纖維肌痛症在面對葛森療法的有機、蔬果及無毒飲食，再加上咖啡灌腸的密集排毒功能時，就會迅速投降。我們遇到過有些病例只需幾天就可舒緩並消除疼痛，讓病人恢復正常活動。針對更嚴重的病例，即使服用很多止痛藥以致病情惡化，和臥床不起的病人，也只需幾週的療程，便能舒緩持續的疼痛並獲得最終康復。

【過往病例】

在這裡我們講述一個諷刺而有趣的經歷：有位非常嚴重的德國女病人，她幾乎臥床不起，來到墨西哥葛森診所進行治療。她罹患纖維肌痛症多年，也找過在此專科中最高權威的醫生。諷刺的是，醫生同樣罹患了纖維肌痛症，也無法協助她。有次在熬過了一個痛不堪忍的夜晚後，她致電醫生，醫生卻對她的疾苦回應：「這還用妳說！」

參考資料

1. *Taber's Cyclopedic Medical Dictionary* (Philadelphia: F. A. Davis Company, 2005)
2. C. P. Rhoads, "Recent studies in the production of cancer by chemical compounds; the conditioned deficiency as a mechanism," *Bulletin of the New York Academy of Medicine* 18(January 1942).
3. Thomas Thom, et al., "Heart Disease and Stroke Statistics—2006 Update: A Report From the American Heart Association Statistics Committee and Stroke Statistics Subcommittee, Circulation 113(Jan. 11, 2006): 85-151.
4. Joseph M. Price, MD, *Coronaries/Cholesterol/Chlorine* (New York: Jove Books, 1969), p. 37.
5. "Coronary Heart Disease," *MSN Encarta* (http://encarta.msn.com/ encyclopedia_1741575718/Coronary_Heart_Disease.html).
6. E. Calva, A. Mujica, R. Nunez, K. Aoki, A. Bisteni and Demetrio Sodi-Pallares, MD, "Mitochondrial biochemical changes and glucose-KCl-insulin solution in cardiac infarct," *American Journal of Physiology* 211(1966): 71-76.
7. "Heart Attack Treatment Considered," Associated Press, *Bucks County* Courier (Nov. 25, 1998).
8. Ibid.
9. Ibid.
10. Lynn Fischer, W. Virgil Brown, *Lowfat Cooking For Dummies*, 1st ed. (Mississauga, Ontario: John Wiley & Sons Canada, Ltd., April 21, 1997), pp. 235-6.
11. Johanna Budwig, MD, *Flax Oil as a True Aid Against Arthritis, Heart Infarction, Cancer, and Other Diseases* (Vancouver, BC: Apple Publishing, 1994).
12. Lipitor® package insert, Pfizer Phamaceuticals.
13. Ibid.
14. Kash Rizvi, John P. Hampson and John N. Harvey, "Systematic Review: Do lipid-lowering drugs cause erectile dysfunction? A systematic review," *Family Practice* 19 (1)(2002): 95-98.
15. "Heart Disease and Stroke Statistics—2004 Update," American Heart Association(Jan. 1, 2004).
16. National Diabetes Fact Sheet," Centers for Disease Control and Prevention (www.cdc.gov/diabetes/pubs/estimates.htm).
17. "Type 1 Diabetes," Children's Hospital of Wisconsin(www.chw.org/ display/PPF/DocID/22658/router.asp).
18. Ross Horne, *The Health Revolution* (Avalon Beach, NSW, Australia: Happy Landings, Pty. Ltd., 1980), pp. 311-312.
19. Note 1 (*Taber's*), supra.
20. H. J. Roberts, MD, *Aspartame Disease: An Ignored Epidemic* (West Palm Beach: Sunshine Sentinel Press, May 1, 2001).
21. Ibid.
22. Ibid.
23. Harold D. Foster, Ph.D., *What Really Causes AIDS* (Victoria, BC: Trafford Publishing, July 6, 2006).
24. Brazil nuts—50.20 RDA; next highest are mixed nuts—7.14 RDA(no exact measure given).
25. "Chronic Disease Prevention and Health Promotion," Centers for Disease Control and Prevention, Aug. 13, 2012(www.cdc.gov/chronicdisease/overview/index.htm).
26. Note 1 (*Taber's*), supra.
27. M. A. Krupp and M. J. Chatton, eds., *Current Medical Diagnosis & Treatment 1983* (Los Altos, CA: Lange Medical Publications, 1983); see also D. J. Mccarty, ed., *Arthritis & allied conditions, a textbook of Rheumatology*, 9th ed. (Philadelphia: Lea & Febiger, 1979)("Connective tissue disorders are mostly acquired diseases and the underlying causes cannot be determined in most instances.").
28. T. Colin Campbell and Thomas M. Campbell II, *The China Study: Startling Implications for Diet, Weight Loss and Long-term Health*(Dallas: BenBella Books, 2005), p. 184.

29. "Asthma Explained; the Search for Asthma Relief"(www.asthmaexplained.net).
30. Note 1(*Taber's*), supra.
31. "Allergy Facts and Figures," Asthma and Allergy Foundation of America (www.aafa.org/display.cfm?id=9&sub=30#prev).
32. Ibid.
33. "Neurology of Attention Deficit Disorder," Neurology and ADHD: Our Attention Deficit Disorder Brain, The ADHD Information Library(www.newideas.net/neurology.htm).
34. Feingold® Association of the United States(www.feingold.org).
35. Bernard Rimland, "The Feingold Diet: An Assessment of the Reviews by Mattes, by Kavale and Forness and Others," *Journal of Learning Disabilities* 16(6)(June-July 1983): 331-3.
36. Peter R. Breggin, MD, "Report to the plenary session of the NIH consensus conference on ADHD and its treatment"(Nov. 18, 1998).
37. Kelly Patricia O'Meara, "Ritalin Proven More Potent Than Cocaine— Nearly 10 Million Kids Drugged," *Insight*(2001).
38. Simon Gilbody, MD, "What is the evidence on effectiveness of capacity building of primary health care professionals in the detection, management and outcome of depression？," World Health Organization, Regional Office for Europe(December 2004).
39. Carl C. Pfeiffer, MD, *Mental and Elemental Nutrients: A Physician's Guide to Nutrition and Health Care* (New Canaan, CT: Keats Publishing, Inc., 1975), p. 145.
40. Ibid., p. 12.
41. Abram Hoffer, MD, "Megavitamin B-3 therapy for schizophrenia," *Canadian Psychiatric Association Journal* 16(1971): 499-504.
42. "Death a Risk of Antipsychotics," Associated Press, *Nature*(Oct. 23, 2005), Alliance for Human Research Protection(www.ahrp.org/infomail/ 05/10/23.php).
43. Note 1(*Taber's*), supra.
44. National Headache Foundation: Educational Resources (www.headaches.org/consumer/topicsheets/migraine.html). The National Headache Foundation reports that more than 29.5 million Americans suffer with migraines, with women affected three times more than men ages 15 to 55. In addition, 70% to 80% of migrainers have a family history of migraines. Many migraine sufferers are diagnosed as having a tension headache or sinus headache, resulting in more than 50% of migrainers being improperly diagnosed. Goldberg reports that the incidence of migraine has increased by more than 60% in the past 10 years. The National Center for Health Statistics reports that 30 million workdays and $4.5 billion per year is lost due to migraine headaches. Moreover, research has shown that one in five individuals will experience a migraine in his/her lifetime. See also Jerry Adler and Adam Rogers, "The new war against migraines," Newsweek(Jan. 11, 1999), pp. 46-52. This article stated that, at the time, there were 25 million Americans who were known migraine sufferers.
45. Topamax® Ortho-McNeil Neurologics, Inc.(www.topamax.com/ topamax/index.html).
46. Note 1(*Taber's*), supra, p. 1342.
47. Ibid., p.642.
48. Ibid., P.641.
49. Ibid.
50. "Overweight and Obesity: Introduction," DHHS-Centers for Disease Control and Prevention (www.cdc.gov/nccdphp/dnpa/obesity/index.htm)(page last modified: Aug. 26, 2006): "Since the mid-seventies, the prevalence of overweight and obesity has increased sharply for both adults and children. Data from two NHANES surveys show that among adults aged 20-74 years the prevalence of obesity increased from 15.0%(in the 1976-1980 survey)to 32.9%(in the 2003-2004 survey)."
51. "Obesity in children," *New England Journal of Medicine* 350(2004): 236274.
52. "National diabetes fact sheet: general information and national estimates on diabetes in the United States,

2005," U.S. Department of Health and Human Services, Centers for Disease Control and Prevention(Atlanta, GA)(2005)(www.cdc.gov/diabetes/pubs/pdf/ndfs_2005.pdf).

53 "Heart Disease is the Number One Cause of Death," Centers for Disease Control and Prevention, Division for Heart Disease and Stroke Prevention(www.cdc.gov/DHDSP/announcements/ american_heart_month.htm).

54 "AOA Fact Sheets: Obesity in Youth," American Obesity Association (www.obesity.org/subs/fastfacts/obesity_youth.shtml).

55 Frank Booth(boothf@missouri.edu).

56 Research finds fatal flaw in industry's food labelling scheme" (Mar. 1, 2007), Sustainweb (www.sustainweb.org/news.php ? id=169).

57 "Super Size Me," Academy Award-winning documentary film by Morgan Spurlock, director(release date: May 21, 2004)(Canada).

58 Ibid.

59 Note 27(Campbell), supra, pp. 309-10.

60 "Doctor's file complaint over new milk ads," Nutrition Health Review(Spring 1995).

61 Ibid.

62 Ibid.

63 Ibid.

64 R. L. Weinsier and C. L. Krumdieck, "Dairy foods and bone health: examination of the evidence," American Journal of Clinical Nutrition 72(2000): 681-689.

65 Note 59(NHR), supra.

66 Ibid.

67 Ibid.

68 John Robbins, *Diet for a New America* (Novato, CA: New World Library, 1998).

69 John McDougall, MD, *The McDougall Program for Women* (New York: Plume, 2000).

70 Weston Price, *Nutrition and Physical Degeneration*, 15th ed.(New Canaan, CT: Keats Pub., 2003).

71 George Meinig, *The Root Canal Cover-Up*(Ojai, CA: Bion Publishing, 1994).

72 Hal A. Huggins, *It's All in Your Head* (New York: Avery Publishing(Penguin Group), July 1, 1993).

73 *Gerson Healing Newsletter*, Vol. 14, No. 5(September/October 1999), p. 9.

74 "Science Versus Emotion in Dental Filling Debate: Who Should Choose What Goes in Your Mouth ? ," American Dental Association Media Services press release(Chicago)(July 25, 2002).

第八章

葛森療法的禁忌與侷限性

請記住，雖然葛森療法對很多疾病都有顯著療效，但它畢竟不是萬靈仙丹，在一些情況下只有些許效果或完全無效。為何強大的葛森療法，使用巨量營養（hyper alimentation）與排毒雙管齊下，在某些情況中卻無法發揮作用，其實有其合理原因。

病患在選擇葛森療法前，必須先充分瞭解該療法的侷限性。若患者有以下情況，就不應該使用葛森療法：

- 長期臥床、下半身癱瘓，或行動無法自主且無人可協助。
- 嚴重虛弱到無法進食，或以餵食管進食。
- 已進入安寧照護。
- 血栓。
- 迴腸造口術。
- 腸阻塞（腸梗阻）。
- 腎功能衰竭。
- 洗腎（腎透析）（目前或過去）。
- 肝功能衰竭。
- 器官移植。
- 心包積液。
- 復發性胸腔積液。
- 嚴重的內出血或外出血。
- 冠心病或肺支架。
- 超過75％以上的胃被切除。
- 超過一半的結腸被切除。

接下來分為兩部分：較難以葛森療法治癒的疾病，以及無法以葛森療法治癒的疾病。

較難以葛森療法治癒的疾病

● 腦癌

我們見證過完全康復的腦癌病例，同時也有失敗例子。其實問題不在於癌症本身，而是腫瘤的位置。在治療過程中，身體會出現炎症反應，這是身體的應對方式。因為發炎體液通常會摧毀腫瘤組織，不過也會引發正常組織的腫脹。由於腦腫瘤存在於頭骨內，所以沒有允許腫脹的空間。相反地，「治癒式炎症」及因此出現的腫脹，會嚴重提升頭骨內的壓力，極有可能會造成癲癇。這種情況得謹慎處理，減少腫脹可降低癲癇，但卻阻礙了自癒的過程。要兩全其美，平衡雙方面，同時允許發炎又可舒緩嚴重頭痛和癲癇，似乎比較困難。可以理解這種進退兩難，且總是令患者擔心害怕，所以有些病患因此放棄葛森療法，選擇傳統式治療。

● 骨轉移（Bone Metastases）

某些癌症的生成，可預期會轉移（惡性擴散）到特定的組織中。多數的前列線癌和乳癌若擴散，多被發現轉移至骨骼，骨組織是很難治癒的。當一般組織出現受損，傷口縫合後，多數可在 1 週至 10 天內痊癒，而骨折則需要多週甚至數月才會癒合。骨轉移非常疼痛，病人必須很有決心和堅定的意志，因為自癒過程需要很長的一段時間。

● 開放性乳癌病變（Open Breast Cancer Lesions）

葛森醫師曾說過，病人腺體內的癌症很難治療，而我們有多年的病例，證明了乳癌一般對葛森療法反應快。但當乳癌腫瘤穿透皮膚時，情況則會改變。有可能造成感染的開放性病變是較難治癒的，需要最高程度的照料及耐性。

● **白血病**(Leukemias)

慢性白血病有很多種，一般都是因年齡而病發的類型，此類型並沒有特別的問題。不過，急速惡化的兒童白血病，必須快速制止，這種非常不容易解決。原因有很多，比如很難徹底地執行密集的全葛森療程，因為兒童往往會抗拒治療，或其它外在因素，療效因而受到限制或速度減緩。當發生這些情況時，急性白血病很可能會快速惡化，以致療法無法遏止並逆轉病情。

● **多發性骨髓瘤**(Multiple Myeloma)

與白血病一樣，這個疾病並不屬於實體的惡性腫瘤。多發性骨髓瘤是種骨髓疾病，因骨髓瘤細胞「形成多個腫瘤塊」[1]而引起。腫塊會滲透侵蝕骨骼四周，一般是在大腿的長骨骼上端形成血液之處——還包括其它部位的骨頭。

男性比女性更容易患上這種疾病，比例為 2：1[2]。因為它會損害製造血液的骨髓，所以會造成貧血及腎臟病變。上面已釋解過，骨病變是比較難治療的，多發性骨髓瘤也不例外。治療需要更長的時間，而且——根據葛森醫師的觀察，及關於此病的最新研究確認[3]——比其它種類的癌症需要更多的維生素 B_{12}。由於腫瘤組織入侵骨骼，所以很可能會導致病理性骨折的發生（無外在因素引起的脆弱骨折）。在使用葛森療法的治療過程中，我們曾見過此種骨折治癒的速度非常緩慢。

● **胰腺癌**(Pancreatic Cancer)

在少數病例中，葛森療法可能可以醫治胰腺癌，或者延長病患的生命，或者改善病患的生活品質（如，無癌痛）。然而，若胰腺癌患者先前已接受過化療時，就不建議病患們採用葛森療法為主要的治療方案。因為我們持續地觀察到，這類型的病人施行葛森治療時的高失敗率。

● **長期使用潑尼松治療及／或化療**(Long-term Prednisone Treatment and/or Chemotherapy)

所有藥物都是有毒的[4]；因此，長期服用會導致肝臟嚴重受損。潑尼松

是一種強效的類固醇藥，一般用於多發性硬化、狼瘡、關節炎及其它多種疾病的處方中，藥效會削弱身體的免疫系統，對器官造成相當大的傷害。[5] 若長期服用這種藥物，導致身體過度損害，治癒難度會倍增，甚至無法真正治癒（即完全恢復肝臟及其它重要的器官）。

化療的毒性更厲害，我們見過許多化療過病人的疾病被逆轉。然而我們也見過，當超過某個階段時，化療所造成的損害是無法被逆轉的。一般來說，長期使用毒性強烈的藥物進行治療的病患們，比短期使用的患者更難康復，理想的狀況，即是完全不使用毒性強烈的藥物。

● **體內有外來植入物**（Foreign Objects）

當病患的體內有外來植入物（如：冠心病或肺支架、人工關節、隆乳的填充物……等），葛森療程啟動自癒力後所引發的炎症反應，將會持續發生於這些外來植入物的四周。這會使得復原更加困難。而當外來植入物位於身體的致命點，例如：心臟與肺部時，就會有危及患者生命的風險。故葛森療法對於此類病患的療效也有其侷限性。針對做過隆乳手術的病患，通常葛醫們會建議先移除乳房內的填充物後，再繼續葛森療程。

葛森療法可治療並改善，但無法治癒的疾病

慢性退化性疾病中有好幾百種是葛森療法可成功治癒的。但是，以營養來治療的方法，對於那些會影響中樞神經系統的少數疾病，治療效果並不顯著，或是無法治癒。您必須瞭解到，大腦及脊髓組成的中樞神經系統組織，一旦損壞就無法再更新或重生，所以不會有新生組織可取代。正因為這樣，當此區受到嚴重損害時，幾乎完全不可能治癒。

● **肌萎縮性脊髓側索硬化症**（ALS）（Amyotrophic Lateral Sclerosis）

肌萎縮性脊髓側索硬化症，俗稱漸凍人，又稱運動神經疾病，或一般稱為盧‧賈里格症（Lou Gehrig's disease）。傳統醫學認為 ALS 的病因不明，但由我們的經驗得知，所有受影響的患者均曾過度接觸過農藥。有趣的是，當

我們使用健康的小牛肝榨汁來治療這些患者時，大多數患者的病情有顯著改善。但因為大範圍的彎曲桿菌感染，小牛肝已不再安全，所以選用葛森療法的 ALS 患者進展緩慢，雖然施行葛森療法後，他們的惡化速度變慢，但我們仍歸納為失敗。

● **帕金森氏症**（PD）(Parkinson's Disease)

帕金森病屬於運動系統疾病，原因是失去製造多巴胺的腦細胞。帕金森病的四大主要症狀是震顫或手、手臂、腳、下巴及臉部發抖，四肢僵硬化，動作遲緩，姿勢不穩，平衡力及協調力受損。隨著症狀的惡化，患者在走路、說話或完成一些簡單的動作上都有困難。

帕金森氏症（PD）又稱為震顫麻痺（paralysis agitans, shaking palsy），經常病發於年齡超過 50 歲的人。傳統西醫的對抗療法多使用多巴胺（dopamines）等其它藥物來治療，但只能幫助患者暫時性恢復功能，並不能治本。葛森療法在治療此疾病上也同樣失敗。

● **阿茲海默病**（Alzheimer's Disease）

被形容為老年癡呆（失智）症，這種疾病是由於大腦的前後腦葉萎縮而引起的。根據泰伯的醫學辭海（*Taber's Cyclopedic Medical Dictionary*）指出，這個疾病會導致「愈來愈嚴重和無法逆轉的智力功能退化、冷漠、說話及走路出現障礙、方向障礙和失憶。」[6] 在很多病例中，葛森療法都能有效緩解和改善最嚴重的症狀。不過，只有不健全或受損的腦細胞才有機會改善甚至復原，一旦腦細胞已死亡，就無可挽回，因此不算治癒。

● **慢性腎病**（Chronic Kidney Disease）

若慢性腎病已惡化到要進行透析的話，即表示無法逆轉了。腎的特定功能是排泄蛋白質消化後的廢物（尿素、尿酸和肌酸酐），以及過量的礦物質（鈉和鉀）或血液中的其它有毒物質，以維持體內平衡。此舉透過一套精密的管狀與囊體的過濾系統，即稱為腎小球（glomeruli）的過濾途徑來完成，若腎小球因發炎及過量毒素失去了滲透性，就是腎病。

不過，若腎功能受損程度不超過80％，仍然有20％的活性時，此疾病是可以治療的，可改善病情，患者仍有機會生存。然而，若腎組織和大腦組織一樣死亡了，即永遠失去了。因此因為接受葛森治療而獲得改善的腎病患者，永遠無法回到所謂的正常飲食，生存的代價便是要終身執行葛森療法。簡單來說，腎病可被治療，也可延長壽命，但無法治癒。一旦開始洗腎，一般代表腎功能已降至10％以下時，病人就不應嘗試進行葛森療法。

● 肺氣腫（Emphysema）

肺氣腫是另一種葛森療法只能大幅度緩解但無法治癒的疾病。又稱為慢性阻塞性肺疾病，肺氣腫會改變氣囊的結構，氣囊的功能是排出二氧化碳及將氧氣送入血液中。肺組織會被吸菸及空氣污染的毒素、或發炎嚴重損害，因此失去滲透性，換氣功能也因此大幅度地受限。衰弱的組織可被修復，但是已死亡的組織卻救不回來。患者最多只能恢復約50％的肺功能，但卻不能完全恢復。

● 肌肉萎縮症（Muscular Dystrophy）

肌肉萎縮症被認為是家族（基因）遺傳病，病況為愈來愈嚴重的肌肉萎縮，通常從兒童時期開始，男孩比女孩的罹患率高。造成此病的原因是營養不足或新陳代謝不健全。[7] 在葛森醫師時代，療效是顯著的。但近年來，我們還未見到顯著的療效，所以確認為無法治癒。在一個病例中，患者被診斷為杜興氏病（Duchenne's Disease），罹患此病的人，通常都於年紀輕輕時死亡，但藉著葛森療法，這名患者至少多活了20年。

總結

不論何種情況，下列人士一律絕對禁止使用葛森療法，因為不但毫無療效，甚至會導致病患惡化：
- 進行洗腎（腎透析）的患者（因為透析需要鈉，葛森療法的高鉀飲食會導致透析無效）。

- 施行過器官移植的患者（療法會產生排斥現象）。
- 黑色素瘤已擴散到腦部的患者（這是黑色素瘤唯一無法治癒的情況，在身體任何其它部位的黑色素瘤都有極好的治癒率）。
- 做過化療的胰腺癌患者。

參考資料：

1. Note 1(*Taber's*), supra, p. 1260.
2. Note 26(Krupp/Chatton), supra.
3. Carmen Wheatley, in Michael Gearin-Tosh, *Living Proof: A Medical Mutiny* (London: Simon & Schuster, 2002), Appendix, p. 267.
4. Carolyn Dean, MD, *Death by Modern Medicine*(Belleville, Ontario: Matrix Vérité, Inc., 2005); Carolyn Dean, MD, and Gary Null, "Death by Medicine"(www.healthe-livingnews.com/articles/death_by_medicine_part_1.html). For their statistics on the number and cost of annual U.S. adverse drug reaction deaths, *see also* J. Lazarou, B. Pomeranz and P. Corey, "Incidence of adverse drug reactions in hospitalized patients." *Journal of the American Medical Association* 279(1998): 1200-1205; D. C. Suh, B. S. Woodall, S. K. Shin and E. R. Hermes-De Santis, "Clinical and economic impact of adverse drug reactions in hospitalized patients," *Annals of Pharmacotherapy* 34(12)(December 2000): 1373-9; Abram Hoffer, MD, "Over the counter drugs," *Journal of Orthomolecular Medicine*(Ontario, Canada)(May 2003). It is reprinted in *Death by Modern Medicine*(supra), Appendix C, pp. 349-58.
5. "Prednisone," MedicineNet.com(www.medicinenet.com/prednisone/ article.htm).
6. Note 1(*Taber's*), supra, p. 510.
7. Ibid., p. 595.

第九章

恢復身體的防禦系統

當世界上的人們都學會簡單理性的生活原則時，我樂觀期待著的健康快樂的世界就會出現。我們必須回歸到自然及自然之神。

——路德·勃班克（1849-1926年）

醫生們及大眾都只專注於藥物治療，以致忽略了身體健康的基礎之一——正確的營養。

——瑪麗·凱斯醫生（加拿大安大略省，多倫多市，聖邁克爾醫院）

到目前為止，有兩個基本事實已清楚地呈現於讀者面前：

- 每個人的健康及福祉，無時無刻都被現代生活中各種破壞身體自然防禦，與自癒能力的肇因所攻擊著，而導致種種疾病的發生。
- 葛森療法中複雜且精準設定的營養療程，能還原損害，並修復人體受損的防禦系統，使身體能夠自癒。

在葛森醫師的想法中，他認為人體的防禦系統及其自癒機制密不可分。葛森醫師注意到患者們的共同特徵為，在身體殞滅於疾病前，體內的自癒機制就已受到干擾或是已嚴重受損。此外，葛森醫師還確信惡性疾病（如癌症）的出現，意味著體內防禦系統已全面崩潰，故需要最專業的照料與努力來逆轉此破壞性的進程，進而達到治癒目的。

在葛森醫師許多的革命性見解中，最出色的應該就是發現慢性病的根本肇因為缺乏營養與毒素。

此觀點與傳統醫學大不同，傳統醫學傾向於個別不同疾病有其所歸屬的個別明確病因，卻忽略了去研究許多疾病的基本共通病因。治療方式上的差

異,是葛森療法有別於正規西醫治療的許多不同處之一。

一旦找出根本的問題,即可對症調理:缺乏營養以巨量營養應對;毒素則以系統性的排毒清除。這兩種方法雖至關重要,但作法簡單,直接且沒有祕密。最重要的是,它們符合邏輯。

我們對缺乏營養及毒素已大略介紹過了(見第三章〈認清敵人〉第 66 頁),但現在我們要更深入地瞭解實際的作法。

巨量營養

針對營養缺乏的解決之道,即是提供病患們最大量最好的食物。然而,病入膏肓的患者通常吃不多。他們的胃口和消化都不好,排泄也不順。在這樣的情況下,唯一可行的辦法只有蔬果汁,因為幾乎每一位病患都能夠,並且樂意每小時喝一杯現榨的有機蔬果汁。一旦這個模式建立起來,就可源源不斷地滿足身體對於營養的迫切渴求。

針對少數極度虛弱的患者,由於他們無法每小時喝下 8 盎司(約 237 cc)的蔬果汁,所以在療程的初期,會減少成每小時 4 或 6 盎司(118 cc 或 177 cc)的分量。在經過幾天的蔬果汁和密集的排毒後,病患們會驚喜地發現:他們不但開始能吃下一天三餐(由新鮮的有機食材做成的蔬食餐),喝下 13 杯標準計量的蔬果汁外,還能夠把水果當零食。一旦他們適應了巨量的營養後,每位患者每天都會消耗近 20 磅(約 9 公斤)的食物,此消耗量大部分來自榨成 10 到 13 杯蔬果汁的蔬果。

有人批判葛森療法,認為每小時都得準備新鮮的蔬果汁太過繁重(事實的確如此!),這些人通常建議以維生素和礦物質補充品取代蔬果汁。他們不明白的是,生病的身體根本無法吸收及利用這些以製藥程序做出的物質,所以這些物質就只是毫無益處地通過人體。只有活的、生鮮蔬菜和水果才能被吸收,特別是被榨成蔬果汁後,不需經過消化的過程就能被立即吸收。

排毒

當身體被灌入大量鮮活的營養後，它們會被快速吸收，並把細胞內累積的毒素強逼至血液中，血液再把這些毒素運送到身體的首要解毒器官——肝臟。然而，進行葛森療法的患者，之前已長期食用所謂的現代飲食。現代飲食充滿了可觀的食品添加劑、農藥殘留物及農用化學品，外加許多其它來源的毒素，這些毒素阻塞了他們的肝臟。結果，肝臟無法處理那些被鮮活營養從組織中逼出來的「新」毒素。

除非快速轉換這種僵局，否則大量的毒素有可能會引發有生命危險的自我中毒和肝昏迷，故能快速解毒的頻繁的咖啡灌腸，就扮演著至關重要的角色，是葛森療程的奠基石。

其它的癌症療法採用各種方法殺死腫瘤組織，但並沒有清除肝臟內已死的毒性物質。為了使肝臟慢慢循序地清除毒素，療法必須中斷，也影響了療效。

但是，葛森的作法，卻能不受干擾地持續排毒，這解釋了其有效性，也說明了為什麼咖啡灌腸是療程中不可或缺的一部分。若沒有以上的方法，新釋放出來的毒素，甚至會對肝臟造成新的損害。任何想要執行葛森療法的人，都必須施行咖啡灌腸。

第十章

為何葛森療法有效？

　　葛森療法的基本原則簡單明瞭，近一世紀來有卓越的治療成果。然而，一直都有人會問：有沒有最新的科學研究能夠證明，好幾十年前葛森醫師部分靠直覺，部分在沒有複雜的科研設備的環境下，只是通過不斷研究及臨床觀察，而發展出來的這套方法是可行的呢？簡單地說，有沒有人發現究竟為什麼葛森療法會有效呢？

　　答案是肯定的。在1959年葛森醫師過世後，陸續有傑出的科學家和學者發表的研究結果，再再證實了葛森醫師的智慧及方法是正確的。所有零碎的研究結果，徹底解釋了為何完整執行葛森療程時會那麼有效！現在我們舉一個最具代表性的科研例子。

　　70年代末，作為物理學家、數學家及生物學家的弗里曼・懷德納・柯普醫生（Freeman Widener Cope, MD），寫了一篇報告，「經過多次實驗觀察，葛森療法中的高鉀低鈉飲食，治癒了很多癌症末期病患」。[1] 在另一篇報告中，柯普醫生聲明，任何形式的細胞損害，都以同樣的反應出現於全身上下的細胞內：「首先，細胞會流失鉀；其次，細胞開始接收鈉；最後，細胞會因為過多的水分而膨脹（細胞水腫）。當細胞水腫後，蛋白質合成、脂肪代謝及能量的製造都受到抑制。」「葛森醫師在1920年代，就在臨床上辨認到，可透過飲食管理排除鈉，補充高鉀食物，並另外補充調整過的鉀鹽，同時，還找到透過肝臟把體內毒素排出體外的方法，就能夠操控**組織損壞症**。」[2]（原著特別強調。）這段話言簡意賅地驗證了葛森醫師的作法，包括：嚴格限制蛋白質及脂肪——因為已受損的細胞無法處理這兩種物質。也說明了增加鉀攝取量的理由，及肝臟排毒的必要性。

　　1988年，芝加哥伊利諾大學歷史學家，派翠西亞・西班・沃德（Patricia Spain Ward），發表了一篇由美國政府技術評估辦公室外發合約的，有關葛森

療法的出色專題報告。儘管她的研究報告不是根據最新的研究，但是她的分析透徹且明瞭。她描述葛森醫師為「學者中的學者，最優秀的臨床反應觀察家」（a scholar's scholar and a superlative observer of clinical phenomena）[3]。沃德博士在她的報告中記錄了自己的觀察結果。她發現進行高鉀低鈉飲食的病患，會在尿液中排出極大量的鈉，尤其在飲食中戒除動物性蛋白質後，所排出的鈉量更多。她補充說明，「葛森證實了醫學界堅持使用大量的蛋白質是錯誤的，所以葛森醫師設計的療程，在一開始的至少6至8週內，病人需停止攝取所有的動物性蛋白質。」[4]

美國明尼蘇達大學的羅伯特·古德（Robert A.Good）醫生做的一項重要研究，證明了葛森醫師對他的癌症患者禁食動物性蛋白質的理由。古德醫生被稱為「現代免疫學之父」（the father of modern immunology）。他設定了一個天竺鼠實驗，其中一組餵飼無動物性蛋白質的食物，而另一組則餵飼正常食物。古德醫生原本預期，會在餵以無動物性蛋白質食物的這一組天竺鼠看到免疫系統的衰退，但結果卻正好相反。這組天竺鼠的胸腺淋巴細胞變得極度活躍，很長的一段時間都維持著非常旺盛的狀態。古德醫生意識到，他藉由限制天竺鼠攝取動物性蛋白質，才刺激了牠們的免疫力。此結果驗證了葛森療程的正確見解。[5]

葛森病患實際上已從新鮮的蔬果汁、馬鈴薯及燕麥片中，攝取足量及易吸收的植物性蛋白質了（這些都是飲食中非常重要的一部分）。很多人認為只有動物性食物才含有蛋白質，其實這是一個很普遍的錯誤觀念。相反地，被拿來做為肉類食品的動物，像牛、豬及羊等都是素食動物！

加拿大科學家，任職於不列顛哥倫比亞維多利亞大學的（University of Victoria, British Columbia）哈樂德·福斯特教授（Dr. Harold D. Foster），從土壤及水源供應缺乏礦物質的角度出發研究癌症死亡率。他還為200例各種癌症的「自發性」（在沒有接受任何能使腫瘤消退的治療下，腫瘤部分或者完全消失）[6]復原，做了初步的電腦分析。

福斯特教授詳盡的研究結果顯示，絕大部分腫瘤的復原，完全不是「自發性的」，而是結合大幅改變生活方式和傳統療法及各種輔助療法的結果。200名患者中，有10名遵循葛森飲食，一大部分的人採用了部分的葛森療程

（如生蔬果汁以及排毒）。樣本病患的飲食方案，有部分或大部分是基於相同的療程，提升了病患們在某種程度上，是因為葛森療法而復原的比例。福斯特教授從他的研究中所做出的重要結論是：所謂自發性復原的現象遠非真正的自發性，只是被傳統西醫歸類為自發性，事實上是非傳統——「替代和輔助」療法的結果。

葛森療程中最重要的方法，是利用咖啡灌腸，透過肝／膽來進行排毒（第194頁）。葛森醫師瞭解到這樣做可擴張膽管，讓肝臟釋放累積的毒素。他的發現近年來已被三位科學家所證實——明尼蘇達大學病理系的瓦騰伯格、思巴明斯和拉姆（Wattenberg、Sparmins and Lam）[7]——他們解釋了咖啡灌腸會刺激肝臟內能清除血液中有毒自由基的酵素系統（谷胱甘肽 S-轉移酶 glutathione S-transferase）。咖啡灌腸時，此酵素的活動比平常增加了600％到700％，因此大大地增強了排毒的成果。咖啡中的高鉀，能提高結腸內平滑肌鉀含量的不足，協助預防腸痙攣。

1990年，一項卓越的研究[8]發表於同行評審（peer-reviewed）的德國醫學期刊上，標題為〈Experiences with the Use of Dietary Therapy in Surgical Oncology〉在腫瘤外科中使用飲食療法的經驗」。它的作者是奧地利格拉茨區醫院腫瘤門診的醫學博士（Oncological Outpatient Department, District Hospital, Graz, Austria）彼得・雷斯尼（Peter Lechner MD）。他報告了一份歷時6年的臨床研究，有60名接受正規治療的癌症患者，同時採用修改過的葛森療法。

根據雷斯尼醫生的說法，此簡化版的葛森療程，被當成一項輔助療法使用，而不是替代傳統腫瘤治療的替代療法。另外，患者在家中執行此營養療法，代表了不可能嚴格監管治療的全程。即便如此，6年後，雷斯尼醫生仍舊能夠列出以下的結果：

- 患者普遍有較少的術後併發症，因為輻射和化療所產生的副作用也較少。
- 患者對止痛藥及精神藥物的需求比平常減少。
- 原本肝轉移腫瘤的生長速度減緩。
- 患者的心理狀態自始至終都良好。

- 由於營養不良所導致的精神萎靡，在大多數的例子中完全未出現或大幅度地延遲。
- 一位77歲的女性患者，未接受傳統治療，只採用營養療法，結果進入「無癌狀態」。

6年的臨床研究期間，雷斯尼醫生和他的同事們照著傑拉西（1959）和考夫曼（1963）[9]的獨立研究，也再次驗證了葛森醫師使用咖啡灌腸的理由——咖啡中的兩種活性成分——咖啡醇和咖啡豆醇——會提高肝臟中谷胱甘肽S-轉移酶（glutathione S-transferase）的活性達7倍之多。在之前的明尼蘇達研究報告中，已提到谷胱甘肽S-轉移酶，它在肝臟排毒中扮演著核心角色。

總而言之，雖然雷斯尼醫生的結論是謹慎和保守的，但是從他的報告中，卻可清楚地看到，連大幅度簡化的葛森療法，都能使癌症已轉移的患者，在治療中收到意想不到、前所未有的好效果！

有關葛森飲食療法中抗癌成分的最新深入研究報告，為卡門·惠特利（Carmen Wheatley）所著[10]。她是英國細胞分子矯正醫學腫瘤組的一員。她因為朋友的經歷開始對此課題感興趣，她的朋友是牛津大學英國文學的教授，麥克·吉爾林·托希（Michael Gearin Tosh），他於1994年被診斷患有多發性骨髓瘤。他的預後診斷很糟：不做任何治療的話只能活6到9個月，通過「適當的」化療可以活1到2年。麥克·吉爾林·托希教授拒絕化療，在做了大量搜尋後，他選擇了葛森療法，輔以冥想、針灸及中國的呼吸練習（氣功），他將自己從確診以來到目前的狀況，全記錄於他的書中，《Living Proof: A Medical Mutiny》（活生生案例：一名醫療逃兵）[11]（顛覆了醫生們的預言，他活了11年，最終死於牙齒手術引發的血毒症。）

目睹了朋友的這一切，惠特利醫生對葛森醫師明顯是直覺式地為他所創的療法選擇食物，但在50多年後，卻一一被證實這些食物具有抗癌的成分，產生了好奇心。她將自己的發現寫成一篇論文，題目是〈0.005%倖存者的案例〉（The Case of the 0.005% Survivor）[12]，這篇論文被4位傑出的醫生審核，並成為麥克·吉爾林·托希教授一書中的編後記。

惠特利醫生指出，葛森飲食中包含了數種被現代研究證實具有關鍵抗癌成分的食物（像含有重要 Omega-3 脂肪酸的亞麻仁油；礦物質和生物黃酮素含量高的水果；及十字花科家族的蔬菜，像：白花椰菜、高麗菜和青花椰菜……等，它們的抗癌成分都被現代的科學營養研究所證實。）[13] 她評論道：「葛森的水果蔬菜飲食，可被現代營養腫瘤研究進行全面的分析。葛森醫師當時沒有任何有關這方面的科學知識，但是他卻憑經驗設計出此套方法，將這些多樣化的蔬果做為**完整有效的藥劑**，提供給癌症患者。」[14]（原著特別強調）

在她報告中的其它部分，惠特利醫生還進一步評論了葛森療法中的元素——從榨汁的價值到咖啡灌腸的重要性——並且發現它們都具有科學根據。最後，讓我們引用一段惠特利醫生獨到的評論：「傳統西醫治療癌症的方法——化療、放射線治療——逐漸地殲滅原本就衰弱的免疫系統，無助於修復免疫系統。然而，葛森醫師卻發現免疫系統才是對抗癌症的關鍵，因此只有建立起免疫系統，才能增加生存的機會。」[15]

隨著時間的推移，大部分傳統腫瘤治療缺乏成功案例的事實愈來愈明顯。有關營養療法的研究註定會普及，並取代傳統醫療的主流地位。營養療法的研究報告必將被反覆證實，葛森療法合理並有效，它提供了一個絕對符合邏輯的方式來治療疾病和維持健康。

參考資料：

1. Freeman Widener Cope, "A medical application of the Ling Association-Induction Hypothesis: the high potassium, low sodium diet of the Gerson cancer therapy," *Physiological Chemistry and Physics* 10(5) (1978): 465-468.
2. Freeman Widener Cope, "Pathology of structured water and associated cations in cells(the tissue damage syndrome)and its medical treatment," *Physiological Chemistry and Physics* 9(6)(1977): 547-553.
3. Patricia Spain Ward, "History of the Gerson Therapy"(1988) under contract to the U.S. Office of Technology Assessment.
4. Ibid.
5. Robert A. Good, MD, *The Influence of Nutrition on Development of Cancer Immunity and Resistance to Mesenchymal Diseases* (New York: Raben Press, 1982).
6. Harold D. Foster, Ph.D., "Lifestyle Changes and the 'Spontaneous'Regression of Cancer: An Initial Computer Analysis," *International Journal of Biosocial Research* 10(1)(1988): 17-33.
7. V. L. Sparmins, L. K. T. Lam and L. W. Wattenberg, "Proceedings of the American Association of Cancer Researchers and the American Society of Clinical Oncology," *Abstract* 22(1981): 114, 453.

   Peter Lechner, MD, "Experiences with the Use of Dietary Therapy in Surgical Oncology," *Aktuelle Ernaehrungsmedizin* 2(5)(1990).
9. C. Djerassi, et al., "The Structure of the pentacyclic Diterpene Cafestol," *Journal of the American Chemical Society* 81(1959): 2386-2398; see also P. Kaufmann and A. K. Sengupta, "Zur Kenntnis der Lipoid in der Kaffeebohne. III Die Reindarstellung des Kaweals," *Fette, Seifen und Anstrichmittel* (Berlin) 65(7) (1963): 529-532.
10. Carmen Wheatley, in Michael Gearin-Tosh, *Living Proof: A Medical Mutiny* (London: Simon & Schuster, 2002), Appendix, pp. 267-308.
11. Ibid.
12. Ibid.
13. Ibid.
14. Ibid.
15. Ibid.

第二部 |

葛森療法的
完整操作指南

讀完第一部後,相信您已瞭解葛森療法的哲理與原則,及它是如何讓您回復健康及治癒疾病。應該也認同,最佳的營養不僅是維持我們健康的關鍵,也是對抗病魔的最有力工具。

現在我們要進入學習葛森療法其獨特療程的實做面。接下來的章節,將為您一步步介紹整個療法中的各個程序,這些方法由馬克斯·葛森醫師(Dr. Max Gerson)所設計,在全世界已被數以萬計的病患,採用了將近90年。無論你對於葛森療程有什麼樣的興趣——希望用葛森療法治癒惡疾,或調養較輕微的健康問題,或者僅是想轉換到有益健康的生活方式,葛森療法都是條正確之路。

但有一點務必謹記:採用葛森療法治癒惡疾是項極大的任務,完成此任務需要絕對的決心和毅力,萬事持之以恆,還需對療法有明確瞭解。同時,此療法主要為「自己在家動手做」,因為就算你有足夠的預算前往墨西哥或匈牙

利的葛森診所進行治療,但為期 2 至 3 年的療程,最長期最主要的治療工作還是在家中進行。這意味著病人將全權負責,沒人會監督你、督促你忠實地遵守療法中的所有規則。當然,你既已明智地選擇了這個能讓你徹底復原的療法,就該瞭解,稍稍地犯規或自欺欺人,到頭來遭殃的還是自己。病患所必要的自律,在他們體驗到立即性的改善後,更容易實現,即使是已進入療程一段時間才開始的也不例外。改善的情況(例如:胃口變好、疼痛減輕、體力變好及睡眠改善)都是療法開始有效的充分證據,強而有力地激勵了病患們的決心。

然而,葛森療法並非所有病人共用同一個療程,而是以此公式為基礎,由葛醫根據每位病人的診斷報告、病史、血液尿液報告、各種影像報告(若可取得的話),在公式內針對每位個體做出彈性化的調整。在本書第十九至廿一章的標準療程表,對某些病人來說並不適用。葛森醫師的著作《*A Cancer Therapy: Results of Fifty Cases*》第 237 頁中提到:「葛森療法需要醫生的指示,因為通常好轉反應會有其複雜性,或是引發慢性感染,或造成身體上的虛弱,而這些都需要特別的醫學性照護。」

所以,若您未計畫前往葛森診所學習療法,也必須聯繫葛森機構官網上所列出的合格葛醫進行遠距醫療。雖然目前經過葛森機構(Gerson Institute)訓練及授予正式執照的葛森醫師(葛醫)人數仍不多,但陸續已有多位醫生通過受訓,並開始收治病人。有關可遠距問診的葛醫,或想獲取已通過受訓並可收治病人的醫生資訊,請聯繫葛森機構官網 www.gerson.org。

另外,特別提防未經葛森機構認可,但宣稱以葛森療法收治病人的單位及醫生,因為他們不但不能治療你,反而會傷害你。若無法找到葛醫時,你最好的選擇是找到一位不試圖改變你的療程且樂意為你監測進展,有同情心的醫生。這位醫生的主要工作是為你安排驗血和尿檢,在療法初期,每 4 到 6 週就需做一次,檢測的頻率在療程的後半期就較不頻繁。葛森病患的檢測結果通常與進行傳統療法病患們的結果不一樣,第廿八章將針對檢測結果,提供相關指導,〈葛森中檢驗項目的解說〉,第 290 頁。

第十一章

葛森所需的居家設定

無論患者決定前往葛森診所進行治療，或是直接在家中開始療法，治療時間最長的過程——惡性疾病需要 2 年或者更長的時間，其它的慢性病所需的時間則較短——都必須在他／她的家中進行。為了治療的持續性，必須把家變成一個私人診所，家中所有一切都是為了恢復健康而設定，不允許出現任何阻礙治療的事物。

那要如何做呢？很簡單，我們只需謹記兩點，就是葛森療法中最重要的雙支柱：營養與排毒。所有慢性病的患者都是自體中毒及缺乏營養，所以居家設定的首要任務就是清除所有有毒的化學品及損害身體的物品／材料或器具。這些東西在現代家庭中隨處可見。人們每天理所當然地使用著化學去污劑、家用小電器，及會放射出有害輻射（或稱為「電子煙霧」）的省力設備。它們會對健康造成嚴重影響，因此必須將其全數清除。

療法的第二個支柱，是為病患提供巨量的營養。所以，有個設備完善的廚房是核心，以因應每天所需準備的大量食物與蔬果汁。以下列出的清單，為一間能平穩有效運作的葛森廚房所需的正確設備。

冰箱

需要一個大型冰箱或是兩個一般大小的冰箱，以儲存大量必需的有機食材。外加一間涼爽、最好是陰暗、通風良好的儲藏室或是洗衣間，以儲存不需要冷藏的根類蔬菜就更理想。

榨汁機

現榨的新鮮有機蔬果汁是葛森療程中最重要的治癒組件之一，所以必須有最好的品質。因此選擇最有效，且可在超過約 2 年的時間內，每天使用仍保持良好狀況的榨汁機，是至關重要的。

市面上有很多種類的榨汁機。最簡單、最便宜的是離心式的，這也是最早普及化之一的機型。這種款式的榨汁機相當浪費食材，榨出來的果汁營養低，酵素含量少，不能用於治療。

另一種機型是冠軍牌榨汁機（Champion Juicer），它能榨出更多的礦物質和果汁。但是機器本身不令人滿意，因為它榨出來的並不是真正的純果汁，而是底部為液體，液體上覆蓋著一層蔬菜糊的混合物。即便如此，冠軍牌榨汁機還是能用，但只能作為研磨機。這款榨汁機配有一個盤子，可置放於機身下方，也就是過濾器所在處，研磨後的糊狀物由此流出。接著將這些糊狀物放進一個手動的液壓千斤頂中擠壓出汁。榨汁機加液壓千斤頂合起來的花費約 600 美元。冠軍牌榨汁機在美國及某些國家能買到。手動液壓千斤頂，則需與製造商 The Juice Factory 聯繫。（www.juicepressfactory.com）

其它從韓國進口且在美國製造的榨汁機，使用了兩個相扣的螺旋狀軸心來碾磨食材。這種機型的榨汁功能比單一冠軍牌榨汁機好，可使用，特別是當病患為非癌症時。但是，這些「一個步驟」完成榨製的榨汁機，並不符合馬克斯・葛森醫師對於兩步驟完成榨汁的要求。葛森醫師建議先碾磨後壓製，才能取得最好的果汁。這些雙軸心的榨汁機，宣稱相比於諾沃克牌榨汁機（Norwalk），能榨取出更多的酵素，但是對於同等重要的礦物質榨取率，卻隻字未提。這種機型的榨汁機，價格在 750 美元到 1,250 美元之間。

最好的「兩步驟式」榨汁機是諾沃克牌液壓榨汁機（Norwalk），它最吸引人的設計就是的，有著不鏽鋼或是木紋及多彩的塑膠外殼。無論是不鏽鋼還是木紋／多彩的塑膠外殼，所有接觸食材的部分，材質都是不鏽鋼的。諾沃克牌榨汁機為全自動，用一個簡單的操縱桿來啟動千斤頂。售後服務好且有保固期，也是最昂貴的榨汁機（價格在 2,395 美元到 2,495 美元之間）。不鏽鋼外殼款，也有適用於目前歐洲使用的 220V 到 240V 電壓的型號。想

瞭解更多的資訊，請聯繫 800-405-8423（美國境外地區請聯繫（760）436-9684）或者查詢諾沃克榨汁機加州網站（www.nwjcal.com）。

照護好你的榨汁機

　　除了每天維護廚房的高規格清潔度外，保持榨汁機的清潔度更是重要。榨汁機上不可有乾涸的果汁或者是纖維，因為這些都是生的食材，所以很容易腐壞、變乾，然後引來蒼蠅或者其它的昆蟲及細菌。

　　為防止污染，榨汁機在每次使用後都必須清洗乾淨。清洗不會花費太多時間，因為榨汁機中接觸水果和蔬菜的部分是不鏽鋼材質，且易拆卸，沖洗、擦乾，再組裝好以利準備下一次的榨汁。

　　準備乾淨的海綿或布，專門用於清洗榨汁機。千萬不要用肥皂或者任何清潔劑清洗榨汁機，因為與食材接觸的零件不可有任何殘留物，甚至連一點點的肥皂或清潔劑都不能有。若你使用的是諾沃克牌榨汁機，請記得擦拭頂部的壓板。

　　榨汁機的布，在每次榨完汁後，請務必用清水洗淨——不可用肥皂水洗，洗後再置於冷凍庫中，下一次榨汁時再拿出來用。最好把用於酸蘋果胡蘿蔔汁或者是純胡蘿蔔汁的布，與用於綠汁的布分開使用。

　　夜晚時，在榨製完一天所有的果汁後，可用少量的肥皂水做當天最後的清潔工作；但請務必徹底沖洗，確保不殘留任何肥皂。因為即使是極少量的殘留物進到蔬果汁中時，也會導致患者腹瀉、抽筋或者是更糟的情況。清洗榨汁機布也要同樣地徹底，用少量肥皂水清潔後，仔細沖洗，不殘留任何肥皂。之後再將布置於冷凍庫中過夜。

　　若你是使用碾磨機（如：冠軍牌榨汁機）加手動的液壓千斤頂，也請遵照上面所說的清潔方式清洗。務必確保所有的機器都清潔乾淨不殘留肥皂。

爐灶與烤箱：插電的或是瓦斯？

　　不管插電的或是瓦斯的爐灶與烤箱，其實都不理想。使用瓦斯爐較易掌

控烹飪的溫度，但是瓦斯耗氧，如果病患待在廚房中，缺氧的空氣對他們有害。廚房應該保持良好通風，但在寒冷的冬天時，就很難達到此要求。建議在廚房／活動區域內放置臭氧機來改善空氣中的含氧量。

※ 注意：如果臭氧濃度過高，任何火苗都易引發火災。

在美國的大部分區域，因為電費高，故使用電爐或電烤箱比用瓦斯爐貴。它們的優點是比較乾淨且不耗氧。但是，使用電爐或電烤箱，很難掌控烹飪的溫度，而要正確地烹調蔬菜，溫度是相當重要的。

微波爐

由於微波爐的快速及明顯的高效率，此家用小電器已在美國和全球各地被廣泛使用，但是人們不知道它對我們健康所造成的嚴重風險。由於許多微波爐都提供了「某實驗室的安全保證書」，因此大眾普遍認為使用它們是安全的，事實並非如此。

來自瑞士[1]及其它地區的研究，已經證實微波爐會引發食物中有害的化學反應，破壞營養，產生異常分子，並使天然的胺基酸變毒。微波爐的熱度很不均勻；它無法到達固體食物的中心，取而代之，將食物變成「高熱點」。液體放進微波爐中會被過度加熱，常導致人們在取出它們時嚴重灼傷。

更糟糕的是，無論有沒有使用微波爐[2]，微波爐都會散發輻射。（有意思的事實是，前蘇聯以健康為由，早在 1976 年就禁用微波爐！）[3] 如果你仍在使用微波爐，請丟了它吧。如果它無法被搬動，也請拔下插頭，在任何情況下都別使用。

鍋具與餐具

鋁製鍋具接觸食物時，都會有少量的鋁溶解並釋放到食物中（尤其某些蔬菜，例如大量的番茄）。鋁為高毒性，會損傷腦，醫界相信它是導致老年癡呆（失智）症[4]的重要原因。

請丟棄所有鋁製器皿，並禁止讓鋁箔紙接觸到食物。請使用不鏽鋼鍋具，最理想的是可以「無水烹飪」厚底款的；或是玻璃（Pyrex 牌），或是搪瓷鑄鐵鍋。不鏽鋼餐具與木勺是最好的選擇。若可取得的話，使用銀製餐具更理想（因為銀叉、銀湯匙和銀刀，在使用時所溶解產生的少量銀膠質，是免疫系統的有效刺激物）。

請別使用壓力鍋；壓力鍋的溫度相當高，會破壞營養。葛森療法的其中一條基本規則為低溫小火慢煮，以避免破壞營養。有些電燉鍋內的釉含毒[5]——使用前最好先將釉質去除後再使用。

蒸餾水機

聽起來也許很令人吃驚，葛森患者是不喝水的。理由有二：（一）患者們每天喝的 10～13 杯新鮮現榨的有機果汁、湯、沙拉及水果，已為他們提供了所有所需的高品質液態營養及水分。（二）水會稀釋病患們原本已貧乏的消化液，且無法提供任何營養。但是，葛森療法在烹調時仍會用到水——像是煮湯，泡各種草本茶及製作灌腸液。因此，確保水的純淨度至關重要。

市面上有很多種濾水系統，包括逆滲透型，這種只能在當地的供水系統保證不含有高度傷害人體的氟化物時才可使用。（見第五章〈人體防禦系統的全線崩潰〉，第 86 頁）確保遠離不潔淨物質、有毒的化學物質和氟化物的最安全方法，即是在家中安裝一台蒸餾水機。

有許多不同型號及不同價格的蒸餾水機。在選擇時以價格及每家所需的用水量來決定。病患單獨一人每天需用掉 2～3 加侖的水，若病患家人也進行葛森飲食或灌腸的話，則需要更多蒸餾水。

蒸餾水機需要電源及專用的水龍頭，很多病患會把蒸餾水機安裝於洗衣間或是車庫中。蒸餾水機每 3 天拆卸清洗一次。當你見到蒸餾水機中殘留的污垢時，你便會瞭解到：盡可能徹底地淨化飲用水是必要的。

蒸餾的過程為把水加熱成水蒸氣，水蒸氣再通過一個管子冷卻還原成水。因為礦物質、各類雜質和添加劑無法變成水蒸氣，所以它們會沉澱，經過此過程還原的水就會完全純淨，不含任何有害成分。然而，某些揮發性物

質也會同時蒸汽化，如苯餾分，也跟著還原到純淨水中。為了去除這種雜質，所有的蒸餾水機都應該有個活性碳管，這樣當還原的水滴回容器，通過活性碳管過濾後，即可去除不要的揮發性物質。

有些健康專家們宣稱蒸餾水會「帶走體內的礦物質」，應該禁用。[6] 但他們是錯誤的。水中的礦物質（如鈉或鈣）都是無機的，身體難以吸收，或者根本會危害身體。另外，患者每天不間斷地每小時一杯，從大量果汁中輕易吸收有機的礦物質，因此，水中「缺乏」礦物質，對患者來說其實是好事。

清潔劑

清潔在葛森家居環境中當然是極其重要的，前面已提到，請特別注意絕對不能使用有毒的產品做清潔工作。以下為需避免的項目：

- **氯**

  氯不僅能漂白還是強大的消毒劑，可殺死或者控制所有的細菌。正因為如此，幾乎所有的廚房清潔劑都含氯（游泳池和自來水中也不例外）。氯刺鼻且不安全，會替代甲狀腺中的碘，故必須避免。有少數的廚房清潔劑不含氯，請使用那一種的。或者自製清潔劑。將同比例的麥芽醋和水混合後，再裝入噴嘴瓶中即可用來清洗玻璃或者擦拭廚房表面，但別用在木製品上。肥皂和熱水的混合物也是不錯的選擇。

  若要去除水垢，可將一塊棉布浸在白醋中，再將此棉布裹在廚房或者浴室的水龍頭上 30 分鐘後，接著用肥皂和水即可去除水垢。

  用橄欖油清洗不鏽鋼鍋具，效果令人驚豔。但油的用量要少，並且使用後需徹底將油洗淨。

- **溶劑**

  塗料溶劑、油脂溶劑或是黏膠溶劑都有毒，會損害病患的健康。若非得使用時，請在戶外使用，並絕對不讓它們在廚房內揮發。

- **洗碗劑**

　　大部分洗碗機的設計為，用洗碗劑清洗二遍後清水沖刷一遍。由於葛森療法中沒有油膩的食物，所以最好把洗碗機設定為用洗碗劑清洗一遍後清水沖刷二遍。這樣才能確保洗碗劑被徹底沖掉，碗盤上不殘留任何有毒物質。

- **洗衣劑和漂白劑**

　　如果用洗衣機洗衣服，請參照上面的洗碗機設定。你可使用任何的洗衣皂或洗衣劑，有必要時還可添加漂白劑。只要這些洗衣劑／漂白劑在洗衣機中，病患聞不到即可。（如果病患聞到了，代表病患已把部分的洗衣劑／漂白劑吸入體內。）請確保衣服上的洗衣劑／漂白劑被徹底沖掉，最好用清水再沖第二次。

- **衣物柔軟精**

　　無論是液體的衣物柔軟精或固體的衣物柔軟片，都應該避免使用。因為衣物柔軟劑會留下一層永遠都洗不掉的化學薄膜，也會刺激到體質敏感的人（如：氣喘者）。只需在清洗時加入 1/4 杯的蒸餾白醋，就是無害的取代品。這麼做不僅能使衣物柔軟，還能防止靜電。若是較精緻的衣物（標明「手洗」的衣物），可用溫和的肥皂，戴上橡膠手套後洗衣服。

- **乾洗**

　　由於乾洗一般都不在家中洗，所以不會直接影響到病患。但是，當拿回乾洗衣物時，最好先將外罩衣物的塑膠袋取下，放在室外晾一段時間，去除任何殘留的化學物質後，再掛回衣櫥。

- **各式噴霧劑**

　　千萬不要使用任何噴霧劑。一旦噴霧劑噴到空氣中，無可避免地一定會被吸入。顯然，有毒的農藥噴劑是最危險的。但是，所有的化學清潔用品（如：窗戶清潔劑和烤箱清潔劑）一旦被噴灑時，就會進到空氣中，必然就會被吸入。

若需要清潔窗戶，不要噴灑，在抹布上倒出少量的窗戶清潔劑後，進行擦拭。

烤箱清潔劑不是問題，因為葛森食物為無油，所以不會在烤箱壁上留下油漬。

浴室

浴室清潔不要用含氯的清潔劑。浴室消毒用一般的3%雙氧水即可。個人清潔要選擇溫和的肥皂，禁用腋下止汗劑。男性應該用塗抹式的刮鬍膏，禁用罐裝的噴霧式刮鬍霜。避免使用鬍後乳液和腋下止汗劑。（見第五章〈人體防禦系統的全線崩潰〉之「化妝品」，第88頁）只使用無色無味的衛生紙。

家中的活動區域

很多對身體的毒性傷害，都是在家中活動時不經意造成的。其中一個可能就是傢俱亮光劑，它含有溶劑，必須禁用。地毯清潔劑是另一個有風險的有毒品。禁止使用任何化學清潔劑（也別讓到府服務的清潔公司使用），只用肥皂水。

新地毯會對身體造成非常嚴重的毒性損害[7]，因為它們浸有劇毒的防蟲劑或其它化學品以防污。若絕對必要得安裝新地毯的話，請指定無毒款。已有好幾家地毯製造商，因為他們生產的地毯引發體質敏感的人過敏而被控告[8]，因此無毒地毯現在已在製造中。

還有個更危險的──撲滅白蟻。一些滅蟲者會用能夠覆蓋整個房子的套子罩住房子後噴灑殺蟻劑來消滅白蟻。當套子撤掉後，新鮮的空氣又回到房中，但是很多有毒物質卻隨著回流的空氣，殘留在軟墊傢俱上、地毯和窗簾上。這些有毒殘留物，需要6個月或更長時間才能揮發掉！其實有其它的無毒方法撲滅白蟻。（如：冷凍法）[9]。

人們也常在客廳或其它家中的活動區域使用「空氣清新劑」，不管是噴霧劑還是固體芳香劑，都別使用。

房屋粉刷

在病患治療的階段，房屋裡不應該進行任何油漆粉刷。牆壁可用溫和的肥皂水清洗；污點可用無毒的清潔劑去除。此時的房子也許看上去並不完美，但是患者的康復無庸置疑是首要之務。

室外花園噴灑劑／農藥

日常生活中有些地方會超出看護者所能控制的範圍，例如鄰居在花園中噴灑農藥。當這種情況發生時，請確保關上所有窗戶，並使用室內空氣清淨機和臭氧機來保護病患。若住在會噴灑農藥的農業區附近，也會有類似的問題。有個例子，有位治療中的病患，對此有很嚴重的反應，導致癌症復發。直到她搬走了一段時間後（搬去跟她的姊姊住），她才再度康復。

參考資料：

1. Hans Hertel and Bernard H. Blanc, "Microwave Ovens" (Vol. 22, No. 2) and "Microwaves the Best Article Yet," Price-Pottenger Nutrition Foundation, *PPNF Journal* 24 (2) (Summer 2000).
2. Ibid.
3. Ibid.
4. Virginie Rondeau, Daniel Commenges, Hélène Jacqmin-Gadda and Jean- François Dartigues, "Relation between Aluminum Concentrations in Drinking Water and Alzheimer's Disease: An 8-year Follow-up Study," *American Journal of Epidemiology* 152 (2000): 59-66.
5. Dixie Farley, "Dangers of Lead Still Linger," U.S. Food and Drug Administration, *FDA Consumer* (January-February 1998) (www.cfsan.fda.gov/~dms/fdalead.html).
6. P. Airola, *How To Get Well* (Phoenix: Health Plus Publishers, 1974).
7. Cindy Duehring, "Carpet Concerns, Part Four: Physicians Speak Up As Medical Evidence Mounts," Environmental Access Research Network (Minot, ND) (www.holisticmed.com/carpet/tc4.txt).
8. Fluoride Action Network, Pesticide Project, Class Action Suit-PFOA (www.fluoridealert.org/pesticides/effect.pfos.classaction.htm).
9. G. D. Palmer, "Termites & Freezing Temperatures," eHow home (www.ehow.com/about_6363860_termites-freezing-temperatures.html). Another means of termite control is using orange oil, which can be researched on the Internet.

第十二章

葛森允許的食物

即使用最高級的藥物,也只能在10名病患中治好8位或9位病人。而藥物無法治癒的病,卻只要用食物就可以根治。

——《黃帝內經》(中國,寫於約西元前400年)

食物是比藥物還好的良藥(Food is Better Medicine than Drugs)。

——英國高級營養師派翠克‧霍福德的著作之書名

「那麼,可吃些什麼呢?」剛接觸葛森式生活方式的人,在看完前一章的禁食項目後,總會怔忡地問。這是一個值得深思的重要問題。因為這意味著人們對原本該有的自然飲食方式,也就是對大範圍的可用植物性食物,或稱「蔬菜王國」(當然也包含水果)相當陌生。在已開發世界中,多數人都以魚或肉為主,蔬菜為輔,而水果則是在沒有甜點時充當甜點。是重新思考的時候了——我們需要尋找令人愉快的發現。

植物類食物是葛森療程裡的基礎,事實上,它優於以肉類為基礎的飲食。除了較清淡、更純淨及更易消化吸收外,每一種植物類食物都含有各種維生素、酵素、礦物質和微量元素,它們共同合作為虛弱的器官提供有價值的營養。在排除那些不能治療、有害身體的食物後,可用的植物類食物項目變得清晰。這些植物們的實用性及美麗,值得人們的答謝。

請嘗試以一個藝術家的眼光來欣賞這些新鮮有機的果蔬!請注意各種形狀的金橘色胡蘿蔔、深紫色高麗菜、包裹著奶油色花菜的淺綠色葉子、棕色的梨子、五彩繽紛的蘋果及半透明的綠葡萄所散發出的光澤——種類上的琳琅滿目、視覺上的賞心悅目,都可增添您享用蔬果時的歡樂!

蔬菜王國還有另外一個驚喜,正等著新手們的探索呢——發現蔬果的真滋味。剛開始沒有鹽和胡椒時,植物類食物嚐起來平淡無奇,甚至是難以下嚥,其實它們並不是沒有味道的。生活中長久地用鹽,使味蕾變得遲鈍,以至於得在食物中添加愈來愈多的鹽才能嚐出味道。在無鹽的葛森療法中,需要一個多星期的時間來恢復已麻痺的味蕾。一旦味蕾恢復了,病患們會突然發現:原來果蔬別有一番滋味。同時,患者的嗅覺也變得更靈敏,這都有助於享用每餐。

「讓食物成為你的藥!」2,500 年前的現代醫學之父希波克拉底如是說。我們也可這麼說:「讓你的藥物只含愉快的食物吧!」

葛森允許的食物清單

葛森療法著重兩個方針:新鮮度和純淨度,所有攝入體內的食物必須是新鮮、有機、無農藥和原產地耕種,並且通過可靠的有機單位認證,務必在最天然的形態下食用。

療法之可以達到舒緩的效果,甚至成功治癒很多疾病,祕訣全在於其嚴謹性。微調或變動菜單可能有助於康復,亦未必影響結果,有成功也有失敗的例子,但在未經由認證過的葛醫建議情況下就明顯更改食材,分量或次數,會減低康復機會。因為葛森療法除了飲食外,還包含生化學的元素,病人未必可以掌握,不能單單靠感覺自行決定,忽略這點就糟糕了!

因此,葛森病人應嚴格遵守葛森的飲食規範,未經由認證的葛醫批准前,請勿自行任意更改。

蘆筍	芒果
蘋果	甜瓜/哈密瓜/香瓜
杏桃	燕麥片
朝鮮薊	洋蔥
芝麻菜	橙
甜菜葉,甜菜根(1週1次)	香芹/歐芹/荷蘭芹
青花椰菜(又稱西蘭花)	桃
有機黑糖	梨

山葵根（又稱辣根、西洋山萮菜、馬蘿蔔、山蘿蔔、粉山葵）	青椒及彩色甜椒（學名：燈籠椒、柿子椒、臺灣又稱大筒仔）
高麗菜（又稱捲心菜，或椰菜）	歐洲李
胡蘿蔔	馬鈴薯（又稱土豆）
白花椰菜、菜花或椰菜花	白蘿蔔（非葉部分）
芹菜，西芹根（又稱根芹，塊根芹菜）	生菜
君達菜（又稱牛皮菜、瑞士菠菜、豬姆菜）	大黃
櫻桃（粵語：車厘子）	糙米（需醫師批准）
菊苣／苦苣	蘿蔓萵苣（又稱長葉萵苣、蘿蔓、蘿美生菜），福山萵苣，大陸妹，及散葉萵苣
紅蔥頭／珠蔥／蝦夷蔥／細香蔥	黑麥麵包（無鹽、脫脂）
芫荽（又稱香菜）	小量香料：多香果、八角、月桂葉、芫荽（又名胡荽、芫茜、滿天星，俗名又稱香菜、鹽須）、蒔蘿、小茴香、荳蔻香料（mace）、馬鬱蘭（marjoram）、迷迭香（rosemary）、鼠尾草（sage）、番紅花（saffron）、龍蒿（tarragon）、麝香草或百里香（thyme）、酸模（sorrel）、夏季香薄荷（summer savory）、薑黃（Tumeric）。
玉米（又稱粟米）※必須獲醫師批准	菠菜（需煮熟，不可喝菠菜湯汁）
無子小葡萄乾	南瓜屬
茄子	蕃薯（又稱地瓜，每週一次），蕃薯葉（不限次數）
櫻桃蘿蔔（去葉）	甜菜根（癌症病人每週只能吃一次）
佐生菜	甌柑＝柑橘類＝橘子（但膠原性疾病者禁吃）
亞麻籽油（有機、低木酚素（lignan））	蕃茄
無硫磺乾果（葡萄乾、桃、棗、無花果、杏仁和梅乾）（必須燉煮或預先泡水）	蔬菜（但禁吃菇類、胡蘿蔔葉、蘿蔔葉及芥菜）
新鮮水果（但禁吃莓類及鳳梨（菠蘿））	醋（紅酒醋或蘋果醋）
大蒜	西洋菜（又稱豆瓣菜或水芹）
柚／柚子*	絲瓜
羽衣甘藍（又稱無頭甘藍、海甘藍、葉牡丹、牡丹菜、花菜）	有機無脂優格（又稱酸奶），建議品牌：Organic Horizon®、Brown Cow®, 7 Stars® ※葛森療程第六個星期後，或葛醫批准後才可吃
葡萄（又稱提子）	櫛瓜（又稱西葫蘆或美國夏瓜）
四季豆（又稱長豆）	韭菜
蜂蜜	蒲瓜
蔬果汁（新鮮壓製）	蒲公英
檸檬*（但不可使用檸檬皮）	牛蒡茶

★患有與膠原性（Collagen）相關疾病的患者必須禁飲柳橙汁（柑橘汁），其它病人可選擇性地飲用，但每天限飲一杯。選擇不喝柳橙汁的替代蔬果汁為酸蘋果胡蘿蔔汁。

可偶爾食用

- 有機黑麥麵包——每天1～2片（必須吃完所有指定食物才吃）。
- 調味料：楓糖（B級）或蜜糖或粗糖蜜（每天最多可服用1～2茶匙）。
- 有機藜麥（又稱印地安麥、奎藜、灰米或小小米）。
  有機糙米（若產地的灌溉用水未受到砷污染）。
  有機小扁豆（在葛醫的核准下，每星期可食用一次）。
  ※ 注意：目前在一些糙米中發現有微量的砷，所以建議停止食用。
- 蕃薯（地瓜）——每週一次。
- 香蕉——每週半根。
- 有機爆米花／玉米粒（只在特別節日時當點心）。

第十三章

葛森禁吃的食物

麥當勞的「1美元早餐」，
事實上花費遠遠超過1美元。
因為你得考慮加入做心臟冠狀動脈繞道手術的費用。

—— George Carlin 喬治‧卡林

葛森療程中精心挑選後結合的食物清單都是最好的治療食材，未列於可食清單上的，都必須嚴格禁止出現在患者的飲食中。在葛森醫師的經典書，《A Cancer Therapy—Results of Fifty Cases》[1]中，葛森醫師列出了一個很長的「禁食」清單。事實上，說是「禁用項目」更精準，因為清單上的明細項目不是只有食物。剛開始葛森療程的病患，往往困惑於為何這些平日常吃的食物，甚至是一般「正常人」認為的健康食物，會在禁食清單上？這種疑問是可理解的。所以讓我們看看為何必須禁吃這些食物。在瞭解箇中原因後，就會較易遵守規則。

事實上，今日的禁食清單比當年葛森醫師所列出的原始清單要長得多。因為葛森醫師是在半個世紀前寫的書，而半世紀以來發生了許多變化，讓健康的生活愈來愈困難。食品加工業的迅速發展，日益增加的便利食品中所加入的各式各樣食品添加劑，改變了人們原本好的飲食習慣，讓消費者完全曝露於「美化食物」的有害影響中。添加劑中最糟的，是高毒性的人工代糖[2]「阿斯巴甜（aspartame）」，在市面上以 NutraSweet®, Spoonful® 及 Equal® 販售，超商貨架上數以千計的食品中都含有人工代糖。除此之外，所有的加工食品也含鹽，鹽會造成組織損傷綜合症及刺激腫瘤生長[3]。（見第五章〈人體防禦系統的全線崩潰〉，第82頁）[4]

另外，農產品中有許多有毒殘留物，包含農藥、除草劑、殺蟲劑、助長劑、生長激素、抗生素和數以千計的相類似物質，被美國的食品與藥物管理局[5]當成無害物質，而允許使用。的確，這些物質單獨檢測時，有些可能確實是無害的，但是，在跟其它物質混合後（也是現實中人們使用的方式），此混合物就變成一杯有毒的「雞尾酒」。請記住，這些物質是有毒的，會損害我們的肝臟，而肝臟正是葛森療法要努力治癒和修復的重點器官。

以下是葛森病患需謹記的 2 個基本原則：

- 所有的加工食品，無論是罐裝、瓶裝、冷凍、醃漬、精製、硫燻、煙燻、醃泡、烘乾／日照、微波、輻照殺菌或是別種方式加工過的，都必須嚴格禁止。
- 只能使用有機的水果和蔬菜，因為它們不含農藥，並且生長在健康的土壤中，這些土壤含有維持人體最佳健康的維生素、酵素、礦物質、各種元素和微生物。

今日即使是有機培養的土壤，與 15 年前的土壤相比，也沒有同等水準的有益礦物質，但是葛森病患每天所攝取的大量有機食物和果汁，彌補了這個缺陷。

禁止的項目中，菸與酒的害處眾所皆知，故不需再多著墨。再來，鈉（鹽）及各種油脂，除了亞麻籽油外，都必須禁止。當然，在禁止清單中的食物，只要是含有鈉或油脂，或二種皆含的話，（舉例，酪梨被禁吃，是因為它含有豐富的天然油脂）。只要謹記油脂和鹽這兩種禁止的物質，接下來清單中所列出的項目就很合理，而不需多作詳細的說明。

進一步簡化規則，再次大聲明確地重申：**只允許食用有益於身體健康及治療的食物；其它的一律禁止！**

禁食及禁用項目

- 所有加工食品。
- 酒。

- 酪梨（又稱牛油果、油梨、樟梨、鱷梨）。
- 莓果類（黑加侖例外）。
- 含碳酸氫鈉（即小蘇打粉）的食物，牙膏和漱口水
- 瓶裝和罐裝的商業飲料（如：汽水）。
- 蛋糕、糖果、巧克力和所有甜食（高糖高脂肪；無營養價值）。
- 起士（又稱乳酪）。
- 可可（又稱巧克力）。
- 飲用咖啡（除了用於蓖麻油灌腸外）。（見第十五章〈灌腸〉，第202頁）。
- 化妝品、染髮劑和燙髮（見第五章〈人體防禦系統的全線崩潰〉，第88頁）。
- 奶油。
- 大／小黃瓜（難消化）。
- 果乾／蜜餞（經過硫化或是油漬處理的）。
- 飲用水（見第十一章〈葛森所需的居家設定〉中的「蒸餾水機」段落，第168頁）。
- 瀉鹽（也禁用於泡腳）。
- 脂肪與油（唯一的例外：亞麻籽油）。
- 麵粉（白麵粉和全麥麵粉；及麵粉類食品，如：麵條）。
- 含氟的水和牙膏（見第五章〈人體防禦系統的全線崩潰〉，第86頁）。
- 天然草本香料（除了允許的以外）（見第十四章〈葛森食物與蔬果汁的準備—基本步驟〉，第191頁）。
- 冰淇淋和雪泥冰（含有人工香料、甜味劑和奶油）。
- 豆類（除了在療程的後半段偶爾食用外）。
- 牛奶（包括脫脂或低脂）。
- 菇類（是真菌類，不是蔬菜）。
- 堅果類（高脂肪，結構錯誤的蛋白質）。
- 柑橘類和檸檬皮（含芳香油）。
- 用鹽醃漬的泡菜類。
- 鳳梨／菠蘿（芳香烴含量高）。

- 鹽及所有鹽的替代品。
- 大豆和所有大豆類加工產品（如：豆腐、豆漿和黃豆粉）。
- 香辛料（芳香烴含量高）。
- 芽菜類。
- 糖（精製白糖）。
- 茶（含咖啡因的紅茶和綠茶；紅茶含高量的天然氟化物）。
- 小麥草汁。
- 九層塔。

葛森醫師禁食大豆和所有的大豆類加工產品，乍聽時可能令人驚訝，因為大豆一直被公認為理想的素食。（如：高蛋白質、低脂肪及低膽固醇）。遠東地區的人們大量食用，而他們的癌症發病率比西方低。

然而，因商業動機所宣傳的大豆好處，其背後的真相非常不同。（大豆在美國有相當大的市場，60%的超市食物中都含有大豆）。事實上，大豆的油脂含量高，且含有至少30種引發過敏的蛋白質，會對體質敏感的人造成嚴重的傷害[6]。大豆還含有植酸，會阻斷重要礦物質的攝取；酶（酵素）抑制劑會使果汁中有治療效果的重要的氧化酶失效；還有使紅血球凝結的血栓促化物——因此有充分的理由將大豆完全排除於葛森療程中。

※請注意：兩種「自產」的食物：芽菜類和小麥草汁，約25年前廣受大眾喜愛，並被認為是很健康及營養的；但是葛森患者必須禁食。因為我們的經驗指出，這兩種食物有「有害的副作用」。

有兩名葛森病患，在我們的醫院就診時，午餐和晚餐時食用大量的芽菜，而不是應吃的沙拉，結果在短時間內，原本症狀已消失數月的惡疾（紅斑性狼瘡和子宮頸癌）又復發了。其它紅斑性狼瘡的患者，在食用醫院廚房做的含有芽菜的沙拉和蔬果汁後，治療不再有效果，病情反而惡化。

不久後研究人員[7]發現芽菜中含有不成熟的蛋白質，叫刀豆氨酸，會抑制免疫系統。之後，葛森醫院立即禁止食用芽菜，之前出現的問題也隨即消失。所有病患自此全部停吃芽菜，包含之前有吃芽菜的舊病患。

小麥草汁含有許多有價值的營養，但是它難以消化，易刺激胃部，因此只能飲用 1 盎司（約 29.6 cc）。如果從直腸灌入，它會引發嚴重的不適。除此之外，葛森綠汁（一杯 8 盎司，約 237 cc，含有萵苣類蔬菜、牛皮菜、甜菜葉、少量青椒、一些紫高麗菜和一個蘋果）（見第十四章〈葛森食物與蔬果汁的準備—基本步驟〉，第 187 頁）是極易消化的，含有與小麥草汁類似的營養，一天 4 次，每次 8 盎司的分量，更易入口且毫無副作用——是禁用小麥草汁的最好理由。

在葛醫解禁前的暫時禁食項目

- 奶油。
- 鮮乾酪（Cottage Cheese 又稱茅屋起士，酸乳白乾酪）（無鹽脫脂的）。
- 雞蛋。
- 魚。
- 肉。
- 優酪乳（及其它的發酵牛乳製品）。

禁用的個人及家用物品

- 所有的噴霧劑。
- 地毯（新的）。
- 化學清潔劑（見第十一章〈葛森所需的居家設定〉，第 169 頁）。
- 氯系漂白劑。
- 化妝品（見第五章〈人體防禦系統的全線崩潰〉，第 88 頁）。
- 軟膏。
- 油漆（新的）。
- 香水。
- 殺蟲劑。
- 木材防腐劑。

參考資料：

1. M. Gerson, *A Cancer Therapy: Results of Fifty Cases and The Cure of Advanced Cancer by Diet Therapy: A Summary of Thirty Years of Clinical Experimentation*, 6th ed.(San Diego, CA: Gerson Institute, 1999).

2. Aspartame(NutraSweet®) Toxicity Info Center(www.holisticmed.com/aspartame); *see also* H. J. Roberts, MD, "Does Aspartame Cause Human Brain Cancer ?," *Journal of Advancement in Medicine* 4 (4)(Winter 1991).

3. Joseph Mercola, MD, "Can Rumsfeld 'Defend' Himself Against Aspartame Lawsuit ?" (www.mercola.com/2005/jan/12/rumsfeld_aspartame.htm); *see also* Note 2 (Roberts), supra.

4. Freeman Widener Cope, "A medical application of the Ling Association-Induction Hypothesis: the high potassium, low sodium diet of the Gerson cancer therapy," *Physiological Chemistry and Physics* 10 (5) (1978): 465-468.

5. Healthy Eating Adviser: Food Additives(www.healthyeatingadvisor.com/food-additives.html) (updated 2006).

6. "Soy Dangers Summarised," SoyOnlineService(www.soyonlineservice.co.nz/03summary.htm).

7. M. R. Malinow, E. J. Bardana, Jr., B. Pirofsky, S. Craig and P. McLaughlin,"Systemic lupus erythematosus-like syndrome in monkeys fed alfalfa sprouts: role of a nonprotein amino acid," *Science* 216 (4544)(Apr. 23, 1982): 415-417.

第十四章

葛森食物與蔬果汁的準備

A first-rate soup is more creative than a second-rate painting.
一流的湯比二流的繪畫有創意。

—— Abraham Maslow 亞伯拉罕‧馬斯洛

假設你的廚房現在已為葛森式治療做好準備，全副武裝了，你也從家中清除了所有的禁食項目和禁用物品，那麼，此刻是瞭解準備葛森飲食此重要任務的時候了。原則很簡單，但必須嚴格遵守，以確保最佳結果。

所有食物都必須是有機及新鮮的。最理想的情況，是從自家的有機花園裡採收新鮮且生意盎然的食材。不幸的是，這點在現實生活中很難達成，所以我們必須妥協。於是頻繁地採買沙拉和蔬菜，每次只購買少量，就不必長時間地儲存食材，為次佳的做法。蘋果、梨、柳丁及根莖類蔬菜可儲存較長的時間，品質上也不會有太大損失。

基本步驟

準備食物的重要基本原則如下：

① 只可以使用有機蔬果，因為系統性的農藥會進入被噴灑的蔬果細胞內部，是無法清洗掉的。另外，有機蔬果其營養價值遠高於非有機蔬果。所有的食物都必須謹慎準備，以盡可能地保留住營養。

② 烹飪必須要用低溫慢煮；高溫會改變蔬菜中的營養，而導致較難吸收。蔬果不可削皮，因為有價值的營養都在皮內或皮下，因此只能以清水沖洗或用刷子徹底刷洗。除了馬鈴薯、玉米和甜菜根需在滾水中煮熟外，所有的蔬菜都必須以最少的水量或用希波克拉底湯為湯底來

烹飪。（見「特製湯：希波克拉底湯」，第190頁）。或是將切片的洋蔥和番茄鋪在鍋底釋出足夠的水分，以防止蔬菜燒焦。但請謹記，在你切開蔬菜或水果時，氧化反應隨之發生，營養也跟著流失；因此，只在當你準備好要烹飪時，再切蔬果吧。

③ 食物必須美味、種類豐富、變化多，以彌補葛森餐和所謂的正常西方飲食的大不同。菜色多樣化能幫助提昇食慾，也能供給身體治癒時所需的大量礦物質和微量元素。別忘了視覺上的賞心悅目！特別是沙拉，可在混合的綠色葉菜上灑上切碎的番茄和各種顏色的甜椒，再加上白蘿蔔和一點韭菜，就能十分誘人。（更多的方法見第三十章〈食譜〉，第330頁）

在餐桌上擺放一小瓶花，會像變魔術般地使餐點變得更加美味。

葛森飲食在生食和熟食之間維持著良好的平衡。病患們可能會認為，葛森餐的主食為大量的熟食，但情況並非如此。葛森餐是以大量的生菜沙拉開始，最後以生的新鮮水果結束，同時每天13杯現榨新鮮果汁也是生的。但熟食也是有必要的。葛森醫師的經驗顯示，若病患只吃生食和果汁，並不易消化。事實上，提供熟食增加了食物的多樣化，使患者比只吃生食時吃下得更多。熟食還提供了軟質物質，可促進腸胃蠕動，有助於患者消化生食和果汁。

在熟食清單中最重要的一項是「特製湯：希波克拉底湯」（見第190頁），它能協助腎臟排毒，在冬季時飲用特別暖心。所有的熟食都可墊胃底，幫助胃部處理大量持續飲入的果汁。病患每日消耗的熟食量約為 3～4 磅（1.36～1.81 公斤），但在生食部分，大部分已榨成蔬果汁，每日攝取量將近20磅（約9.07公斤）！

必備的重要果汁

在葛森療程中，只有4種果汁是所有患者都會飲用的，除了少數例外。這4種果汁為：

- 酸蘋果胡蘿蔔汁。
- 純胡蘿蔔汁。
- 蔬菜綠汁。
- 柳橙汁。

偶爾的特殊情況時,會用另一種果汁代替。舉個例子,糖尿病患者會以葡萄柚汁取代柳橙汁,因為葡萄柚汁的糖分較少;也會以蘋果汁取代柳橙汁,給不能喝橙橘類果汁的膠原性疾病患者飲用。

酸蘋果胡蘿蔔汁

準備一顆中等尺寸的有機酸蘋果(若無酸蘋果時,以半顆中等尺寸的甜蘋果取代)和有機胡蘿蔔,刷洗乾淨後(千萬別削皮),先將蘋果碾磨成糊狀,再加入胡蘿蔔碾磨成糊狀,拌勻此果泥後,置入濾布內,以千斤頂擠壓出汁一杯 8 盎司(約 237 cc)後立即喝下,若出汁未達一杯 8 盎司(約 237 cc),就再加入胡蘿蔔榨汁,直到滿成一杯後立即喝下。

※註:酸蘋果可用史密斯老奶奶青蘋果(Granny Smith),翠玉青蘋果(Pippin),羅馬蘋果(Rome),麥金塔蘋果(MacIntosh)或當地所產的有機酸蘋果。

純胡蘿蔔汁

取出有機胡蘿蔔,刷洗乾淨後(千萬別削皮)碾磨成糊狀,將此果泥置入濾布內,以千斤頂擠壓出一杯 8 盎司(約 237 cc)的純胡蘿蔔汁後立即喝下。

蔬菜綠汁

只可以使用下列配方中的食材,盡可能地找齊全,找到幾樣就用幾樣,若找不到時也千萬別用不在配方中的食材代替(如:菠菜、芹菜或羽衣甘

藍之類的）。請參考下列的比例為用量的標準，但此比例並不需要「完全精確」，因為當初葛森醫師知道病患在很多時候，都只能找到半數的食材。

一人份：
- 蘿蔓（長葉）萵苣：根據萵苣的尺寸大小，取 1/4 到 1/2 個。
- 紅（綠）散葉萵苣：根據萵苣的尺寸大小，取 1/4 到 1/2 個。
- 菊苣：根據萵苣的尺寸大小，取 1/8 到 1/4 個，或是 2 到 3 片菜葉。
- 紫高麗菜：2 到 3 片。
- 嫩甜菜葉（甜菜根所長出的葉子）：2 到 3 根。
- 牛皮菜（君達菜，又稱「瑞士甜菜」、「瑞士波菜」）：少許。
- 青椒：根據青椒的尺寸大小，取 1/8 到 1/4 顆。
- 西洋菜（又稱水芹或豆瓣菜）：少許。
- 酸蘋果：一個，若使用甜蘋果，量要減半使用。

將所有食材一起研磨，碾成糊狀後放到濾布上，以千斤頂擠壓出一杯 8 盎司（約 237 cc）的蔬菜綠汁。此綠汁必須立即喝下，因為所含的酵素很快就會死亡。

※注意：不可將魯格爾（Lugol's）碘劑加入蔬菜綠汁中。

柳橙汁（或葡萄柚汁）

只需一台絞刀型榨汁機，電動或手動皆可。削掉的皮千萬別拿來榨汁，因為皮中所含的芳香油有害，會干擾治療。基本單位為一杯 8 盎司（約 237 cc）。

※注意：罹患膠原性疾病的患者，禁喝柑橘類果汁及禁吃柑橘類水果。其它病患，柑橘類果汁是選擇性的，每日只允許飲用一杯。柑橘類果汁可用酸蘋果胡蘿蔔汁取代。

每日例行餐飲

葛森病患的每日例行餐飲如下：

早餐

- 一大碗用蒸餾水煮的傳統燕麥片（煮法請見本章189頁），加入少量的蜂蜜或果乾增添甜味。（果乾需事先以冷蒸餾水浸泡過夜，或以滾水澆淋蓋過後等二小時，直到膨脹。）
- 一杯8盎司（約237 cc）的新鮮現榨柳橙汁或酸蘋果胡蘿蔔汁。
- 一些新鮮水果，或是小火慢燉後的水果。
- （**選擇性**）：一片輕烤過的無鹽有機黑麥麵包。

※ 注意：糖尿病患者禁用所有甜味劑或果乾。

午餐

- 一大盤拌有亞麻籽油的混合生菜沙拉（見第三十章〈食譜〉中的「青檸亞麻籽油沙拉醬食譜」，第336頁）。
- 烤的、煮的、搗成泥的或者是其它方式烹飪的馬鈴薯（土豆）。
- 1～2種新鮮烹飪的蔬菜。
- 8～10盎司（約237 cc～296 cc）的「希波克拉底湯」（見第190頁）
- 8盎司（約237 cc）的酸蘋果胡蘿蔔汁。
- 甜點為生的或是小火慢燉的水果。
- （**選擇性**）：一片無鹽有機黑麥麵包。

晚餐

- 與午餐相同，但是蔬菜和甜點的種類不一樣。

※注意：不論是午餐或晚餐，在病患吃完所有必食的餐點後仍然飢餓，此時可再吃一片無鹽有機黑麥麵包，但是千萬不能把麵包作為主食。葛森病患一天只允許食用二片無鹽有機黑麥麵包。

協助你開始的基本食譜

要瞭解詳細完整的葛森食譜,請看第三十章的〈食譜〉,第330頁,以下的說明僅是介紹患者每日餐飲中最基礎必要的項目:

早餐

一人份:
- 把5盎司(約148克)的傳統有機燕麥片放入12盎司(約355毫升)的冷蒸餾水中,煮至沸騰後關小火再熬煮6到8分鐘,中間不時地攪拌一下。
- 同時,榨製柳橙汁及準備好葛醫處方的營養補充品(見第十六章〈藥物〉,第206頁),最後在煮好的燕麥片中添加浸泡過的(事先以冷蒸餾水浸泡過夜或以滾水澆淋蓋過後等2小時,直到膨脹)未經硫化的果乾(如杏乾、蘋果乾、李子乾、葡萄乾和芒果乾),或是加入新鮮／燉熟的蘋果,或燉煮過的李子,也可加入當季的新鮮水果(如桃子、油桃、葡萄和梨)。禁用莓類。
- 病患每天允許使用的甜味劑(如蜂蜜、楓糖漿、噴霧乾燥法製作出的有機乾蔗糖、及未硫化過的黑糖蜜(molasses)用量都不可超過2茶匙(10公克)。

※注意:糖尿病患者禁用所有甜味劑或果乾。

午餐／晚餐

前菜～
- 沙拉:把各種生菜切碎,切片後混合,像是各類萵苣、紅散葉萵苣、蘿蔓(長葉)萵苣、菊苣,放入沙拉碗後再加進切碎的蔥、白蘿蔔、一點芹菜、番茄、白花椰菜碎花、青椒絲和西洋菜(水芹)。
- 沙拉醬:(見第三十章〈食譜〉中的「青檸亞麻籽油沙拉醬食譜」,第336頁),混合1大湯匙(約15毫升)的有機冷壓亞麻籽油和蘋果醋或

紅酒醋，或檸檬汁或青檸汁後拌進沙拉中。最後加些大蒜以增添風味。

※ 注意：療程開始的前 2 週，一天 2 湯匙（Tablespoon）的有機冷壓亞麻籽油（不含木酚素 lignan），之後減至一天 1 湯匙。

主食～
- 烤的、煮的、搗成泥的或者是其它方式烹飪的馬鈴薯（土豆）。
- 配菜：1～2 種新鮮烹飪的蔬菜。

湯品～
- 「特製湯：希波克拉底湯」（見下方）在整個治療中需要日飲 2 次。為省時省力，可一次性準備兩天份（4 次）。放在冰箱中留至第 2 天使用。

飲品～
- 一杯酸蘋果胡蘿蔔汁。

甜點～
- 新鮮的或是小火慢燉的水果。

（選擇性）～
- 一片無鹽有機黑麥麵包。

特製湯：「希波克拉底」湯～

- 1 個中等尺寸的西洋芹菜根（根芹，塊根芹菜）（沒有時，以 3～4 片西洋芹菜莖取代）。
- 1 顆中等尺寸的巴西里（荷蘭芹）根（很難找到、沒有可省略）。
- 2 個小的或是 1 個大的西洋甜蒜（沒有時，以 2 個小洋蔥取代）。
- 2 個中等尺寸的洋蔥。

- 增添風味的大蒜（也可生榨蒜汁加入熱湯中，不需煮熟）。
- 少許巴西里（荷蘭芹，去莖留葉，不放入鍋中熬煮。在煮好要食用之前，才灑上少許巴西里葉提香）。
- 1.5 磅（約 680 克）的番茄（喜歡的話可多放一點）。
- 1 磅（約 454 克）馬鈴薯（土豆）。

蔬菜刷洗乾淨後切片或是切成約 1.25 公分大小的方塊。全放入一個大鍋中，加蒸餾水至蓋住蔬菜即可。開火煮至沸騰後關小火低溫熬煮 1.5 至 2 個小時，直到所有蔬菜都變軟。接著倒至食物碾磨機中碾磨後濾掉纖維。冷卻後放進冰箱。

※請注意：許多香料含有很高的芳香酸，這些都是刺激物，會影響療效。這就是為什麼療程中只允許使用下列較溫和的香料，但只許使用很少量：如多香果（牙買加胡椒）、八角、月桂葉、芫荽（香菜）、蒔蘿、茴香、肉豆蔻、馬鬱蘭、迷迭香、藏紅花、鼠尾草、酸模草、香薄荷、茵陳蒿（龍蒿香草）和百里香。除此以外，韭菜、大蒜、洋蔥和巴西里（荷蘭芹）可常使用。

兩種花草茶──洋甘菊和薄荷──常被葛森患者使用。（細節請見第十五章〈關於灌腸〉，第 198 頁以及第十八章〈瞭解治癒（好轉）反應〉，第 218 頁）。

第十五章

關於灌腸

對不瞭解的人來說，咖啡灌腸是葛森療法中最常令人訝異及荒誕的一環。批評者們從未試著瞭解咖啡灌腸的目的和功用，只是一味地批評與嘲笑。但是，若沒有咖啡灌腸法這一簡單的排毒方法，葛森療法就無法成功。在詳細介紹之前，先讓我們釐清：為何沒有咖啡灌腸，葛森療法就無法正常運作的原因。

患者一旦開始執行完整的葛森療法，療程中的食物、果汁和營養補充品結合後產生的療效，會喚醒免疫系統攻擊及殺死腫瘤組織，並沖刷出身體組織內所累積的毒素。這個大清出過程會引發肝臟負擔過重及中毒的風險。肝是排毒的最重要器官，而癌症患者的肝往往已損壞且衰弱。葛森醫師正是意識到這一點，才於70多年前在療程中加入咖啡灌腸。葛森醫師發現，若不加入此額外的排毒方法，病患會有肝昏迷的危險，將嚴重傷害患者的肝臟，甚至導致患者死亡。本章將完整解說咖啡灌腸可如何避免以上的情況發生。

一般來說，任何形式的灌腸都是把某種物質灌入直腸中以清空腸道，或以此灌入營養或藥物。灌腸法是種非常古老的醫療程序。古希臘「現代醫學之父」希波克拉底，早在2,600多年前就處方水灌腸來治療一些病症。在印度，灌腸被推薦為體內清理法，推薦者帕坦伽利，在約西元前200年撰寫了第一本有關瑜伽的書。根據傳統，朱鷺（古埃及文化中與智慧有關的聖鳥）會用自己的長嘴幫自己灌腸清理毒素。相傳在法國國王路易十四的法庭上，一位女士在她寬鬆的裙底下進行灌腸，同時《Le Malade Imaginaire》（即：莫里哀的舞台劇《憂鬱症患者》的同名法文劇）也享受在舞台上的灌腸。只是到了現代，主要在英語系國家中，此一簡單安全的體內清潔法卻被淘汰。

將咖啡做為灌腸的原料是第一次世界大戰末期時（1914-1918）從德國開始的。德國當時被協約國包圍，無法補給許多必需品，其中包括嗎啡。然

而接踵而至的傷兵都在野戰醫院中等著進行手術。外科醫師手上的嗎啡僅夠止住開刀時的疼痛，但手術結束後無任何止痛劑，他們所能做的只有水灌腸。

雖然因為被圍堵，所以咖啡也短缺，但仍有足夠的量確保外科醫生們在長時間工作中保持清醒。護士們想盡一切辦法要緩解傷患們的疼痛，於是開始在灌腸桶中倒入剩餘的咖啡。護士們認為，既然咖啡能幫助外科醫生提神（醫生們用喝的），那麼應該也可幫助傷患們（不是用喝的）。結果證明，傷患們的疼痛都被舒緩。

這個偶然的發現引起了兩位醫學研究者的注意——德國哥廷根[1]大學的梅耶教授和侯百納教授，於是他們在白老鼠的直腸中注射咖啡因，觀察對其造成的影響。結果顯示咖啡因會經過老鼠的痔靜脈（人類是乙狀結腸的靜脈）到肝門靜脈後到達肝臟，打開膽管，刺激膽汁及肝臟的穀胱甘肽-S-轉移酶（GST），以協助肝臟釋放累積的毒素。70年後，此實驗的結果於1990年時，被奧地利格拉茨區醫院的腫瘤外科醫生，彼特·萊克納醫生所證實[2]。他微調葛森療法後，用在癌症患者上並進行了6年的控制測試。在他的報告中，他引用了獨立實驗室的結果，確認咖啡中的兩種成分，在肝臟解毒中扮演著重要角色。（見第十章〈為何葛森療法有效？〉，第158頁）

葛森醫師在發展自己的療法過程中，很早就意識到灌腸的益處，直到今日，灌腸仍然是葛森療法的奠基石。有一點很重要，當咖啡灌腸液停留於患者的結腸內12到15分鐘時，患者全身帶著從組織中排出毒素的血液，會每隔3分鐘經過肝臟一次（所以12到15分鐘是4到5次），接著這些毒素會經由被咖啡因刺激而打開的膽管釋放掉。

然而，當毒素離開身體時，還會經過小腸（7.62公尺到8.23公尺）、結腸（1.22公尺到1.52公尺）到直腸再由肛門排泄出來。不可避免地，在這麼長的過程中，會有一小部分被釋出的毒素又被重新吸收回體內，使患者感到不舒服，尤其是在療法初期才剛開始排毒時。這也是為什麼在一開始療程時，除了一天5次的咖啡灌腸清理毒素外，還需加入快速排毒的蓖麻油灌腸。（見〈蓖麻油灌腸〉，第202頁）

※重要警訊：雖然近年來洗腸在某些名人中很流行，但是葛森患者不可洗腸。葛森醫師已清楚地申明了這一點：「不可洗腸，因為會沖刷掉腸黏膜中大量的鈉」，我們在此再次強調。洗腸時，超過 5 夸特（約 4.73 公升）的水被強迫灌入結腸，水壓擴張結腸。當水被釋放時也沖走了結腸內的液體、酵素、礦物質及其它營養物質和有助於消化的益菌。這會增加礦物質不平衡的風險。另一方面，洗腸不能達到咖啡灌腸所有的重要功效：打開膽管有助於肝臟釋放毒素和自身的清理。不應該錯認洗腸與咖啡灌腸是相通的。

我們已介紹了咖啡灌腸的歷史和理論背景，接下來讓我們看看其操作方式。

基本原理及操作方法

咖啡灌腸的基本成分如下：
- 有機的、中焙或是淺焙的細磨咖啡粉（不可使用即溶咖啡）。
- 無氟的過濾水，或者若水中含氟，就必須使用蒸餾水。
- 灌腸設備。

灌腸設備要小心選擇，因為並非所有市面上販售的設備都適用。最早期的款式——結合注射器——由一個橡膠熱水袋加上合適的管子，肛門塞頭或陰道塞頭組成。這一款只適用於偶爾使用及旅遊時使用，但是很難清洗。其它的橡膠袋，不是「結合注射器」款的，有比較寬的開口，較容易清洗。但是它們無法站立，並不適合頻繁使用。

最受葛森病患歡迎的是塑膠桶款，它有易讀的刻度線。能清楚顯示出病患已灌入直腸的咖啡量，且容易清洗，但有一個缺點：若掉在地上或者太用力清洗時，會裂開，只好再重買一個。

要防止這樣的情況發生，可挑選不鏽鋼桶，加上必需的附屬裝置，一套約 30 美元。不易壞且容易清洗，還能裝塑膠桶不能裝的熱水。矽膠材質的灌腸管需要經常清洗，偶爾更換。唯一的缺點：由於桶是不透明的，所以在灌腸時，無法得知已灌入多少的灌腸液。

一次咖啡灌腸液的做法

① 準備 3 大匙的有機中焙或淺焙的細磨（drip-grind）咖啡粉，（量匙以美規烘焙的 Tablespoon 為準。大匙的定義為舀起時，咖啡粉從側面看是隆起成類似圓碗狀。若是自行磨製咖啡豆者，drip-grind 代表著要磨至濾泡式咖啡粉的粗細程度）。

② 準備 32 盎司（約 946 cc =1 quart=4 cup）的無氟過濾水或蒸餾水。

③ 將水加熱至沸騰後，倒入咖啡粉，以木匙拌勻，不加蓋大火沸煮 3 分鐘，揮發掉咖啡精油。

④ 關小火加蓋續煮 15 分鐘。冷卻後倒入濾布（一塊乾淨的白麻布或尼龍布）或以細濾網過濾。

⑤ 過濾後查看剩下的咖啡液量，再倒入蒸餾水或無氟過濾水，補回被蒸發的水，直到滿回 32 盎司（約 946 cc = 1 quart = 4 cup）。

※請注意：3 大匙咖啡粉，請以美規烘焙的量匙（tablespoon）為準，切勿以咖啡罐內所附的咖啡匙丈量。每一湯匙舀滿呈圓碗狀的隆起。勿以公克計量。因為湯匙為體積單位，公克為重量單位，咖啡粉會隨著空氣密度不同而有不同重量，影響到最後的換算結果，而造成分量上的失誤。若缺少量匙時，一次灌腸液的咖啡粉參考重量約為 20 到 21 公克。

對於進行療法的病患來說，與其每隔 4 小時就得準備一次灌腸液，還不如一次把一天所需的量準備好。換句話說，先一次煮好濃縮的咖啡液，可更省時省力。

濃縮咖啡灌腸液的做法

① 取一個至少能盛裝 3 quart（約 2.84 公升）水量的鍋子，倒入 2 quart（約 1.89 公升）的蒸餾水或無氟過濾水。

② 水沸騰後加入 15 大匙（rounded tablespoon）的咖啡粉，這個量夠做 5 次灌腸。

③ 將水加熱至沸騰後，倒入咖啡粉，以木匙拌勻，不加蓋大火沸煮 3 分

鐘，揮發掉咖啡精油。

④ 關小火加蓋續煮 15 分鐘。冷卻後倒入濾布（一塊乾淨的白麻布或尼龍布）或以細濾網過濾掉咖啡粉。

⑤ 準備 5 個可裝 946 cc 至 1 公升液體的瓶子或果汁罐，將煮好過濾過的咖啡液等量倒入每個容器中，再加水補回至一杯 8 盎司（約 237 cc = 1 cup）的量，濃縮咖啡液即配製完成。

⑥ 將未使用的先置於冰箱中冷藏。

※ 提醒：煮好的濃縮咖啡液，等量倒入每個容器中時，也可以不加水補回 8 盎司（一杯）的量。可以等到要做灌腸時，再加水補成 1 quart（約 946 cc = 1 quart = 4 cup）即可。以上段落所述，是先行調配好一杯的濃縮咖啡液，以方便要灌腸時，不需要另外計算，只要直接加入 3 杯水的做法。（量杯以美規烘焙的 Cup 為準）

咖啡灌腸的步驟

① 要灌腸時，將已調配好的濃縮灌腸液 8 盎司（約 237 cc = 1 cup）兌上 24 盎司（約 710 cc = 3 cup）的蒸餾水或無氟過濾水，總合成 32 盎司（約 947 cc = 1 quart = 4 cup）的咖啡灌腸液，加熱或放涼。

② 加熱或放涼後的灌腸液要保持與體溫差不多的溫度，倒進灌腸管已關閉的灌腸桶中（否則灌腸液會流出來）。

③ 灌腸前最好先吃一小片水果，讓消化系統開始運作，尤其是早晨的第一次灌腸前。如此做也可補充一點葡萄糖，以提高休息一夜後的低血糖。

④ 在要灌腸處的地面（通常是浴室），鋪上一條寬大柔軟的浴巾或地毯，再在上面墊灌腸墊（如：寵物尿布），或是軟尼龍浴簾，以免意外流出的咖啡染髒底布，同時為頭部準備一個枕頭或軟墊。

⑤ 將灌腸桶置於或掛於高於身體約 45 到 46 公分（18 inches）處的鉤子或凳子上。

⑥ 先稍稍放開夾緊灌腸管的止流閥，讓少量的灌腸液流出，以排掉軟管中的空氣。

⑦ 在軟的肛門插管前端約 5 公分（2 inches）處塗上潤滑劑（如亞麻籽油）。
⑧ 病患朝右躺，雙腿彎曲成胎兒的姿勢，放鬆並深呼吸。
⑨ 慢慢將插管插入肛門中平均約 10～20 公分深，利用灌腸管上的止流閥控制咖啡的流速，咖啡的流速不能太快或有太多的壓力。
⑩ 當咖啡液全灌進體內後，繼續維持朝右躺的姿勢，忍住 12 到 15 分鐘後再排出來。

患者愈放鬆，灌腸就愈容易進行。要感覺到舒適，病患才能放鬆。

【重要提示】隨著體型的不同，每人的直腸長度也不同，肛門插管的插入深度也因而隨之不同。最佳的測量方式，建議您如右圖做法：打開手掌，扳下食指、中指、無名指後，再測量您大姆指與小指間伸展開的間距，即是最適合您個人體型的插入深度。

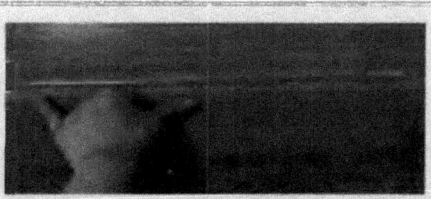

很多患者很享受灌腸時段的放鬆及舒適，有些病患暱稱這段時間為「上下顛倒喝咖啡」，他們此時會聽柔和的音樂，冥想或閱讀。有位年輕的小姐，施行了 2 年多的葛森療法自癒腦癌（不建議），她就是利用灌腸時，先讀完了所有的經典名著，接著讀哲學書，接下來又唸數學，她就這樣讀了大量的書，而贏得了特等獎學金！

※重要提示：先前施打過化療的患者們，必須減少果汁及灌腸的次數。因為這類患者需要以更慢更謹慎的速度排毒，以防止過快地釋放出化療殘留的毒素，而造成危險的「藥物過量」情況出現。

有時候，有些患者一開始不習慣，無法忍住咖啡灌腸液。此時可將 8 盎司（1 cup）的咖啡灌腸液減量成 2 到 4 盎司（60 cc 到 120 cc），再加入有鎮靜作用的洋甘菊液補回 8 盎司後，再兌上 3 杯（cup）的水來灌腸。被洋甘菊液稀釋的減量咖啡灌腸液，仍然能夠幫助肝臟解毒。

洋甘菊灌腸液的做法

（一）煮：
1. 取四湯匙（Tbsp.）的散裝洋甘菊花，倒入一夸脫（約 946 cc）的蒸餾水中
2. 加蓋煮滾後，續用大火滾五分鐘
3. 過濾掉洋甘菊花，放涼至體溫的溫度後，即可使用

註：以上為一次性洋甘菊灌腸液

（二）泡：
① 取一盎司（約 2 湯匙 tablespoon）的散裝洋甘菊花，放進一個玻璃碗中。
② 倒進 1 品脫（約 473 cc）的沸水，蓋住碗並移至較暖和的地點後浸泡 15 分鐘。
③ 過濾掉洋甘菊花，冷卻後倒進有蓋子的瓶子中儲存，最多可放上 3 天。

可根據需求照著上述的比例增加洋甘菊液的量。洋甘菊是種在葛森療法中會經常用到的花草藥，它既可作為灌腸液，又可做為飲用的花草茶。

用量？頻率？

很多「正常的」患者（指的是那些未做過化療及身體不是極度虛弱的患者），有個每 4 小時一次的灌腸表（如：早上 6 點、10 點，下午 2 點、6 點，晚上 10 點），同時還會喝 12 到 13 杯的果汁，這是非常重要的。雖然灌腸只到達結腸的一部分，但仍無可避免地會帶走結腸中的一些礦物質，若不補充礦物質含量高的果汁的話，容易導致電解質失衡。一般來說，喝 3 杯果汁配一次灌腸是最佳的原則。

然而有時候，此每 4 小時一次的灌腸需要修改成在每日原本的灌腸次數外，再額外加上數次灌腸。臨時性地灌腸不需要額外的果汁。灌腸是最好的止痛劑；若患者痛得厲害，在每 4 小時的間隔內再加灌一次是可行的。葛森醫師也說過，在某些病況中，當非常大的腫瘤被分解又被身體再度吸收時，

這種病患必須在半夜 2 到 3 點時再增加一次灌腸,以避免患者因為疼痛或頭痛而被痛醒,甚至可避免早上起床時處於半昏迷的狀態。有些病患甚至每 2 小時就灌腸一次,以減輕疼痛,胃脹氣或其它身體上的不適。

※注意:每 2 小時就灌腸一次的情況,只能在葛醫的監督及指示下進行,因為黃金定律為每 3 杯果汁配合一次灌腸。若未在葛醫的監督下就自行調整成此密集的灌腸頻率,有可能導致嚴重的電解質失衡,而讓患者的病情更惡化。

要切記,咖啡灌腸不會干擾腸子的正常蠕動或排便。有時患者會擔心此問題,但他們的擔憂是多餘的。當肝臟和消化系統完全修復後,排便即回復正常,即使是原本開始葛森療程前就嚴重便祕的患者也不例外。

可能遇到的問題及解決之道

大部分患者都能無障礙地學習例行灌腸的方法,並享受灌腸後的輕鬆感及其帶來的活力。然而也有一些患者在施行灌腸時遇到困難,可能會出現的問題及解決之道詳列如下:

● **嚴重便祕**

病患來到葛森診所進行治療時,很可能因為先前使用超強的止痛藥,包括嗎啡,麻痺了腸子的蠕動(腸子的間隔性收縮,以推進排出糞便),而使腸內累積了大量的糞便,導致嚴重便祕。結果,患者根本無法灌入 32 盎司(約 946 cc)的咖啡灌腸液,更別說忍住了。解決之道即是幫患者灌入他們能舒適灌入的灌腸液量,停在那裡後儘量忍住(哪怕是幾分鐘也好),再將灌腸液釋放出來,接著再灌入剩餘的灌腸液,再停留 12 到 15 分鐘後排放出來。一般情況下,在 2 到 3 天後,當患者已清空了結腸之前的宿便後,就可較容易灌入全部的灌腸液並且忍住夠長的時間。

● **脹氣**

有些患者有脹氣,阻礙了灌腸液進入結腸內。若發生這樣的情況,可以

先灌入少量 6 到 10 盎司（約 177 到 296 cc）的灌腸液，然後把裝著灌腸液的桶子放到低於患者的高度，讓咖啡回流至桶中。這樣做通常可排出脹氣，在桶內產生一些小泡泡。排除脹氣後再把桶提高到原高度，繼續進行灌腸，此時就容易多了。

● **疼痛無法朝右躺**

患者在灌腸時，原本應朝右躺以幫助咖啡灌腸液從降結腸進入橫結腸。但有時候因為手術、關節炎或腫瘤的關係，患者可能因為疼痛而無法朝右躺，此時患者需要把腳彎曲拱起，以平躺姿勢灌腸。

● **腹瀉**

如果患者的結腸太過刺激，可用少量約 2 到 4 盎司（60 cc 到 120 cc）的咖啡灌腸液，加入洋甘菊茶稀釋。少量的咖啡液仍然能幫助肝臟解毒，而洋甘菊茶液則能舒緩結腸。使用洋甘菊液灌腸並沒有時間上的限制。但若出現嚴重腹瀉時，純洋甘菊液（未加任何咖啡濃縮液）灌腸可用於早晨時的舒緩，或是夜晚時的清腸。

● **嘔吐**

有時候病患在剛開始灌腸的前幾天沒有出現任何問題，但是突然間就只能灌入 8 到 12 盎司（約 237 cc 到 355 cc）的灌腸液。此現象很可能是好轉反應或突發性的排毒所造成，解決之道是，讓患者灌入他所能灌入的量，然後排放出來，再繼續灌剩餘的灌腸液。即使咖啡灌腸液必須分成 3 次少分量灌入也沒關係。

突發性排毒反應（flare-ups）在第十八章〈瞭解好轉（治癒）反應〉，第 218 頁中有詳細介紹。簡單地說，會發生突發性排毒是因為膽汁釋放過多，腸子無法完全容納，於是膽汁溢出並倒流入胃中。而胃需要酸來消化食物，高鹼性的膽汁造成胃部的極大不適；結果胃無法留住食物或液體，患者就會嘔吐。其實這種突發性的排毒本身是好的，因為它清除掉很多有毒的膽汁，但在這個過程中，胃黏膜受到刺激，需要立即的舒緩。舒緩的方式，病患要

盡可能地多喝薄荷茶和燕麥糜（見第十八章〈瞭解好轉（治癒）反應〉，第 219 頁）同時，要減少咖啡灌腸的次數，因為它會引起膽汁的大量流動。之後接下來 2 到 3 天內的正確安排為：要先改成一天 2 次洋甘菊液灌腸及一次咖啡灌腸，直到患者不再出現噁心和嘔吐的狀況時，就可再回到正常的咖啡灌腸時程表。

● **預防脫水**

在出現排毒反應時，若患者嘔吐且腹瀉，那麼患者會流失很多水分，因此要防止患者脫水。其中一個方法是多用洋甘菊液灌腸代替咖啡灌腸。也可直接從直腸灌入酸蘋果胡蘿蔔汁和蔬菜綠汁。方法為：準備好一杯 8 盎司（約 237 cc）的蔬果汁，置於熱水中隔水加熱至體溫的溫度（不可直接置於爐子上加熱，果汁不可稀釋），再將加溫後的蔬果汁灌入直腸中。因為蔬果汁不是灌腸液，因此病患必須忍住不可排出，直至蔬果汁被完全吸收。過程需躺著別動約 10 到 15 分鐘即可完成。

用直腸喝蔬果汁適用於療程中所有的蔬果汁（柳橙汁例外），甚至每小時都可進行。這種「用直腸喝汁法」在某些時候，特別是在出現突發性排毒，患者對蔬果汁根本連看都不想看，更別說喝了的當下，是相當有幫助的。

※請注意：請勿將柳橙汁灌入直腸中。

● **無法排出灌腸液**

另外一個問題是，在患者灌入了 32 盎司（約 946 cc）的咖啡灌腸液，並忍住 12 到 15 分鐘後，灌腸液卻無法排放出來。當此情況發生時，一般的反應是做另一次灌腸，期望這樣能排出第一次的灌腸液。但是這種期盼不會發生，病患會開始驚慌。

其實發生這種阻塞的原因是：腸子抽搐、痙攣導致無法排放液體。當然這種情況並不危險，因為結腸事實上可容納最多 5 quart（約 4.73 公升）的液體，但這不是重點。若問題是由於腸抽搐而引起，那麼病患需要側躺，然後在胃部放上一個暖水瓶，儘量放鬆。

若這樣做還不行的話,可往直腸內灌入少量蓖麻油;蓖麻油有助於緩解及放鬆。但是,若此情況持續的時間較長,比如已經拖到了要進行下一次灌腸的時間,此時可在以後的幾天當中,都在灌腸液中添加 2 匙(tablespoon)的鉀化合物溶液。(見第十六章〈藥物〉,第 206 頁)這樣做有助於緩解腸抽搐／痙攣。

※請注意:此方法不可使用超過 2 到 3 天,否則會刺激到直腸和結腸。

患者只有在進行咖啡灌腸後,才會意識到多年來他們體內所累積的廢物是多麼地巨量!一旦人體接受到這樣自我清理的訊號,就會開始經由咖啡灌腸釋放出各式各樣的累積物,包括寄生蟲。專家表示,有 85％的人在結腸內都有寄生蟲[3],做咖啡灌腸時,寄生蟲是最好驅逐的。所以若在排放出的灌腸液中發現了不尋常的物質,無需恐慌;這些東西證實了排毒和清理的療效。

蓖麻油灌腸

在前面(第 193 頁)我們已提到,咖啡灌腸協助肝臟排放出來的毒素,在由肛門排掉前,還得經過小腸(7.62 公尺到 8.23 公尺)、結腸(1.22 公尺到 1.52 公尺)和直腸。此排泄過程中,有一小部分釋放出的毒素,不可避免地會被重新吸收回體內。要從體內清除這些多年來由於錯誤飲食而累積的毒素,和腫瘤被分解時產生的有毒物質,需要一定的時間,有時候時間會拖太久。在療程中,時間就是精髓,尤其對於病入膏肓的患者來說。所以葛森醫師認為有加速清除排毒的必要性,好把毒素的重新吸收率降至最低。為達到這一點,也為了清理灌腸液無法到達的小腸內的累積物,葛森醫師在密集的療程中加入了蓖麻油灌腸。

蓖麻油灌腸的步驟

蓖麻油灌腸需要用到第二個專門備用的灌腸桶。此療程包括飲用蓖麻油和蓖麻油灌腸,以加快加強小腸釋放出有毒的殘留物。

① 病患早晨 5 點醒來，先喝下 2 湯匙（tablespoon）的蓖麻油。
② 再立刻接著喝 1/2 到 2/3 杯（約 118 cc 到 160 cc）的一般黑咖啡（非灌腸用的咖啡，也非咖啡濃縮液，咖啡裡加 1/2 茶匙（teaspoon）的有機黑糖或其它有機乾烘式蔗糖（糖尿病患者不可在咖啡中加糖）。

※注意：反對在咖啡中加糖的人需要瞭解，糖在這裡有其必要性，因為可啟動胃的蠕動並降低低血糖的發生。早上 6 點的咖啡灌腸及早餐照常進行。在口服蓖麻油 5 個小時後，即上午 10 點時，用蓖麻油灌腸代替平時使用的咖啡灌腸。

③ 口服蓖麻油五小時後，在備用桶內放入 4 湯匙（tablespoon）的蓖麻油。
④ 接著在蓖麻油中加入 1/4 茶匙（teaspoon）的牛膽粉，徹底攪拌均勻。
⑤ 將一般的咖啡灌腸液準備好（8 盎司〔約 237 cc〕濃縮咖啡液兌上 24 盎司〔約 710 cc〕的蒸餾水，加熱至體溫。）
⑥ 準備一塊肥皂（如：不含色素香料的純橄欖皂 castile soap 或類似的肥皂），不可使用市售任何液體清潔劑。
⑦ 將肥皂浸泡於準備好的咖啡灌腸液中幾分鐘後，搓下一點肥皂（不可用肥皂碎屑或肥皂液）入咖啡灌腸液中，
⑧ 將此含皂的咖啡灌腸液倒入蓖麻油及牛膽粉的混合物，均勻攪拌至乳化。

※提醒你可使用電動攪拌器，但在灌入此蓖麻油咖啡灌腸液時，乳化狀的油體還是會浮在表層。事實上，要把油狀物和咖啡液完全攪拌融合在一起，是不可能的，需要有位幫手在一旁協助病患，邊灌邊攪拌才有可能。

⑨ 照咖啡灌腸的步驟朝右側躺，灌入咖啡和蓖麻油灌腸液，在全都灌入後，稍微忍耐一下（如：3 分鐘），但若做不到也無妨，必要時即排放出來。

蓖麻油灌腸法的效果快速，在密集療程的前 4 到 5 個月裡每隔一天就進行一次，之後才慢慢減少。

※注意：有化療過的病患不可使用蓖麻油灌腸，或者需聽從葛醫們的指示。

病患們對蓖麻油灌腸有各式各樣的反應。對許多患者來說，只會有稍許不適，主要是因為蓖麻油的超強清腸效果而引起的；因此在進行蓖麻油灌腸的當天，最好不要遠離廁所。

有些患者則覺得油的味道很難聞，所以難以下嚥。為緩和此現象，可在喝下蓖麻油之前先吃一小片水果，或者把半顆柳丁拿在手上，喝下蓖麻油後立刻吸柳丁汁。有些患者乾脆直接將蓖麻油加到咖啡中，然後用一根吸管或是一根玻璃管把油吸到舌根，再立刻用咖啡把它沖下去。

這是在葛森療程中，唯一病人可喝咖啡的機會。這麼做是為了啟動胃部的肌肉，儘快把油排到腸子，就算胃中仍有些蓖麻油，患者們還是可以繼續享用早餐和蔬果汁，而不會好幾個小時都覺得噁心想吐。有些患者也試過用薄荷茶或是其它花草茶來代替咖啡，但是效果都不如咖啡。因此建議患者們使用咖啡，包括那些平常不喝咖啡的人。

清洗灌腸設備

就像葛森療程中所有的工具和設備，灌腸桶也必須保持乾淨。既然肛門、直腸和結腸不是無菌的，灌腸設備不必進行殺菌消毒。然而，在每次使用後，灌腸桶必須加入熱肥皂水，讓它流入灌腸管，再用清水重複此步驟沖洗，以徹底地去皂。明智的做法是，1週2至3次，在灌腸桶中倒入一杯3%的雙氧水（在超市或藥店可買到），用壓閥關閉灌腸管，靜置一夜以殺菌或去除雜質，隔天在早晨的第一次灌腸前，記得倒掉雙氧水並沖洗乾淨後才使用。

※警告：若你把灌腸管留在灌腸桶上，一段時間後它會變鬆甚至滑落，很可能就會賞給你一個意外的咖啡浴！因此你得經常檢查一下，有必要時可從鬆掉的地方剪掉一吋左右（約2.5公分）的灌腸管，再將緊的部分套回灌腸桶。為了以防萬一，最好在每次用熱水清洗灌腸桶前先取下灌腸管，這樣管子就會縮回到原來的尺寸，保持和灌腸桶套合處的緊密性。為蓖麻油灌腸準備的第二個灌腸桶，也需照上述方式清洗，但得用到大量的熱肥皂水，好清洗掉殘留的油漬。洗完後用一張吸收度好的紙，擦乾灌腸桶的內部。

參考資料：

1. M. Gerson, *A Cancer Therapy: Results of Fifty Cases and The Cure of Advanced Cancer by Diet Therapy: A Summary of Thirty Years of Clinical Experimentation*, 6th ed.(San Diego, CA: Gerson Institute, 1999).
2. Peter Lechner, MD, "Dietary Regime to be Used in Oncological Postoperative Care," Proceedings of the Oesterreicher Gesellschaft fur Chirurgie(Jun. 21-23, 1984).
3. "Even Dr. Oz says ... 'ninety percent of humans will have a problem with parasites in their lifetime.'" Jo Jordan and Jesse Hanley, MD, "The Truth about Human Parasites," Puristat™ Digestive Wellness Center(www.puristat.com/parasites).

第十六章

藥物

　　一般大眾對「藥物」的理解，是指對抗療法中用來治病的藥物。遇上某些急性疾病或緊急事故時，很多藥物都能發揮拯救生命的作用，而且藥效極佳。但將相同規則應用到慢性病時，這些化學合成藥物被身體視為外來物質，只能做到舒緩（即抑制）症狀而忽略根本問題。這個過程通常連帶著嚴重的副作用，最終結果可能需要更多的藥物來控制病情。

　　葛森療法所使用的藥物類別則全然不同。實質是營養補充品，算不上藥物，主要由一些天然物質組成，供應體內不同系統的需求，以維持系統的正常運作。由於是天然物質，所以不會產生有害健康的副作用。天然補充品的作用是為了修復體內的缺陷，提供充足的營養以補充身體所需，直到身體完全康復為止。即使不小心過量服用或劑量不足，基於其天然的純度，也不會造成傷害——**甲狀腺／碘補充劑除外**，務必遵照醫囑正確地調整劑量。

　　接下來讓我們逐一介紹這些藥物，並探究其治療用途。若患者正在服用任何處方藥物，都不應馬上停藥，或未經有西醫允許下自行停藥。

鉀鹽化合物 (POTASSIUM COMPOUND)

　　葛森醫師發現，導致所有慢性退化性疾病的基本源頭，是因為細胞內鉀的流失和過多的鈉進入細胞內所造成，今日醫界稱該狀況為「組織受損綜合症」。在大多數國家中，尤其是已開發國家，一般飲食的鹽（鈉）含量超標，過量地攝取最終會導致體內防禦系統崩潰進而失衡。[1]葛森醫師為了修正這種情況，在原本含鉀量已豐富的有機蔬食中，再加入大量的鉀（3種鉀鹽溶液，劑量為10%）。經過觀察後，果然有助於虛弱的身體排出過量的鈉，還可消除水腫。同時降低高血壓指標，甚至在大部分情況下可以舒緩疼痛。

準備鉀化合物溶液，需要 100 克，由 3 種不同的鉀鹽依同比例混合成的鉀鹽（供應商已混合好），溶於約 946 cc 的蒸餾水中，搖勻後保存於深色玻璃瓶，或保存於透明玻璃瓶內，再把此玻璃瓶放進棕色或黑色紙袋中，避免任何光線照到鉀鹽溶液罐。完整的密集療程，會在 10 杯現榨好的蔬果汁中，每杯加入 4 茶匙（約 20 cc）的鉀化合物溶液。過了 3～4 星期後，每杯的劑量將減至 2 茶匙（約 10 cc）。

病情嚴重的患者，他們需要好幾個月，甚至 1～2 年的時間，才能將正常的鉀物質還原到重要的器官中。在血液檢測報告中所顯示的血清鉀含量，並不能反映細胞中的鉀含量。低血清鉀值可能表示正在復原中，因為受損的組織重新吸收鉀，相反地，高血清鉀值可能表示失敗，因為組織已流失鉀。

甲狀腺荷爾蒙劑及魯格爾碘劑
（THYROID HORMONE AND LUGOL'S SOLUTION）

大部分癌症患者的基礎代謝[2]偏低，其實在葛森醫師的那個年代，已是眾所周知的事實。問題主要由氯化物[3]引起，在供水淨化過程時廣泛使用，更糟的是，還加入了氟化物[4]。這兩種物質均會移除甲狀腺中的碘，導致甲狀腺功能下降。甲狀腺主要調節人體的新陳代謝速率，就像一個恆溫器，能夠提高溫度導致發熱，並影響免疫系統和所有荷爾蒙系統的正常運作。

當患者開始補充甲狀腺素和 1/2 強度的魯格爾（Lugol's）碘劑，免疫系統即被重新啟動，自癒之路隨即展開。患者的新陳代謝速率必須以正確的劑量建立，但大部分的癌症患者一開始療程的 3～4 個星期中，每天服用 5 格令（grains）的甲狀腺素，和 18 滴魯格爾碘劑（1 杯柳橙汁和 5 杯酸蘋果胡蘿蔔汁，每杯各 3 滴）。之後甲狀腺素的劑量減至 2 或 2.5 格令，魯格爾碘劑則減至 12 滴，之後的劑量按照葛醫的指示隨時調整。非惡性疾病患者進行較不密集的療程（見第廿一章〈非惡性疾病的葛森療程〉，第 233 頁），所使用的甲狀腺素和魯格爾碘劑的劑量低很多。

※注意 1：甲狀腺荷爾蒙劑是處方藥，製造原料來自豬（藥劑品牌為 Armour 或

Naturethroid)。請勿使用一般的甲狀腺腺體補充劑。

注意2：甲狀腺荷爾蒙劑及魯格爾碘劑，通常在月經期間會暫停服用，以避免過度出血。

菸鹼酸片 (NIACIN)

菸鹼酸片（統稱菸鹼酸，或維生素 B_3）能夠幫助消化蛋白質，促進毛細血管循環，從而將新鮮的有氧血液（透過持續攝取的新鮮蔬果汁）輸送到全身各個組織中。當循環改善時，可減少腹水（腹部水腫）和疼痛。劑量為每天6次50毫克，進餐時服用。此藥物通常會引起我們熟悉的「菸鹼酸紅疹」，即臉部及前胸上方區出現暫時性的發紅與少許發癢。此現象完全無害，並很快就消失（切勿改服不會產生發紅現象的菸鹼酸片；因為它是無效的）。

然而，以下幾種情況的病患們，都應該暫停服用菸鹼酸片：

- 女性月經期。
- 出現任何流血情況。
- 胃酸逆流或是患有胃潰瘍。
- 患者正在服用類固醇或血液稀釋劑。因為這些藥物較刺激胃道，菸鹼酸片會更進一步地刺激到胃道。

肝萃取膠囊 (LIVER CAPSULES)

癌症患者的肝臟一般已受毒素嚴重損害，需要最大協助才可改善其重要功能。葛森療程以肝膠囊達到此目的，肝膠囊中所含的乾性脫脂肝粉，來自於健康的動物。患者每天服用3次肝膠囊，每次2粒，配合純胡蘿蔔汁服用。根據維吉尼亞‧利文斯頓醫生（Dr. Viginia Livingston）[5]的說法，乾性脫脂肝粉與純胡蘿蔔汁混合後會產生離層酸（abscisic acid，港譯脫落酸）即是維生素A的前體，一種攻擊腫瘤組織的重要物質。

肝臟與維生素 B_{12} 注射液

(CRUDE LIVER INJECTIONS WITH B$_{12}$)

這種注射液，一般已含有少量維生素 B$_{12}$，是用於恢復肝臟的額外物質。但在一般情況下，所有癌症患者都有貧血，需要另加維生素 B$_{12}$ 來恢復血液中的血紅蛋白含量，促進紅血球的形成及成熟。維生素 B$_{12}$ 能夠抵抗各類型貧血，甚至可預防脊椎退化。

在動物實驗中，已發現維生素 B$_{12}$ 可以修復因為年齡、慢性疾病、手術、退化性疾病，或各類型中毒而導致的組織受損。每天幫患者在肌肉上注射 3 cc 的肝萃取液，及額外 0.1 cc 的維生素 B$_{12}$，為期 4 個月或更長時間。之後減至每隔 1 天注射 1 次；再之後——約 1 年後——再減至一星期注射 2 次。

胰酵素 (PANCREATIN)

胰酵素是多種胰腺消化酶的萃取物，一般用於消化脂肪、蛋白質和糖。葛森患者並不食用這些物質；但這些酵素對消化和清除腫瘤組織非常重要。每天 4 次，每次劑量為 3 錠，每錠 325 毫克。其中 3 次為三餐後服用，額外的一次服用時間為下午的休息時段。若腫瘤異常地大，病患可把胰酵素劑量改為高劑量的 1,200 毫克，每天 2～3 錠（常用品牌為 Wobenzyme 及 Inflazyme Forte）。有些無法適應胰酵素的患者，就不可服用。葛森醫師對於惡性肉瘤的病例，也停用胰酵素。

胃蛋白酶 (ACIDOL PEPSIN)

這些藥片（丸）提供消化性胃液，慢性病患者極度需要，因為他們普遍缺乏胃酸和消化性蛋白酶。結果導致食慾不振和消化不良。由於葛森療法基本上是針對患者對食物和蔬果汁的最佳攝取量而設計，因此要協助患者胃部的消化功能。胃蛋白酶有助於消化蛋白質與吸收鐵質，同時消除胃脹氣。劑量是每天 6 片（顆），每次 2 片（顆），餐前服用。若患者出現胃酸逆流、胃潰瘍或胃炎或胃過敏等症狀時，就必須停用。

牛膽粉（OX BILE POWDER）

蓖麻油／咖啡灌腸時會使用牛膽粉，它有助於乳化蓖麻油。需先將牛膽粉倒入蓖麻油並攪拌均勻後，再倒入已混合了少許橄欖皂的咖啡灌腸液。

亞麻籽油（FLAXSEED OIL）

亞麻籽油被譽為食品級天然油，含有兩種重要的脂肪酸──亞油酸和亞麻酸──特別是在奧米加 -3（Omega-3）系列，含量特別豐富，創始者為喬安娜‧布德維格（Johanna Budwig, MD）醫生[6]。亞麻籽油的療效如下：
- 吸引氧氣至細胞膜上，並將氧氣輸送到細胞內。
- 可排除脂溶性毒素，並協助溶解及清除污塊。
- 可攜帶對免疫系統相當重要的維他命 A。
- 可清除過多的膽固醇，這個功能很重要，因為剛開始療程的患者，膽固醇有時候會升高。

在療程的首月劑量為每天 2 湯匙，剩下的療程減至每天 1 湯匙（限制性與藥物相似，30 天後減至每天 1 湯匙）。

輔酶素 Q10（COENZYME Q10）

輔酶素是近期才加進療程中的，用途是要取代已停用的生小牛肝汁中的一些營養物質。在剛開始使用時要格外謹慎，因為有些患者對輔酶素非常敏感。一開始，每天服用 50 毫克，持續 5～7 天，然後增加至每天 100 毫克，直至達到每日 300～360 毫克（mg）的劑量。

參考資料：

1. Freeman Widener Cope, *Physiological Chemistry and Physics* 10(5)(1978).
2. Kathy Page, "Hypothyroidism and Cancer," supplementary memorandum, UK Parliament Select Committee on Science and Technology(June 2000).
3. Joseph M. Price, *Coronaries, cholesterol, chlorine*(Salem, MA: Pyramid Books, 1971).
4. P. M. Galetti and G. Joyet, "Effect of fluorine on thyroidal iodine metabolism in hyperthyroidism," *Journal of Clinical Endocrinology and Metabolism* 18(10) (October 1958): 1102-10.
5. Personal communication from Dr. Livingston to Charlotte Gerson(February 1977).
6. Johanna Budwig, MD, *Flax Oil As a True Aid Against Arthritis Heart Infarction Cancer and Other Diseases*, 3d ed.(Ferndale, WA: Apple Publishing, December 1994).

第十七章

不用藥止痛法

大部分剛抵達葛森診所的病患們，都被癌痛折磨或得服用強效的止痛藥來止痛，包括嗎啡、可待因或兩種混合藥（如 OxiContin®）。這些藥物的毒性非常高[1]。既然排毒是葛森療法的基本目標，所以我們必須盡最大努力，在不使用有毒藥物的情況下，幫助患者舒緩疼痛。然而，要特別注意一點：病患們不可以在沒有醫生核准的情況下，就貿然停用任何處方藥物。

第一個可達到目標的止痛工具就是咖啡灌腸（見第十五章〈關於灌腸〉，第194頁）。清除肝臟累積的毒素後，可讓肝臟吸收和釋放更多體內儲存的毒素，此舉可立即舒緩患者的痛楚。雖然如此，但咖啡灌腸仍無法消除所有的疼痛，所以仍然得服用一些輕微的止痛藥，如阿司匹靈、布洛芬（Ibuprofen）或泰諾（Tylenol®）。不過，若患者已習慣了使用嗎啡，這些藥物可能無效；在此情況下，葛醫們則需要使用下列方法之一：

- 蓖麻油包。
- 黏土（泥）包。
- 熱療（水療）（人工發熱）。
- 苦杏仁素。
- 氧氣治療。
- 彈跳運動。
- 三合一藥（1片325毫克的阿司匹靈＋1片500毫克的維他命C＋1片50毫克的菸鹼酸片）。

接下來的章節將逐一介紹它們的用法。

蓖麻油包

　　暖和的蓖麻油包可以幫助患者舒緩肌肉酸痛和骨痛、痙攣及抽筋等症狀，包括肝臟部位，或身體任何感到痛楚的部位。使用蓖麻油包時，會促進血液循環、放鬆肌肉、疏散毒素，見效快且可靠。

　　製作蓖麻油包，需要準備一塊白色的法蘭絨羊毛布（或使用棉布），把布平均剪成3份，大小要能夠覆蓋住患者疼痛的部位。一般大小是9×11英吋（約23公分×28公分）。取第一塊布鋪在平面上，倒一層薄的蓖麻油在上面。第二塊布同樣倒上蓖麻油，然後放在第一層上面，最後再蓋上第三塊布，弄成一份像3層的三明治。完成後把油包放在疼痛處的皮膚上，接著在油包上蓋一層較大面積的保鮮膜，以防止蓖麻油弄髒床單或睡衣，最後用繃帶或其它適合的材料固定位置。最後，在油包上放上一個微溫的水瓶（非熱水）。溫水瓶比電熱板適合，因為電熱板的電磁輸出會干擾身體本身的氣場。

　　蓖麻油包可置於疼痛部位數小時，甚至一整天或一整晚，只要在水瓶中的溫水開始冷卻時更換即可。當蓖麻油包提高肝臟的療癒活動時，有些病患會感到不適。若出現這種情況時，把油包取下，下次再使用。油包可保存後持續使用。有些患者反應，當輪流使用黏土包和蓖麻油包時效果最好，這點完全可以接受。

黏土（泥）包

　　黏土（泥）包有助於緩解關節、腫瘤及其它體液滯流處四周的「發熱」炎症。最好的黏土是高嶺石土（非來自海洋），能通過皮膚吸收毒素。黏土可加入薄荷茶中內服（1/4到1/2茶匙的黏土加入一杯茶中），黏土甚至可以消除腹瀉及一般性食物中毒。全世界很多國家都有使用黏土（泥）包的長久歷史。將黏土包應用於頭部時，也可舒緩頭痛和癲癇。

　　黏土包的製作：將乾的黏土粉與足夠的熱蒸餾水，以木匙混合，形成可塗抹的糊狀物，不可太稀也不可太乾。接著在一塊乾淨的白布上，塗上大約2到3毫米（mm）厚的泥層，把布蓋在疼痛部位，再蓋上保鮮膜和一塊羊

絨布。固定位置後，可敷於疼痛部位上 2 至 3 小時，或是當黏土包乾涸後即可取下丟棄，不可重覆使用。若有需要，黏土包一天內可使用 2 至 3 次。但切記，當皮膚有傷口時，就不可使用黏土包。

熱療（水療）法

　　當患者被疼痛折磨，尤其是骨痛時，又或者預期的治癒（好轉）反應未出現，而導致患者心神不寧時，採用某些持定的方法會有幫助，其中之一即是熱療。熱療是種溫水治療，將患者浸泡於不含氟的溫水中，水的高度達到患者的下巴，水溫比平時泡澡的水溫稍高。當患者適應這個溫度後，再小心地加入更多熱水來調節溫度，直到達到攝氏 39 度或再高一點。治療的目的，除了促進患者的血液循環（可舒解疼痛）外，還可提升病患的體溫；換句話說就是要讓患者發燒。

　　惡性組織對升高的體溫非常敏感，發燒可殺死這些組織。因此把體溫升高至攝氏 39 度或更高，是極有幫助的。我們從未見過超過攝氏 40 度的發燒。溫度超過攝氏 41 度時才會對身體造成傷害。為確保安全，在進行熱療時，護士或照護員應該在場，用浴缸溫度計檢查水溫。患者可飲用熱花草茶，來補充因排汗而流失的水分，還可放一條涼爽的（非冰冷的）毛巾在額頭上，讓患者更舒服。泡澡完後（一般不超過 20 分鐘），立即用暖毛巾擦乾身體，並躺回暖床上，讓體溫慢慢恢復正常。

　　若病患有心臟方面的毛病、高血壓或呼吸問題，或因為年齡而出現的心臟衰竭和虛弱體質，就不可使用熱療法。請謹記，千萬不可用含氟的水做熱療。

　　為了加強熱療的效果，有些癌症患者會在泡澡前 15 分鐘時注射苦杏仁素。苦杏仁素即是維他命 B_{17}，提取自杏核。雖然苦杏仁素含有少許的氰化物，但它是無毒的。因為苦杏仁素不會傷害正常的健康細胞（畢竟，維他命 B_{12} 的全名是氰鈷胺素！），因為健康的細胞中含有一種酵素——硫氰酸酶——能夠中和氰化物。但腫瘤細胞中缺少這種酵素，因此苦杏仁素能夠攻擊及摧毀這些腫瘤細胞。有實驗顯示，當注射苦杏仁素後，腫瘤細胞的溫度會

上升1度。患者進行熱療後全身的體溫會上升，也有助於攻擊和摧毀體內的腫瘤組織。

※注意：不管有沒有加入苦杏仁素，熱療都必須在專業的醫療護理人員指導下進行。

氧氣治療

兩種含氧的化合物對止痛非常有效。一種是過氧化氫（H_2O_2），其水溶液形式即是俗稱的雙氧水。另一個基本的化合物就是臭氧（O_3）。儘管臭氧的名聲為刺激物，但若能正確地使用氧氣治療法，它們可發揮強力的止痛及治癒作用。

臭氧療法有以下4個優點（90%的氧氣加上10%的臭氧）：

- 能夠殺死細菌病毒。
- 能夠攻擊及摧毀腫瘤組織。
- 能夠增加血液的含氧量。
- 能夠附著於無毒的游離基上，協助身體將它們排出體外。

H_2O_2（過氧化氫——雙氧水）價格便宜，在藥店甚至超市中都可買到。市售的雙氧水只含3%的過氧化氫，可安全地擦拭於皮膚上，或在浴缸加滿水後，倒入約2公升的3%濃度的雙氧水，用來泡澡也很安全，但泡澡的水切記不可含氟。用熱水泡完澡後，把3%濃度的雙氧水擦拭在皮膚上會更有效，因為可通過毛孔直接進入血液。

臭氧治療較難實施，因為需要特殊的臭氧製造機，只有接受過正式訓練的人才會操作。另外有種臭氧製造機，能將製造出的臭氧混入浴缸水中，但價格不菲，並且需要一個氧氣箱，因此不建議患者在家中使用。

彈跳運動

在一張小型的蹦床上微微地彈跳可止痛，聽來似乎令人吃驚，但其實效

果非常好。但病患切勿在蹦床上用力地上下彈跳,只需抬起腳跟,好像在原地走路般。患者彈起下降時,這個動作,在腳往下壓時會增加重量,彈起時的剎那間病人會感到無重量。這麼做會刺激及增加淋巴循環,清除體內的阻塞物,緩解疼痛。在蹦床上溫和地「走」可以每天重複5到6次,但每次的時間都不應超過30秒。

三合一(TRIAD)

三合一是由一片325毫克(mg)的阿司匹靈、一片500毫克的維他命C、和一片50毫克的菸鹼酸片所組成。菸鹼酸片是病患們在葛森療程中需服用的藥物之一。葛森醫師在治療許多病例時,都成功地使用了這個三種藥片組合。一旦病人已充分地排毒後,這三種藥片一起使用時,比單獨各自使用療效強。這個組合,能有效舒緩疼痛及提昇睡眠品質。若有需要,三合一每天最多可服用5次,每4小時服用一次。

參考資料

1 "Drugs and Chemicals of Concern: Summary of Medical Examiner Reports on Oxycodone-Related Deaths," U.S. Department of Justice, Drug Enforcement Administration, Office of Diversion Control (www.deadiversion.usdoj.gov/drugs_concern/oxycodone/ oxycontin7.htm)

第十八章

瞭解好轉（治癒）反應

　　好轉反應，又稱排毒反應、治癒反應，是葛森療法中不可或缺的一環。患者在開始全套療程前，務必瞭解此反應的本質及功能，因為好轉反應是種弔詭的經驗。儘管好轉反應出現時會出現一些不愉悅的症狀，但這些症狀正是療法已開始發揮作用及進展順利的證據，所以應該要歡迎它們。

　　現在讓我們探討這個必要的過程會如何開始，及何時出現。在一般情況下，患者在開始施行全套療程的首幾天後，通常感覺良好，疼痛減少，食慾增加，同時體外或者體內可觸摸到的腫瘤也開始縮小。這些轉好的情況令人振奮。此刻需要提醒患者，好轉反應就會隨時出現，並解釋這些反應會如何進行，以推動身體的排毒。若沒有做好適當準備，患者們是無法忍受從開始轉好，突然變成好像惡化的情況。

　　當身體初次從晚期癌症（或其它慢性病）逆轉進入治癒階段時，就是葛森醫師所說的「治癒機制」被啟動，免疫系統開始發揮作用。此時身體會產生癒合性炎症，並釋放出組織中的毒素，造成大量毒性物質得經由肝臟清除。此過程有時會伴隨發燒，甚至間歇性的憂鬱及恐慌。

　　除了上述情況外，患者有可能出現噁心、排出有毒糞便、食慾不振，甚至厭惡食物或蔬果汁，尤其是綠汁。也有可能胃脹氣增多，咖啡灌腸有困難（起源於肝臟中增高的毒性壓力）。若沒有事先警告病患們，患者會以為病情惡化了。他們虛弱、噁心、不適，有時原本已舒緩的疼痛又復發。在憂鬱症出現的風險下（也是其中一種可能出現的副作用），患者可能會懷疑葛森療法是造成病情惡化的原因。不過，葛醫們可辨識出這些症狀為葛森療法中受歡迎的好轉反應，而保證患者的信心，並消除他們的恐懼。

　　第一次好轉反應的持續時間相對較短，因為身體仍然虛弱，尚未能發揮嚴峻的自癒，所以只能做到基本的回應。即便如此，這個初期反應，成果已

讓人印象深刻。隨著身體開始攻擊惡性組織的同時，舊傷、骨折、粗糙的疤痕及任何嚴重的健康問題，包括長年來的高血壓及第二型糖尿病（成人發病型糖尿病），也同時開始自癒。這個過程不能被阻止，也不能被停止，因為身體無法選擇性地自癒！換句話說，身體不僅在自癒目前危及生命的疾病，同時間也在清除其它的損傷，不論是舊傷或是新疾。這就是葛森療法整體性醫治的涵意。感謝此自癒力，病患們全靠著這一點，才能夠克服過敏、長期偏頭痛、關節炎、纖維肌痛及其它短期或長期困擾他們的病痛。

患者們需如何面對好轉反應？根據大部分的病例，我們只能提供一個大致的答覆，因為每位患者都不同，他們身體有不同的損傷及不同的病史，所以每人的好轉反應也因而有異。想知道好轉反應會持續多久的病患們，我們也不可能給出一個確切的答案。在許多病例中，第一次的反應較輕微，只持續幾小時到一天或兩天。第二次反應普遍持續較長的時間，且反應較強烈，因為身體的排毒已達到某種程度，並藉由蔬果汁中的酵素、營養，及營養補充品的支援，增強了免疫系統，結果就是身體能更有力地回應。

在很多病例中，第二次的好轉反應約在進入療程的第 6 週出現。第三次反應通常會在療程的第 3 個月至 3 個半月時出現，也是最激烈的一次。請記住這些時間點不是絕對的，只是我們觀察大部分病例後所歸納出的結果。此外，曾接受過化療的病患們的好轉反應也不同。（見第二十章〈修改療程──適用於曾接受化療及嚴重虛弱的病患〉，第 228 頁）

面對病患們因好轉反應而不適、不安及沮喪，該如何應對？此時切勿停止療程，切勿停止灌腸和喝蔬果汁，否則會大幅度地停止這個自癒過程，但我們必須幫助患者們渡過此不適的階段。以下為幾種最有效的做法：

噁心

當患者反胃想吐時，若他們仍然能夠喝下蔬果汁的話，就盡力繼續提供蔬果汁。若他們對綠汁嚴重反感，可以把已榨好的綠汁（不可稀釋），隔水加溫至體溫的溫度後，再倒進灌腸桶內，灌入直腸中，保留於體內。因為綠汁不是灌腸液，所以不需排出體外。

患者應該舒服地躺在床上，把腿曲成胎兒的姿勢，讓果汁被吸收。所有暫時無法喝下蔬果汁的患者們都可將蔬果汁灌入直腸中（柳橙汁除外）。此時應鼓勵患者喝溫的燕麥糜及大量的薄荷茶，一方面協助鎮靜胃部，另一方面補充平常由蔬果汁所提供的必需的水分。

準備燕麥糜，只需在鍋中倒入 1 盎司（約 30ml）的燕麥和 5 盎司（約 148 cc）的水，煮至沸騰後，再關小火煮 10～15 分鐘，之後用優質的濾網過濾掉燕麥。過濾時盡量壓擠燕麥，以擠出比水濃稠的燕麥糜，並在冷卻前喝下。

針對在好轉反應期對蔬果汁特別敏感的病患們，可將 2 盎司（約 60 cc）的燕麥糜倒入杯中，再加入不超過 6 盎司（約 177 cc）的蔬果汁，成為 1 杯 8 盎司（約 237 cc）飲用。

薄荷茶可幫助舒緩噁心、消化不良及脹氣。薄荷或荷蘭薄荷很容易在自家後園種植。一大匙新鮮的薄荷葉可泡成一杯茶；加入煮沸的蒸餾水，加蓋後浸泡 12～15 分鐘，把薄荷葉濾掉。若你用的是茶包，請確保是有機的。一茶包可泡 2 杯薄荷茶。若你購買散裝的薄荷葉（推薦使用），只要將一湯匙茶葉倒入壺中，再以 2 杯煮沸的蒸餾水按上述指示泡製即可。

最好把薄荷茶倒於熱水瓶內保溫，置於患者床邊，以備患者晚上口渴時飲用。

疼痛

蓖麻油包和或黏土（泥）包可敷於疼痛處。（見第十七章〈不用藥止痛法〉，第 213 頁）疼痛會造成身體虛弱，患者此時應躺在床上休息。若患者在施行葛森療法前，並未以大量的嗎啡止痛，那麼「三合一（TRIAD）」可能可有效止痛。「三合一」包括一片 325 毫克的阿斯匹靈、一片 500 毫克的維生素 C（即抗壞血酸，非抗壞血酸鈉）以及一片 50 毫克的菸鹼酸片。若有需要，可每隔 4 小時服用一次。假如之前有使用嗎啡或其它強烈的止痛藥，就得先花時間幫身體清除這些藥物後，「三合一」才能發揮止痛的效能。請持續不停地嘗試，「三合一」的藥效，最終會有效的。

憂鬱

葛森醫師發現[1]病患們會憂鬱、暫時的絕望，甚至在好轉（治癒）反應時會長時間地哭泣，不過這些都很正常。情緒發洩與身體排毒是同步進行的：身體與意識是密不可分的。（見第廿六章〈對葛森患者的心理支援〉，第274頁）

通常，只要多進行一次灌腸，即可幫助舒緩此情緒上的動盪。患者有時會無緣由地與照顧者吵架。從新陳代謝的角度剖析，這種行為並不稀奇。因為情緒爆發時會分泌更多的腎上腺素，令患者感覺更舒服！照顧者不應該把此時病患們所做的任何攻擊，或無理的指責放在心上。患者無法控制這些情緒上的發作，而且多半事後都會後悔。再次提醒，多做一次咖啡灌腸能夠解決這個問題。這部分的好轉反應，應被視為心靈排毒。一旦這波好轉反應結束，患者們又會恢復樂觀積極心情。

無法施行咖啡灌腸

見第十五章〈關於灌腸〉，第199頁。

發燒

發燒對免疫系統來說是個良好反應，有助攻擊惡性組織。切勿嘗試服用阿司匹靈或其它藥物來退燒。只需令患者舒適，以冷水（非冰水）浸溼毛巾，擰乾後置於額頭上。近30年來，我們從未發現發燒的溫度會高達至損害大腦或肝臟的程度（即是超過華氏106度〔攝氏41度〕）。最高的紀錄是華氏104.6度（攝氏40.3度），這個溫度會令患者不適但不嚴重。身體此時已掌控了一切，療法也啟動了自癒機制，所以發燒並不是人為的，身體不可能在自癒時燒死自己！

※注意：有時候，發燒也有可能是腫瘤性發燒或感染所引起。此時，發燒是警訊而非好轉反應。因此，在發燒時請密切與您的葛醫聯繫，以做出正確判斷。

第十八章：瞭解好轉（治癒）反應 | 221

總結

　　以上所述的舒緩一般症狀的方法，為已康復患者的經歷總合。然而，好轉（治癒）反應會以許多不同形式出現。

【過往病例】

　　一位罹患黑色素瘤的女士，腫瘤已擴散，但復原速度非常快，而身體吸收腫瘤組織的速度也迅速。有一天，她的兒子致電診所，說：「昨天晚上，我母親失去判斷力，在屋內亂走，不斷地自言自語而且胡言亂語，所以我們讓她上床休息。但今早她並沒有醒過來，我們立即把她送到醫院的急診室。醫生告訴我，母親的黑色素瘤已轉移至腦部，性命垂危，怎麼辦？」

　　葛醫催促他立即把母親帶回家，並每隔 2 小時為她施行一次咖啡灌腸。患者的身體吸收腫瘤組織和毒素的速度，已經超越她將毒素排出體外的速度。毒素在體內循環，進入大腦，原本此時應該增加灌腸的次數，但家屬卻讓她上床休息！當晚她吸收了更多的腫瘤組織，導致第二天早上昏迷不醒。每隔兩小時一次的咖啡灌腸，解決了這個問題，她持續康復中。

　　另一位患者罹患顎骨癌，已做過部分顎骨和上顎的切除手術，但癌細胞已擴散到肺部。在開始療程的 5 天內，他的右腿出現劇烈疼痛，造成他臥床不起。與很多癌症病患的想法一樣，他立即假設癌細胞之所以擴散，是因為葛森療法。但他的右腿 X 光片卻顯示，他脛骨上的一處舊傷已開始自癒，並無出現任何腫瘤，幾天後他的腿完全癒合。

　　另一個有趣的病例，一位在二次世界大戰中感染過瘧疾的黑色素瘤患者，他先服用奎寧（quinine），之後服用瘧疾平（atabrine，港譯阿的平），直到多年後才停用。結果，他每年瘧疾都會發作 2 次。有一年，他感覺瘧疾又要發作了，但平常會出現的忽冷忽熱症狀並未出現。不久後，腫瘤出現，手術時被確診為黑色素瘤。幾個月後，腫瘤又出現了，於是這位病患來到葛森診所進行治療。

　　幾天之內，他出現忽冷忽熱症狀，這是典型的瘧疾發作。寄生蟲仍存在於他的體內，當他的免疫系統低下時，身體無法發燒。但在葛森療程的協助

下，他的免疫系統又重新發揮作用，於是他再度經歷一次典型的瘧疾發作，發燒高達華氏 104.4 度（攝氏 40.2 度）。早晨時他退燒了，但當天晚上，他再度體驗了忽冷忽熱及高燒的痛苦。葛醫並未幫這位病患退燒，只是儘量讓他舒適。到了第二天早上，患者新生的腫瘤近乎完全消失，縮小了 80% 以上——這都要感謝復原的免疫系統。此位病患的瘧疾從此不再發作。

有位中年的女性患者，在抵達葛森診所時，她的黑色素瘤已轉移，並患有早期的第 2 型糖尿病（adult-onset diabetes），右手也有損傷性關節炎。短短的 3 週內，她的血液和尿液檢測結果，顯示糖尿病的指數已回復正常，而她變形的手指的疼痛也消失了，並逐漸變直。幾個月後的某天晚上，她在家中被右腹部的尖銳刺痛痛醒，發現腹部變成暗紅色且發燙。害怕之餘，她瞭解到這些症狀只發生在疤痕附近，而這疤痕是她 35 年前進行割盲腸手術後留下的。症狀很快消失，最後這道疤痕只隱約可見，完全不痛。

以上只是隨意挑選的幾個案例。必須謹記一點，幾乎每位患者都有很長的病史，在治癒期進行清理過程時，那些健康問題會再次復發。（例如：舊的肺炎會導致胸口疼痛和多痰；明顯痊癒的骨折舊傷又會「再次出現毛病」；在分解和清除血管及動脈中的斑塊時，膽固醇指數會上升……等。）如何辨識是否為好轉（治癒）反應，關鍵就在於，好轉時的症狀只會持續幾天，之後患者會感覺身體轉好。然而，若反應持續太久，就需要進行血液和尿液檢查，或全身檢查，以找出是否這些症狀為嚴重感染，而不是好轉反應。偶爾，病患有可能出現礦物質失衡，就可能需要進行靜脈注射來重新平衡他們的血液。

參考資料：

1　M. Gerson, *A Cancer Therapy: Results of Fifty Cases and The Cure of Advanced Cancer by Diet Therapy: A Summary of Thirty Years of Clinical Experimentation*, 6th ed.(San Diego, CA: Gerson Institute, 1999), pp. 201202.

第十九章

全套葛森療程

全套療程是為那些非嚴重虛弱,以及未接受過化療的一般癌症患者所編製。表 19-1 的療程時間表,涵蓋了一開始 3 至 4 星期的療程。根據檢測結果和女士們的月經週期,依照葛醫指示,可能需要停用甲狀腺藥物或改變劑量。

表 19-1「一般癌症患者的小時制療程表」的注意事項

- 瞭解有關藥物的說明,可參見第十六章〈藥物〉(第 206 頁)藥物上的變動,請確保按照指示進行。
- 準備一張空白的表格,供稍後記錄藥物的變更、灌腸的次數,以及肝臟萃取液與 B_{12} 注射次數的減少。
- 蓖麻油治療(先口服再灌腸),在療程初期需要每隔一天進行一次。施行的頻率隨著療程的進展逐漸遞減。或按照葛醫指示進行。
- 在月經期間,甲狀腺荷爾蒙劑、魯格爾碘劑及菸鹼酸片,可能需要暫停服用,以避免過度出血。
- 根據病人的癌型及病情,有機無脂優格(酸奶)及有機蜂花粉在療程開始後約第 6 至第 10 週間可加入飲食中。但若病人極度虛弱,必須在開始療程的第四週時或更早就加入。請諮詢您的葛醫,來決定適合您的時間點。
- 準備好所有療程的必需品後才開始施行葛森療法,是相當重要的。
- 全療程的執行方式,可參考從第十一章的〈葛森所需的居家設定〉(第 164 頁)至第十五章的〈關於灌腸〉(第 192 頁)請仔細小心地研讀。

表 19-1　一般癌症患者的小時制療程表

	灌腸★	用餐	亞麻籽油（湯匙）	胃蛋白酶	果汁（每杯 8 盎司，約 237cc）	鉀化物溶液（茶匙）
早上						
6:00	咖啡					
8:00		早餐		2	柳橙汁	
9:00					蔬菜綠汁	
9:30					酸蘋果胡蘿蔔汁	
10:00	咖啡				酸蘋果胡蘿蔔汁	
11:00					純胡蘿蔔汁	
中午						
12:00					蔬菜綠汁	
下午						
1:00		午餐	1	2	酸蘋果胡蘿蔔汁	
2:00	咖啡				蔬菜綠汁	
3:00					純胡蘿蔔汁	
4:00					純胡蘿蔔汁	
5:00					酸蘋果胡蘿蔔汁	
6:00	咖啡				蔬菜綠汁	
晚上						
7:00		晚餐	1	2	酸蘋果胡蘿蔔汁	
10:00	咖啡					

★ 蓖麻油灌腸：每隔一日做一次（於蓖麻油灌腸日當天，上午10點為蓖麻油灌腸），可照年度時間表變更，或遵照葛醫指示的療程表加入或停做。
★★ CoQ10 的劑量，請參考第 210 及 226 頁的「CoQ10 注意事項」。

碘爾碘劑（%濃度）（滴）	甲狀腺荷爾蒙劑（格令 gr）	菸鹼酸片（毫克 mg）	肝膠囊	胰酵素（0.325克）	肝臟萃取液和 B_{12} 注射（3cc 肝臟液，1/20cc 的 B_{12}）	CoQ10（輔酶）
3	1	50		3		★★
3						
3	1	50				
			2		每天	
3	1	50		3		★★
			2			
			2			
3	1	50		3		
		50				
3	1	50		3		★★

CoQ10 及其他注意事項

極度重要（務必嚴謹遵守）

接受全套葛森療程 4 週後（表 19-1），以下的劑量必需開始減量：
- 鉀化合物溶液每次的劑量減半至 2 茶匙（約 9.85 毫升），並加入每日 10 杯的蔬果汁中（如：每日 13 杯汁，加入其中的 10 杯）。
- 魯格爾碘劑減至每日 6 滴，即每日每杯酸蘋果胡蘿蔔汁中各 1 滴，及早餐的柳橙汁（或酸蘋果胡蘿蔔汁）中滴 1 滴。不可加入蔬菜綠汁中。

葛醫可能會建議更適合患者的漸進式減量。

- 甲狀腺荷爾蒙劑減至 1/2 格令（grain），每日 5 次。
  ※ 注意：若未服用甲狀腺荷爾蒙劑，每日不可服用超過 2 滴的魯格爾碘劑，除非您的葛醫有特別處方不同的劑量。

- 在療程開始的第 10 週後，可以開始加入有機無脂優格（酸奶），每日 3 盎司（約 85 克），為期 4 週；之後增加為每日 6 盎司（約 170 克），為期五週；之後再改為每日 4 盎司（約 113 克），一天 2 次，直到療程結束。或諮詢您的葛醫，來決定適合您可以加入優格（酸奶）的時間點。若病人無法食用優格（酸奶）時，螺旋藻（Spirullina）可做為其替代品。

- 扁豆（Lentils）通常會在療程開始的第 6 個月時加入飲食中，每 2 週吃一次。

注意

CoQ10 需要慢慢地加入療程。從每天一次 50 或 60 毫克開始，早餐後及每隔兩天服用；若患者沒有心悸或纖維性顫動（偶爾會有個案發生），則再加入 50 或 60 毫克，於下一餐後服用。持續遞增劑量，直至達到每天共 300～360 毫克（三餐後服用 100～120 毫克）。CoQ10 有 2 種形式：50、

60 或 100 毫克的膠囊，或舌下片劑。刺果番荔枝與 CoQ10 一同服用時會出現排斥現象，患者請小心；不可同時服用。

很多患者會諮詢我們不同種類的 CoQ10（例如：輔酶〔 Ubiquinol 〕）。我們無法評論未使用過的產品，患者必須諮詢醫生，若自行使用這些產品，任何後果請自行負責。

英語或西班牙語患者可致電（619-685-5353）加州聖地牙哥葛森機構（Gerson Instutute），以取得進一步協助。

第二十章

修改療程——
適用於曾接受化療及嚴重虛弱的病患

※請注意：標題中的 2 種患者都適用於此療程。

　　化療藥物在葛森醫師那個年代才剛開始引進，所以藥物的療效在當時為未知數。他的經典著作《A Cancer Therapy: Results of Fifty Cases》[1] 也沒有任何有關化療的參考資料。葛森醫師逝世後的幾年內，化療開始大規模使用，其依據的理論為，將強烈的毒藥注入癌症患者體內，可殺死體內的惡性細胞，但允許健康細胞康復。到現在為止，化療的使用幾乎遍及全世界，有時候醫生會在進行其它形式的治療時，加入化療為輔助性治療；時常可聞醫生們在非癌末的病例中，安排病患在手術前先進行化療以縮減腫瘤。若你詢問醫生們，許多醫生都承認化療最多只能延長患者幾個月的壽命，並且當然不保證可「治癒」。

　　在此我們不是要討論化療的正面或負面結果，拉爾夫·莫斯（Ralph W. Moss）[2]和其他人已詳細說明這些影響了。（見第廿二章〈謹記事項〉，第239頁）。我們只關切於該如何改良葛森療程，好讓曾接受過有毒化學藥物治療的病患們也能適用。

　　葛森醫師逝世的 18 年後，第一間以葛森療法問診的葛森診所於墨西哥成立，當時的醫生們不願收治曾接受過化療的患者，因為他們唯一的療法指南《A Cancer Therapy》[3] 中未提及任何相關資料。後來醫生們對化療逐漸熟悉，觀察到它的正面效果，於是謹慎地收治了 2 名哀求葛森診所醫治他們的病患，此 2 位患者都曾接受過化療。葛醫們當時判斷此 2 名患者，因為接受了毒性強烈的化療藥物，對身體造成額外損害，必須接受常規的排毒療程，

將累積的毒素排出體外。

於是葛醫們根據此想法，為 2 名患者進行嚴格的密集全套葛森療程，包括蓖麻油灌腸，結果令人震驚，完全出乎意料之外。蓖麻油灌腸清除毒素的速度太快，毒素被釋放至血液中，反而導致患者受苦於過量的化療藥物。結果患者得被轉到加護病房；幸好這 2 名病人都渡過危險期。

經過這次事件，葛醫們很快吸取了經驗，於是擬制出一個稍微減量的療程，也不再處方蓖麻油灌腸給曾接受過化療的患者，以避免病患排毒的速度過快或肝臟的工作量過載。

自此之後，我們發現這類患者，都有令人滿意的長效性復原，但在取得療效上的時間會較慢。而且，由於患者的身體積存了太多的化學合成藥物，所以身體的毒性更高，因此療效的結果也較不可靠。（見第廿九章〈葛森療法的成功案例〉，第 312 頁，講述多名癌症患者，在接受不成功的化療後，被醫生送回家等死——但選擇葛森療法後康復了。）

進行過化療的患者，同樣會出現治癒反應（見第十八章〈了解好轉（治癒）反應〉，第 217 頁），首幾個月出現的反應強度不同。一般情況下，大部分接受過化療的患者，主要的治癒反應約莫會在進行葛森療程的第六個月時出現，與未進行過化療患者們的反應不同。化療過病患們排出的毒性藥物仍然積留於體內，因此他們會出現與進行化療時相似的副作用反應，但難受的程度較輕微。

這些反應包括了：掉髮、噁心、口腔潰瘍、疼痛、紅血球和白血球數目減少、虛弱無力及檢查報告的結果有變化……等。有些病患還會聞到從皮膚上散發出的化學藥味。灌腸時也常會聞到化學藥味。此第 6 個月的化療排毒反應最長會持續 3 週，之後患者的病況就會明顯改善。一旦這些因排出化學藥物而導致的症狀清除後，患者的血液報告會再次改善，腫瘤消退速度會更快，頭髮會重新長出，體力也會逐漸恢復。

在這主要的排毒反應消除後，即可謹慎地將蓖麻油灌腸加入療程，這是個重要的程序。開始時，患者只可以進行蓖麻油灌腸（不可口服蓖麻油）。與平常的分量不同（見第十五章〈關於灌腸〉，第 202 頁），咖啡灌腸液中只加入 2 茶匙的蓖麻油，為期 2 到 3 週，最多一星期 2 次。若患者的反應不是太激

烈，蓖麻油的分量就增加至 4 茶匙，為期 3 週。此外，若患者對於這個分量適應良好，患者就應口服一茶匙的蓖麻油，以熱甜黑咖啡服下，5 小時後，再做蓖麻油灌腸，一星期 2 次。之後，逐漸增加數量，同時咖啡灌腸的次數也要增加，直到病患能夠進行常規的蓖麻油灌腸，並從這個修改的減量版療程，恢復成一般未進行過化療的患者們所施行的全套密集療程。表 20-1「修改版小時制療程表」詳細列出修改的療程時間表，適用於曾接受過化療和嚴重虛弱的病患。

表 20-1 修改版小時制療程表──適用於曾接受化療及身體嚴重虛弱的患者

	灌腸	用餐	亞麻籽油(湯匙)	胃蛋白酶	果汁 (每杯 8 盎司，約 237cc)	鉀物
早上						
8:00		早餐		2	柳橙汁	
9:00	咖啡				蔬菜綠汁	
10:00					酸蘋果胡蘿蔔汁	
11:00					純胡蘿蔔汁	
中午						
12:00					蔬菜綠汁	
下午						
1:00		午餐	1	2	酸蘋果胡蘿蔔汁	
2:00	咖啡				蔬菜綠汁	
5:00					酸蘋果胡蘿蔔汁	
6:00	咖啡				蔬菜綠汁	
晚上						
7:00		晚餐	1	2	酸蘋果胡蘿蔔汁	

★ CoQ10 的劑量，請參考第 210 及 226 頁的「CoQ10 注意事項」。

表 20-1「修改版小時制療程表」注意事項

- 準備一張空白的表格，供稍後記錄藥物的變更、灌腸的次數和肝臟萃取液與 B_{12} 注射次數的減少。
- 暫時無須進行蓖麻油灌腸，直至進一步通知。
- 確切的療程，指定的果汁數量、灌腸次數和營養補充品等，都必須經由正式訓練過的葛醫調整。

爾碘劑(濃度滴)	甲狀腺素(格令gr)	菸鹼酸片(毫克mg)	肝膠囊	胰酵素	肝臟萃取液和 B_{12} 注射	維生素C(毫克mg)	CoQ10(輔酶)
1	1	50	2	3		1,000	★
1		50					
			2		每天		
1	1	50		3		1,000	★
1		50		3			
1	1	50	2	3			★

若要快速查詢，可參考下列時間表中各項目的摘要：

- 10 杯不同的蔬果汁，每杯 8 盎司（如酸蘋果胡蘿蔔汁、純胡蘿蔔汁、蔬菜綠汁和柳橙汁），身體嚴重受損的患者減至 8 或 10 杯，不過每杯減為 4 到 6 盎司。此類型的病患，可在每杯果汁中加入最多 2 盎司的燕麥糜來幫助消化。（見第十八章〈瞭解好轉（治癒）反應〉，第 219 頁）
- 18 茶匙的鉀化合物溶液（總共 9 杯蔬果汁，每杯 2 茶匙）。
- 1 至 1/2 到 3 格令的甲狀腺補充劑。
- 5 滴（一般市面上的 5% 稀釋成 1/2 濃度，或 2% 濃度）的魯格爾碘劑。
- 5 片 50 毫克的菸鹼酸片（如果有出血狀況，則不可使用）。
- 6 顆胃蛋白酶。
- 6 顆肝膠囊。
- 12 片胰酵素。
- 3 毫升含 50 微克 B_{12} 的肝臟萃取液（每天肌肉注射一次）。
- 3 次灌腸。
- 2 顆維生素 C，每天 2 顆，共 2,000 毫克（2 克）。
- 200 到 300 毫克 CoQ10，每天 1 顆，劑量由 50 到 60 毫克開始，再緩慢遞增。（請參考第 210 及 226 頁，CoQ10 的注意事項）

三餐葛森餐不變，含每日 2 湯匙的有機亞麻籽油，為期 1 個月，之後減至每天 1 湯匙。

參考資料

1. M. Gerson, *A Cancer Therapy: Results of Fifty Cases and The Cure of Advanced Cancer by Diet Therapy: A Summary of Thirty Years of Clinical Experimentation*, 6th ed. (San Diego, CA: Gerson Institute, 1999).（中譯本：《大成功！葛森醫師癌症療法》）
2. Ralph W. Moss, *The Cancer Industry: Unraveling the Politics* (revised edition of the original *The Cancer Syndrome*) (New York: Paragon House, 1989).
3. Note 1 (Gerson), supra.

第廿一章

非惡性疾病的葛森療程

葛森醫師經過長期的臨床研究，發現非惡性疾病患者的肝臟都處於衰弱和受損狀態，而惡性腫瘤患者的肝臟則嚴重中毒。他照著兩者不同的受損程度調整療程，為非惡性疾病患者制定了一套較輕鬆的療程。葛森醫師同時指出，若非惡性疾病患者能夠遵循較嚴格的全套葛森療程，他們將更快康復。

低密集療程的要求較少且較容易進行，所以選擇這個療程的患者仍可繼續工作，是此療程主要的優點。因為很多患者仰賴收入維生，不能停止工作。表 21-1 是為患者制定的低密集小時制療程時間表。

表 21-1「非惡性疾病患者的小時制療程表」注意事項

※ 準備一張空白表格，供稍後記錄藥物的變更，及灌腸次數的減少。

根據病患的情況，可將果汁由 10 杯減至 8 杯。總共 4 杯酸蘋果胡蘿蔔汁、3 杯蔬菜綠汁和 1 杯柳橙汁。但切記，不可再進一步減量。另外，患有膠原性疾病（如狼瘡、風濕性關節炎或硬皮症）的病患不可喝柳橙汁。可用新鮮壓榨的蘋果汁、純胡蘿蔔汁或蔬菜綠汁代替。同時還要注意飲食，堅持咖啡灌腸，在家中也要謹慎，避免接觸有毒物質……等，所有癌症病患遵守的規範都適用於此。

另外，蓖麻油口服／灌腸治療，若認為對病情有助益，是可以使用的。請諮詢您的葛醫，以決定蓖麻油治療對您是否適當。若需要施行時，蓖麻油口服／灌腸每隔一天進行一次，過一段時間後，施行次數便會逐漸減少。葛醫會依照您的病況設計個人化的施行時間表。

在患者重返職場後，要如何繼續治療的相關細節，請參考第廿二章〈謹記事項〉之「家中的幫手」段落，第 241 頁。

表 21-1 非惡性疾病患者的小時制療程表

	灌腸	用餐	亞麻籽油 (湯匙)	酸性胃 蛋白酶	果汁 (每杯 8 盎司，約 237cc)	鉀化 溶 (茶
早上						
8:00		早餐		2	柳橙汁	
9:00	咖啡				蔬菜綠汁	
10:00					酸蘋果胡蘿蔔汁	
11:00					純胡蘿蔔汁	
中午						
12:00					蔬菜綠汁	
下午						
1:00		午餐	1	2	酸蘋果胡蘿蔔汁	
2:00	咖啡				蔬菜綠汁	
5:00					酸蘋果胡蘿蔔汁	
6:00	咖啡				蔬菜綠汁	
晚上						
7:00		晚餐	1	2	酸蘋果胡蘿蔔汁	

★ 開始服用 CoQ10 時要謹慎，以 50-60 毫克的劑量開始。（CoQ10 的劑量，請參考第 210 及 226 頁的「CoQ10 注意事項」。）

爾碘劑 2 濃度） （滴）	甲狀腺素 （格令 gr）	菸鹼酸片 （毫克 mg）	肝膠囊	胰酵素	肝臟萃取液和 B₁₂ 注射 （3cc 肝臟液，1/20cc 的 B₁₂）	CoQ10 （輔酶）
1	1	50	2	3		★
		50				
			2		每隔2天	
1	1	50		3		★
		50		3		
1		50	2	3		★

第廿二章

謹記事項

在本章中，我們將介紹幾種不同的療法，協助你改善及保持健康。知識就是力量，世界各地湧現了大量的「良醫病人」，這種現象表示愈來愈多人願意對自己的健康和福祉負責。無疑地，你肯定是其中一分子，希望以下資訊能讓你獲益良多。

傳統癌症療法

葛森療法的非入侵性、無毒和整體性的癌症治療，與傳統西醫的腫瘤學專注於切除或摧毀腫瘤所採用的3個主要方法——手術、放射線治療及化療，有很大不同。接下來的段落，我們將針對每種方法做摘要式說明。

手術：給癌症患者的手術建議

在許多癌症病例中，患者能以施行葛森療法來避免手術。然而，葛醫們偶爾會建議患者進行手術來「消減」腫瘤對病患造成的負荷。切除腫瘤的確能讓身體更容易處理剩下的疾病，以達到完全治癒的目的。因為惡性腫瘤的新陳代謝與正常細胞不同，會釋放毒素到附近的組織和血液中，因此停止這個「釋毒」的過程是合理的。然而手術有時會有嚴重後遺症。

但在某些情況下，手術是迫切的，需要迅速進行才可挽救性命。例如，厚厚的疤痕組織阻塞了某個器官；或被癌細胞浸潤，導致大血管出血，需要手術止血；又或者患者發生意外，傷勢需要立即以手術搶救。不然在一般情況下，並不需緊急手術。在施行全套葛森療法時，若患者需要到醫院進行非緊急手術時，其實有充足時間做好準備。

有一點須謹記，若患者排毒良好，他們的身體對藥物會有激烈反應，包括麻醉劑、止痛藥及抗生素。當葛森患者與一般醫院的外科醫生或麻醉師解釋他們對藥物反應的擔憂時，醫生們通常一頭霧水。因此，最好的做法是通過暫時減低身體的敏感度，調整身體來適應無法避免的藥物，雖然這麼做會降低療法的有效性，但也是最安全的方法。做法：每天增加一倍的優格攝取量，並在住院前吃 2 到 3 餐煮熟的魚或烤魚。此舉可暫時停止身體的自癒。

在進行必要的手術後，建議病患們儘快出院。回到家中後，立即繼續進行完整的全套療法，甚至停吃優格 1 週左右，同時增加灌腸次數到暫時 4 次或更多次，直到把住院時被注入體內的毒素排乾淨為止。之後，患者就可回復至住院前的療程。

【注意】計畫要以葛森療法抗癌的乳癌患者們，以下為有關手術的建議：

所有罹患乳癌的病患們，都需要認知到一個事實：在葛醫們多年觀察下發現，葛森療法在身體不需要同時間一邊消溶腫瘤、一邊還得試圖消滅其它浸潤性的癌細胞時，治療的效果才會比較好。

每個病例都不同，但都需根據腫瘤尺寸與組織病理學報告，由葛醫／西醫來評估是否需進行手術。確診為 I-III 期的乳癌病患，且腫瘤較小者，建議要考慮施行手術。

病人可選擇在開始葛森療法前動手術，或是先做葛森療法數週，提升免疫後再動手術。

若病人選擇不動手術，那麼建議要密切以 MRI 追蹤腫瘤的尺寸變化。若腫瘤沒有縮小，此時應要重新考慮施行手術。

切片手術

當乳房攝影或核磁共振的影像上顯示乳房有「可疑的」腫塊或「陰影」時，醫生和患者都需要知道腫塊的確切性質。此時醫生們通常會建議緊急的

活體組織樣品檢查（切片手術），以做出最後確診。

接下的步驟是「乳房腫塊切除術」。根據外科醫生的經驗，若此腫塊很可能是惡性的，他們同時也會檢查附近組織，特別是腋下的淋巴結，以確認惡性腫瘤是否已擴散。問題是當外科醫生開始解剖淋巴結時，取出的不是1個或2個，而是多達8個或10個。在傳統西醫程序中，進行這個手術是要讓血液腫瘤科的醫生們取得所需的腫瘤資訊，才能為患者提供適當的化療藥物。不過，若患者決定拒絕接受化療時，切除大量的淋巴結就毫無意義了。切除淋巴結會損害患者的淋巴液循環，阻塞的液體積聚，而導致患者的手臂腫脹，腫脹會令患者嚴重不適，甚至令手臂近乎殘廢。

該如何避免這類風險？一般情況下，醫生在手術進行前，會要求患者簽署一份免責聲明書，此聲明可讓醫生在遇到任何情況下，進行他們認為有必要或最合適的治療。若患者同意這份協議，患者最終可能會被切除過量的淋巴結。所以患者應該在協議中聲明，絕不讓醫生切除超過2個淋巴結。

放射線治療

放射線可應用於醫學診斷或治療。最先使用的放射線形式是用於診斷的X光。與其它西醫的治癌方式相比，放射線對身體的害處最輕微。其它的診斷工具，包括電腦斷層掃描（CT），原名為（電腦X光斷層攝影——CAT或CT掃描）。主要是用大量的X光以多角度照患者的軀體、手臂或腿，再製作成體內的細節影像。唯一沒採用X光的診斷工具是核磁共振（MRI），它主要是利用無線頻率光波和強烈磁場，照出患者體內的器官和組織，再製成清晰影像。

若初步診斷結果是癌症，醫生會建議患者進行放射線治療，一般包括30次療程。儘管這個技術近年來已顯著改善，讓放射線僅針對患者身體的病灶處照射，但放射線造成的嚴重燒傷仍會發生。以傳統對抗療法的觀點來看，放射線造成的燒傷，幾乎無法治癒。但葛森療法卻幾乎可以完全逆轉此種傷害。

葛森醫師的著作《A Cancer Therapy: Results of Fifty Cases》[1]中曾提到一位患

者（病例第 11 號），他之前接受了 88 次的深度放射線治療，導致嚴重燒傷，更糟的是他的癌症復發。但有趣的是，在施行葛森療法時，他擴散到肺部和淋巴結的腫瘤，其消失的速度，比放射線燒傷區域癒合的速度還快。最後他完全康復，並且健康地多活了近 50 年。

針對口腔癌，放射線治療特別具破壞性，因為它會造成唾液腺乾枯。口腔乾燥令患者無法入睡，並需要持續喝水來滋潤乾燥的口腔。然而我們已見過有患者在開始葛森療程不到兩週，就逆轉了因放射線而受損的黏液膜，並恢復正常。

一般情況下，葛醫很少處方放射線治療。除了唯一的病況，就是舒緩骨癌或骨轉移所造成的極度痛楚。骨癌難控制，癒合速度也比軟組織緩慢。為了幫助患者，會使用幾次（有時只限於 3～5 次）的放射線療程來阻止腫瘤惡化，並舒緩患者的癌痛。使用放射線止痛比止痛藥有效，因為止痛藥含毒性，且會干擾自癒。由於放射線對骨癌的止痛很有效，就不需要服用止痛藥，這麼做時，骨頭可自癒，疼痛也不會再復發。

化療

自 1960 年起，化療已成為主流醫學醫治癌症時的主要工具之一。化療的種類繁多，但它們有個共通點：具有高度毒性。化療的目的是殺死癌細胞進而摧毀惡性腫瘤組織。然而，現行的所有化療，沒有一種是不會同時殺死健康細胞的。

這些有毒化學藥物之所以被認為有療效，主要是它們可干擾惡性細胞的新陳代謝，以阻止惡性細胞的快速分裂。然而，人體內還有別的細胞和組織同樣也是快速分裂——如：製造白血球的骨髓（對免疫力至關重要）、腸壁的黏膜及頭髮的毛囊。化療的毒素嚴重地損害這些細胞，導致免疫功能下降、出現噁心、嘔吐、腸出血、口腔潰瘍及掉髮等症狀。最終，損害更進一步惡化。許多病患回報他們失去記憶力，病童們出現學習障礙。還有心臟、肺部及腎臟受損，並更容易受感染。

化療藥物持續不斷地創新，背後的主要動力是金錢。最新的藥物之一，

Gemzar®（健擇──鹽酸吉西他濱注射劑），最初用於治療肺癌和乳癌，現在也被獲准使用於卵巢癌。然而沒有證據顯示此藥物可延長生命，除此之外，此新藥的副作用還比之前使用的化療藥物更糟，但是，其費用相當昂貴。最近的報導指出，進行一次 Gemzar® 治療，即 6 個月內施打 6 劑，費用約美金 $12,600。

但有些真正復原的成功案例的確得歸功於化療，然而僅限於罕見的特殊癌症。例如女性的絨毛膜癌，它是一種淋巴癌，又稱為伯基特氏淋巴瘤（Burkitt Lymphoma），主要出現於非洲某些特定地區，治癒率約 50%。[2] 另一個化療的成功案例，是控制住許多的急性兒童白血病，約有 50% 的病童存活期超過 5 年。[3] 化療也宣稱可治癒睪丸癌，也的確有許多康復病例的紀錄。[4] 不幸的是，這些成功案例僅屬於罕見的癌症類型。而常見的癌症，如乳癌、前列腺癌、肺癌及大腸癌等，幾乎全都使用化療，卻仍未見到顯著改善。

早於 1972 年，維克托·理查醫生（Dr. Victor Richards）的著作《Cancer – the Wayward Cell: Its Origins, Nature, and Treatment.》一書中有著生動但警世的有關使用化療的摘要。理查指出，雖然疼痛減輕（癌痛舒緩及腫瘤微幅縮小）的情況「僅在 5%～10% 的病例中短暫出現」，但化療扮演著非常重要的角色──要導正患者只使用適當的療法，並避免病患感覺被醫師放棄。……這些可能有效的藥物，也可預防「癌症庸醫」的氾濫……[5]

拉爾夫·莫斯（Ralph W. Moss）所著的《The Cancer Industry: unraveling the Politics》一書中提到他對使用化療的悲痛：「根據「理查」的觀點，以下做法都是值得的？為了「導正患者只使用適當的療法」，和遠離「癌症庸醫」，所以要讓患者承受噁心、嘔吐、暈眩、掉髮、口腔潰瘍，甚至是提前死亡的風險。」[6] 換句話說，為了推行化療，所以要阻止患者尋求主流醫學外的協助也是值得的。然而，在大部分的化療藥物包裝上都有「此藥物會致癌」的警告標籤。[7]

化療的強烈毒性在血液腫瘤科護士的手冊中顯而易見。警語為，「做為協助病人施打化療藥物者，有可能面對『顯著的風險』，如皮膚受損、生殖能力異常、血液（血液系統）問題，及肝臟和染色體病變等。護士們並絕對

禁止『在藥物準備區內飲食、吸菸或化妝』。」[8]

※注意：若腫瘤已危及病患的生命，如：造成窒息，或是太大而無法動手術時，化療在此時就有先行施打的必要性。目的在於縮小腫瘤，以緩解危險，或是從無法手術變成可施行手術。（見第廿四章〈常見問題〉，第256頁）

隆乳

這是一些乳癌患者的選擇，主要是為了美觀，但會帶來嚴重的健康問題。當然，接受過乳房切除術的患者，希望彌補她們所失去的一個或兩個乳房的心願是可以理解的。不過，要看是何種材料，隆乳的過程存在著一定風險。

最糟的選擇是矽膠填充物，會破裂並釋放矽至周圍組織中。在一個病例中，我們已見到這種物質不但導致患者整個胸部嚴重中毒，還引發偏頭痛和極度虛弱，嚴重到患者臥床不起。葛森治療後清除掉大部分的問題。患者的偏頭痛消失，體力恢復，並能正常活動。

若使用其它材料的填充物，破裂的問題較小，只是填充物仍是身體會排斥的外來物質。由於隆乳的填充物固定於體內，身體無法排出體外，因而會持續地刺激身體，這對於進行過乳房全切術的乳癌患者來說特別危險。隆乳有好處和壞處，無庸置疑地，全力避免癌症復發應該比維持美觀更重要。

家中的幫手

葛森療法唯一的重大缺點，就是其高度密集的工作量，幾乎相當於一份全職工作。大部分時間都需要投入大量精力及持續的努力，每天準備每小時所需的 10～13 杯，每杯 8 盎司（約 237 cc）的鮮榨蔬果汁；除此之外，還需要烹煮一天 3 餐，希波克拉底湯及用於灌腸的濃縮咖啡液，還要保證不間斷地供應有機蔬果食材，讓療程可以順利進行。有機蔬果也須事先清洗，準備好才可用於榨汁和烹調。生菜沙拉和蔬果也只能在接近用餐時間內準備好，以確保其新鮮度。當然，伴隨著以上項目，必須不停地刷洗碗盤。這些

繁忙的操作，每天將近8小時，每星期7天不間斷地進行著。

明顯地，無論是重症者，或病症較輕微的病患們，都無法應付如此密集苛刻的日程表。不管患者的病況如何，休息是患者要完全康復的必要環節。這點我們必須再三強調，因為太多人——尤其是病患們的家屬——都不瞭解休息的重要性，所以在此再次重申：自癒——是身體全力以赴，盡力對抗疾病的時候，他／她需要能量及精力；生病患者們的體力已經下降，故需要為了自癒而保留身體所剩的所有精力。

換句話說，也就是需要另一個人接手來完成療法中的要求。一般來說，病患的配偶或其它家庭成員都很樂意協助，並有能力執行療程，不過，這個無止境的密集工作，很快就會耗盡一個人的精力。此時，就需要雇用一位廚房小幫手，並做適當地培訓。其實，最好有兩位幫手，每人一星期輪流工作幾天。

選擇一位合適的幫手相當重要。雇用接受過傳統西醫訓練的護士是很不明智的，因為他們很可能不贊成葛森飲食，並且會企圖加入他們自己所選的食材。同樣地，也不建議選擇「美食廚師」，因為這類廚師可能會覺得用葛森的方式烹調食物，是很難掌控的。

最理想的選擇，是訓練一位仁慈及思想開明的幫手，並且願意照著療法的精準要求執行。有些患者會發現從自己的教會中徵求志工很有幫助。最好的方法是安排多名志工，輪流協助，這樣才能確保療程可持續順利地進行。

由於每小時準備蔬果汁及其它準備工作已令廚房幫手相當忙碌，因此還可能需要另外雇用一位清潔工，每週到家中打掃整理一至二次。之前已提過（見第十一章〈葛森所需的居家設定〉，第169頁），患者家中禁用有毒的清潔劑。

進行療法8～12個月後，病患的體力會大幅變好，能夠自行準備一些食物了，包括榨汁。但是，若病患開始自行準備食物後，患者有新症狀出現或過度疲勞時，就必須立即雇用幫手。有些病患，尤其是肩負家中經濟重任的人，此時可先回復兼職工作，稍後再回到全職工作。

還有一點很重要：患者絕對禁止在餐廳吃午餐。他們必須回家吃葛森午餐，包括鮮榨的綠汁（因為不能帶去公司），在家中休息一會兒後，再進行中午時分的灌腸。酸蘋果胡蘿蔔汁可以裝入玻璃罐密封後帶去公司，上午內

喝完；病患回家吃葛森午餐時，再準備一罐酸蘋果胡蘿蔔汁讓患者下午喝。患者下班返家後，可喝綠汁，並施做上班時未能進行的灌腸，接著休息。這種安排只能在患者家中有位幫手可準備所有相關飲食時才可施行。

陽光的問題

陽光是維持良好健康的源頭，但同時也可以是殺手。兩者的差別在於曝露於陽光下的程度。人體需要維生素D，因為它維持多個器官系統的正常運作，而且在維護骨骼健康上不可或缺。然而，非常少的食物含有豐富的天然維生素D（一些商業食品所含的維生素D，是加強的合成物）。所以我們需要經由皮膚曝曬於陽光下所製造出的天然維生素D。

問題是，陽光中的紫外線（UV）會嚴重損害細胞。這部分可解釋為何在近幾十年來，把皮膚曬成古銅色成為時尚潮流後，皮膚癌同時也成倍數成長的原因。[9] 不只那些躺在沙灘上享受大太陽裸體日光浴的人有可能會得到皮膚癌，就連在戶外工作的人，也可能罹患皮膚癌。因為即使是陰天，都仍有30％～50％的紫外線。

葛森患者必須特別注意防止曬傷，因為會引起立即性的傷害，患者的皮膚不只可能會出現水泡、紅腫及不適，還可能導致長期傷害，輕則皮膚乾燥起皺，重則導致黑色素瘤。患者首先要避免在夏天的上午10時至下午3時，及炎熱氣候地區的一年四季內曬太陽。可在蔭涼的地方享受陽光，但要遠離水，因為水會有效地反射陽光。即使在其它時間外出也要做好防曬措施。白色輕薄的長袖棉衫、長褲和寬邊帽子或白色鴨舌帽，都能提供病患所需的防護。

健康的兒童喜愛到戶外玩耍，及在夏季時游泳，但他們對陽光的敏感度比成人更高，所以更容易曬傷。不幸的是，90％的商業防曬油和防曬霜，都含有一種名叫「甲氧基肉桂酸辛酯」的有毒化學物質，若曝露在陽光下時，其毒性會倍增。[10] 由於皮膚會吸收60％塗於皮膚上的物質，因此不應將防曬物品用於兒童身上。然而，市面上有使用天然成分，有效且無毒的防曬油，例如綠茶配方，只需花些時間即可找到。

輔助療法

近年來,坊間出現很多眼花撩亂的輔助療法,但問題隨之而來,葛森患者可以使用它們嗎?簡單來說,任何有助於恢復健康且與葛森療法的要求不相沖的都可以使用,因為可能對患者有所幫助。但不可有任何失誤,所以讓我們探究哪些療法可以輔助葛森,並可安全使用。

● 腳底按摩

腳底按摩可追溯至古埃及、中國及印度。所依據的原理為,手腳就如同鏡子般,可反應出身體的五臟六腑及內部系統,在特定的穴位上加壓──尤其是腳部──就能影響身體相對應的各個部位。按摩的目的是要打通筋脈、舒緩壓力及恢復體內平衡。腳底或手部這種反射按摩療法,並無法用於診斷或治療,但有證據顯示可以改善整體健康。癌症病患要使用此種按摩時,必須輕柔且謹慎,並且需要避開那些會影響患者病灶處的穴位。

● 靈氣療法

靈氣療法(Reiki Healing)是種日本技術,用於減壓及放鬆,以提升自癒力。此種療法的治療師聲稱人體內有道隱形的生命能量,會流過身體並維持我們的生命。當這道能量減弱時,我們便會生病並受苦於壓力。要恢復健康,靈氣師會通過他/她的手,將能量傳入患者體內。不需要推拿,只需溫和的碰觸。雖然患者只會有少許感覺,但此療法是整體性的,會影響身體、情緒、思考及心靈。

由於療法無特定性質,因此可協助治療任何疾病,並且可與其它的醫學或自然療法併用。Reiki 這個單詞有兩層意義:Rei 表示高能量,而 Ki 則表示生命力,所以 Reiki 的完整涵意,是指透過心靈導引,恢復那些有需要的人們在宇宙中的生命能量。

● 針灸

針灸源於兩千年前的中國,自西元 1971 年起聞名於美國,並在美國境

內日益普及。它的精髓是將細小的銀針刺在皮膚上的特定穴位後，再用手或電子方式操控刺激穴位。針灸能夠調節神經系統、啟動體內本身擁有的止痛生化物，並增強免疫系統。有證據顯示，針灸可有效舒緩疼痛及加快手術後的復原速度。它能發放一種身心健康的感覺，還可提升耗損的體力，儘管扎針時會有一點疼痛。

美國食品和藥物管理局於 1996 年核准，在美國境內由有針灸師執照者施針。[11] 時至今日，美國數以千計的內科醫生、牙醫及其它醫師，都採用這個古老的技術來預防或舒緩患者的疼痛，美國針灸醫學學會（American Academy of Medicine Acupuncture）的會員，在很多醫院及診所中，都將針灸應用到癌症患者上。

● 瑜伽

瑜伽源於五千年前的印度。它有很多種類，其中之一是哈達瑜伽（hatha yoga），一種包括了伸展和呼吸運動的體能訓練，於二十世紀中在西方開始流行。瑜伽屬於溫和的非競爭性運動，適用於任何年齡和不同體力的人。對於想改善身體柔軟度、耐力及肌肉線條的葛森患者來說，瑜伽是個理想的運動。瑜伽姿勢，又稱為瑜伽體位，能幫助身體的平衡和體態。呼吸練習使人輕鬆舒暢，並可增加體內的含氧量——這是一個絕佳的優點，因為癌細胞只能在無氧／缺氧環境下繁殖。

※請注意：肺癌和肺氣腫患者必須在專業培訓過的瑜伽老師監督下進行呼吸練習，專業瑜伽老師的指導，對初學者也很有幫助。

● 按摩

葛森患者只能接受最溫柔的按摩。深度按摩是嚴格禁止的，因為癌症病患們的肌肉通常已變虛弱，過度按摩很容易造成傷害。葛森醫師當初推薦給癌症患者的按摩，為每天兩次餐前的皮膚擦拭。用於擦拭皮膚的液體，為 2 湯匙的紅酒醋及 2 湯匙的按摩用酒精，倒入半杯水中混合均勻而成。這個方法可刺激血液循環，打開毛細管，令患者感到精神煥發。

參考資料

1. M. Gerson, *A Cancer Therapy: Results of Fifty Cases and The Cure of Advanced Cancer by Diet Therapy: A Summary of Thirty Years of Clinical Experimentation*, 6th ed.(San Diego, CA: Gerson Institute, 1999), p. 295.
2. "Non-Hodgkin Lymphomas," The Merck Manuals, Online Medical Library (www.merck.com/mmpe/sec11/ch143/ch143c.html); *see also* Ralph W. Moss, *The Cancer Industry: Unraveling the Politics*(revised edition of the original *The Cancer Syndrome*)(New York: Paragon House, 1989).
3. Hiromu Muchi, MD, Hiroko Ijima, MD, and Toshio Suda, MD, "The Treatment of Childhood Acute Lymphocytic Leukemia with Prophylactic Intrathecal and Systemic Intermediate-Dose(150 mg/m2) Methotrexate, *Japanese Journal of Clinical Oncology* 12:363-370(1982); see also Note 2(Moss), supra.
4. Lawrence H. Einhorn, "Curing metastatic testicular cancer," *Proceedings of the National Academy of Sciences* 99(2002): 4592-4595; *see also* Note 2(Moss)), supra.
5. Victor Richards, MD, *Cancer—the Wayward Cell: Its Origins, Nature, and Treatment*(Berkeley: University of California Press, 1972).
6. See Note 2(Moss), supra.
7. Ralph W. Moss, *Questioning Chemotherapy*(Brooklyn: Equinox Press, 2000) ("Chemotherapy Can Cause Cancer: The strangest thing about chemotherapy is that many of these drugs themselves are carcinogenic. This may seem astonishing to the average reader, that cancer fighting drugs cause cancer. Yet this is an undeniable fact.")
8. Ibid.
9. "Tanning Beds May Increase Skin Cancer Risk," American Cancer Society *News Center*(May 16, 2005).
10. Rob Edwards, "Sinister side of sunscreens," *New Scientist*(Oct. 7, 2000).
11. "Get the Facts: Acupuncture," National Center for Complementary and Alternative Medicine(http://nccam.nih.gov/health/acupuncture).

第廿三章

小心即將面對的陷阱！

人非聖賢，孰能無過？每人在一生中多少都會犯錯——然而重症病患選擇了像葛森療法這種可能可以救命的療程時，即便一個微小的錯誤或疏忽，都有可能導致嚴重後果。這種治療方式需要徹底的轉變——不僅是生活方式，還有患者對疾病、健康和自癒原則的理解，及學習如何回應自己身體的需求。患者的瞭解是成功與否的關鍵，因為療法禁止的項目，大部分與現代化的西式生活習慣息息相關，因此患者必須先瞭解葛森療法嚴苛的理由後，才會全心全意、心甘情願地接受治療。

另外，病患還必須根據療法的規則自我監督及觀察，因為可能不會有像傳統醫學環境中那樣的權威人士協助檢查或被患者怪罪。病患自我監控，需要有一定的成熟度及堅強的內心，才能一路嚴格遵守療法中的精細規定，然而成功後的回報是無與倫比的，所付出的一切努力也絕對值得。

保留精力！

讓我們看看患者們可能會遇到的一些錯誤、誘惑和羈絆，尤其是在進行葛森療程的初期。諷刺地是，第一個陷阱就是病患們的病情有顯著改善時，一般會在進行全葛森療程的首幾個星期出現，尤其是在合格的葛森診所內進行療程的患者。

當這些患者回到家中，尤其是女性患者——她們看起來煥然一新，而且疼痛消失。因此家庭成員都認為患者可以重新擔負「原有的」職責，繼續照顧家庭。這對於妻子／母親來說特別沉重，因為她們通常會因為自己的疾病而感到內疚，覺得讓家人失望了；正是因為這種罪惡感，她們忽略了自己真正的需求，反倒驅使她們重拾原本的日常工作。至於男性患者，即使他們想

回到工作崗位，做運動或處理一些瑣碎的家務，但當他們回到家中時，一般來說，都比女性輕鬆。

其實兩種行為都是不可接受的，之前我們已提過，患者需要有充足的休息，因為身體正在努力地排毒和自癒。這個過程比任何的家務事都重要。事實上，很多時候病患看起來情況良好，但實際上他們仍然感到疲倦，甚至虛弱，特別是進入療法的第 2～3 個月時，無法參與太多活動。但他們選擇忽略身體發出的警告，有些患者甚至強逼自己準備葛森食物和蔬果汁（亦等於每天工作 6～8 小時！）結果導致筋疲力盡。這是一個嚴重的錯誤，這點幾乎可以肯定會破壞療程的好處。

類似的問題在進入療程 3～4 個月後，又會再度出現。當患者疲憊感消失，精神奕奕，體力恢復到一定的程度時，他們覺得自己回復正常。於是又開始積極好動，以彌補「失去的時間」。女性們自發性地重拾家務，清洗窗簾、拖地、熨燙堆積如山的衣物；男性們則清理垃圾，照著季節鏟雪或修剪草坪，甚至修補屋頂來證明自己又回復正常。這種急切感是可以理解的，但必須克制。表面上的改善（例如體力改善）並不等於康復。為避免身體又突然崩潰，休息再休息仍然是必要的。

葛森醫師制定了一些重要的規定，其中之一是必須於晚上 10 時前睡覺——禁止閱讀、看電視或聽收音機、上網、滑手機——只可睡覺或至少處於完全休息的狀態下。午夜前是身體自我修復的黃金時段，絕不能被剝奪。

破戒犯規

無可否認，葛森療法的飲食規定相當嚴格，雖然大部分病患都能很快適應，然而有小部分患者，仍眷戀著以前可吃、但在葛森中已列為禁吃項目的「美食」。（這些人從不介意這些食物可能就是會導致他們健康崩潰的元凶！）這些患者們認為，偶爾「破一點戒」應該沒什麼危害，反而可以幫助他們提高鬥志和改善心情。

這種想法完全錯誤，首先，「一點點」是多少？「偶爾」是多頻繁？此外，一旦違反了療程中的嚴格規定，很容易再犯，依此類推。試想：進行療

程時，身體通過精確計算的營養來接收指令和訊息，每一種營養物質會相互影響並產生連鎖反應，當偶爾吃點兒非葛森的含鹽、含脂肪、及充滿化學添加物的垃圾食品時，勢必會干擾整個自癒的過程，這也是災難性失敗的開始。

很多時候其實並不是病患們的錯，而是那些帶著好意的探視者——通常是病患的朋友們和親屬——這些人會建議患者犯規，慫恿他們吃「一大塊牛排來提神」。因為他們會質疑這些「兔子食物」怎麼可能維持一位成年人的生命，更何況是治病？即使患者當場成功地漠視掉這些建議，但隨之而來的不滿也在病患們的心中滋生。

請記住，那些批評葛森療程的人，包括想幫忙及有善意的醫療專業人士們，他們的舉止其實是無知和不理解，基於此理由，請安心地忽略他們的建議。最好的方式，是要求探視者及朋友們尊重你所選擇的療法，並給予支持和鼓勵，否則就別來打擾你。或者，可反問那些建議你改變療法的人：「你的建議救活了多少晚期的癌症病患？」

面對親朋好友時要堅持

葛森患者每天飲用蔬果汁、用葛森餐和灌腸的生活是單調沉悶的，所以當有探視者前來時，病患的心情會愉快些。然而必須嚴格禁止任何患有感冒、咳嗽（無論輕重）或流感症狀的人們進入患者家中。因為病患的免疫系統需要9～12個月的時間，才會增強至可抵抗感冒或更嚴重的流感。禁止的原因，是因為一旦病患被傳染，有可能會引發威脅到患者生命的併發症。

若親朋好友來探視病患時，看得出來已感冒或是有任何感染的症狀，此時患者必須迴避，完全禁止與探視者接觸。要患者堅持這一點的確很困難，尤其當探視者為病患的兒孫時。因為當自己的兒孫正在打噴嚏，或唾液四處飛濺時，患者仍然會想要擁抱他們，此時絕對要克制自己。此外，若患者的配偶感冒了，他們必須分房就寢。

面對友善的醫生時要堅持

若能找到一位友善的西醫,願意支持葛森患者,且同意協助療程所需的血液和尿液檢測報告,這對患者來說絕對是一大福音。但當醫生讀到患者的檢測結果時,問題通常也就此出現。因為若檢測報告中有任何一項指標不合格,醫生此時會建議患者服藥,「將指標調至正常」。此舉是個嚴重的錯誤,異常的指標會隨著葛森療程而被修正,但對抗療法的西藥只會造成傷害。

舉例,有位西醫在患者的血液報告中看到低鐵,於是處方患者補充鐵劑。但問題是,鐵劑具毒性[1],當然不在葛森療程中。若患者及時服用大量的綠汁、肝膠囊及維生素 B_{12},則不需藥物也可讓血液報告回復正常。(見第廿八章〈葛森中檢驗項目解說〉,第 290 頁)

在急性疾病及緊急情況下,西藥可挽救性命,但針對慢性退化性疾病,如癌症,藥物最多只能緩解症狀,但最糟卻可能會造成嚴重傷害。所以千萬切記,當友善的醫生告訴你化療比純胡蘿蔔汁更快速更有效時,請保持鎮定,繼續堅持喝純胡蘿蔔汁。

好轉反應及情緒波動

治癒反應或所謂的突發性好轉反應在葛森療程中是司空見慣。(見第十八章〈瞭解好轉(治癒)反應〉,第 217 頁)這些插曲有可能激烈到嚇人;同時,患者還會出現憂鬱症和黑暗的負面情緒。若家屬驚慌失措,患者在此時通常會被送往離家最近的急診室,而急診室的醫生們大多仁慈並擔憂病患,會盡全力治療,因此會為患者打針或以藥物來停止任何症狀。不幸的是,此舉反而停止了治癒的進程,甚至在某些病例中造成了嚴重的問題。

事實上,傳統西醫從未聽過好轉(治癒)反應,完全不瞭解治癒反應的症狀及其作用,因此不能期望他們可以正確地處理。處理突發性好轉反應的適當方法已於第十八章中詳述,請嚴格照實執行。

患者的心理問題及情緒波動也需充分地好好應對。(見第廿六章〈對葛森患者的心理支援〉,第 274 頁)在此,我們要提醒您,務必先認知到患者偶爾的

負面及消極情緒爆發時的威力。當患者不只有生理上的不適，包括噁心、出汗、頭痛、排斥食物和蔬果汁、及可能有的高燒等，還有精神及情緒上的折磨。當毒素進入患者的中樞神經時，大腦就會受到影響。此時患者只想立刻停止療法，違反所有療法中的規定然後逃離葛森療法。這只是過渡期，患者應先有心理準備，以便在此情況發生時，患者或多或少可以更快地振作起來。

用水警告

確保家中所有用水的純淨度相當重要，千萬不能低估。傷害性最大的「罪犯」是氟化物（見第五章〈體內防禦系統全線崩潰〉，第86頁），因此必須確保家中的供水不含氟化物。若供水含有氟化物，你就得必須特別地機警謹慎。與氯化物不同，水中的氟化物就算煮沸也無法去除！唯一能去除氟化物的方法是透過蒸餾。（見第十一章〈葛森所需的居家設定〉，第168頁）

然而，日常沐浴用水也含有氟化物（這裡意指美國境內）。雖然沐浴所需的時間不長，但即使是短暫地接觸溫水，毛孔仍然會打開，此時所有水中的有害物質就會被皮膚快速吸收。解決這個問題有兩個方法：

① 將1加侖的蒸餾水加熱後倒入浴缸或澡盆中，以海棉擦澡，避免淋浴。
② 在浴室中安裝一個露營用的沐浴器，然後裝滿加熱過的蒸餾水。有關這類型的淋浴設備、型號及價格，可上網查閱。

謹慎選擇資訊

知識就是力量，博學多聞的患者往往更能做出正確的抉擇。然而，有關健康和飲食的書籍氾濫成災，充斥著矛盾的理論與建議，導致此領域充滿了危險。思想開明的患者熱衷於學習新知識，他們盡可能地閱讀大量的健康類書籍，但最終卻愈讀愈迷惘。其實現今大部分的營養療法，都是以葛森療法為根基，但沒有一個夠全面性，多多少少都帶有作者的偏見與個人觀點。

很大的可能性，是當你閱讀 10 本健康書籍後，你可能會有 12 種不同的想法。令人傷心的是，有些患者在葛森療程中，自行添加他們在某書中讀到的能夠「抗癌」的物質，結果病情絲毫未改善。請把這些雜音徹底抹去。若你決定選擇葛森療法，就盡可能地告訴自己，葛森療法必定成功，要貫徹執行並堅持到底。畢竟，葛森療法擁有最悠久最成功的治癒紀錄。

偷工減料

沒人否認葛森療法是個需要大量勞力的療法；做療程時，有時候真的感覺工作多到要崩潰了。此時，患者或他們的照顧者可能會企圖想放寬一下，好減輕一點兒工作量。（例如：一次準備好一整天所需的蔬果汁後，置於冰箱冷藏，完全忽略掉每小時得現榨一杯蔬果汁的重要性。）此舉會破壞療程並保證失敗，因為現榨蔬果汁中所含重要的酵素只能存活 20 分鐘左右。一旦超過 20 分鐘，蔬果汁中的礦物質、微量元素、及大部分的維生素雖然還可能存活著，但活的酵素及其治癒的功效已完全消失。

葛森療程中某些食材有時候很難找到，此時患者們會企圖在短期內用別的食材來代替，以為這麼做也會有同樣的療效。面對這種情況時要格外小心！舉例來說，若找不到有機的胡蘿蔔，即使這種情況下，還是不可以使用非有機的胡蘿蔔來榨汁（或食用）。商業性種植的胡蘿蔔被噴滿了農藥；即使刷洗及削皮都無法清除毒素。所以遇到這種情況時的緊急措施，就是用瓶裝的有機純胡蘿蔔汁取代（**只能用有機的！**）但替代品只可短暫地使用，絕對不可變成慣例。

有個使用替代品的最失敗例子之一，是一名患有膠原性疾病的女性患者。她進行葛森療法的進展一直都很順利，直到有天她找遍所有供應商，都買不到有機胡蘿蔔時，她和丈夫決定用柳橙汁來代替暫時缺貨的有機胡蘿蔔。所以她開始每天喝 8 杯鮮榨的柳橙汁。此舉對任何葛森病患來說都是有害的；對此病例的傷害尤其慘重。所有膠原性疾病都必須禁吃／喝柑橘類水果，因為它們會對治療起反作用。結果這名病患急速惡化。

附註

　　湯瑪斯・傑弗遜（Thomas Jefferson）曾經寫道：「自由的代價是永遠警惕。」同樣地，康復的代價也應當如此：要永遠警惕自己，避免掉入陷阱，要抵抗誘惑，拒絕善意的外人不請自來的建議，因為他們不懂你正在做的事。最重要的是你知道自己在做什麼，及為何如此做的原因。

參考資料

1　Anna E. O. Fisher and Declan P. Naughton, "Iron supplements: the quick fix with long-term consequences," *Nutrition Journal* 3(2)(Jan. 16, 2004).

第廿四章

常見問題

主流醫學的治療方法，都是以藥物壓抑症狀，與葛森療法的根基完全不同，以致療法的細節對初學者來說，是令人費解的。因此解釋規則背後的原因及道理非常重要；一旦瞭解後，這些規則就十分合乎邏輯。以下是一些隨意抽樣，患者們最常問的問題和適當的答案。

葛森療法與化療

問：患者接受化療期間，可以同時並進葛森療法嗎？

答：不建議在沒有醫生的指導下這麼做。

若患者不打算申請入住葛森診所，但計畫接受化療，並且有興趣以修改過的葛森療程做為營養主軸，我們建議與替代醫學領域中，能在評估病患情況後，根據患者的需求作出適當調整的專業人士合作。這位專業人士可能是位整合自然醫學的醫生，或是自然療法的醫生。

在某些病例中，葛森療法可能不適合正在接受化療的病患，此時，醫生們可能有更適合個別病人需求的替代療程或方案。以下，我們列出了一些可找到精通替代醫學醫生的資源：

- 曾受訓於在化療期間支援腫瘤科的自然療法醫生：www.oncanp.org:
- 整合自然醫學：http://www.wellness.com/find/integrative%20doctor
- 整合綜合醫學：http://www.abihm.org/search-doctors

問：病患可以在化療結束後做葛森療法嗎？

答：我們建議任何已做過化療，但考慮之後做葛森療法的病患，一定要在領有葛森執照的診所，或是在私人診所執業的合格葛醫的監督下進行。

位於墨西哥的葛森診所，對於曾經接受過化療的患者有明確的規定：若患者要申請入住墨西哥診所，必須完成所有的化療療程後才能開始葛森療法。在完成化療後，病患必須等待4週的時間，再申請入住診所，申請時要遞交最新的血液報告。這個空檔期，讓診所對患者化療後的狀態能有更精確的評估。休息4週的規定，同樣適用於未完成／提早結束化療療程的病患。

在患者到達診所前，每間診所內的醫生，都會個別提供建議及指導給已被診所接受的患者們開始葛森療程前的準備事項。

若患者被診所接受入住，他們將從修改版的療程開始，以避免殘餘的化療毒素所引發的強烈排毒反應。

若患者不打算申請入住葛森診所，但考慮在化療後進行葛森療法，因為每位病人的情況都不同，所以我們建議他們找有執照的葛醫評估他們的情況後，由葛醫們根據患者的獨特需求做出適當的建議。

問：在葛森療法中，有沒有哪一部分，病患可在做化療時先開始？

答：關於這點，我們並無通用的規範，因為必須根據病人的個別狀況來決定。

若患者還沒有找葛醫，但是正在化療中，或是在完成化療後等待開始葛森療法前的空檔期時，患者可以利用這段時間開始更健康的生活方式。以下所列出的積極樂觀的行動可提升整體健康，並為開始葛森療法做準備：

- 飲食改為健康，有機及以蔬果為主。
- 無鹽飲食。
- 飲用大量的液體，為身體保持充足水分。
- 每天飲用 1～3 杯的有機蔬果汁。

● 丟棄家中任何有毒的東西,讓家中成為無毒環境

問:會建議化療給已經在做葛森療法的病人嗎?

答:是的,在某些情況下,對於某些病人來說,使用化療、放療或其它類型的干預性醫療,對病人來說是必要的治療過程。

若主流的西醫治療方法是由葛醫所建議的,葛醫就能夠協助並為患者設計在開始化療前、化療中及化療後的個人化治療方案。這需要修改患者的葛森療程。在某些案例中,患者也許能夠同時並用減量版的葛森療程與化療。一般來說,我們已注意到,開始葛森療法一段時間後再開始化療的患者,他們更能忍受化療的副作用,因為當他們在做葛森時,身體已被良好的營養滋潤過,並且已先行排毒了。

我們無法在此提供一個適用於所有人的做法,到底要何時或在何種情況下,化療和葛森療法才可以並用?因為情況太複雜了,所以永遠都需要在合格的醫學專業人員的監督下,根據病人的個別需求做評估。

問:為何有時像化療這樣的主流西醫治療方法是必要的?

答:葛森療法是以營養為基礎,它的療效較緩慢,需要時間。患者以葛森療法抗癌至少要2年時間,有時候甚至需要5年時間。在某些案例中,患者要一年後,才開始出現改善跡象。然而,並非每位病患都能有那麼多的時間。

對於癌症類型進展快速,及對葛森療法回應不夠快的患者們來說,化療此時可能會被葛醫建議為必要的輔助手段,以迅速縮小腫瘤,延緩病情的進展。若腫瘤位於會限制患者的吃喝能力,或是腫瘤對相鄰的器官或組織造成壓力,危及到生命時,此時化療就有其必要性。完成化療療程後,患者應諮詢他們的葛醫,以確定如何、何時,或是是否繼續執行修改過的葛森療程。

其它常見問題

問：葛森療法是全素飲食療法嗎？

答：不是。當初葛森醫師會根據病人情況，在有需要時個別加入大量的茅屋起士／奶酪（Cottage Cheese / pot cheese）、白脫牛奶／酪乳／酪漿（buttermilk）、牛奶、魚、牛油／黃油／奶油（butter）、雞蛋、有時候甚至是生肉。所以葛森療法並非全素飲食。每位患者請向葛醫諮詢您的個人化飲食清單。

問：為什麼不先蒸一下蔬菜，再把蒸蔬菜後鍋底的汁加入湯中，而選擇用長時間把蔬菜煮透的小火慢煮法？

答：葛森醫師特別明確指示，要盡可能用最低的溫度來烹調蔬菜。高溫——像蒸氣的溫度比煮沸的水溫還高，會改變營養物質中的膠狀結構，尤其是蛋白質和礦物質，導致物質難以消化及吸收。葛森醫師甚至建議在鍋底放一個散熱器，以便把溫度調至剛好可烹煮蔬菜的溫度後慢煮，直至完全煮熟為止。

這種慢煮方法並不會「把食物的營養煮掉」。唯一遭到破壞的營養物質是活性酶，酶（酵素）在溫度高於華氏 140 度（即攝氏 60 度）時就已死亡。不過鮮榨蔬果汁的含酶量豐富，病患可藉此彌補煮菜時所失去的酶。低溫慢煮可保存蛋白質、礦物質原有的結構及一些維生素。

想要先蒸菜再使用留在鍋底菜汁的人，應該要瞭解，如此做的話，有益的營養物質，尤其是礦物質，就會流失至水中，那麼煮熟的蔬菜就會毫無營養！這也解釋了為何蒸蔬菜都沒什麼味道的原因。另一個用低溫慢煮食物的原因，是要為患者的腸道提供「柔軟纖維」（煮透的纖維），以做為病患在葛森療程中大量生食和蔬果汁間的一個緩衝，讓患者的腸道能正常蠕動。

問：既然在葛森療程中使用了相當大量的 B_3 和 B_{12}，那麼可以使用綜合 B 群維生素補充劑來保持體內的維生素 B 平衡嗎？

答：葛森醫師的書中[1]提到，他曾為患者提供維生素 B_1 和 B_6，結果反而傷害了病人。葛森療程中大量的蔬果汁和新鮮的有機蔬食，已經足夠平衡體內所需要的維生素，因此不須額外的補充劑。

問：什麼時候才可以把大豆類食品加回飲食中？

答：簡短的答案是永遠不能。所有的大豆類產品（如豆腐、黃豆粉或豆醬）除了脂肪含量高外，還含有一種會阻礙人體吸收營養的物質。有大量研究已證實黃豆的毒性，即使是有機種植的。廣告大肆宣傳黃豆能預防乳癌的說法未經證實，而事實卻是恰恰相反：黃豆很可能會刺激惡性腫瘤的生長[2]。

問：適當的混合食物，並非混合澱粉和水果，此舉應該是有益健康的。為什麼在葛森療法中沒有使用？

答：混合食物若應用到美式日常飲食中，可能很有效，因為美式飲食的動物性蛋白質和鈉含量都偏高。既然葛森食物是素食，而所有的蔬菜都含有一定的澱粉量，因此沒必要也不可能把這兩種物質分開。

問：維生素 C 和 E 補充劑可以增強免疫系統，為什麼不服用？很明顯地，每天一杯柳橙汁根本不夠呀？

答：很多人都誤解只有柳橙汁才含有維生素 C，其實並非如此。葛森療程中的蔬果汁，其維生素 C 含量比柳橙汁更豐富，而葛森患者每天都會攝取大量的蔬果汁。沙拉和水果又進一步增加更多維生素 C 的攝取量。因此，葛森醫師根據患者情況給予額外的維生素。此外，我們發現藥廠製成的合成維生素和礦物質很難被人體吸收，甚至可能對人體有害。

問：馬鈴薯和番茄均屬於致命的茄科植物，很多飲食制度都禁止使用。為什麼它們是葛森療法最常用的食材？

答：它們並不是最常用的食材！最常用的食材是用來榨成果汁的胡蘿蔔、蘋果和綠色蔬菜。馬鈴薯非常營養，鉀含量和蛋白質含量都高，並且容易消化（比米飯更容易吸收）。番茄的營養價值也高，富含維生素和礦物質，包括類胡蘿蔔素。類胡蘿蔔素是種強大的抗氧化劑，近年被廣泛研究並被證實能夠增強免疫功能。[3] 其它屬於茄科家族的蔬菜，如青椒和茄子，同樣用於葛森飲食中，且從未顯示出有任何毒性。

問：患者一般出現突發好轉反應或治癒反應的次數是多少？

答：其實沒有「確切」的次數。只要身體需要治癒，這些反應就會出現。一般情況下，第一次治癒反應會在密集的全葛森療程開始後的第 6～8 天內出現；第二次反應一般在 6 星期後；第三次反應，通常也是最激烈的一次，一般會在第 3 至 3 個半月後出現。對於之前施行過化療的患者們，預計約在進入療程的第 6 個月後時，會出現所謂的化療反應（類似病人當初做化療時所出現的副作用，但力道較輕。）這些反應出現的時間並非固定的，只是建議患者預先做好心理準備，治癒反應有可能會在這些時間點出現，但真正出現的時機仍因人而異。

問：頭痛是好現象嗎？

答：當然不是。頭痛有可能是突發好轉反應的症狀，代表身體正在釋放過量的毒素。在這種情況下，患者應該多增加一次咖啡灌腸，以加速排毒的過程。在某些罕見的案例中，患者體內毒素含量太高，多做一次灌腸仍無法緩解頭痛，此時就得再額外多做一次或數次灌腸。

　　隨著自癒的進展，幾乎所有患者的頭痛都會永遠消失，即使他們的頭痛已持續多年。患者完成療程後若頭痛再次發作，很有可能又接觸到有毒物質

或吃了不當的食物，因此往後必須避免這些物質及食物！

問：何時患者才會開始感覺好一點並有更多的精力？

答：幾乎所有患者，包括那些非常虛弱的，都會在進行療法 1 週後感覺好多了。疼痛減輕、食慾恢復及睡眠品質改善；有些病人的腫瘤甚至縮減或軟化。這些轉變大幅提升了患者的心理狀況。但同時也是個信號，預告著病患們，治癒反應即將要出現了，到時候患者會有好幾天感覺不適。真正的精力提升通常會在第 3～6 個月內出現，這點得根據患者的情況和年齡而定。在那個時間點，休息仍然是患者首重的任務，不應該參與太多活動！重建的體力必須保留給身體自癒，什麼都別做！往後會有很多時間讓患者鍛練肌肉，及彌補失去的運動時間。太早開始運動，將導致嚴重後果（如：病情退步）。

問：葛森患者能用多少恢復的精力來做運動？他們不需要把所有精力保留給自癒吧？

答：這點全看患者的情況而定，建議患者在任何情況下都要特別謹慎。先從最壞的情況開始假設，癌症末期病患在首幾個月內，最重要的是全面休息（即：不做任何運動）。這類的患者來到葛森診所時，常會感覺到體力下滑，故認為是因為缺乏（動物性）蛋白質的關係。當然，這是不正確的。葛森食物中含有豐富且容易吸收的植物性蛋白質，完全足夠補充患者的營養需求。

　　患者最初出現的虛弱症狀，是不同的治癒過程所造成的：從身體組織釋放出來的毒素和被摧毀的腫瘤組織，在排出體外之前在血液中循環著。此時身體開始進行自癒，顯然需要耗盡體力。這類的癌末病患們，他們必須完全禁止運動至少 3～5 個月。在第 6 個月後，病患通常會體驗到一波洶湧而來的精力。此時，更要限制運動，這點相當重要，若錯誤地使用這股重新獲得的體力，反而會嚴重減弱自癒的過程。

　　建議患者可從不超過 5 分鐘的散步開始運動，並且只在溫和的天氣進行（即：不可在酷熱的夏天，也不可在寒風凜冽的冬天進行）。開始 5 分鐘的

散步3至4週後，可謹慎地增加至10分鐘。或者也可從在小型彈跳床（蹦床）上運動開始，但只在不移動身體的情況下，做提起和放下腳跟的動作12次，之後緩慢地原地踏步。

康復中的患者可以逐漸增加運動量，但一旦感覺非常疲倦，在休息後也無法恢復時，必須立即減少運動量至之前患者覺得舒服的程度。柔和的瑜伽，或氣功這類的運動，也可能令病患感到疲累。無論患者感覺有多好，絕對不能因為想運動而拋棄自癒。當患者徹底復原後，到時候再重建肌力，將是易如反掌的事。

問：為什麼患者要盡量避免感冒？感冒或輕微的流感，應該不會對病患們造成太大的傷害吧？

答：我們必須假設，罹癌的人，他們的免疫系統已被嚴重破壞且非常虛弱，否則，患者根本不可能會罹癌！但施行密集的葛森療法，患者的免疫系統會及時重建。但是，所說的「及時」，可能要整整一年之久，直到那時候，由病毒感染而引起的感冒和流感，對患者來說都是危險的，因為恢復中的免疫系統尚未完成重建，還未有足夠的能力對抗病毒。

除此之外，病毒會入侵健康的細胞，改變健康細胞的基因，就像癌細胞改變正常細胞的基因一樣。這些被改變的基因稱為致癌基因。若患者在免疫系統重建至能有效抵抗病毒前感染了病毒，患者的性命即隨之受到威脅，此時必須使用臭氧、額外的免疫增強劑，如硒，及更多不同的方法進行治療。因此，預防感冒非常重要。千萬別讓患者接觸到任何患有感冒或流感的人士，尤其是幼童！

※警告：即使患者從感冒或流感中完全康復，腫瘤組織仍有可能復發及生長。

問：我瞭解咖啡灌腸的目的不在清宿便，雖然它也可做到，尤其是在 1 天灌 5 次的慣例下。那麼為何還是得口服那可怕的蓖麻油呢？

答：重症的癌症患者體內通常有大量毒性的腫瘤組織。恢復中的免疫系統會攻擊這些毒性組織再排出體外，此時，大量毒素被釋放至血液中，肝臟收集後釋放至小腸，最終排出體外。

大部分的人並不理解，從肝膽系統釋放出的毒素，再傳送到肛門後排出，需要很長時間，就算即使每天 5 次灌腸，身體仍然無可避免地會再次吸收部分毒素。蓖麻油灌腸能夠補救這個情況。

蓖麻油不僅能清理結腸，還可快速清理整條腸道，特別是會再次吸收毒素的小腸。此清腸方法對非癌症患者也有益處，因為在我們生活的文明世界中，處處充滿了毒機，致使每人體內多少都有大量的有毒物質，也需要經常排毒。非癌症病患們不用蓖麻油灌腸也可順利復原，但使用口服蓖麻油這個額外的排毒法，可加快治癒的速度。

問：既然葛森療法有如此卓越療效，為什麼不被醫學權威所認可？

答：眾所皆知，現今的主流醫療體系都被國際大藥廠所掌控。他們甚至通過捐款來控制醫學院，醫學院學生所學的知識就是：藥物、藥物、及用更多的藥物來抑制症狀。藥物永遠不能治癒疾病，藥物只會導致慢性退化性疾病變成「不治之症」。

葛森療法堅持不用藥，與藥物銷售完全劃清界線，只針對身體隱藏的根本病因進行治療，如：受到干擾的整體代謝系統、低下的免疫系統及重要器官的受損等等。如此病人的整體及其隱藏的健康問題才可被「治癒」並真正恢復健康。問題是，大藥廠們無法透過天然的有機食物賺取豐厚的利潤，如一大袋胡蘿蔔，因此他們會盡全力，花最多的時間打壓以營養為基礎的治療。因為他們知道大眾已開始慢慢覺醒。

問:有很多不同類型的癌症,葛森療法如何能適用於所有癌症?療程不能科別化嗎?

答:當身體受到毒素、持續地刺激、遺傳因素或其它原因嚴重損害時,通常最脆弱的部分就會崩潰。結果引發不正常細胞生長,這種細胞就是癌細胞,因此癌症才有遍及全身的各種類型。

不過葛森療法是針對整體的。藉由恢復身體的防禦系統,讓身體有能力攻擊和摧毀惡性組織。惡性組織原本就和正常組織不同,健康的免疫可辨識出這些不正常組織,做出回應,殺死並清除它們,不管它們的名稱、來源或原發部位!

當然,療程會根據每位病患的需求精確地微調療程,除此之外,絕對不能讓療法以單一科別來治療,科別化是個錯誤。療法的精神是在重建免疫系統的同時,也治癒身體的各個系統,包括平衡礦物質、荷爾蒙系統、及重要器官等,只有這樣才能確保證患者真正地痊癒。

問:可以替兒童施行葛森療法嗎?療法要調減至什麼程度才適合他們?

答:適合。兒童對葛森療法的反應非常好,例如《A Cancer Therapy: Results of Fifty Cases》[4] 一書中的第 15 個例子,患者是一位 8 個月大的男嬰。自此之後,我們有很多成功案例,由嬰兒到青少年。營養補充品的減量必須依據兒童們的體重計算,他們可以喝蔬果汁,甚至得用奶瓶餵蔬果汁都可行。至於咖啡灌腸,通常 2～3 歲以下不需施行。

問:嬰兒要多大才可以喝純胡蘿蔔汁?

答:有些嬰兒會對母親生病時的母乳、羊奶、豆漿及配方奶粉過敏。這類的嬰兒從數週大時,就只喝有機純胡蘿蔔汁。蔬果汁可提供嬰兒們所需的所有營養,而喝純胡蘿蔔汁的嬰兒們都健康地長大。

問：有些患者懼怕針頭，為什麼他們不能以口服維生素 B12 和肝臟萃取物膠囊取代呢？

答：害怕針頭的人，令人驚訝的是，他們卻不害怕攝取各種毒素，包括尼古丁、酒精及各式各樣有毒的止痛藥及藥物。問題是當這類型的人病危時，身體已經嚴重枯竭，口服的方式不足以彌補體內的營養不足以停止癌細胞的增長。

還有另一個問題，幾乎所有人都很難吸收我們已在使用的肝萃取膠囊（劑量並不夠），及目的在提升健康紅血球產量的維生素 B12。若要良好地吸收口服維生素 B12，身體需要一種所謂的「內具因素」，但只有少數人有，所以只有通過肌肉注射，身體才能更快及有效地吸收維生素 B12。

順道一提，若將維生素 B12 正確地注射於「臀中肌（gluteus medius）」（如葛森醫師的指示），非「臀大肌（gluteus maximus）」中（大多數醫生及護士的錯誤做法），其實並不會感到疼痛。

問：甜菜根一般被認為是種很健康的蔬菜，為何沒有加入蔬果汁中？

答：甜菜根的確是健康的蔬菜，是可食用的。但葛森醫師之所以避免用它來榨汁，是因為甜菜根非常甜（某些類型的甜菜根會被用來製成糖。而且甜菜根具強大的清潔力，葛森病患已在進行系統式排毒，故不應該再被給予任何額外的排毒物質。不過，偶爾吃些少量的甜菜根，並不會對患者造成傷害。

問：現今，即使是有機種植的蔬果，其營養含量已大不如前。難道患者不應該額外補充維生素和礦物質嗎？

答：不可否認，現今有機產品的營養價值的確大不如前。然而，藥廠們製造的補充品，內含的合成維生素和礦物質，幾乎全都難以吸收。甚至有些還會徹底破壞健康[5]，如維生素 A 和 E 及多種維生素 B 等。魚油和大豆油中可找

到維生素 A 和 E。但這兩種油都必須迴避，因為油脂類物質會刺激腫瘤的增長。維生素 B 群中唯一重要的，就是 B_3（菸鹼酸）和 B_{12}。其它的則會干擾身體的新陳代謝；葛森醫師發現到它們會對患者造成傷害。

即使現今有機食物的營養價值含量較低，但每天喝 13 杯現榨的蔬果汁，已足夠讓患者體內注滿鮮活的維生素和礦物質，此活性形式，再虛弱的身體也能吸收，並以巨量供應，足以補充虛弱受損的器官。製藥廠的維生素和礦物質，甚至是由植物提煉而出的「有機」類，通常都無法或不易被人體吸收，於是部分進入了體內系統。這種情況會造成新的失衡。

問：為什麼以葛森治癒的病人，過了 1～2 年還不能開始吃正常的飲食？

答：理論上，「已康復」的患者可以吃「正常」的飲食，但什麼才是「正常」？意思是罐裝的、瓶裝的、含有化學性保鮮劑的、人造調味劑的、含色素的、冷凍的食物才算正常飲食嗎？大部分病患再也不會想吃這些食物，他們知道那些不是健康食物，也不是「正常」食物。復原的病患們再也不願意吃那些當初導致他們生病的食物了！下一個問題是：怎樣才算真正的「已康復」患者？我們如何知道患者的器官已完全恢復？或是在吃下那些有毒的人造食物後，免疫系統還能正常運作？患者身體的防禦系統會再次崩潰或衰弱嗎？多快會再崩潰？這些都是未知數。

有愈來愈多資訊顯示肉類及所有的動物性食品（如：乳酪及所有的乳製品、魚、家禽和雞蛋……等），都受到高溫破壞，結果蛋白質在很大程度上，已變成對人體有害，而不是提供人體健康的營養[6]。然而，由有機生乳製造的無脂優格（酸奶）是葛森療法中很重要的一環，大部分的病人在療程開始的第 6 週後，或在葛醫的指示下開始食用。

問：已康復者在生活方式上應該有什麼改變？

答：患者必須謹記，家用化學品（如，清潔劑、漂白水、溶劑、拋光劑和油漆……等）都具毒性[7]，必須避免使用。同樣地，還有很多物質——事實上

是大部分——塗到皮膚上的化妝品也有毒，它們會經由皮膚進入血液[8]，應該禁用。特別有害的是腋下除臭劑、除臭乳膏和止汗膏[9]。健康的汗液是無臭的，身體以出汗的方式將毒素排出體外；人為的止汗會強逼毒素回到淋巴系統中。（見第五章〈體內防禦系統的全線崩潰〉，第89頁。）

問：葛森療法需要做多久？需要多久腫瘤才會消失？需要多久疼痛才會消失？需要多久我才可以做運動？需要多久我才可以任意吃我愛吃的？

答：所有「需要多久」的問題都沒有確定答案。全看病患的病況而定。如：腫瘤有多大？癌症擴散的程度？患者的年齡？患者接受過的藥物或手術？患者之前吃下的垃圾食品、是否吸菸、及其它自毀習慣對身體造成的損害程度？患者和家人是否完全謹遵療程，日復一日，直到痊癒？

要用幾週或幾個月的確切時間點來回答以上的問題是不可能的，但有一個大致的答案可供參考。分享一下我兒子霍華德在美國海軍服役時學到的。當時海水高漲，他面對到得暫時被迫掛在潛水艇橋的可能性時，他問了個問題，「我憋氣要憋多久？」他那不太確定答案的資深長官，停頓幾秒後走近發問的這位新兵，簡單說了一句，「憋到你憋不住為止！」

問：純胡蘿蔔汁含糖量高。我們從多個資料上聽說了純胡蘿蔔汁會助長腫瘤，真的嗎？

答：所有的水果和許多蔬菜都含有複合碳水化合物，其實並不是真正的糖，而是人體所需營養的基礎。與一些醫師宣稱的錯誤說法剛好相反，純胡蘿蔔汁不會助長腫瘤。如果胡蘿蔔會助長腫瘤，那麼葛森療法會害死所有的患者！

事實上，純胡蘿蔔汁在治療中扮演著非常重要的角色。它不但不會傷害患者，反而供應了大量的 β 胡蘿蔔素，在體內轉化成維生素A與其它多種維生素[10]。除此之外，純胡蘿蔔汁是礦物質最完整的來源之一，含有很多重要且容易吸收的礦物質。純胡蘿蔔汁甚至含有高植物性蛋白質，是營養及治

療的最好食材。

問：在兩年的療程中一直進行灌腸，會讓我變得永久依賴灌腸嗎？

答：當然不會！請記住，灌腸的目的不在清除腸內的糞便；事實上，灌腸液只會到達部分的結腸，且不影響排便。這點解釋了為何有些葛森患者能在兩次灌腸間正常排便的原因。若患者在開始療法前就有便祕問題，只要肝臟和大腸完全復原後，患者也會開始正常的「例行」排便。

例行的灌腸不會威脅到康復病患的例行排便。在大多數的例子中，當療法進入尾聲時，患者的排便情況也自然地回復正常。在特殊情況下，若患者無法自行排便，最糟的情況，就是每天早上進行一次咖啡灌腸液為1/2濃度的灌腸。引用葛森醫師強調的原則：「每天一定要排便！」[11]

問：既然葛森療法只允許少量的動物性製品，我可以從哪裡獲取蛋白質？

答：認為所有的蛋白質都來自動物性製品是錯誤的想法。相反地，大部分蔬菜都含有足夠且容易消化吸收的蛋白質。這些特質讓患者康復，而不是讓腫瘤組織增長、引發關節炎、損害腎臟，及導致其它因為過量食用動物性蛋白質而引起的健康問題。葛森療法的骨幹之一──純胡蘿蔔汁，具高蛋白質；還有馬鈴薯、燕麥及大部分的蔬菜都含有蛋白質。

參考資料

1. M. Gerson, *A Cancer Therapy: Results of Fifty Cases and The Cure of Advanced Cancer by Diet Therapy: A Summary of Thirty Years of Clinical Experimentation*, 6th ed.(San Diego, CA: Gerson Institute, 1999), Appendix II, p. 418.
2. G. Matrone, et al., "Effect of Genistin on Growth and Development of the Male Mouse," *Journal of Nutrition*(1956): 235-240.
3. "Tomatoes, Tomato-Based Products, Lycopene, and Cancer: Review of the Epidemiologic Literature," *Journal of the National Cancer Institute* 91(4)(Feb. 17, 1999): 317-331.
4. Note 1(Gerson), supra, p. 306.
5. Ibid., Appendix II.
6. T. Colin Campbell and Thomas M. Campbell II, *The China Study: Startling Implications for Diet, Weight Loss and Long-term Health*(Dallas: BenBella Books, 2005).
7. "Toxic Household Products," University of California, Santa Barbara Tenants Association(http://orgs.sa.ucsb.edu/tenants/hot_topics_files/ safe%20chemicals.pdf).
8. Molly M. Ginty, "FDA Failing to Remove Toxic Chemicals from Cosmetics" (posted Jun. 1, 2004), Health & Environment, Organic Consumers Association (www.organicconsumers.org/bodycare/ fda060104.cfm).
9. K. McGrath, "An earlier age of breast cancer diagnosis related to more frequent use of antiperspirants/deodorants and underarm shaving," *European Journal of Cancer Prevention* 12(6)(December 2003): 479-485.
10. Treatment-induced damage to the tumor microenvironment promotes prostate cancer therapy resistance through WNT16B." By Yu Sun, et al. *Nature Medicine*: 18, 1359–1368(2012)05 August 2012.
11. Personal communication from Dr. Gerson to Charlotte Gerson.

第廿五章

葛森療法後的生活

到目前為止，患者應該清楚地瞭解到：選擇葛森療法治療危及生命的惡疾，來重獲健康，是個漫長而艱難的過程，需要勇氣、耐心及毅力。當然也是值得患者努力不懈的。除了能擊敗潛在的健康殺手之外，葛森療法還是對未來長期性永保健康的一項偉大投資。我們有眾多患者康復的記錄，這些病患們都享受著完美的健康並精力充沛，即使他們的年紀早超過了一般人認為開始會有各式各樣疾病上身，及精神體力上的全方位衰弱期。並沒有很多療法能稱得上是生命的救星，或具有如此強大的回春力。

選擇適當的時機脫離葛森療法需要謹慎地處理。如何決定正確的時間點是個棘手的課題。過快地停止療法，也就是在體內所有的重要器官都還未恢復前就停止療法，是個巨大的錯誤，這麼做很可能會導致復發。

在葛森醫師那個年代，罹癌後重建身體的防禦系統約需18個月的時間；但在今日，18個月已不夠了。世界大環境無限制地變得愈來愈毒，目前人類的身體狀況與半個世紀前相比，遭到更嚴重的損壞。因此癌症患者需要做整整兩年的療法來達到康復。即便兩年的時間，對於那些在進行葛森療程前已施打過化療的患者來說，也可能是不夠的；然而要為這類的病患設定一個時間點是有困難的。（見第二十章〈修改療程——適用於曾接受化療及嚴重虛弱的病患〉，第228頁）

葛森療法對於患有非惡性的慢性退化性疾病者有良好的療效（見第廿一章〈非惡性疾病的葛森療程〉，第233頁）。非惡性疾病的患者可在1年或是18個月內完全康復，與癌症病患們相比，非惡性慢性病患者的療程要求較不苛求。

過快地停止療法是危險的，但持續施做療法過長的時間似乎不會有害。停止療法的過程必須是循序漸進的。當一切進展順利，果汁、灌腸及營養補充品將慢慢地逐步減量（請參考表19-1「一般癌症患者的小時制療程表」第224頁；表20-1「修改版小時制療程表——適用於曾接受化療及身體嚴重虛弱的患者」

第 230 頁；及表 21-1「非惡性病患者的小時制療程表」第 234 頁）。在兩年療程期滿前，病患們可能會減至一天喝 8 杯蔬果汁、一次灌腸。或是若患者的腸胃蠕動正常，一個星期 1 次或 2 次的灌腸。若此縮減的療程患者感覺舒服自在，且沒有出現頭痛、便祕及任何新症狀的話，果汁的量可減至每天 5 杯或 6 杯，同時灌腸的次數也相對應地減少。但作為一個「健康保險」，患者最好每天都不間斷地喝些新鮮榨製的有機蔬果汁，並終生持之以恆。

明智地飲食

將原有嚴格的飲食規則改為較隨意的規範時，也同樣得小心。在治療過程中，身體已經習慣了最好的營養：新鮮、純淨、可口、易消化的有機蔬食，並為身體的健康及體魄提供了所有必要的營養。把這樣一個有益於健康的飲食轉換成所謂的正常飲食──重肉類、家禽、乳酪及富含化學物質的方便性食品──絕對是個嚴重錯誤，並對健康有著高危害的風險。

根據我們的經驗，已康復病患們的體內系統都「清潔溜溜」了，不會被這類食物所誘惑，即使他們在長時間的療程中曾垂涎過某些「禁止的食物」。但在經過了無鹽的葛森飲食洗禮後，患者的味蕾已經從因為過往的高鹽食物而導致麻痺的狀態中恢復了。現在這些已康復者都不喜歡鹹的食物，有些甚至還覺得反感。（類似戒菸後的癮君子，根本無法待在有菸味的室內，更別說再度吸菸了。）

當然，一旦康復的患者，身體處於真正的良好狀態，體內各個系統也運行順暢，是可以去參加宴會、婚禮或是生日派對，稍稍「狂歡大吃」一下。但在這之後的數日內，必須每日服用消化酵素，並每天進行一次灌腸，以排除廢物。千萬別將灌腸桶給扔掉。用葛森的說法，「上下顛倒的咖啡」，在你有頭痛，牙痛或是有感冒前兆，或是一般的全身乏力時，都能幫助減緩症狀。同時，保留你的諾沃克榨汁機或是其它型號的榨汁機，隨時用來榨製新鮮的有機生蔬汁，千萬別改成瓶裝蔬果汁，因為瓶裝的蔬果汁無法協助你維持健康。

之前曾病得非常嚴重的患者，必須特別採取預防措施來維持重獲的健

康。我們建議，無論這些病患們脫離療法的時間有多長，他們都應該回去施行密集的全套療程，頻率為每年2次，每次為期2週。（春季與秋季，是每年的換季期，也是最合適的時間點。）

在這2週內，已康復者每天應喝10到13杯蔬果汁，只吃新鮮現做的有機食物，禁食動物性蛋白質，每天灌腸3次或者更多次。如果這麼做時，有出現已康復者可立即辨識的治癒（好轉）反應時，那他們的身體很明顯地，正在清理某些新形成的有害物質，那麼密集的全套療程就得再延長2週。然而，若已康復者沒有出現新症狀，代表他們的健康良好，在2週後即可停止此「更新程序」。

維持健康的藝術

原本葛森醫師建議，為維持良好的健康，康復後的病患們應該確保他們的飲食中75%為「保護型」食物——亦即含有豐富的營養、維生素、礦物質及酵素的有機水果和蔬菜——以維持免疫系統的最佳狀態。剩下25%的食物為「任君選擇」。可惜的是，這樣的比例分配已不適用，因為任選的食物很可能傷害性太大。因此我們力勸前病患們，飲食中維持90%的「保護型」食物，最多只攝取10%的任選食物。

即便如此，病患們永遠都不該再回去吃速食、含農藥、食品添加劑及其它有毒物質的垃圾食物。當然不能再吃像熱狗、加了香料的肉，及加了防腐劑或乳酪的香腸——這類之前毀掉患者們健康的食物。但是，若犯了一些嚴重的、輕率的飲食錯誤後，回到為期幾週的密集全套療程是明智的，因為可清理體內系統，千萬別冒著長期損害健康的風險。顯然地，飲酒也值得已康復者特別注意；已康復者可喝一點點酒，偶一為之，但是酒必須是有機的。市面販售的葡萄酒，都是使用被頻繁噴灑農藥的葡萄所釀製而出，已康復者禁止飲用。

當你知道什麼該避免什麼該堅持時，維持健康的方法很快就會成為一個簡單且愉悅的慣例。對於許多人的疑問，「施行葛森療法後還可享受人生嗎？」答案清晰可見，那就是——「當然可以！」

第三部

不可或缺的各項補充

為了使葛森療法達到最好的療效,接下來的章節將包含許多建議、資訊以及特別精選的鼓勵,以加速您的自癒。到目前為止,我們都專注於身體的照護及治療上。然而,身體、思想、情緒及心靈是不能被分割的,他們是整個機體的一部分,必須被同等對待。

第三部將涵蓋有關葛森患者心理上需求的豐富資訊,及能夠幫助患者克服壓力和緊張的簡單技巧。還有一個重要章節,詳細地介紹了如何從葛森療法的角度,學習分析自己的血液和尿液檢測結果,以監控自己的進展。因為葛森對報告的解讀,與對症療法的評估是不同的。

最後,你還會讀到很多之前罹患了各種晚期及末期癌症患者的康復故事,他們全都成功地以葛森療法重獲健康,並一直過著健康有活力的生活。其中還包括了幾位最新收錄的華人故事。為了鼓勵你與這些患者一樣,並且能夠享用各種美味的葛森餐,我們也提供了近百頁的葛森食譜。這個食譜寶庫中,全是久經考驗的葛森餐點,是我們以熱情與愛,精心為您挑選的。

第廿六章

對葛森患者的心理支援

貝塔・比莎（Beata Bishop）

貝塔・比莎是名很有經驗的心理治療師及諮詢師。也是完全康復的葛森癌症患者。她從1983年開始協助過眾多罹患癌症及其它嚴重退化性疾病的患者。

　　葛森患者以及其它對療法感興趣的人常會好奇，有關心理治療的方法，除了一兩項參考資料外，為何在葛森醫師那本劃時代的書[1]中並未提到。其實明顯遺漏了心理治療的原因很簡單。一個原因，葛森醫師是以一位醫生的觀點寫他那本書，並未考慮到其它因素。另一個原因，腫瘤心理學是心理學的一個分支，專門針對癌症患者心靈上的照護，是在1960年代早期，即葛森醫師過世後才自成一系。然而，腫瘤心理學如今已經成為一門重要的專科，必須加入任何自稱為整體性癌症治療法的療程中。

　　整體醫學的基礎理論認為，身體與心靈如同硬幣的正反面，是密不可分的。它們會一同生病，所以必須一起治療；當其中一方不管受到什麼影響時，另一方也會被影響。這與葛森療法特別有關，因為葛森療法的強大療效會超越身體，並進入病人的心理層面。

　　當患者的身體在排毒時，蔬果汁、葛森餐及咖啡灌腸這三者結合的效果，會到達腦部及中樞神經系統，引發患者們強烈的情緒反應、情緒會不穩定，並出現異常行為。光靠這點我們就知道，在康復之路上有關心理的部分，必須被正確瞭解，並適當應對。忽視這部分會增加某些被壓抑的心理問題的風險，進而破壞了治療的過程。

　　由於身體和心靈在我們的生命中無時無刻都在相互作用相互影響著，

因此確保維持它們的良好狀態是有道理的。葛森療法治療身體，但在患者的精神上、內心世界及想法呢？難道讓它們保持健康真有那麼重要嗎？答案是YES，以下為其原因。

有明確的科學證據證明，我們的心情、情緒及人生觀，對我們的免疫系統有著直接且一定的影響。證據來自於心理神經免疫學（psychoneuroimmunology），這是一個新的醫學領域，自1970年代晚期開始迅速發展，它的發展，要歸功於醫學界對腦中的化學物及生物體細胞間的微妙連結有了更深的認識。

簡要地說，也就是腦部及中樞神經系統的邊緣系統，會釋放出某些特定的荷爾蒙至遍布於全身的受體上，促使這些受體再釋放出其它荷爾蒙。這些荷爾蒙的品質決定了免疫系統是否被提升或被減弱、運作中或休眠中。而這些荷爾蒙的品質又取決於我們的情緒、當時的心情、信念、及對自己的看法。

積極、充滿希望、有決心的態度可增強免疫力，而消極、絕望及恐懼則會削弱免疫力。一個造成心靈創傷的事件或持續性地憂鬱，會壓抑我們的細胞，干亂它們的正常功能。由此看來，我們的每一個想法與感受，都可被視為一種生化反應。根據內啡肽的共同發現者，神經學家坎迪斯·佩特（Candace Pert）醫生[2]的說法，「細胞是有意識的，會互相溝通，進而影響了我們的情緒及選擇。」同樣地，我們的情緒及信念，也會影響到我們細胞的活動。

恐懼是敵人

身為一名已康復的葛森病患及專業的心理治療師，我非常瞭解在被確診癌症時的那種崩潰感。罹癌對精神上造成的創傷，會引發一連串強烈的情緒：恐慌、震驚、憤怒、絕望、麻木、腦中一片空白。更糟的是，患者還會出現孤立感，彷彿因為罹癌，就讓他們被隔離於人群外，再也無法過著原有的正常生活。還有最強烈最排山倒海般的感覺就是恐懼。除了我親身經歷過外，在過去的23年中，我也接觸過很多癌症病患，所以我非常瞭解這種深

刻的恐懼感。雖然還有很多其它危及生命的疾病，但應該沒有任何一種像癌症一樣，會帶給人們那種渺小、虛弱及絕望的恐懼感。

人們會這麼害怕癌症是有原因的。一是癌症的病發率正在增長。多數人都聽說過某人或誰誰誰，在忍受過無數次有可怕副作用且沒有治癒希望的激烈治療後，仍然死於癌症的故事。所以一旦被確診罹癌時，發現自己突然面臨到同樣的「癌症等於死刑」的命運，的確是相當可怕的。

再者，被確診罹癌時，會產生一種非理性的恐懼感，這種恐懼來自於癌細胞被解釋為入侵者，是邪惡的外來物質，會破壞我們身體的防禦系統，並在我們體內不受控制地擴散增長，最終帶走我們的生命。驚慌失措的患者們完全失去理智，不知道其實腫瘤並非來自外界，而是來自於他們故障的身體，身體中原本「循規蹈矩」的細胞機制已完全瓦解。

醫生們宣布癌症確診的方式，往往讓震驚的病患們感覺更糟。因為醫生們並未在溝通學上正式受訓過，他們不喜歡宣布壞消息，於是變得疏離、無感及冷漠以保護自己。但當病患被宣告罹癌的那一刻，正是患者們最需要溫暖的安慰及支持時。若之後病患開始出入醫院接受治療，對相繼出現的依賴感、失去自主性和隱私的曝光，會讓病人感覺前景更黯淡。患者變成被動的受害者，對於施行於他們身上的治療方法，沒有說「不」的權利。偉大的思想家及作家伊凡‧伊里奇（Ivan Illich）曾說過：「現代醫學在生物工程師的操控下，將患者變成了跛腳被迷惑的偷窺者（Modern medicine turns the patient into a limp and mystified voyeur in the grip of bio-engineers）。」[3]

以上的觀察適用於被確診癌症後，接受主流醫學治療的患者。由於幾乎所有的病患都在主流醫療失敗後才進行葛森療法，因此瞭解他們沮喪恐懼的心情是很重要的，並且必須立即處理。基於人類的天性，我們的同情心及關心，會讓我們試著消除患者的恐懼和絕望感。同等重要地，心理神經免疫學發現到，迅速消除患者排山倒海般的情緒負荷，引領患者走出悲觀並轉向積極的人生觀，是很有醫學性的理由。古希臘哲學家柏拉圖在2千多年前曾寫道：「不要企圖治癒沒有靈魂的身體（No attempt should be made to cure the body without the soul）。」這句話來自於難以想像的遙遠時代，但卻是身體與心靈在自癒之旅上密不可分的有力背書！

若在患者的內心深處有某種原因，造成患者不想活下去，就算療效經得起考驗的葛森療程也無法發揮功用。這個「某種原因」可能與被確診癌症無關。而可能與人生早期中，某件幾乎已被遺忘的情感創傷、或失去某位重要的人、或極度地厭惡仇恨某人、或者與某位愛人有未完成的遺憾……有關。我們可能還得幫助那些有所謂「癌症傾向個性（cancer-prone personality）」的患者。「癌症傾向個性」是由勞倫斯・樂山（Lawrence LeShan）[4] 所定義的，他是研究惡性疾病中身心相關學的先鋒。

樂山也被稱為「心理腫瘤學之父（the father of psycho-oncology）」，他總結他幾十年的觀察結果，發現某些人格特質似乎容易罹患癌症。這些特質包括自卑、不太會表達憤怒、只想取悅他人而忽略自己的感受與需求、過度壓抑感情等。這種人他們真正的自我，已被「虛假的」自我所取代，可能在小時候為了確保獲得父母的肯定，而造就出如此的個性，而且被保留至成年後。

當然，不是所有的癌症患者都有這樣的個性，然而，在我協助受癌症折磨的人們時，卻常遇到具有上述特徵的患者。一般來說，對人生抱持消極悲觀者，確診罹癌就會使他們陷入絕望的谷底，心理神經免疫學已說過，這意味著削弱的免疫能力。

有觀察顯示，癌症通常出現於人生中的某些重大惡耗18個月至2年後，如：離婚、喪親、財務危機或失業，或結束一段重要的關係。與患者相處的經驗告訴我，這些難過的生命轉折事件，對患者來說只是壓垮免疫的最後一根稻草。患者們都曾長期處於一個無法負荷卻也不能改變的現實環境中。樂山和卡爾・西蒙頓醫生（Carl Simonton, MD）[5]，稱此情況為生活困境，並為其做了詳細的解述。

我所協助過的案例證實了心靈的力量。事實上那些感覺無法掙脫生活困境的患者，最終會到達根本不在乎自己是活著或死去的地步。就如同許多患者形容的「我感覺我緊繃到快要斷掉了（Something snapped inside me）。」我猜測這些人生中負面的重大轉折，消磨掉他們最後一縷的求生意志。

壓力的影響

有人常問我壓力會不會引發癌症。我認為壓力本身不會，但它可能是身體最終的額外負擔，將患者原本就已經虛弱，勉強運作的免疫系統推向崩潰的邊緣，致使免疫系統再也無法處理每一個生物體每天都會產生的大量不正常的變異細胞。當沒有一個運作良好的免疫系統作為身體永恆的警衛部隊來保護身體時，就沒有任何方法能阻止這些不正常的細胞邁入形成惡性腫瘤的進程了。

我們面對的是生物化學與情緒之間神祕的關連性，而人們才剛開始探索和瞭解此領域。主流醫學已有足夠的臨床證據證明，一個人的內在心態對於其生存與否至關重要。

舉個例子，英國研究者史蒂芬·格里爾（Stephen Greer）[6] 曾訪問一組已施行過乳房全切術 3 個月後的女性病患，想瞭解她們如何應對此種改變。他發現這些女性可分成四種類型：（一）鬥士精神，（二）否認一切，（三）堅忍認命，（四）絕望無助。而 5 年及 10 年後，具有鬥士精神的患者，有 80% 的比例仍舊活著，而絕望無助型的，卻只有 20% 比例的人還活著。此比例與任何醫療性的預測完全無關。

在美國，大衛·施皮格爾醫生（David Spiegel MD.）[7] 邀請了 36 位乳癌轉移的女性參加每週的交流分享會，為期一年。在分享會上她們可分享各自的擔憂與悲傷，相互鼓勵支持，讓他們的心態保持積極正面。而有 50 名女性患者的對照組則未參與類似的交流分享會。施皮格爾醫生只是想看看此種會面是否會提高患者的生活品質。令他驚奇的是，他發現有參與分享會的患者，比未參與的患者多活了 2 倍長的時間。

另一個有趣的省察來自於美國腫瘤學家伯尼·西格爾醫生（Bernie Siegel MD.）[8]，也是數本暢銷書的作者。他的暢銷書使大眾對身心在健康與疾病上的相關連，有了進一步的瞭解。西格爾醫師認為 15%～20% 的癌症患者們，有意識或潛意識地想死，毫不遲疑地想逃避生活困境；60%～70% 的患者則希望康復，但是他們很被動，期盼醫生幫他們做所有的治療。

然而，剩下的 15%～20% 的患者卻是例外的，他們拒絕當癌症的受害

者,他們研究自己的疾病,不會百依百順地聽從醫生的話,而是不斷地提問,要求擁有主控權,並作出明智的抉擇。套用西格爾醫生的話,「不合作的患者,他們是最可能康復的。」明顯地,這類型的病患,他們比溫順的患者擁有一個更有戰鬥力的免疫系統。

情緒的急救箱

有個簡單的方法可消除剛被宣告罹癌的患者們的絕望與孤獨感。首先,揭密此疾病,以自然的語氣公開討論,不要避免提到「癌症」這一個讓人害怕的名詞。計畫要做葛森療法的病患們所擁有的許多優勢之一,是他們已有明確的訊息及平穩的保證,「是的,有可能被治癒」,而不是僅能緩解症狀(主流醫學能做到的最好效果,只是緩解症狀)。

患者需要的是一個安全的空間,能讓他們發洩如暴風雨般的情緒,有人能不疾不徐、不帶任何主觀批評地聆聽他們的心聲——這是時間永遠都不夠用的醫生及護士們所無法給予的。過度快速地嘗試安慰患者,或是提供激勵的保證是個錯誤。這麼做時,會阻止患者表達他們內心真實的想法。應該讓他們自由暢快地說出自己的感受。

通常,我都會問病患一個相當重要的問題:「你想活下去嗎?」若回答「是」,我會再問:「你願意不顧一切地活下去嗎?」若再次堅定地回答「是」,便可確定患者的決心。但若患者猶豫不決地回答「是,但是……」那麼便暗示了此名病患還心意不定。可能他/她陷入了生活困境。若我繼續追問原因,總會從病患那裡得到類似的答案,「若我的生活還是像以前一樣,我不確定我想要活下去。」

要特別注意患者的「但是」,我們要探索其中涵意,確保不因為它而降低療效。患者在被確診前的18至24個月的生活也許能提供一些有價值的線索。是否有某些巨大的壓力或心靈創傷,驅使患者沉迷於酒精、藥物,或是其它會嚴重損害肝臟的毀壞性習慣呢?溫和的質疑往往能使我們辨識出一些生活困境。接下來的任務,便是證明除了死亡之外,還有其它方法。

上述方法有助於與病患建立起治療上的合作夥伴關係,而患者在此關係

中扮演著重要的角色。這對葛森療法來說輕而易舉，因為若沒有患者的積極合作，用葛森治療是不會成功的。若有患者告訴我們，與他們患有同樣疾病的人，有85%於3年內過世，我們建議病患要成為那15%的存活者。（我想起了有位令人欽佩的罹癌女性，她嬌小虛弱，當她被告知只剩下6個月的生命時，她爽朗地回答，「太好了，我還有6個月的時間好起來！」……她後來確實康復了，是藉著葛森療法治癒的。）我很喜歡樂山將患者的消極情緒轉變成積極情緒的心理治療方式。他提出的基本問題為，「什麼對你來說才是對的？你生存、依靠以及創作的特別方法是什麼？是什麼阻止了你表達內心的想法？你需要什麼來滿足自我？最重要的是，你在生命中想要做些什麼事？」[9]

一旦釐清這些基本問題後，就是替病患指出他們生命中能擁有的無窮潛力的時刻，但這些潛力，只有在患者採取行動，而不是只是空想，並開始為自己作出決定時才會發生。許多事能在短時間內達到。心理治療師的主要工具是他們的個性，及冷靜，值得信賴的代表。通常，這是在患者們罹癌後，他們困惑、混亂的世界中唯一的堅定支持。其它的工具，如：教導患者放鬆的技巧，簡單的冥想，以及專心於自癒的有創意的心靈視覺化，都應該由經過專業訓練過的諮詢師，或是心理治療師指導進行。（見第廿七章〈克服壓力和緊張〉，第285頁）

跨越第一道障礙

許多病患在主流醫學治療失敗後無比失望，失去了對西醫的信任，並且還留有很多嚴重的後遺症。接受葛森療程對這類的病患來說，是最後一場賭注，最後的奮力一搏。另一部分的患者在較早期，也是病情較不嚴重時選擇了葛森療法。這類型的病患，他們的病況有較少的無法逆轉的變化，但是他們的病情預測卻較不理想。

不管哪一類型的病患，他們都接納了對他們來說很陌生的治療，而葛森療程中很多項目一開始聽起來是非常古怪的。此外，他們也知道自己已跨出傳統醫學的限制，離開了有醫生、護理人員、醫院及醫生互薦的體制——一

個不能治癒他們，卻有著強勢權威的體系。

有些患者可能被他們的主治醫生無禮地駁回，只因為他們大膽地考慮著採用一個「未經證實」的替代性療法。有些患者則必須面對來自家人及朋友的壓力和質疑，因為他們拒絕接受這種聽起來很奇怪的療法，竟然有可能成功治療現代高科技醫學所無法醫治的疾病。

這種壓力讓患者身心俱疲。所以接下來的首要任務，就是要解釋清楚葛森療法是什麼，及為什麼能有療效的原因。大部分的人對主流醫學的對症下藥法很熟悉，也就是每種疾病都有相對應的藥，服藥後不是康復，就是死亡，但至少過程快速。

然而，葛森療法完全不同。患者必須努力不懈2年，遵守嚴格的規範，及完全改變原本所謂「正常」的生活方式。這一切聽起來都挺嚇人的，尤其又不能夠保證最後是成功的。此時，用認知的方式來帶領病患是最適當的。患者不需要醫學背景，就可瞭解為何重建免疫系統，比用放射線及毒藥雞尾酒（化療）更好。一旦患者掌握住葛森療法簡單但有力的邏輯後，信心便會倍增，樂意參與治療，並和葛醫成為盟友，站在同一戰線上，共同對抗疾病。

※註：若欲初步瞭解葛森療法，可觀賞3部電影式紀錄片：《美麗的真相》、《見證與勇氣》、《葛森奇蹟：讓癌症消失》。

堅持就有結果

葛森療法最令人吃驚的結果之一，就是患者病況的立即改善。在開始療程的數日內，患者的疼痛緩解，食慾開始恢復，睡眠品質提升。這些改變鼓舞了患者們的情緒，因為病患們在此之前的幾個月，或幾年，只體驗到病況的惡化及希望逐漸渺茫。但在開始葛森療法後，相反的情況開始發生，也立刻改變了「接近死亡」的氣氛。（至葛森診所探視的訪客們，都會驚訝於診所內輕鬆的氣氛及患者的好心情，用餐時間通常伴隨著此起彼落的爽朗笑聲，與一般治癌中心內沉重悲傷的氣氛恰恰相反。）顯然地，療法改變了患者的心情，此種輕鬆感也開始對提升免疫系統有益。

然而，治療的旅程才剛開始，對心理上支援的需求也才剛開始。患者將

要面臨徹底地改變生活方式，飲食以及日常作息至少 2 年。（非惡性疾病患者的所需時間較短。）無可避免地，貫徹葛森療程需要極大的決心與毅力。同樣無可避免地，在一段時間後，取而代之的是無聊及單調。此時，患者覺得受到限制，社交生活被剝奪，有時甚至會極度厭煩，想要放棄療法。出現這樣的情況時，最好不要駁斥患者的牢騷，相反地，同意患者這個過程的要求的確很高，限制多且單調沉悶。然後向患者指出到目前為止所出現的好結果，接著再問患者一些不近人情的問題，如：「那你寧願去做化療嗎？」或是「那好，你就放棄療法吧──然後呢？」問完後等待患者的回覆。總之，請記住，這樣的情況，也一定會過去。

枯燥可以通過閱讀、聽音樂、看 DVD 排解。一旦患者已經嘗試了自然療法，他們就會渴望瞭解更多。與其它葛森患者保持聯繫，或是培養新嗜好，或是在榨汁、灌腸及用餐間的空檔時閱讀，也能排解煩悶。

設定暫時的目標也是排解單調乏味的一個好方法。如：患者預計在 1 週內、1 個月內、及 3 個月內達到什麼樣的進展？目標必須實際可行。當達到目標時就慶祝一下。至於未達到的目標，可以修改或延後，但是請別以失敗註銷掉它們。

治療道路上的問題

食物對某些患者來說是棘手的問題。許多病患一接觸葛森飲食後，就立刻接受並且很享受；但是另一部分的患者卻並非如此。他們極力地表示有多厭惡葛森飲食，甚至拒絕吃下某些特定的重要食物。其實驅使他們這麼做的，是他們內心深處對某種不健康食物的留戀。通常，這些不健康的食物，是他們的母親在他們童年時期給他們吃的，這些食物代表了愛，就算是低品質的垃圾食品，也仍舊代表著愛。

如今，即使這些患者接受了葛森飲食是正確飲食的概念，但在內心深處的一個非理性層面，讓這些病患拒絕葛森飲食。這個問題的解決之道，就是提醒患者，葛森飲食是以食物當藥，葛森飲食不是永久的，現在接受它，是為未來作的必要投資。我發現用訂合約的做法很有效。這麼做時，病人們會

允諾並精心堅持葛森飲食 2 週，2 週內病人會發現到蔬果的多變滋味。若無意外，緊接而來的通常是病情的快速改善，此時再延長合約，也就變得輕而易舉。

當患者想要稍微破戒，淺嚐偶一為之的「美食」時，此時照顧者更需要以堅強的意志力及毅力制止。絕對不能允許患者違背葛森飲食規則，因為小破戒到底有多小？偶一為之的頻率會是多頻繁？一旦犯規破戒，療法的安全範疇就被破壞了，後果將不堪設想。即便如此，仍然需要以圓通及溫暖的親情來強制病患遵守葛森飲食規範，否則，作為照護者或是治療師的我們，在病患們的眼中，將變成只會說「你不可以⋯」的過度嚴苛的父母角色。

另外，就是關於突發排毒或是好轉反應的問題。出現這些反應時是不舒服或很難受的，但卻又得歡迎慶祝，因為這意味著患者的身體對治療有所反應。對於如何應對好轉反應的實際做法，我們已於第十八章〈瞭解好轉（治癒）反應〉，第 217 頁中詳述。至於在心理上的支援，應該事先向患者說明，在好轉反應時可能會出現的症狀，如此做時，在好轉反應開始出現時，患者就不會恐慌。

此時，能給予患者的最好支持，就是我們冷靜，及令人放心的存在，尤其是當患者好轉反應時，出現了生理症狀及隨之而來的行為變化。不可能在身體的生理排毒時，心靈不排毒的。當體內的毒素到達中樞神經系統時，會導致患者的奇怪反應與不像患者本人的行為（例如：生氣、易怒、劇烈的情緒起伏、具侵略性及莫名的指責⋯⋯等）。患者平時有禮的行為，此刻已被內心壓抑許久的情緒掃地出門。而此壓抑的情緒，很可能始於患者的童年。

患者成熟的一面在此時也會被暫時束之高閣，取而代之的是內心裡耍脾氣發怒的孩子，直到原本成熟的自己再度接管後，病患會懊悔並不停地道歉。（我有一位病患，將此現象稱為「葛森狂怒」，她說當她感覺到好轉反應快要出現時，她會預告家人，接下來的幾個小時或是幾天內，不論她做了什麼或是說了什麼，她仍然深愛著他們。）在這種情況下，同樣地，照顧者或治療師也得事先準備好，千萬別把病患此時的所作所為放在心上。它是治療過程中的一部分。不管您是什麼身分，對待患者時要保持冷靜、有愛心、穩定不變地等待患者內在情緒上的動盪消失。

當患者的身體與思維都復原時，就是該慢慢停止葛森療法的時候了，在停止前有項最後任務，是為了確保過程平順地進行。有些常問「葛森療法結束後有正常生活嗎？」的病患們，此時反而捨不得放下葛森式的日常生活。他們需要一段緩慢的患者「斷奶期」。此外，仍有一些維持健康的保養原則（見第廿五章〈葛森療法後的生活〉，第269頁），患者們應該在完成葛森療程後的餘生都固守，以保障他們好不容易重獲的健康。（在寫此章節時，我已經如此快樂地堅持了24年，而且完全沒有想要停止的念頭。）

另外，還要阻止急著想回到過去不良飲食習慣的患者們，因為這些飲食習慣，就是造成他們生病的主因之一。然而，依照慣例，任何這樣的誘惑都是短暫的。患者們此時的身體都已排毒，清理乾淨，被最佳的營養滋潤過。當他們再次碰觸到做療法時所朝思暮想的「正常食物」時，（也就是高脂肪、加了人工香料及調味劑的高鈉、重鹹食物），他們的身體會立刻自動倒退。如果患者的大腦不拒絕這些垃圾食物，他們的味蕾也會拒絕。

根據我的經驗，患者在康復後，不可能再回到得病前的生活。葛森療法會改變你，不只改變你的生活方式、飲食習慣，還會改變你的價值觀及人生觀。你不無要先死亡就已經重生，你可能會自發地決定要幫助其它走在同樣治療之路上的人，作為你對重獲新生的回報。

參考資料

1. M. Gerson, *A Cancer Therapy: Results of Fifty Cases and The Cure of Advanced Cancer by Diet Therapy: A Summary of Thirty Years of Clinical Experimentation*, 6th ed.(San Diego, CA: Gerson Institute, 1999).
2. Candace Pert, *Molecules of Emotion: The Science Behind Mind-Body Medicine* (New York: Simon & Schuster, Inc., 1997).
3. Ivan Illich, *Medical Nemesis: The Expropriation of Health*(New York:Pantheon Books, 1976).
4. Lawrence LeShan, *Cancer as a Turning Point* (New York: Plume, 1994).
5. Carl Simonton, MD, S. Matthews-Simonton and James L. Creighton,*Getting Well Again*(New York: Bantam Books, 1992).
6. Stephen Greer, "Mind-body research in psycho-oncology," *Advances* 15(4)(1999).
7. David Spiegel, MD, "Effect of psychosocial treatment on survival of patients with metastasized breast cancer," *The Lancet*(Oct. 14, 1989)) : 888-891.
8. Bernie Siegel, MD, *Love, Medicine & Miracles*(New York: Harper Perennial, 1998).
9. Note 4(LeShan), supra.

第廿七章

克服壓力和緊張

在前面的章節中,已解釋了人們的思維及身體在我們生活中是如何相互影響的。換句話說,我們的情緒、心情以及人生觀對我們的生理狀況有著明顯且直接的影響,尤其對自癒歷程中極重要的工具——免疫系統,影響最大。

充滿著希望、信心和決心的心態會加強免疫力;而害怕、絕望、憤恨和消極則相對削弱這種能力。壓力對健康也有害,因為它使整個機體處於一種高度緊張的狀態。人體,這個美好的有機體擁有自身的智慧,只有在處於放鬆、不緊張的狀態下,才能遵循自身的內部規則,節奏良好地運作。顯然,葛森療程對放鬆及無壓力的病人效果最好。畢竟食用最棒的食物、飲用最有益健康的蔬果汁是不夠的,這些食物必須被適當地消化及吸收,然而,焦慮和擔憂會嚴重破壞消化能力。

保持理智及平穩的情緒,摒棄壓力及恐懼,是葛森病患們每日必做的例行事務。幸運的是,有些簡單及愉悅的方法可協助病人達到目標。在本章中,我們將介紹一套全方位做法,請試用這些方法,再從中找到最適合自己的。

關注身體

身體的姿勢對我們內心的感受有極大影響,就像我們內心的感受常被身體的姿勢洩露一樣。當我們開心時,感覺像是走在雲端。而當我們痛苦時,我們的頭下垂,聳著肩,佝僂著背——這些姿勢會壓迫到我們的內臟,讓我們更加覺得愁雲慘霧。這些姿勢都應該完全杜絕。

無論是站立或是坐下,學著把你的脊椎挺直但不僵硬。(此時請稍稍靜

止,檢查你的脊椎此時處於什麼狀態。)坐著時,雙腳平置於地面,不要雙腿交叉;因為這麼做會阻礙血液循環且扭曲脊椎。走路時以臀部為支點,避免身體前傾得像是在推超市購物車一樣。把你的頭想成是外套架的鉤子,身體掛在上面鬆弛且舒服。肩膀是我們身體最容易緊張的部位,只要我們感覺有壓力時,肩膀就會往上聳起並前傾,看起來像是要保護胸部般。這種無意識動作的副作用,就是使焦慮的人們的脖子看起來很短。一位瑜伽老師曾說過一句令人難忘的話:「敞開你的胸膛,就代表著你向人生說 YES!」。

要確保你的肩膀位於他們應在的位置。做法:起身站直,儘量高聳你的肩膀使其接近耳垂,然後放鬆,彷彿他們是不必要的。此時肩膀停留的地方,就是他們最舒適的位置。請記得以後肩膀要保持在此處。

通過經常練習,對放鬆脖子及維持其柔軟度(還能使脖子變長!)有幫助。做法:緩慢地將頭從左轉到右,回正後再往後仰,再輕輕地低頭再後仰,並持續地放鬆下頜。以上動作先順時針方向,然後逆時針方向,每個動作重複 5 次。在任何時候你覺得自己又開始緊張了,若當時正好四周沒人時,請把自己想像成在一陣強風中隨風舞動的布娃娃般放鬆身體。

雙手也是容易緊張的部位,一旦我們緊張或憤怒時,雙手往往會握成拳頭。在老式的西部片中,當英雄們的指節發白時,我們就知道劇情要開始緊張了。事實上,任何人的指節都會因為恐懼而發白,而這是我們要避免的。當你的雙手在休息時,訓練自己張開手指。這可以有效防止手臂的緊繃。而緊繃的手臂會進一步引起全身的緊繃。如果你一開始做這動作時失敗了,無法放開拳頭的話,就假想你剛洗好手卻沒有毛巾,所以你得用力地從手腕處甩手。當你這麼做時,可感受到緊張正順著你的指尖流出。

呼吸也相當重要,因為呼吸是生命的基本狀態。沒有食物我們能存活相當長的一段時間;沒有水我們也能存活一段時間;但是沒有了呼吸,幾分鐘內就喪命。大多數人都忽略了這個極度重要的功能,直到我們從淺呼吸轉換成腹式深呼吸時才會體驗到。歌唱家、演說家、瑜伽練習者和運動員,都採用這種有鎮靜作用的呼吸法來提高身體的含氧量。

這方法本身非常簡單。做法:每次吸氣時,把胃往外推,讓空氣充滿肺部,以達到最高點的肺容量。每次呼氣時,深縮胃部,擠出不新鮮的空氣。

找到自己的節奏，每天練習數次，直到腹式呼吸變成你自然的呼吸方式。若一開始有些困難，就假想有個漂亮的氣球在你的腹部裡。你每次吸氣就是為它充氣，而每次呼氣它就會癟下去。不久，你將會訝異於以此較好的方式呼吸時，對你的整體狀況會有多大改變。

心智的力量

你的心態及想像力可以是你最棒的盟友，或是你最大的敵人，完全取決於你如何應用它們。當你積極正面時，你的想法及觀點能夠幫助重塑你整個人生觀、心情與感覺，進而提升你的健康及自癒力，而不是把你拖垮。能量及精力是跟著意念走的！

要達到最佳的心靈狀態有數種方法可試，所有的方法都是要你儘可能地放鬆，不讓緊繃的情緒干擾到你正嘗試著要做的事。其中最簡單的方法，是平躺於一個舒服但不會太軟的平坦處，雙手放鬆地置於身體兩側，閉上眼睛，開始緩緩地、深深地做腹式呼吸。每一次吸氣，就想像自己吸入的是充滿了祥和、活力及能量的絢麗光芒。每一次呼氣，則想像你正釋放著充滿了疲倦、緊張、疼痛或焦慮的骯髒且陰暗的濁氣。讓你的頭部和身體變得沉重，由地面來承受你的重量。從腳趾到頭頂徹底檢測你的身體，尋找體內任何緊張與僵硬的痕跡，然後釋放它們。確保放鬆你的下巴，讓你的舌頭輕鬆地抵住口腔上顎。保持這種祥和、放鬆和釋放感一段時間。

這種基本的「學習放下」是所有內在修心的習作，如：靜坐冥想、禱告（唸經）、心靈視覺化及禪定的關鍵步驟。每天至少練習兩次，不能被打斷，並遠離噪音及干擾，這會對你的心靈層面有很大改變，你身體的健康狀況也因而隨之被影響。

靜坐冥想是種可使永遠忙碌的大腦暫停的簡單方式，並使人們短暫地進入深度的寧靜及祥和。它可幫助人們逃離每日的現實面。然而需要練習，因為大腦是很難訓練的，它一直在導入思緒、片斷的想法及各種心靈上的垃圾。剛開始時，你可能覺得能靜止30秒已算很大的成就了。請別放棄！有很多方法可改善這種情況。

其中一個方法就是抓住入侵的想法，辨識它們，想像在每個想法繫上一個大氣球，再看著它們飄走。另一個方法則是從 1 數到 4 來提高專注力，用腦海裡的眼睛看著這些數字在黑幕上明亮且美麗地閃爍著，並重複數十次。你還可以在與視線平行處擺放一個時鐘，把所有注意力固定於秒針上，隨它繞著走，其它一切都不重要。堅持不懈地如此做，逐漸地，你會發現愈來愈容易達到「放空」的意識狀態，而放空將帶給你意義非凡的寧靜祥和感。

短暫地關閉大腦也能夠讓我們聆聽到「內心的聲音」──我們的直覺及智慧的聲音。不管我們的信念是什麼，也不管我們是否有宗教信仰，每人都有一個內心世界和一套價值觀。通常，在健康嚴重崩潰的危機時刻，我們才會轉向內在性靈，開始審視我們在生命中的定位。

當然，葛森病患在這個領域中可自由地選擇他們要的，因為每個人都迥然不同，必須尊重個別差異。但是，根據許多醫生、諮詢師及健康專家的經驗，那些相信世上有神靈、能夠祈禱並將他們的信仰交付給上蒼（上帝）的人們，狀況比那些不相信的人好。發自內心的祈禱，相信事物的最終正當性，是邁向康復的崎嶇之路上的強大支持力。

心靈視覺化是利用想像力來重塑心靈，而且在某種程度上，還能重塑身體。此做法繞開了高速運轉的大腦，通過想像來運行，這些想像的畫面源自於和夢境一樣的心靈深處。心靈視覺化的目的，是為我們想要實現的目標開張心靈處方箋──如：戰勝疾病、重獲健康、康復並回歸圓滿生活。在癌症治療中加入心靈視覺化，最初應用於 1970 年代，由美國放射線腫瘤科醫生卡爾‧西蒙頓（Carl Simonton MD），與他當時的妻子，心理學家斯蒂芬妮‧馬修-西蒙頓（Stephanie Matthews-Simonton），在他們共同著作的《再次康復（Getting Well Again）》[1] 一書中提出，並在多本刊物上以多國語言發表。

西蒙頓技巧的本質，是為疾病及療法找到它們各自的代表圖像，然後觀看後者（療法）如何攻擊並逐漸摧毀前者（疾病）。例如，在上述的深度放鬆狀態時，葛森病患可把腫瘤視為一大坨的黑泥，而蔬果汁是具有強大爆發力的金色液體，會攻擊並逐漸洗清黑泥。讀到這裡，你也許會覺得聽起來很奇怪；但是照著練習後，心靈視覺化有可能是你治癒過程中，強而有力的經驗。

有個適合每天練習心靈視覺化的簡單方法:假想自己處於一個完美漂亮的地方(不管想像的或真實的都可以),在這裡你覺得安全、有保障和快樂。用你覺得對的方式,想像自己正舒適地在做某件事:如,在柔軟的吊床上輕輕搖晃、漫步於美麗花園,或是與愛人幸福地坐在一起。在時間和空間的限制外自我設定情境,並因為想像中的平靜和美麗感覺到煥然一新。

現在將自己想像為你希望成為的樣子:健康、體態佳、強壯且積極,正在做自己最享受的事情,有能力愛人和被人所愛,並覺得在家中就是擁有全世界。臣服於這些想像中,並將其深植於你的腦海和心靈中,再慢慢回歸於平淡的現實世界。回憶及體驗此想像出的畫面,你會發現到,它們對治療真的會有所不同。事實上,成功的運動員們在重要的賽程前,也會運用類似的心靈視覺化技巧,想像他們在賽程中有極好的表現。

想像的力量是無比強大的。若運用得當,它會刺激並調整身體。想像是自由、無毒且沒有傷害性的副作用,因此它是葛森患者療程中理想的輔助性工具。

參考資料

1 Carl Simonton, MD, James L. Creighton and Stephanie Matthews-Simonton, *Getting Well Again* (New York: Bantam Books, reissue edition April 1, 1992).

第廿八章

葛森中檢驗項目的解說

葛森病人可以藉著醫檢室的血液採樣和尿液檢驗，來瞭解自身的康復過程。葛森病人及已做過化療的病患們，都需要每6週或8週進行一次檢驗。而進行良性腫瘤醫療的病人只須每3個月檢測一次。

理論上而言，醫檢室檢驗需要由葛森治療專家來操作和分析，如果沒有專業的葛森檢驗從業人員，我們依舊能藉由其它管道進行。這時，病人需要求助於受過正規培訓的醫師和醫檢師。若無執照醫師開的處方箋，就不能進行這種檢驗。

檢驗結果出來之後，需要經過說明才能瞭解病人的康復狀況。本章節詳細詮釋了標準的檢驗單上的每一項術語。如果普通人閱讀檢驗單，一定會覺得晦澀難懂，因為上面太多專業術語。值得高興的是，你不必自己在這方面下苦功了。檢驗單會標明每一個檢測項目的正常範圍，用於指出你與正常值相差多少。你可以在這個章節查閱到檢驗單上涉及的術語，然後諮詢你的醫生，獲得進一步的解析。

一般來說，結合下文提供的醫療資訊，你將會更瞭解自身機體的治療過程。但在此要再重申一次，在第廿三章〈小心即將面對的陷阱！〉（見247頁）提及的注意事項：未受過葛森醫療訓練的醫生可能會出於好意地對症下藥，建議你服用某種藥物或者改變你的飲食。請用心聆聽醫生的建議，但是你必須意識到：如果遵從醫生的指示可能與葛森療法相抵觸，可能會減緩你的療效、甚至使你的康復進程停滯不前。

血清鈣檢驗（CALCIUM）

血清鈣檢驗是針對血液中的鈣含量的測量。這個檢驗的資料有助於健康

專業人士更瞭解病人的生理狀況，例如：關於神經肌的活動、酶的活性、骨骼的生長以及血液的凝固。

鈣元素主要是游離在細胞外的離子。維生素 D 可以有效促進小腸中鈣質的吸收。假如食物中含有足夠的維生素 D，那麼血液中的鈣含量就可以完全從食物中攝取。血液中的鈣離子含量偏高時，人體會自動通過血液和糞便排出多餘的鈣質；反之，如果鈣含量偏低時，人體就會從骨頭和牙齒中動員鈣質，以防止血液中鈣含量下降。為了維持身體的鈣平衡，常人每天需要攝取 1,000 毫克的鈣。但是對於葛森病患者而言，所需的這 1,000 毫克的鈣不應該藉著服用鈣產品來補充。果汁和食物就能夠提供合乎所需的鈣了。

血清鈣檢驗可以幫助診斷：心律失常、血液凝固缺陷、酸鹼失衡和神經肌肉、骨骼和內分泌系統紊亂……等病症。成年人血清鈣含量的正常範圍為：每公升血液含有 8.9 到 10.1 毫克的鈣（鈣原子的量占每公升血液的 2.25 到 2.75 毫摩爾）。兒童的血清鈣含量要比成人高。

高血鈣症就是指血清鈣含量異常偏高。引發高血鈣的病因有很多，例如：甲狀腺機能亢進症、佩吉氏骨疾病（Paget's disease）、多發性骨髓瘤、腫瘤轉移症、多發性骨折和長期臥床不良於行。血鈣升高也可能由於鈣離子無法正常排泄。高血鈣症可能又會導致腎臟疾病和腎上腺素疾病。

與此相反，血清鈣濃度低（稱為低鈣血症），可能起因於：副甲狀腺功能異常，或者：副甲狀腺全切除及鈣元素的吸收不良。血鈣濃度降低也可能由庫欣式症候群（Cushing's syndrome）、腎功能衰竭、急性胰腺炎、腹膜炎引起的。

高鈣血症可能帶來劇烈的骨痛、腎臟結石以及腰部肌肉無力引起的疼痛。該症初期的臨床表現為噁心嘔吐和脫水，更嚴重的症狀是神志不清甚至昏迷，患者易死於心跳驟停。

低鈣血症則可能導致四肢以及周邊部位發麻刺痛、肌肉抽搐、出現面部肌肉痙攣和掌指部位痙攣的症狀。甚至引起癲癇發作或者心律不整。

血清磷酸鹽檢驗（PHOSPHATES）

血清磷酸鹽的檢驗是針對血液中磷酸鹽含量的測量，以指示身體機能、碳水化合物的代謝、脂肪的代謝和酸鹼平衡狀態。磷離子是細胞組成主要的陽離子，也是構成細胞的必須基本元素。血磷檢驗有助於診斷酸鹼不平衡、腎臟和內分泌系統紊亂、骨骼疾病以及血鈣疾病。

成人血磷濃度的正常範圍為 2.5 到 4.5 毫克每方升（占血液的比例為 0.8 到 1.4 mmol/L），或者是每公升血液含有 1.8 到 2.6Eq 的磷元素。兒童的血磷濃度更高，在骨骼的生長期，他們的血磷濃度可以高達 7 毫克每升（2.25 mmol/L），這是正常的範圍。

在維生素 D 的啟動下，磷元素可以透過腸道進行吸收。多餘的磷離子可以透過腎臟的運作排出體外，這是正常的機制。由於血液中的鈣離子和磷離子通常有比率的平衡關係，磷離子透過尿液排出的多寡，反向影響著血清鈣的濃度。

血液中的磷離子濃度異常地高，稱為高磷酸鹽血症。它的病因可能是飲用過多的碳酸飲料造成病理性的的骨質流失、牙齒脫鈣、骨折癒合不良、副甲狀腺功能低下、肢端肥大、糖尿病酮酸中毒、腸高度梗阻和腎功能衰竭。

血液中的磷離子濃度過低，則稱為低磷酸鹽血症。它可能是由於營養不良、吸收不良症候群、副甲狀腺功能亢進、腎小管性酸中毒，或治療糖尿病酮酸中毒的副作用所引起。

血清鈉檢驗（SODIUM）

血清鈉檢驗是針對血液中鈉含量的測量，以確定體內水分分布、細胞外液、神經肌肉功能和酸鹼平衡滲透壓。**鈉離子是細胞外的主要陽離子之一，它會影響氯和鉀在血液中的含量。**

正常情況下，鈉主要是經由腸道吸收，再透過腎臟由尿液排泄，少量鈉離子是經由皮膚出汗排出體外。鈉這種微量元素可以協助腎臟調節身體的水平衡。鈉離子濃度下降時，腎臟就會排出多餘的水；反之，鈉離子濃度升高

時，則身體會貯藏更多的水分。

　　鈉離子檢驗有助於評估體液電解質異常、酸鹼平衡和腎臟、腎上腺及神經系統的某些疾病。檢驗結果同時也決定了藥物治療方案，如：是否注射利尿劑。正常的成人，血清鈉的正常範圍是每升血液中含鈉離子135-145mmol/L。對於葛森病人而言，當數字為127時，仍屬於正常範圍。

　　血漿鈉濃度的不平衡與水或者鈉元素的攝入量有關。血清鈉標準過高（高鈉血症）可能由於水的攝入量不足、尿崩症腎功能受損、長期過度換氣、嚴重不斷地嘔吐或腹瀉所引起的。鈉滯留症也可能是由於過度攝入食鹽引起的。高鈉血症的跡象和症狀是：口渴、煩躁、口乾、黏黏膜、皮膚通紅、尿少、反射減少、高血壓、呼吸困難、水腫。

　　鈉的攝入量過低，即是低鈉血症，是比較罕見的，甚至不會發生在採取低鈉飲食療法的葛森病人身上。因為食物中總會含一些鈉元素。不過，低鈉血症也是有可能發生的，其臨床症狀為：憂慮、倦怠、頭痛、皮膚紋路減少、腹部痙攣、震顫或抽搐。引發低鈉血症的原因，也可能是大汗淋漓、胃腸道引流、使用利尿劑、腹瀉嘔吐、腎上腺皮質功能低下、燒燙傷，及慢性腎功能不全引起的酸中毒。若您有進行血清鈉檢驗，一定要同時做尿鈉檢驗。

血清鉀檢驗（POTASSIUM）

　　血清鉀檢驗，是一種定量的分析，是針對血液的動態平衡、體液滲透壓平衡、肌肉活動、酵素的活性、酸鹼平衡和腎臟功能……等所進行的檢驗。**人體中的鉀主要分布在細胞內**，是主要的細胞內陽離子，細胞外液也有少量的鉀離子。

　　由於腎臟會透過尿液排出所有攝取的鉀，所以每天必須至少攝入40mmol/L的鉀。每天的日常飲食通常就含有60到100 mEq的鉀。在血液中，正常的鉀離子濃度是每公斤3.8到5.5 mEq。

　　鉀離子對心臟和骨骼肌保持導電性具有重要的作用。類固醇激素分泌的變化、pH值的波動、血糖水準和血清鈉水準的變化都會影響鉀離子。鉀離子和鈉離子之間存在著比率平衡的關係，當其中一種離子的攝入量增加時，

另一種離子就會相對應減少。身體能自動儲存鈉離子，而鉀離子的嚴重缺乏卻是相當普遍的，因為身體無法儲存鉀離子來防止鉀的流失。

血清鉀檢驗用於評估鉀過剩（高鉀血症）或鉀缺乏（低鉀血症）的臨床症狀。它還監測腎功能、酸鹼平衡和糖代謝，並評估心律失常、神經紊亂和內分泌失調。高鉀血症在病患們身上是常見的，即細胞中的鉀離子過度進入血液中。高鉀血症可能發生在燒傷、粉碎性骨折傷害、糖尿病酮酸中毒和心肌梗死（MI）等情況下。高鉀血症還可能出現在腎功能衰竭的病人身上，腎功能衰竭導致鉀鈉不正常交換。阿狄森氏病患者，由於缺乏醛固酮（腎上腺皮質激素），所以身體會積聚鉀離子，過度消耗鈉離子。

※注意：雖然高鉀血症鮮少發生在葛森患者身上，但一旦出現這種臨床症狀時，鉀的每日補充量就應該減少或停止。訓練有素的葛醫應立即對病例進行磋商。

高鉀血症的典型症狀是虛弱、全身乏力、噁心、腹瀉、腸絞痛、肌肉敏感至弛緩性麻痺、少尿和心動過緩。高鉀血症的心電圖揭示了 PR 間期延長，QRS 波群增寬，高尖的 T 波；ST 段壓低。低鉀血症的跡象則為：肌肉肌腱反射微弱、淺快不規則的脈搏、精神錯亂、低血壓、食欲不振、肌肉無力及感覺異常。而低鉀血症則會出現一個扁平的心電圖，顯示 T 波低平，ST 段壓低和 U 波升高。重度低血鉀可導致心室顫動、呼吸抑制及心臟衰竭、呼吸麻痺等。

血清氯檢驗 (CHLORIDE)

血清氯的檢驗目的，是為了分析檢驗血液中的氯離子數量，氯離子是細胞外液中最主要的陰離子。與鈉離子相結合，氯離子有助維持滲透壓力、血容量、動脈壓以及酸鹼平衡。血清氯主要透過腸道被吸收，透過腎被排出。

透過評測體內體液的情況，血清氯的檢驗結果顯示有兩種類型的液體量不平衡：酸鹼不平衡及細胞外的陰陽離子不平衡。血清氯的指標通常是在 100 到 108 mEq/升（mmol/L）。血液中含有正常量的氯時，透過對重碳酸鹽的逆反關係可以反應出酸鹼平衡。胃液或其它含氯的分泌物流失過多時，可能會

導致低氯血代謝性鹼中毒或是氯滯留。攝取過多的氯會導致高氯血代謝性酸中毒。

嚴重脫水、腎臟衰竭、頭部受損（這會導致神經性的過度換氣）以及出現原發性高醛固酮症時，都會造成血清氯指標過高，症狀包含了目光呆滯、呼吸急促以及昏迷。

血液中的低血清氯狀態與減少的血鈉和血鉀是聯繫在一起的，低的血鈉和血鉀是由於長時間的嘔吐、胃抽吸、腸瘺、慢性腎功能衰竭，或是有艾迪生氏病而導致的。充血性心力衰竭或是細胞外液導致的水腫，都很可能會引起低氯血症。症狀表現為肌肉張力亢進，手腳抽搐及呼吸困難。

乳酸脫氫酶（LDH）

針對乳酸脫氫酶（LDH）檢驗的目的是，藉由此一酶含量得知細胞的受損程度，LDH 有五種形態的同工酶廣泛存在於肌肉組織中。同工酶可催化肌肉中的丙酮酸轉化為乳酸（的可逆轉化作用）。很多常見的疾病（如心肌梗死也即 MI，肺梗塞、貧血、肝病、腎病以及紅血球受損等）會使體內所有的 LDH 值上升，而 LDH 檢驗測試則便於區別各種不同的 LDH。

LDH 中有 5 種不同的同工酶。分別是位於心臟、紅血球及腎中的 LDH_1 和 LDH_2；位於肺部的 LDH_3 以及位於肝和骨骼肌的 LDH_4 以及 LDH_5。對這些酶進行檢驗，對於診斷懷疑冠狀動脈衰塞（MI），肌酸磷酸激酶 CPK，卻無法即時測量顯現的案例是有幫助的，並可監測患者對某些化療的反應。總 LDH 的正常值是在 48 到 115 U/L 之間。5 種同工酶的正常分配比例如下：

   LDH_1 占總 LDH 的 17.5%～28.3%
   LDH_2 占總 LDH 的 30.4%～36.4%
   LDH_3 占總 LDH 的 19.2%～24.8%
   LDH_4 占總 LDH 的 9.6%～15.6%
   LDH_5 占總 LDH 的 5.5%～12.7%

由於很多疾病都含有 LDH 酶，因此這項 LDH 檢驗經常用於幫助確診。

天門冬氨酸轉氨酶／血清穀草轉氨酶檢驗 (AST / SGOT)

針對天門冬氨酸轉氨酶／血清穀草轉氨酶（AST / SGOT）檢驗的目的，是為了檢驗代謝氨基酸中含氮部分的氨基酸殘基。AST 被發現於細胞質以及很多組織細胞的腺粒體中，主要在肝、心臟、骨骼肌、腎、胰腺及紅血球中。

釋放到血清中的 AST 的程度和細胞受損程度成正比。一旦查出細胞已受損（包括檢查肌酸磷酸激酶以及乳酸脫氫酶）很可能就意味著心肌梗死。這項檢驗還能幫助確診急性肝病。它有效地監督患者治療的進程。成人的 AST 血清值在 8 ～ 20U/L 之間。嬰兒的則會高出 4 倍。

AST 值的上升與病毒性肝炎、嚴重的骨骼肌損傷、過多的手術、藥物引起的肝損傷（藥物性肝炎）及肝阻塞等有關。AST 值比正常值高出 10 ～ 20 倍時，意味著嚴重的心肌梗死、傳染性單核細胞增多症以及酒精性肝硬化。中度到高度的 AST 值，即比正常值高出 5 ～ 10 倍，則意味著進行性假肥大性肌營養不良、皮肌炎以及慢性肝炎。AST 值低於正常值 2 ～ 5 倍，則代表了溶血性貧血、肝腫瘤轉移、急性胰腺炎、肺動脈阻塞、戒酒症候群、脂肪肝以及肝管梗塞一期。

血清膽紅素檢驗 (BILIRUBIN)

血清膽紅素是血紅蛋白分解代謝後的產物，對其進行檢驗的目的，是為了檢驗象徵肝和膽囊健康的膽色素。在網狀內皮細胞中形成後，膽紅素會與清蛋白結合，再輸送至肝臟，在肝臟裡與葡萄糖醛酸相結合形成葡萄糖醛酸膽紅素和膽紅素雙葡萄糖醛酸酯。之後這兩種結合產物會被釋放至膽汁中。針對間接膽紅素 (I-Bil) 或肝前進行（非結合）膽紅素檢查，有助於幫助檢驗肝功能及紅血球的生成功能。

血清膽紅素檢驗值若過高，則意味著患者的肝臟已經損傷，實質細胞無法再使膽紅素和葡萄糖苷酸相結合。間接膽紅素就會進入到血液中。同時，血清膽紅素檢驗值過高也很可能是嚴重的血溶性貧血。這項檢驗可協助診斷黃疸、膽道阻塞，及非結合膽紅素的濃度是否已達到警戒值。

一般成人的間接膽紅素值為 1.1 mg/dL 或者更少，直接膽紅素 (D-Bil) 值則少於 0.5 mg/dL。嬰兒體內全部的血清膽紅素值則在 1～12 mg/dL 之間。若這個值高至 20 mg/dL，則說明新生兒肝不成熟或是先天性酶缺陷。這時就需要進行換血療法。

若成人的膽紅素值顯示過高，則可能意味著自身免疫反應或是輸血反應、血溶性貧血或是惡性貧血及病毒性肝炎所造成的肝細胞失能。直接膽紅素值的上升通常說明了膽道阻塞，並伴有溢出物進入到血液中的現象。肝內膽道阻塞很可能是由於病毒性肝炎、肝硬化或是氯普麻（安眠鎮定類的藥物）反應所造成的。肝外膽道阻塞則很可能是由於膽結石、膽囊癌、胰腺癌或是膽管疾病所造成的。

血清 γ-穀醯胺轉酞酶檢驗 (GGT)

對血清 γ-穀醯胺轉酞酶（GGT）進行檢驗，是為了檢測肝腫瘤病中阻塞性黃疸的程度，其對於檢測是否飲酒過量也很有效。GGT 酶對藥物使用敏感並可偵測到酒精的攝取量；因此，經常用它來確定是否需進行酒精中毒治療。GGT 酶還能幫助診斷阻塞性黃疸及肝癌。

男性的 GGT 酶含量會因年齡而異，但女性不會。18～50 歲男性 GGT 含量一般在 10～39 U/L 之間。年紀大一點的男性則在 10～48 U/L 之間。女性正常範圍則在 6～29 U/L 之間。超過此範圍就意味著膽汁淤積。

※注意：葛森療法中的免疫刺激影響往往會導致血液中 GGT 值的上升。

酸性磷酸酯酶檢驗 (ACID PHOSPHATASE)

對酸性磷酸酯酶進行檢驗的目的，是以檢驗前列腺及紅血球同工酶來檢測癌症。活躍於肝臟、脾、紅血球、骨髓、血小板及前列腺中的兩種磷酸酶，在酸性環境 pH 值為 5 的情況下特別活躍。

有效治療前列腺癌的療法會降低酸性磷酸酯酶值。酸性磷酸酯酶值的正常範圍波動在 0～1.1 個單位 /mL；1～4 金氏單位 /mL；0.13～0.63 貝西

－勞瑞－布羅克單位 mL；以及 0～6 的國際單位 U/L。正常的放射性免疫測定值一般是在 0～4.0 ng/mL。

當檢測報告中前列腺酸性磷酸酶值高於正常，則代表著很可能罹患了佩吉特氏病（Paget's）、高歇（Gauches's）病、多發性骨髓瘤或是腫瘤已擴散至前列腺囊中。如果有骨轉移，且伴隨著高的鹼性磷酸酶 AP，則代表了癌細胞因骨轉移而被活化。

鹼性磷酸酯酶檢驗（ALKALINE PHOSPHATASE）

鹼性磷酸酯酶（AP）是種在 pH 為 9 的鹼性環境中易被活化的活性酶，它影響著骨骼鈣化及脂質和代謝產物的運送。AP 檢驗檢驗的是那些在肝臟、骨質、腎、腸膜及胎盤中的 AP 同工酶的活性。骨質和肝臟 AP 經常出現在成人的血清中，其中比較活躍的主要還是肝臟 AP ——除了在妊娠晚期時，胎盤會消耗一半以上的 AP。

AP 檢驗對輕度膽道阻塞和肝病變很敏感。這項檢驗最特別的臨床應用就是診斷代謝病，監測由於造骨細胞活動而引起的骨骼疾病，還有監測會引起肝道阻塞，像腫瘤或是膿腫等的局部肝損傷。這項檢驗能夠提供肝功能研究的增補資訊，說明檢測胃酶和腸酶，同時還可以評估維生素 D 療法對軟骨病（rickets，佝僂病）的作用。

血清鹼性磷酸酶的正常範圍會因為檢驗室採用的方法而變化，但在一般情況下，成人的 AP 值範圍都在 30～120 U/L 之間，而小孩則在 40～200 U/L 之間。由於在骨骼形成和增長期時，AP 濃聚物會增多，所以嬰兒、小孩和青少年的 AP 值會比成人高出 3 倍。除此之外，另一個正常 AP 值範圍，分別是 1.5～4 個單位 /dL；14～13.5 金氏單位 /dL；0.8～2.5 貝西－勞瑞－布羅克單位 /dL；30～110 U/L。

AP 值若高出以上所列範圍時，則說明很可能有骨骼疾病、肝內膽道阻塞導致膽汁淤積、惡性或是感染滲透加重、纖維症、佩吉氏病、骨轉移、副甲狀腺功能亢進、胰腺癌引起的骨轉移，及血清膽紅素值改變前的肝病。

當這項檢驗結果顯示升高的 AP 值時，還能反映出肝硬化疾病發炎所導

致的急性膽道阻塞、單細胞增多症、骨軟化症、營養不足導致的佝僂病，及病毒性肝炎。

丙氨酸轉氨酶╱焦葡萄酸轉氨基酶檢驗（ALT ╱ SGPT）

丙氨酸轉氨酶（ALT/SGPT）是能夠催化氨基在克式檸檬酸（三羧酸）循環的化學反應的兩種酶中的其中一種，對於組織的能量生成有很重要的作用。（另外一種酶是天門冬氨酸轉氨酸酶。）在黃疸出現前若血清 ALT 值升高，代表了有急性肝細胞損害。對丙氨酸轉氨酶╱焦葡萄酸轉氨基酶（ALT/SGPT）進行檢驗會用到分光亮度分析法或是比色法，這項檢驗有助於監測和評估治療肝炎、肝硬化（沒有出現黃疸）、肝中毒及急性肝病的治療情況。同時還能區別心肌梗塞和肝損傷。

男性的 ALT 值範圍在 10 ～ 32 U/L 之間；女性為 9 ～ 24 U/L；嬰兒則高出 2 倍。當 ALT 值比正常值高出 50 倍時，很可能是得了病毒性肝炎或是藥物性肝炎，以及其它造成造成大量肝壞死的肝病。

當這項檢驗結果顯示升高的 ALT 值，代表了可能有傳染性單核球細胞增多症、慢性肝炎、肝內膽汁淤積、早期急性病毒性肝炎、或是嚴重的肝淤血。任何情況下，只要肝臟內的細胞損傷，比如出現活動性肝硬化、藥物性肝炎、或是酒精性肝炎……等，ALT 值就會上升。如果 ALT 值稍微上升時，則可能是急性 MI 或是次發性肝瘀血。

檢驗 AST ╱ SGPT 時的一項干擾因素，是使用鴉片一類的止痛劑，如：嗎啡、可待因和度冷丁等。

血清總膽固醇檢驗（CHOLESTEROL）

這項血清的定量分析，是檢驗循環的遊離膽固醇及膽固醇水準值，並能反映出體內組織中的複合膽固醇數量。這兩種膽固醇都來自食物的吸收並合成於肝臟和體內其它組織中。膽固醇是細胞膜和血漿蛋白的結構成分。它能幫助形成腎上腺皮質類固醇、膽鹽、雄性激素和雌性激素。高飽和脂肪的飲

食在通過從腸道時會增加脂質的吸收（包括膽固醇），將會使膽固醇過高；低膽固醇飲食則降低膽固醇含量。高的血清膽固醇值會增加患動脈粥樣硬化等心血管疾病的風險。

因此，對血清膽固醇進行檢驗可預測出冠心病（CAD）、脂肪代謝、腎病、胰腺炎、肝病、甲狀腺機能減退和甲狀腺機能亢進…等的風險。血清膽固醇量依年齡和性別而異。通常的範圍是在 150～200 mg/dL 之間。

血膽固醇值最好在 175mg/dL 以下，在 180～230 mg/dL 之間是臨界值，在這數值範圍內患冠心病的風險會很高。高於 250 mg/dL（高血脂）則意味著極有可能患上心血管疾病、早期肝炎、血脂異常、膽管阻塞、腎病綜合症、梗阻性黃疸、胰腺炎及甲狀腺功能低下，需要馬上治療。

使用促腎上腺皮質激素（類固醇）、皮質激素、雄性激素、膽汁鹽類、腎上腺素、氯丙嗪、三氟拉嗪、口服避孕藥、水楊酸鹽、硫氧嘧啶類以及三甲雙酮等，都會誘發高膽固醇血症，也就是高血脂。

血清膽固醇值較低則意味著營養不良、肝細胞壞死，及甲狀腺功能亢進。進行葛森療法時，膽固醇值一般都會低於正常值，因為患者攝取的都是絕對的低脂飲食。

脂蛋白／膽固醇分餾檢驗（LIPOPROTEIN/CHOLESTEROL）

要評估患上冠心病（CAD）的風險，就需要對脂蛋白／膽固醇分餾進行檢驗。通過離心法或者是電泳療法可以分離和測量出血液中的膽固醇，主要表現為低密度脂蛋白（LDL）和高密度脂蛋白（HDL）。據瞭解，HDL 值較低的人更容易患冠心病。相反，HDL 值高的人反而不容易患冠心病。

※注意：由於葛森療法中脂肪的攝取量很低，因此大大減少了罹患冠心病的風險。但是葛森療法仍舊提供一定量的不飽和脂肪酸和脂溶性維生素，來維持身體功能的正常運行。

正常的 HDL 膽固醇在血液中的範圍是 29～77mg/100mL 之間，正常的 LDL 膽固醇範圍是 62～185 mg/100mL 之間。LDL 過高會增加患冠心病

的風險，但是 HDL 值高，代表的卻是健康的狀態。同時，LDL 過高也可能是慢性肝炎、早期的原發性膽汁肝硬化或是酒精攝入過多。

血清三酸甘油酯檢驗（TRIGLYCERIDES）

三酸甘油酯是身體脂質的主要儲存形式（占脂肪組織的 95％），血清三酸甘油酯檢驗對此做了定量的分析。這項檢驗用於檢測腎病（及冠心症）中的高血脂症（和冠心症）。三酸甘油酯值的含量因年齡而異。（見表 28-1）

檢驗異常時需進行其它的檢測。三酸甘油酯值高代表了有罹患動脈粥樣硬化及冠心病的風險。輕度至中度的三酸甘油酯值則表示有膽道阻塞、腎病、內分泌失調或是飲酒過量。三酸甘油酯值低的情況比較少，這種情況說明的是營養不良或是無 β 脂蛋白血症。

※注意：在葛森飲食中，三酸甘油酯值的偏高也有可能是排毒或好轉（治癒）反應所引起的。

表 28-1　三酸甘油酯值

年紀	Mg/dL	nmol/L
0-29	10-140	0.1-1.55
30-39	10-150	0.1-1.65
40-49	10-160	0.1-1.75
50-59	10-190	0.1-2.10

表 28-2　血清的正常範圍

總血清蛋白（Total serum protein）	6.6-7.9 g/dL
白蛋白比例（Albumin fraction）	3.3-4.5 g/dL
α1 球蛋白比例（Alpha1 globulin fraction）	0.1-0.4 g/dL
α2 球蛋白（Alpha2 globulin）	0.5-1.0 g/dL
β 球蛋白（Beta globulin）	0.7-1.2 g/dL
γ 球蛋白（Gamma globulin）	0.5-1.6 g/dL

血清蛋白電泳檢驗（PROTEIN ELECTROPHORESIS）

身體主要的血蛋白，白蛋白和 4 種球蛋白是在 pH 值 8.6 的狀態下用電荷進行檢驗的。占血清蛋白總量超過 50%的白蛋白可防止因膠體滲透壓（由毛細血管壁中的血漿蛋白產生的壓力）而引起的毛細管血漿滲漏。同時白蛋白還負責傳送很多不溶於水的物質，像：膽紅素、脂肪酸、激素和藥物等。4 種球蛋白分別是 $\alpha 1$ 血球素、$\alpha 2$ 血球素、β 血球素以及 γ 血球素，前三種是蛋白質攜帶者，負責在血液中傳送脂質、激素及金屬元素；第四種，也即 γ 血球素則活躍於免疫系統中。

正如其名，血清蛋白電泳檢驗，主要是用電流來測量整個血清蛋白和白蛋白——球蛋白比值，再把值轉化成絕對值。這些值能夠幫助發現：肝病、血質不調、腎臟疾病、腸胃疾病、腫瘤（包括良性以及惡性）及蛋白質缺乏病。表 28-2 列出了血清蛋白的正常範圍。

總白蛋白和總球蛋白的平衡（醫學上稱為 A～G 比值），與總蛋白質含量有關。顛倒的 A～G 比值（低白蛋白，高球蛋白），加上低蛋白質代表了慢性肝炎；顛倒的 A～G 比值，但是蛋白質含量正常，則代表骨髓增生性疾病（比如：白血病和霍奇金氏疾病），又或是其它慢性傳染病（比如：肺結核（TB）以及慢性肝炎等）。

血液尿素氮檢驗（BUN）

血液尿素氮（BUN）檢驗的是血液中的尿素氮。尿素氮是蛋白質代謝的主要產物。形成於肝臟中，然後經由腎臟排出，尿素占血液中非蛋白氮的 40%～50% BUN 值反映的是蛋白質的攝入情況及腎臟的排泄功能，但是比起檢測血清肌氨酸酐（見下頁）的「血清肌氨酸酐檢驗」的可靠性，它並不能準確地檢測出尿毒症。

正常值在 8～20 mg/dL 的 BUN 檢測可監視腎功能，以便診斷腎疾病，斷定體內的水合作用。當因為脫水而導致腎血流量低，或是出現腎病、泌尿系統梗塞，及燒傷時體內蛋白質分解過快，BUN 值就會比較高。當肝損傷

嚴重，營養不良及體內水分過多時，BUN 值就會較低。

※注意：由於飲食中攝取的蛋白質較少，進行葛森療法的患者們一般的 BUN 值都會較低。

血清肌氨酸酐檢驗 (CREATININE)

血清肌氨酸酐的檢驗比 BUN 檢驗更能檢測出腎臟的損壞情況，對血清肌氨酸酐進行檢驗其實也是對一定量的非蛋白代謝最終產物，以及肌氨酸酐進行定量分析。腎損傷通常是引起血液中肌氨酸酐含量上升的唯一因素；因此，肌氨酸酐在體內的多寡和腎小球過濾率有直接的關係。故藉此數據來觀看腎臟的功能。

男性體內的肌氨酸酐值範圍一般在 0.8～1.2 mg/dL；女性為 0.6～0.9 mg/dL。血清肌氨酸酐值過高時，代表了很有可能是嚴重的腎病，腎的損傷程度已高達 50%，像巨人症及肢端肥大症等。干擾肌氨酸酐值的因素還包括攝入過多的抗壞血酸、巴比妥酸鹽類、利尿藥和磺溴酞。還有一點要提醒一下，運動員雖然腎功能正常，但他們的肌氨酸酐值一般都高出正常值。

血液中尿酸檢驗 (URIC ACID)

這項檢驗常用於監測痛風，檢驗主要在檢測尿酸，一種血液中普林（嘌呤）的代謝物。腎小球過濾和腎小管分泌會清除體內的尿酸，但是 pH 值為 7.4 或者更低時尿酸是不可溶的。這種情況通常會出現於某些疾病中，如：痛風、細胞生成過多、白血病及腎功能障礙…等。

男性體內尿酸的範圍一般在 4.3～8 mg/dL；女性為 2.3～6 mg/dL。雖然尿酸值高不一定與一些很嚴重的疾病有關係，但是它還是說明了很有可能有充血性心力衰竭、肝醣儲積症、急性傳染病，比如傳染性單核細胞增多症、溶血性貧血、鐮狀細胞血症、血紅蛋白病、紅血球增多症、白血病、淋巴瘤、轉移性惡性腫瘤及牛皮癬。尿酸值較低則說明很可能是缺陷性急性肝萎縮，或是在威爾森氏症（Wilson's）或範科尼綜合症（Fanconi's）中腎小管

再吸收增加所造成。

影響尿酸檢驗結果的藥物，包括髓袢利尿劑（loop diuretics）、乙胺丁醇（ethambutol）、長春新城（vincristine）、吡嗪醯胺（pyrazinamide）、噻嗪類（利尿藥－thiazides），和低劑量的水楊酸鹽（salicylates）等會提高血液中尿酸值的藥物。同時，飢餓、高普林（嘌呤）飲食、壓力及酗酒都會使尿酸值升高。當尿酸用比色法來進行檢驗時，很可能會因為受乙醯氨基酚、抗壞血酸維生素C、左旋多巴和非那西汀……等藥物影響而顯示出假尿酸過多的現象。尿酸值低往往是由於使用了高劑量的阿司匹靈（aspirin）、華法林納片（Coumadin®）、氯貝特（clofibrate）、辛可芬（cinchophen）、促腎上腺皮質激素（adrenocorticotropic hormone）和酚噻嗪系（phenothiazines）。

空腹血漿葡萄糖檢驗（GLUCOSE）

檢驗糖尿病時需要先空腹12～14個小時，才進行空腹血漿葡萄糖（FBS）檢驗，以檢測葡萄糖的代謝情況。在空腹狀態時，血糖會降低，因而刺激分泌胰高血糖素。之後胰高血糖素會經由加速肝糖分解，刺激糖質新生及抑制肝糖合成使血糖升高。通常，胰島素分泌物會監測血糖值的升高情況。而糖尿病是因為缺乏胰島素才導致血糖值升高。

8～12個小時空腹後進行的FBS檢驗結果，其正常空腹血糖值範圍如下：

- 空腹血清值，70～100 mg/dL
- 空腹血糖值，60～100 mg/dL
- 非空腹血糖值，年齡超過50歲的為85～125 mg/dL，50歲以下的為70～115 mg/dL。

這項檢驗值可幫助監測糖尿病及其它的葡萄糖紊亂。並監測用於治療糖尿病的藥物和飲食療法，監控糖尿病所需的胰島素，及監測是否為低血糖症或是疑似低血糖症。

空腹血糖值若為140～150 mg/dL，在兩次或多次檢測中等於或高出這個範圍值，則可診斷為糖尿病。非空腹血糖值若超出200 mg/dL時，也意

味著糖尿病。血糖過高還可能是胰腺炎、甲狀腺功能亢進、嗜鉻細胞瘤、慢性肝病、腦外傷、慢性疾病、慢性營養不良、子癇驚厥、缺氧和痙攣所引起的。

血糖值較低則很有可能是高胰島素症、胰島瘤、馮奇爾克氏症、功能性或是反應性低血糖症、甲狀腺功能低下、腎上腺皮質功能不全、先天性腎上腺皮質增生症、腦下垂體功能低下、肝壞死及糖原過多症。

血清鐵以及總鐵結合量檢驗 (IRON & TIBC)

評估身體內鐵質含量一般需要緩衝劑和著色試劑分別進行以下的檢測：
- 血清鐵：非血中游離的鐵，而是和運鐵蛋白 Transferrin（及其它蛋白）結合的鐵。
- 「總鐵結合能」(TIBC)：血清中的運鐵蛋白 Transferrin 和其它少數蛋白所能結合鐵的最大容量。

當血清鐵除以 TIBC 所得的百分率，即代表運鐵蛋白和鐵結合的飽合度。一般情況下的結合飽和度是 30% 左右）。因此，這兩項檢驗有助於進行以下的評估：
- 評估總的鐵存儲量；
- 診斷血鐵沉著症；
- 區分缺鐵性貧血和慢性疾病性貧血；
- 評估一個人的營養狀況。

正常的血清鐵值和 TIBC 值請參考表 28-3。

表 28-3　正常的血清鐵值和總鐵結合量（TIBC）

	血清鐵	TIBC (mcg/dL)	飽和度 (%)
男性	70-150	300-400	20-50
女性	80-150	350-450	20-50

當體內鐵缺乏時，導致血紅素無法充分產生，而造成貧血，因此血清鐵的數值往往相當低，且 TIBC 會呈明顯的升高。有人認為是身體感受到血中鐵的

不足而大量製造了 Transferrin 企圖能載運更多鐵的一種補償作用。當患有慢性炎症如風溼性關節炎時，血清鐵值會降低，但身體內鐵的儲存並沒有減少，因此 TIBC 會保持不變或是跟著下降，來維持正常的飽和度。

紅血球計數（RBC）

常規上紅血球（RBCs）數量是通過血球計來計數的，但是現在普遍使用電子裝備進行計量，這樣的速度更快且結果更準確。這種紅血球計數並不會提供一定量有關紅血球的血紅蛋白的資訊，但是它能提供出紅血球平均容量（MCV）及紅血球平均血紅蛋白濃度（MCH）。因此，紅血球計數能夠提供紅血球大小和含量的指標，並可幫助診斷如貧血及紅血球增多症一類的血液疾病。

紅血球數會因年齡、性別、取樣及地理位置而異，成年男性靜脈血中的紅血球數一般在 4.5～6.2 百萬個／微升（4.5 至 6.2×10^{12}/L）；成年女性為 4.2～4.4 百萬個／微升（4.2 至 5.4×10^{12}/L）；兒童為 4.4～5.8 百萬個／微升（4.4 至 5.8×10^{12}/L）。紅血球數量過多時，代表了紅血球增多症或是脫水；紅血球過少則是貧血、液體過剩或是出血現象。完全的臥床休息會因為降低對氧氣的需求，而導致紅血球量減少。

總血紅素檢驗（HEMOGLOBIN）

總血紅素（Hgb）檢驗的是 0.1 升（100 毫升）中的總血紅素濃度。總血紅素——紅血球的比值，（或是 MCH）及血清中游離血紅素會影響紅血球計數。這項檢驗作為總血球計數（CBC）檢測的一部分，評估的是貧血或是紅血球增多症的嚴重程度，並可用監測療法的反應，同時還為計算平均血球血紅素量（MCH）和平均血球血紅素濃度（MCHC）提供了資料。

根據靜脈血取樣計算，不同患者的正常血紅素數量請參考表 28-4：

表 28-4 正常的紅蛋白值

年齡	紅蛋白值（g/dL）
7 天以下	17-22
1 週	15-20
1 個月	11-15
兒童	11-13
成年男性	14-18
中年以上男性	12.4-14.9
成年女性	12-16
中年以上女性	11.7-13.8

血比容檢驗（HEMATOCRIT, Hct）

血比容檢驗所測的是紅血球在整個血液樣本中所占的比例。紅血球的數量和大小決定著血比容的濃度，這一項檢驗有助於診斷出體液過多、紅血球增多症、貧血、體液不平衡、失血、換血及紅血球指數的異常情況。根據患者的性別、年齡、檢驗室的能力、以及血液樣本的類型，這項檢驗一般會包含在全血細胞計數 CBC（Complete Blood Count）的其中一項。

男性的血細胞容量一般為 40%～50%（0.4-0.54），女性為 37%～47%（0.37-0.47）。低的血比容代表著貧血或是血液被過多的體液所稀釋；數值過高則代表了紅血球增多症或是失血。若在抽血的地方出現了血腫，可用冰塊來緩解腫痛，然後再用溫水浸泡。

紅血球指數檢驗（ERYTHROCYTE INDICES, RI）

平均血球容積 MCV、平均血紅素量 MCH 以及平均血紅素濃度（MCHC），此三種是常用的紅血球指標。MCV 檢測的是紅血球的大小，主要顯示紅血球是過小、過大還是正常。MCH 指的則是正常紅血球的總血紅素量。MCHC 則表示每 100 毫升中總血紅素的濃度。

正常的紅血球細胞指數是：
- MCV：84-99 fl 數百立方個微升／紅細胞（毫微微升／紅細胞）
- MCH：26-32 pg（皮克）／紅細胞
- MCHC：30%-36%（300-360 g/L）

這些指數有助於診斷和分類貧血。低的 MCV 和低 MCHC 則說明是小球性低色素性貧血，可能來自於缺鐵性貧血、吡哆醇（pyridoxine，Vit B_6）有反應性貧血、或是地中海型貧血。高 MCV 則代表了巨紅血球性貧血，可能是缺乏葉酸和維生素 B_{12}、遺傳性 DNA 合成錯誤疾病、或是網狀細胞過多而引起。

紅血球沉降率（Erythrocyte Sedimentation Rate, ESR）

測量需要讓整個血液樣本中的紅血球沉入到試管底部的時間，為紅血球沉降率（ESR）。雖然不是一項非常專一性的檢測，但它的敏感性卻能在其它檢驗室檢查數據或是身體理學檢查反應都正常的情況下，表現出疾病真正的嚴重情況。由感染、自身免疫性疾病或是腫瘤引起的廣泛性炎症中，紅血球沉降率都會升高。

因此，ESR 監視著炎症程度及惡性疾病的活性，同時還監測著某些隱性疾病，如結核病 TB、組織壞死及結締組織疾病等。正常的 ESR 為 0～20 mm/hour（毫米／小時）。懷孕、急性或慢性炎症、結核病 TB、異蛋白血症（paraproteinemias）、風溼熱、風溼性關節炎、及患有某些癌症時，ESR 會比較高。貧血亦會使 ESR 升高。當出現紅血球增多症、鐮狀細胞血症、及低濃度血或血漿蛋白時，ESR 會降低。

※注意：進行葛森療法時，ESR 會在出現好轉（治療）反應和高燒期間，以及之後出現升高的現象。

血小板計數（PLATELET COUNT）

血小板是血液中的微小成分，它能在血管受傷時起止血的作用。血小板藉由磷脂質活化凝血酶來促進內生性凝血作用。血小板計數對於監測化療、放療、及嚴重的血小板增多和減少有著很重要的作用。血小板數低於 50,000 以下將產生自發性內出血；低於 5,000 則很可能導致致命性的中樞神經系統出血或是消化道大出血。

血小板計數計算血小板的產量，檢測著細胞毒性療法的效果，幫助診斷血小板減少及血小板增多，同時還能確定從採血塗片上目測的血小板數量及形態。正常的血小板計數值範圍為 130,000 至 370,000 /μL（1.3 至 3.7×10^{11}/L）。

血小板數量低，代表了骨髓再生障礙或是骨髓發育不全；也有可能是浸潤性的骨髓疾病，像癌症、白血病或者是播散感染；還有可能是巨核細胞再生不良，缺少葉酸和維生素 B_1 導致的血小板生成減少，血小板集聚於腫大的脾中…等情況。血小板破壞增多則很可能是因藥物使用、或免疫出現問題而造成，也有可能是彌漫性血管內凝血、巨血小板綜合症（Bernard Soulier syndrome）、或是血小板機械性受損而引起的。

導致血小板數量減少的藥物有：

乙醯唑胺（一種利尿劑 — Acetazolamid）、乙醯苯磺醯環己脲（Acetohexamide 一口服降血糖藥）、銻粉（antimony）、抗腫瘤藥、馬來酸溴苯吡胺（brompheniramine maleate）、卡馬西平片（carbamazepine）、氯黴素（chloramphenicol）、利尿酸（一種抗水腫藥— ethacrynic acid）、速尿靈 furosemide）、氯金酸鈉（gold salts）、羥化氯喹（hydroxychloroquine）、消炎痛（indomethacin）、異煙肼（isoniazid）、美芬妥英（抗癲癇藥 — Mephenydopa）、撲溼痛（mefenamic Acid 一主要用於解痛或消炎）、醋甲唑胺（利尿藥— methazolamide）、甲硫咪唑（methimazole ——種抗甲狀腺藥）、甲基多巴（methyidopa）、口服二氮嗪（oral diaoxide）、羥布宗（oxyphenbetazone）、青黴胺（penicillamine）、青黴素（penicillin）、苯基丁氮酮（phenylbutazone 一即保泰松，用作止痛和退熱藥）、二苯乙內醯脲

（phenytoin —用作抗驚厥和抗癲癇藥）、乙胺嘧啶（pyrimethamine）、硫酸奎尼丁（quinidine sulfate）、奎寧（quinine）、水楊酸鹽（salicylates）、鏈黴素（streptomycin）、磺胺類藥（sulfonamides）、噻嗪類（thiazide—利尿藥，亦用於降低血壓）、噻嗪類利尿劑（thiazide-like diuretics）以及三環類抗抑鬱藥（tricyclic antidepressants）。肝磷脂會導致短暫的可逆性血小板減少。

血小板數量增多是由以下情況引起：出血、傳染性疾病、惡性腫瘤、缺鐵性貧血、骨髓纖維變性、原發性血小板增多、真性紅細胞增多、髓細胞性白血病、近期的手術、懷孕或是脾切除手術、炎症疾病、膠原蛋白、血管疾病……等。

白血球計數（LEUKOCYTE）

根據白血球數量的報告，是用血細胞計數器或庫爾特計數器從1cc血液中計算出來的，白血球計數會因劇烈運動、壓力或是消化而發生變化。這一數值經常用於監測感染及炎症，還有助於檢測白血球異常、骨髓活檢及化療放療的作用。

白血球計數一般在 4.1 至 10.9×10^{11} 之間。白血球數量過多意味著感染，如膿腫、腦膜炎、闌尾炎或扁桃體炎，也有可能意味著白血病、燒傷、MI 或者是組織壞死。白血球數量過少則表明很可能是由於病毒感染或是毒性反應（也就是那些使用了抗腫瘤藥物、汞或是其它有毒重金屬如苯／砷的療法而引起的反應）所引起的骨髓抑制。同時，流感的入侵、傷寒、麻疹、傳染性肝炎、單核細胞增多及風疹也會使白血球數量增多。

白血球差異檢測（WHITE BLOOD CELL DIFFERENTIAL）

白血球差異檢測決定著每一種白血球的相關數量，這一數量是通過乘以每種白血球的百分比值而得出的，目的就是為了算出這其中數目超過100以上的白血球種類（如：粒性白血球、無顆粒白血球、嗜中性球、分段中性粒細胞、嗜鹼性球、嗜酸性球、大淋巴球、小淋巴球、巨噬細胞和組織細胞）

的確切數量。

白血球的差異顯示著身體抵抗感染、各類白血病、過敏性反應、寄生蟲感染的能力。白血球差異檢測的相關值有很多，分為成人和兒童兩組，請參考表 28-5。為使診斷更精確，檢驗者必須綜合考慮到白細胞差異計數的相關值和絕對值。[1]

表 28-5 白血球差異值

成人	相對值(%)	絕對值(mcL)
嗜中性球（Neutrophils）	47.6-76.8	1950-8400
淋巴球（Lymphocytes）	16.2-43	660-4600
單核球（Monocytes）	0.6-9.6	24-960
嗜酸性球（Eosinophils）	0.3-7	12-760
嗜鹼性球（Basophils）	0.3-2	12-200

常規尿液分析

常規尿液分析包括分析物理特性、比重、pH 值、蛋白質、葡萄糖、酮體，同時還要進行尿沉渣檢查、其它細胞晶體檢查。尿液分析是一項非常重要的檢驗，因為它能大程度地分析出患者的體內情況。常規尿液分析可顯示身體的功能運行情況及身體對飲食、病理條件、標本採集時間及其它因素有什麼反應。

根據尿液分析而檢測出來的多種疾病在《葛森療法手冊》(*The Cancer Therapy Handbook: Companion Workbook to a Cancer Therapy: Result of Fifty Cases*) 這本書的附錄 I 中有介紹。[2]

參考資料

1. For the vast number of variables and illnesses which are diagnosed by them, please see Appendix I of the *Gerson Therapy Handbook: Companion Workbook* to M. Gerson, *A Cancer Therapy: Results of Fifty Cases and The Cure of Advanced Cancer by Diet Therapy: A Summary of Thirty Years of Clinical Experimentation*, 6th ed. (San Diego, CA: Gerson Institute, 1999).
   To acquire a copy of this handbook/workbook, contact the Gerson Institute in San Diego, California.
2. Ibid.

第廿九章

歷年來以葛森療法康復的案例

接下來要介紹的案例只是我們已知的一小部分。這些患者們多數都在美國各大醫院做過詳細的病理切片檢查,並且確診為無法用西醫的主流療法治癒的末期癌症(癌細胞已蔓延全身)這些案例涵蓋各式各樣癌症病歷。我們知道許多正在考慮葛森療法的罹癌患者,都很希望知道是否已有成功先例,以下的故事正好能回答他們的疑問。

葛森療法最常聽到的爭議就是它沒有進行過隨機、雙盲和安慰劑對照組的臨床研究。然而,這種近年來採用的研究方式其實是源自於西醫界沿用了數百年的老辦法:依照臨床結果決定療效好壞。用葛森醫師常說的話就是:「只有從病床上得到結果才是有意義的」。

時下流行的隨機、雙盲和安慰劑對照組臨床研究,其實並不能對應到每一位患者的症狀。所謂的隨機指的是有眾多受試者,而雙盲指的是研究人員和受試者雙方都不知道誰是實驗組及誰是對照組,以便排除心理和其它外在層面的影響因素。

顯然,這種檢驗方法只適用於檢測單一藥物,但是對於能夠徹底改變患者生活方式的葛森療法而言,卻毫無意義。試想:如果患者不知道自己的身體因為葛森療法而獲得顯著改善,我們又如何能請他們進行咖啡灌腸,或是每天都喝下13杯新鮮果汁呢?

此外,目前主流的放射線治療和化療也從未進行過隨機和雙盲的臨床檢驗。我們只看到西醫界從各種化療中學習經驗,卻從未看到化療與非化療間的比較案例。另外,醫生及科學家發表的書籍和學術報告總是能指出化療的缺失。例如蓋伊‧法格特博士(Guy B. Faguet)的最新著作《癌症之戰:剖析相關失敗案例》。[1]

有鑑於此,我們建議任何人先針對化療進行隨機和雙盲的臨床檢視後,

再來評斷他們全然陌生的葛森療法。

鼻咽癌（新加坡）

現居於新加坡的 T 先生，2013 年在 19 歲時被診斷為鼻咽癌，歷經西醫的化放療後，腫瘤卻未消失，西醫此時要以切除 T 先生的鼻子為治療手段，無法接受年紀輕輕就得被毀容的 T 先生選擇了葛森療法，在買了葛森《Healing The Gerson Way》（即本書的英文原版）一書並上過葛森機構的線上課程後，自己在新加坡的家中執行葛森療法。在開始執行葛森療法近 3 個月後，歷經了嘔吐、劇烈疼痛及喘不過氣的各種強烈好轉反應後，終於停止流鼻血，並可再度順暢呼吸。

T 先生於 2014 年 1 月再度至西醫處做追蹤檢查，當時已檢查不到任何腫瘤，腫瘤完全消失了。如今 T 先生已重拾健康。2015 年 6 月才剛結束他的台灣行，返回新加坡。

胃癌（中國大陸）

居住於中國北京的 W 小姐，因為長期高壓工作及不正常的三餐時間，不幸於 2012 年底被診斷罹患胃癌，面對胃部必須被切除的終生影響，W 小姐經由教會朋友那裡得知葛森療法。在北京實行葛森困難重重，光是有機食材的獲得就是一大問題，但 W 小姐破除萬難，自己在家照著葛森《Healing The Gerson Way》（即本書的英文原版）一書執行葛森療法，期間歷經胃寒、胃痛、發熱等各種難受的好轉反應，一年後至當初診斷她的醫院進行追蹤，發現胃癌病灶處已無惡性反應，也無需切除胃部了。

W 小姐在以葛森療法成功地保留住胃部後，由於在中國內地實行葛森相當不易，第二年的葛森療程無法順利進行，於是改以其它與葛森相類似的自然療法調理身體。2015 年 7 月時得知，W 小姐活躍地與朋友在中國內地推廣整合性自然療法，希望能幫助更多不幸罹癌的人。

肺癌（台灣）

現居於台灣台北的氣功老師 W 老師，不幸於 2012 年被診斷為肺癌。當時在台灣葛森療法資訊不足的情況下，照著葛森舊書的規則在家中實行療法，改變生活方式，並結合氣功，成功地不用任何西醫的治療方式就回復健康。全家人也受益於葛森療法的影響，徹底改變了生活方式。2015 年 6 月時得知，W 老師仍與全家人一起奉行從葛森療法中學到的知識，開心健康地四處活動。

發炎性三陰性乳癌（台灣／美國）

C 女士在 2012 年 7 月時，左乳出現一個 1.4 公分的腫塊，經由醫生檢驗，認為是良性纖維瘤，只以密切追蹤為標準療程。7 個月來腫塊沒有任何變化，未料在 2013 年 1 月時腫塊皮膚處開始發炎，西醫認為是乳腺發炎而開抗生素，抗生素完全沒用。中醫也認為是乳腺發炎，喝藥也無效。

2 個月的劇痛折磨，前後看了 6 位醫生，才於 2013 年 3 月底正式確診為高度惡性的發炎性三陰性乳癌三期 B 型。發炎性乳癌四散皮膚而無法動手術的 C 女士，在面對罹患了主流西醫化放療預後都不佳，且死亡率高的癌型時，C 女士選擇了葛森療法。

在美國康乃狄克州家中嚴格執行葛森療法 3 個半月後，終於可以動手術。而術後報告顯示了葛森療法的成功：原本發炎的皮膚無發炎跡象並且無癌細胞反應、原本腫瘤四周密集的血管只剩一根微小血管、全身無轉移、浸潤處無癌細胞反應，CT 下受感染的淋巴結癌細胞已死亡、大於 9 公分的腫瘤已死亡約四成、肌肉完全乾淨。目前 C 女士已完成 2 年的葛森療程，術後 2 年多，各項指標一切正常，每天神采奕奕地以義工身分，協助更多想瞭解葛森療法的人。2015 年 9 月時得知，她才剛完成與丈夫的爬峽谷 8 天行。

高度侵襲性淋巴瘤

　　S 女士在 47 歲時出現淋巴結腫脹，經過病理切片後確診為非霍奇金氏淋巴瘤。

　　2 年後的夏天，S 女士來到葛森醫院。當時她的兩腿、腰圍和臀部已經嚴重積水，腹部也有一顆甜瓜大小的腫瘤。隨後她專心地只靠葛森療法調養身體，並且堅持不插引流管來排出體內的積水。在前 5 天的完整療程，加上跑了很多趟廁所之後，S 女士瘦了 12 公斤。

　　1993 年 2 月，當她在華盛頓韋納奇再次回診時，醫生的診斷報告指出：全身性淋巴結腫脹已經消失。腹部也沒有診斷出腫塊。患者出現胡蘿蔔素皮膚沉澱。（葛森患者經常會出現的無害橘色膚色）脾臟觸診無異常。……患者表示不願意接受傳統的主流癌症療法。韋納奇山谷診所的血液腫瘤科醫生──鮑傑爾（Dr. Bulger）[2] 表示：可以理解 S 女士的想法，因為她的淋巴問題已經痊癒！此後她的身體一直很健康，並且在 1998 年於西雅圖的會議上為葛森療法作見證。她在 2002 年還在與丈夫一起打拚事業。

　　32 歲的藝術家 W 先生，與妻子育有 3 個小孩。當他發現腹部有腫塊之後，在 1951 年 5 月於俄亥俄州的辛辛那提醫院接受手術。醫生說他體內的淋巴結有多處腫脹。最大的腫塊有 5 公分[3]。醫生儘可能地幫他切除體內的淋巴瘤，然後讓他接受放射線治療。但是短短 4 個月後，W 先生體內又出現新的腫塊，於是他又進行更多次的放射線治療。放射線治療確實能減少淋巴腫塊，但是幾個月後就會復發。W 先生在醫生告知他只剩下 2 個月的壽命之後，便轉向其它的治療方式。

　　W 先生得知葛森療法之後便前往紐約拜訪葛森醫師（此案例也被葛森醫師寫入他的著作，《*A Cancer Therapy: Result of Fifty Cases*，第 18 個案例》[4]。經過 8 個月葛森療法的調理之後，W 先生的身體大有起色，體力回復正常而且可以回到教堂從事藝術工作。他承包建築與裝修工程；自行設計彩色玻璃窗，而在聖地牙哥辦了一場美術展。1983 年，W 先生表示：回首這 33 年，我有了 8 個孩子、12 個孫子女和一個多采多姿的人生。2006 年，88 歲的 W

先生在紀錄片《葛森療法：見證與勇氣》當中現身說法。這位身體硬朗的老藝術家，現在與自己的子女們合開了一間藝術工作室。

子宮內膜異位導致的子宮頸癌

子宮內膜是附著於子宮壁的黏膜。若女性在排卵期的年歲中，每個月排出的卵子未受精時，子宮內膜便會脫落而排出體外，這就是我們俗稱的月經。當身體或荷爾蒙系統出現異常時，子宮內膜會蔓延至整個骨盆腔的數個區域，也包含腹腔壁。隨著情況惡化，經期失調，子宮內膜組織還可能會擴散至全身，變成「類似於轉移性盆腔癌」的惡性腫瘤。[5]

T女士的抗癌故事就是個典型的案例。她自從有月經以來就經歷過各種婦女病。35年後，她被診斷出罹患子宮內膜炎。為了清除子宮內膜斑塊，她也做過好幾次的刮宮術。後來還做了子宮部分切除術，但是問題依舊存在。1979年，子宮頸抹片檢查出她罹患子宮頸癌，而且血液檢查中也發現異常細胞。她的乳房也出現硬塊，但是並沒有進一步檢查。當時醫生已為她安排了子宮全切術，不過她最後決定不接受手術。

T女士開始尋找其它可行的治療方法，並且改變自己的飲食習慣。後來她想起了很多年前夏綠蒂·葛森的演講，於是決定嘗試葛森療法。她在過程中經歷了很強烈的好轉反應，接二連三的噁心和嘔吐。這讓她回想起自己的腹部有大範圍的疤痕組織（很可能是以前的潰瘍所造成）。

T女士在堅持葛森療法2年之後表示：「我絕對不再碰任何我不該吃的食物。」現在她的身體狀況良好（上一次檢查是在2006年11月）。一方面忙於照顧90多歲的年邁父母和公婆；一方面含飴弄孫，享受天倫之樂。

乳癌

70歲的K女士在1988年發現她的乳頭出現紅腫。她在加州牡丹市做完乳房切片之後確診罹患乳癌。醫生還說他並沒有找出所有腫瘤，同時催促她趕緊做乳房切除術。K女士拒絕動手術。史丹福的醫生也證實她有乳癌，並

且建議她先做放療或化療之後再動手術。但這一次，K女士還是拒絕了。

K女士拒絕所有的常規治療，直接在家開始進行葛森療法。剛開始她只吃生食並且每天進行6次灌腸，就這樣堅持了8個月。接著她開始吃有機的素食料理。

1年半之後，她的乳癌已經痊癒，於是她決定動手術切除殘餘的疤痕組織。新的切片報告顯示所有的惡性腫瘤都已消失。醫生團隊在她的病歷上記錄著她是「被飲食治癒」[6]。

K女士如今80多歲，但她每一年都會出席洛杉磯的健康大會！她仍然堅持喝果汁、吃少量的肉。考量到K女士並沒有至葛森診所或找葛醫協助，全靠在家自行進行葛森療法而康復，她的抗癌故事無疑是個意義非凡的案例。

乳癌轉移到肝臟

43歲的E女士在2002年1月時發現乳房有硬塊，經乳房切片後確診為乳癌。她這時候並沒有採取任何行動。2004年1月，E女士到羅馬琳達大學醫學中心就診，醫生說她已經是第四期乳癌，而且癌細胞也轉移到肝臟。她的診斷報告寫到：「患者的肝臟已滿是腫瘤，肝功能正在逐步衰竭中。病患的皮膚和眼白都已經泛黃。」[7]

由於不知道其它辦法，E女士隨即接受化療。腫瘤科醫師表示：按照她的病情來看，他不敢保證她是否能撐過2個月。醫師只希望化療可以讓她多活1年。就在E女士尋找替代方法時，發現了葛森療法。她很清楚地知道，通常像她這樣的患者接受常規治療之後，只有不到1%的人能活超過2年。於是她抱著死馬當活馬醫的心情，開始她的葛森抗癌之旅。

經過2年的葛森療法之後，E女士已經能夠到科羅拉多的特柳賴德山滑雪了（特柳賴德山是美國最陡峭的山脈之一）。E女士在2006年8月接受正子斷層和電腦斷層掃描，結果顯示她的肝功能良好；全身上下都沒有癌化現象或癌細胞轉移。現在E女士能在冬天盡情滑雪；夏天去滑水、攀岩、打高爾夫球和騎摩托車兜風。她現在是一名雲遊四海的旅行達人。

化療和放療後復發的乳癌

　　A女士在1985年發現乳房有硬塊。她做完乳房切片之後隨即接受放化療和乳房腫瘤切除手術。1989年，她體內的癌細胞轉移到喉部，於是在做完放療之後又動了好幾次手術。5個月之後，A女士的癌症再度復發而且轉移到全身，不得不接受更多的放射線治療。

　　由於先前放射線治療的痛苦經驗，A女士決定改去墨西哥的葛森診所接受葛森療法。不久之後，她的病情就有了很大改善。大約1年之後，她就已經宣告痊癒。

　　7年後，A女士總算治好放療所導致的後遺症：嚴重的口乾舌燥。她的健康狀況相當良好。

　　當她至醫院回診並且跟醫生說，是葛森療法救了她一命之後，醫生就默默走出診療室。A女士迄今仍很健康。

黑色素瘤

　　40歲的M女士被診斷出在陰道壁上有黑色素瘤。她在病理切片確診後就馬上動手術，接踵而來的是25次的放療和及4個月的干擾素療程。癌細胞治療的過程中轉移到肝臟。腫瘤科醫師認為化療可以讓她多活9個月。雖然M女士的身體已虛弱不堪且疼痛難耐，她仍然拒絕化療。1996年11月，她不顧醫生的反對，開始進行葛森療法。隔年9月，身體掃描照片顯示黑色素瘤都已消失。10年以後，M女士仍舊常保健康。

　　出生於1943年的W女士是一名護士。1996年，她在手臂上發現了一個很大的痣。為她開刀的外科醫生說，他必須深入皮膚底層才能把痣徹底切除。病理切片發現她罹患了黑色素瘤第四期。幾個月後，W女士的病情惡化了。

　　1997年，加州大學洛杉磯分校附設醫學中心發現她的臀部出現許多斑

塊；而且肝臟中有顆很大的腫瘤。病理切片確診為黑色素瘤。醫生建議她要做好臨終的心理準備。M 女士在 1997 年 6 月開始進行葛森療法，後來她完全康復而且過著健康生活。

黑色素瘤復發

1990 年 10 月，N 先生的背後一個長約 5 公分大小的痣流血了。他請皮膚癌專家，理查‧菲德斯皮爾醫生（Dr. Richard Ferderspie）為他看診。理查醫生認為他的痣並不像黑色素瘤，但是切片檢查結果卻證實專家看走眼了。10 月 30 日，N 先生在密西根州的貝里恩綜合醫院，開刀切除大面積的背後皮膚。

6 個月後，N 先生發現右側腋下的淋巴結腫大。經切片檢查後確診為轉移性黑色素瘤。密西根州伯格斯醫學中心的腫瘤科醫師對 N 先生說：「我之前醫治過幾個類似的病患，但是都沒救活。」[8] 隨後醫師建議他接受實驗性療法。該療程有機會讓他的壽命從 6 個月延長為 9 個月，不過 N 先生拒絕了。

就在走投無路之際，N 先生收到了舊識遺孀的來信。這名同齡老友也罹患黑色素瘤，而且在接受各種常規治療之後的 5 個月就過世了。這封信促使 N 先生到墨西哥的葛森診所接受治療。1991 年 5 月，N 先生跟妻子一同前往葛森診所。當時他的體內又長出另一顆腫瘤，但是腫瘤經過葛森 6 週的調養之後就消失了。N 先生在完成葛森療法時已滿 67 歲，但是身體卻十分健康，經常參加密西根州和佛羅里達州舉辦的長青組奧運會，而且在競走項目中贏過兩面銀牌和一面金牌。

過了一陣子之後，N 先生開始不用葛森飲食保養身體，而且在南美洲旅遊時完全不節制地飲食。1994 年，他又得動手術切除在原病灶復發的淋巴結腫塊（同樣是黑色素瘤）。他隨後立即嚴格地執行葛森療法，接著再度恢復健康，如今活力充沛地過著每一天。

大腸癌轉移到肝臟

C先生在58歲時直腸流血,而且在經過醫師診治之後發現並不是痔瘡。他隨後到佛羅里達州的尚德醫院接受全套檢查。診斷報告表示C先生罹患大腸癌,而且癌細胞已擴散全身。醫生表示這時候接受化療也是徒勞無功,並告訴他大概只剩下3到6個月的時間。於是C先生開始專心進行葛森療法。經過2年的治療後,他的身體完全康復。25年後的C先生已經是81歲的高齡,但身體照樣硬朗健康。

1992年,日本的Y教授發現自己無法排便。經過活體切片檢查和手術之後確診為大腸癌,而且癌細胞已擴散到肝臟。這位醫學教授同意接受4項比較溫和的化療,但是肝臟的腫瘤卻愈長愈大。於是他開始參考葛森醫師的著作並且進行葛森療法。14年後,他已完全康復;肝臟也沒有任何問題。他也用葛森療法成功地救活了許多癌症患者。他在個人著作中描寫他的抗癌故事,另外還培訓同僚成為葛森療法諮詢醫生。如今他已治好了500位以上的癌症患者。這些患者們對葛森療法都是讚譽有加。

胰腺癌

L先生因為身體不適到醫院就診,而醫生則開制酸劑給他。不幸的是,制酸劑引發了劇烈疼痛和其它的併發症。1994年11月,L先生接受電腦斷層掃描,結果顯示「胰臟頭部出現異常腫塊,腫塊還與上腸繫動脈和靜脈靠得很近。」醫生對他說:「你罹患了胰腺癌,不可能以手術切除;也無法使用放射線治療或化療。」[9]

於是L先生與已康復的葛森患者談過後,決定進行葛森療法。經過20個月的嚴格治療後,他回醫院做第二次電腦斷層掃描。掃描結果顯示他沒有任何疾病的症狀,所有指數及檢查結果都正常。L先生還指出:過去折磨他多年,頻繁發作的嚴重偏頭痛,在開始葛森療法後,就幾乎立刻消失了。10年過去了,他的身體依舊保持著健康及活力。

1986年1月，體重下降近11公斤的P女士被送往加拿大卑詩省的醫院做電腦斷層掃描。掃描結果和切片診斷出她罹患胰腺癌。專科醫師要她準備料理後事，因為她的症狀無法開刀治療，而且已經擴散到肝臟、膽囊及脾臟。後來她的體重又下降了20公斤，並開始吐血。由於P女士先前聽說過有人靠葛森療法治好胰腺癌；外加自己別無選擇，她決定進行葛森療法。

1986年3月，她來到墨西哥的葛森診所，接著開始接受密集療程。同年12月，在執行葛森療法近9個月後，醫生表示她已經抗癌成功。1990年2月，她的家庭醫生表示：「P女士至今都沒有癌症復發的徵兆，在1985年有的各種惡性症狀都完全消失了。」[10] 即使20年前P女士被醫生宣告罹患絕症，20年後的她依舊保持健康與活力。

前列腺癌

1991年，69歲的P先生罹患了前列腺癌。他做過好幾次刺針切片；其中3次發現他體內有癌細胞，另外3次則表示他的情況並不樂觀。他當時的PSA（前列腺特異性抗原）指數為6，雖然並不是很高但也超過正常值。

1991年，P先生前往墨西哥葛森診所接受葛森療法。剛開始他的PSA指數不停攀升，3個月後甚至來到14。雖然P先生起先對指數攀升感到些許不安，但他還是堅持治療。18個月後，他的PSA指標下降至0.3。如今80幾歲的P先生依然十分健壯，而且PSA指數至2006年10月還是正常的2.1。

前列腺癌併發骨癌和肺癌

伊利諾州的E先生堪稱是最成功的葛森抗癌案例。E先生六年級就輟學，之後都在資源回收場裡做金屬分類工。1966年，醫生告訴69歲的E先生要開始準備後事。因為他的前列腺癌已經蔓延到骨骼；鼠蹊部也有一個大腫塊。醫生對他進行荷爾蒙阻斷療法，但是發現任何療法都起不了作用。

E先生被醫生宣判死刑之後，他想起自己曾經看過葛森療法的相關書籍。於是打電話給葛森醫師的女兒。她在電話中向他介紹葛森醫師的著作《A

Cancer Therapy: Result of Fifty Cases》[11]過了一陣子之後，E先生表示他看不懂這本書。於是葛森醫師的女兒告訴他，只需要照著書中第235頁的表格執行葛森療法即可。

E先生聽從她的建議，但是他發現自己在家進行葛森療法是「這輩子最難的事」。因為他的妻子好幾年前就離開人世，家中只剩下他一人。某天，他靠在椅子扶手休息時弄斷了一根肋骨（癌細胞導致的骨質疏鬆）。當時他感到疼痛難耐，只想躺在床上。但是他強迫自己起身準備食物和果汁，因為他知道如果這時候放棄，那麼自己肯定必死無疑。堅持了一陣子之後，他不再感到疼痛。1個月後，醫生發現E先生的鼠蹊部已經沒有大面積的腫塊，而且他的體力也變好了。

有一天，E先生接到朋友G先生的電話。G先生告訴他因為癌細胞已經擴散至整個肺部，所以離大去之期不遠矣。G先生詢問E先生能不能幫上忙，於是E先生到好友家中為他進行葛森療法。神奇的是，這兩位癌末患者，在經過葛森療法調養之後都康復了！1981年時，這兩位先生仍然身體硬朗，並且過著快樂的生活。當時E先生已高齡84歲，而比他年輕許多的G先生也多享受了好幾年的人生。很久之後，我們才從G先生的兒子得知，G先生已安詳離世了。

星形細胞瘤

1987年，居住在印第安北美自由區的N小妹妹在10歲生日前出現頭痛和嘔吐等症狀。電腦斷層掃描顯示她的大腦裡面有一顆腫瘤，隨後她被轉診到印第安納波利斯的賴利兒童醫院進行腦科手術。外科醫生盡可能地移除腫瘤，但是N小妹妹的腦瘤有些太靠近腦部主動脈；只能用電燒做局部處理。

N小妹妹之後每年都得到醫院做追蹤檢查。13歲那一年，核磁共振顯示出她的腦癌復發。醫生說她年紀太小，不能動手術。N小妹妹的媽媽不忍寶貝女兒的病情加重，於是她決定用葛森療法救治愛女。1990年，她帶著女兒到墨西哥葛森診所就醫。由於當時N小妹妹的療程每隔1小時喝1杯果汁，無法正常上學，於是只能在家自學。N小妹妹因此利用灌腸的時間飽覽群

書。剛開始她會讀經典名著,接著是數學和哲學。在她做完 2 年的葛森療程時參加了美國 SAT 高中入學考試。那一年,她不僅身體康復,考試成績還十分亮眼。

當醫生再次為已經長大的 N 小姐做 X 光檢測,簡直不敢相信她的腦癌已經痊癒了。N 小姐的肢體功能也逐漸恢復到可以拉小提琴的程度。她後來以極其優異的成績從大學畢業,並且在 26 歲時結婚成家。

黑色素瘤及尼古丁成癮

A 女士從 17 歲時開始抽菸。當時外表只有 15 歲的她,希望藉由吸菸讓她看起來更成熟,更像個成年人。剛開始時她很討厭菸味,但是很快地,她有了菸癮。35 年之後,她被診斷出罹患黑色素瘤。

當她發現葛森療法並且決定前往墨西哥葛森診所之際,她最大的顧慮就是自己的菸癮。因為她被明確告知:就算只抽一根菸,也得馬上離開葛森診所!A 女士已數不清自己戒菸失敗的次數了。這一點讓她感到十分焦慮。

當她來到葛森診所之後,她發現自己面臨的是一個馬不停蹄的密集療程:持續不間斷地喝蔬果汁、灌腸、用餐、上課和參加病友聚會,這些事情幾乎占用掉她所有時間。A 女士過了將近 2 天之後,才發現到自己完全沒抽菸,而且菸癮絲毫沒發作。

接下來幾小時內發生的事,才真正讓她訝異。當時她在醫院的花園遇見一位正在抽菸的訪客,她驚訝地發現到,她竟然覺得菸味刺鼻難受,當下決定快速離開現場。A 女士並未出現嚴重的戒斷症狀,不過為了排掉經年累月的菸毒,倒是折騰了她的皮膚和頭髮好幾週。她之後再也沒抽過菸,當然黑色素瘤也痊癒了。

食道癌

葛森療法不但能治好幾個最常見的癌症,如:乳癌、前列腺癌和大腸癌,葛森療法對於一些罕見癌症,也有極佳療效。以下是 K 先生的抗癌故事。

1953年出生的K先生，是住在亞利桑那州的動物標本師傅。他是位很注重健康的人，不吸菸也不吸毒，頂多偶爾小酌兩杯。但是，據他回想抗癌歷程時，他的三餐都是垃圾食物和速食食品。當他吃完一個全麥三明治時，會覺得這是他要的健康飲食，但總是無法持續。K先生從來不吃生菜沙拉，因為他認為那專屬於兔子。他1年攝取的水果頂多是4顆蘋果、2到4顆柳丁。更糟糕的是，當時他不知道製作標本的材料，如：甲醛、揮發性溶劑、玻璃纖維、聚氨酯泡沫以及顏料，對他的身體已造成嚴重傷害。

多年之後，他發覺自己的喉嚨變得很不舒服。吞嚥和呼吸都變得愈來愈困難。37歲的他決定去看醫生，結果確診罹患食道癌。K先生不願意接受醫生建議的治療，更何況他知道食道癌的復原機率極低。於是他開始尋找其它可行的方法，最終找到了葛森療法。

他坦承在進行葛森療法的過程中，對他來說是很艱辛的。因為他非常討厭咖啡灌腸。但是他說：「我每次灌腸後，就感覺身體變好一點，於是我明白到灌腸的重要性。」K先生歷經了一段很長的好轉反應期，並可以感受到「腫瘤在我喉嚨中腐爛且帶著惡臭。」[12] 大約2個半月後，K先生感覺他剩下的腫瘤，從喉嚨掉進了胃部；這害得他超級難受了好幾天。最後他總算排乾淨體內的毒素，並且完全康復了。

復原的K先生重新回到工作崗位，這次他學會小心翼翼地使用工作上需要的各種化學物品。自康復後的15年，他的身體一直都很健康。

全家康復案例：乳癌、前列腺癌及胸膜炎

現在介紹的是靠葛森療法康復的一家人。

首先是53歲的母親—— S女士。她在乳房攝影檢查時，發現到一些可疑的病灶。後來醫生從她的乳房中取出2個腫瘤，切片後確認為惡性。醫生建議S女士進行乳房切除術後，看情況也許要做放射線治療，但是醫生說放療會對S女士的肺臟造成永久性損害，而且還會導致骨質嚴重疏鬆。S女士原本打算接受乳房全切除術，但在手術前一天決定到墨西哥葛森診所就醫。她於1995年2月開始專心進行葛森療法。她最終康復並且身體一直很健康。

S女士的女兒T女士在3歲的時候就患有胸膜炎。T女士在37歲時是2個孩子的母親,那時她病得很重,幾乎無法呼吸、無法坐、無法躺、也無法入睡,即使住院也沒用。此時S女士正進入第14個月的葛森療程。她從加州家中出發探望住在懷俄明州的女兒。帶了2個行李箱,其中1箱裝滿了各種有機蔬菜和水果。

T女士在喝完第1杯純胡蘿蔔汁之後就感覺好多了。她的病情快速改善;3週後就能夠走路及入睡。這是她生平第一次完全不受胸膜炎的折磨。現在T女士已經完全康復,並且接受推拿師的培訓,計畫成為一名推拿師。

在母親和女兒重拾健康的幾年後,父親C先生的PSA指數為14到16(正常值為1或者是低於1)。2003年7月,切片檢查確診C先生罹患前列腺癌。令人意外的是,爸爸幾年來三餐都跟著太太S女士吃葛森餐。探究原因,原來C先生看過高蛋白的黃豆製品廣告後,認為自己需要多補充蛋白質,於是自行在三餐中添加了許多黃豆製品。他還攝取了含鈉量很高的氨基酸補品。當C先生不再吃這些額外的補充品,並進階實行全套葛森療法後,他也恢復健康了,往後的4年內,健康狀況都維持得不錯。

尤文氏肉瘤

1993年6月,8歲的T小弟弟從匈牙利來到墨西哥葛森診所。他在1992年3月時被診斷出罹患了尤文氏肉瘤,這是一種長在長骨上的內皮瘤。T小弟弟先前已在匈牙利先接受過化療,但是癌細胞仍舊從骨盆上蔓延到他腹部內的軟組織。他剛到葛森診所時臉色蒼白、身形消瘦而且頭髮也掉光了。儘管對環境不熟悉也不懂英語,T小弟弟卻非常聽話,毫無怨言地吃光他不習慣的無油無鹽葛森餐及鮮榨的有機蔬果汁。

返回匈牙利後,T小弟弟的母親表示,在經過3個月的調養之後,T小弟弟體內的腫瘤都已消失。2年後,她寄給我們T小弟弟的照片。當時的他已經10歲,外表相當健壯。

T小弟弟的抗癌故事還有個令人難以置信的事實。當年治療他的匈牙利醫院,共收了7名罹患尤文氏肉瘤的兒童病患。T小弟弟和其它6人都接受

了化療，但是只有他擊敗病魔。T小弟弟的母親於 2006 年 3 月回報他的最新情況，當時他已 20 歲，身體依舊健康。

參考資料

1. Guy B. Faguet, MD, *The War on Cancer: An Anatomy of Failure* (New York: Springer, 2006).
2. Charlotte Gerson, *Healing Lymphoma the Gerson Way* (Carmel: Cancer Research Wellness Institute, 2002), p. 18.
3. Ibid., p. 8.
4. M. Gerson, *A Cancer Therapy: Results of Fifty Cases and The Cure of Advanced Cancer by Diet Therapy: A Summary of Thirty Years of Clinical Experimentation*, 6th ed. (San Diego, CA: Gerson Institute, 1999), Case #18, p. 313.
5. *Taber's Cyclopedic Medical Dictionary* (Philadelphia: F. A. Davis Company, 2005).
6. Personal communication to Charlotte Gerson.
7. Letter to Charlotte Gerson from patient.
8. Note 6, supra.
9. Ibid.
10. Ibid.
11. Note 4 (Gerson), supra.
12. *Gerson Healing Newsletter* 13(2)(March/April 1998): 5-6.

第三十章

葛森食譜

在本書的最終章節,我們想獻上一份珍貴的有機葛森食譜。這份食譜裡面的葛森套餐不僅種類繁多而且營養滿分,但有幾個注意事項如下:

① 請仔細研讀第十四章必備飲食中的食材準備原則。
② 若您正在進行葛森療法且剛進入密集治療階段,請在前3個月只吃第十四章中介紹的基本食譜。另外,療程前6～10週要禁食任何種類的乳製品。
③ 3個月過後,您可以開始嘗試本食譜上的各種沙拉、蘸醬和素食主菜。
④ 希波克拉底湯(見第190頁)和烤馬鈴薯是葛森餐點中不可或缺的環節。請大家務必搭配餐點食用。

至於沒有生病但也想透過葛森療法改善健康的讀者,您也可以放心嘗試本章節的食譜。為了不讓食材的寶貴養分流失,請務必使用慢火、低溫、無水或少水的烹飪方式。(參照第十四章〈葛森食物與蔬果汁的準備〉第189頁)

溫馨提醒:

黑麥麵包

本食譜不包含麵包或其它麵食。大家可以到有機商店選購100%有機的無油無鹽黑麥麵包。葛森病患們一天可以吃兩小片有機黑麥麵包,但是必須先吃完葛森套餐後若還飢餓才能再吃。葛森餐點包括沙拉、湯以及馬鈴薯、蔬菜和水果。絕對不能用麵包取代這些餐點。

優格（酸奶）

葛森病患只能吃有機無脂（或是極低脂）的優格。本章的食譜會用到濃稠酸乳酪（類似茅屋起士）。濃稠酸乳酪的做法如下：將有機優格倒入棉紗布，然後用一個晚上瀝去水分。

甜味劑

葛森餐可以使用的甜味劑如下：
- 有機純黑糖，顏色深淺皆可。
- 有機純蜂蜜。
- 有機楓糖。
- 非硫化糖蜜。
- 有機黑糖。

以上材料在食譜中會簡稱為蜂蜜或糖。

清洗水果和蔬菜

所有水果和蔬菜在調理前都必須用乾淨的水清洗。如果您家中的自來水沒有含氟，可以用逆滲透過濾的清水洗菜和煮菜。如果您家中的自來水含氟，請全程使用過濾過的蒸餾水洗菜和煮菜。（請參考第十一章〈葛森所需的居家設定〉（參見第168頁）選購濾水和蒸餾器材，並且參考第五章〈人體防禦系統的全線崩潰〉（參見第86頁），瞭解氟對身體的壞處）

烘烤

烘烤食材之前都要提前預熱烤箱。

烹調時間／餐點分量

由於食材的大小不盡相同,這份食譜不講求固定的烹調時間或餐點分量。好比說大顆馬鈴薯的烹調時間需要比較長的烹調時間,但是能提供給更多人食用。

「希波克拉底」湯

希波克拉底湯在葛森餐中又被稱為特製湯品。它同時也是某些餐點所需的高湯。詳細內容請參考第十四章〈葛森食物與蔬果汁的準備〉第184頁。

祝大家用餐愉快!

食譜

蘸醬

胡蘿蔔蒔蘿蘸醬

▌準備時間：15 分鐘／製作時間：30 分鐘／4～8 人份

▌材料：胡蘿蔔 ·· 1 磅，刷洗乾淨不去皮
　　　　優格（酸奶）·· 4 湯匙（tbsp）
　　　　新鮮的蒔蘿葉（dill）·········· 2 湯匙（tbsp）（或是 2 茶匙的乾蒔蘿），切碎
　　　　亞麻籽油 ·· 1 茶匙（tsp）
　　　　小檸檬 ·· 1 個，榨汁備用

▌做法：① 將胡蘿蔔用小火慢煮至軟，濾乾冷卻後倒進食物研磨機內研磨。
　　　　② 磨好後加入優格（酸奶）、蒔蘿、亞麻籽油和檸檬汁，攪拌均勻。
　　　　　 放入冰箱冷藏。
　　　　　 可以用於沙拉中或者是用於胡蘿蔔條、櫛瓜條及青／甜椒條的蘸醬。塗抹於有機黑麥麵包上也很美味。

橘（或紅）甜椒蘸醬

▌準備時間：15 分鐘／6 人份

▌材料：橘（或紅）甜椒 ·· 2 個
　　　　優格（酸奶）·· 10 盎司
　　　　有機番茄醬 ·· 1/2 茶匙

▌做法：將一個甜椒去籽切成細丁，拌入優格（酸奶）跟番茄醬。把剩下的甜椒直立式地對半切開，去籽。然後在切開的半個甜椒中放入剛拌好的優格（酸奶）混合物。再與胡蘿蔔條、櫛瓜條及西洋芹條一同置於盤子上。

開胃菜

西洋芹根「無蛋」蛋黃醬

▍準備時間：10 分鐘／2～4 人份

▍材料： 西洋芹根 ………………………………………………… 適量
　　　　紫葉菊苣（Radicchio lettuce）……………………………… 適量
　　　　2～3 種不同的散葉萵苣（綠葉或紅葉）………………… 2～3 葉
　　　　青蔥（細香蔥）…………………………………………… 少許，切碎
　　　　巴西里（荷蘭芹）（也可用龍蒿 tarragon 取代）………… 少許，切碎

▍調味料：醋、水、蜂蜜、優格（酸奶）。

▍做法： 西洋芹根剁碎；加入調味料拌勻。
　　① 把散葉萵苣葉子洗淨置於盤上。
　　② 把此西洋芹根「無蛋蛋黃醬」（無蛋美乃滋）放進萵苣葉。
　　③ 灑上少許青蔥（或細香蔥）末和巴西里（荷蘭芹，或龍蒿）末。

茄香番茄沙拉

▍準備時間：15 分鐘／烹調時間：50 分鐘／2 人份

▍材料： 西洋的圓茄子 ………………………… 1 根（或細長的東方茄子 2～3 根）
　　　　小型洋蔥 ……………………………………………………… 1 顆
　　　　有機番茄泥 …………………………………………… 1/2 湯匙（tbsp）
　　　　巴西里（荷蘭芹，或香菜）……………………………………… 少許
　　　　檸檬片 ……………………………………………………… 少許
　　　　優格（酸奶）………………………………………………… 少許

▍做法：① 用叉子在整根茄子上均勻地刺洞；直接放進烤箱上層（或放在烤盤上），用攝氏 190 度（華氏 375 度）烘烤約 40 分鐘，中間要將茄子翻面一次。
　　② 烤至第 20 分鐘時將茄子翻面，再烤 20 分鐘。
　　③ 烤好的茄子靜置冷卻，去皮及莖，然後剁碎成泥狀。
　　④ 平底鍋加少量的水加熱後；用小火水清炒洋蔥末約 10 分鐘（或單純煮軟也可）。

⑤ 把番茄泥及茄子泥倒進鍋中,與炒好的洋蔥末拌勻,以高溫拌炒 2 分鐘,以蒸發掉多餘的水分。
⑥ 起鍋冷卻。
⑦ 拌入少許巴西里（荷蘭芹末或香菜末）。
⑧ 把此混合的茄子番茄洋蔥泥放在萵苣類的生菜沙拉上。
⑨ 加上一片檸檬及少許優格（酸奶），增添風味。

柚香甜椒沙拉

▌ 準備時間：15 分鐘／1～2 人份
▌ 材料：粉紅葡萄柚 ································· 1 顆
　　　　西洋芹 ····································· 少許
　　　　紅甜椒 ································· 1 顆（帶籽）
　　　　紅葉菊苣（或紅散葉萵苣） ······················· 適量
　　　　磨碎的辣根（horseradish） ······················ 適量
▌ 做法：① 葡萄柚對切。一半榨汁,另一半取出果肉。
　　　　② 西洋芹切碎。紅甜椒去籽切碎。
　　　　　 把紫葉菊苣（或紅散葉萵苣）葉擺盤。
　　　　③ 葡萄柚果肉、西洋芹和紅甜椒拌勻後放在萵苣葉上。
　　　　④ 沙拉醬可用添加了磨碎的辣根（或碎薄荷葉）的葡萄柚汁。

◎不同的做法：將葡萄柚果肉置於菊苣及西洋菜（豆瓣菜）上。再把優格（酸奶）與少量葡萄柚汁拌勻作為沙拉醬後,就可立即享用。
◎葡萄柚的去皮訣竅：葡萄柚的頂部和底部各平切一刀,然後把葡萄柚放好在容器裡面。用水果刀去掉葡萄柚的皮和白色薄膜。順著半圓方向取出果肉。

菊芋抹醬

▌ 準備時間：20 分鐘／製作時間：40 分鐘／2 人份
▌ 材料：菊芋 ···································· 450 克
　　　　優格（酸奶） ··························· 1 湯匙（tbsp）
　　　　檸檬汁 ···························· 15～30 cc（1～2 tsp）
　　　　巴西里（荷蘭芹） ······························ 切碎
　　　　亞麻籽油 ··································· 適量

▌做法：① 菊芋刷洗乾淨後放上烤盤，放進烤箱用攝氏 204 度（華氏 400 度）烤 25 分鐘（可以跟馬鈴薯一起烤）。烤好後冷卻去皮。
② 菊芋用食物調理機或食物研磨器磨成綿密的泥狀。
③ 加入濃稠優格（酸奶）、檸檬汁、巴西里（荷蘭芹）末和亞麻籽油拌勻。最後加些生菜絲或小番茄點綴。這道菜可以當作開胃菜，也可以當做黑麥麵包的抹醬。

南洋鮮果盤

▌準備時間：15 分鐘／2～4 人份
▌材料：洋香瓜 ……………………………………………………… 切片
　　　　哈密瓜 ……………………………………………………… 切片
　　　　芒果 ………………………………………………………… 切片
▌調味料：蜂蜜 …………………………………………… 半湯匙（tbsp）
　　　　　亞麻籽油 ……………………………………… 1 湯匙（tbsp）
　　　　　檸檬汁 ………………………………………… 2 湯匙（tbsp）
　　　　　薄荷葉 ……………………………………………………… 適量
▌做法：① 材料去皮去籽後切成片狀。調味料預先拌勻。
② 水果片放在水果盤上排成扇形，再淋上調味醬汁。

酸甜木瓜盤

▌準備時間：15 分鐘／2 人份
▌材料：木瓜 ………………………………………………………… 2 顆
　　　　蜂蜜 ………………………………………………… 2 湯匙（tbsp）
　　　　萊姆（青檸）……………………………………………… 1 個，擠成汁
　　　　萊姆片（青檸）……………………………………………… 少許
▌做法：① 木瓜去皮去籽切片（塊）。
② 蜂蜜和萊姆汁拌勻後，淋在木瓜片上，輕輕拌好後放進冰箱冷藏。
③ 冰涼後在上桌前，加少許萊姆片點綴。

田園鑲瓜盅

▌準備時間：10 分鐘／製作時間：5 分鐘／2～4 份
▌材料：中型櫛瓜 ··· 8 條
　　　　大型洋蔥 ································· 1 顆，切碎
　　　　青椒 ··· 1 個
　　　　番茄 ··· 3 顆
　　　　巴西里（荷蘭芹）························· 1 茶匙（tsp）
　　　　蒜頭 ································· 1 瓣，敲碎
　　　　紅散葉萵苣
　　　　蘸醬 ·································· 4～6 湯匙（tbsp）
▌蘸醬材料：蘋果醋（或檸檬汁）················· 6 湯匙（tbsp）
　　　　　　水 ··· 60 cc
　　　　　　香草 ·· 適量
　　　　　　亞麻籽油 ···································· 適量
▌做法：① 整條櫛瓜煮到半熟（小火煮約 5 分鐘）；去頭去尾後直立對半切。舀出櫛瓜籽後，切碎櫛瓜籽。
　　　　② 在挖空的櫛瓜內灑些蘸醬，加入少許洋蔥末讓其入味。
　　　　③ 將剩下的洋蔥末、與青椒末、番茄丁、巴西里（荷蘭芹）末、蒜末和碎櫛瓜籽充分拌勻
　　　　④ 倒入剩下的蘸醬徹底拌勻。
　　　　⑤ 將「步驟③」的成品塞滿被挖空的櫛瓜後，把櫛瓜排在紅散葉萵苣上後，上桌享用。

優格杏桃雪泥冰

▌冷凍時間：2～3 小時／準備時間：15 分鐘／製作時間：40 分鐘／2～4 人份
▌材料：杏桃乾 ······································ 230 克
　　　　水 ·· 560 cc
　　　　優格（酸奶）··································· 280 cc
　　　　蜂蜜 ······································ 2 湯匙（tbsp）

▎做法：① 杏桃乾加少量的水後煮開。水滾後蓋上蓋子，轉小火再煮 30～40 分鐘（杏桃煮軟即可）。
② 加水，將鍋中水分補至約 420 cc，然後靜置冷卻。
③ 杏桃和水倒入食品調理機打勻成泥狀。
④ 加入濃稠優格（酸奶）和蜂蜜（但不要攪拌）。
⑤ 成品倒進保溫盒後放進冷凍庫凝固。
⑥ 用冰淇淋勺挖出 1～2 球，放在碗中，立即享用。

淋醬

青檸茄子醬

▎準備時間：10 分鐘／製作時間：1 小時／3～4 人份
▎材料：大茄子⋯⋯⋯⋯⋯⋯⋯⋯⋯⋯⋯⋯⋯⋯⋯⋯⋯⋯⋯⋯ 1 個
　　　蒜頭⋯⋯⋯⋯⋯⋯⋯⋯⋯⋯⋯⋯⋯⋯⋯⋯⋯⋯⋯ 1～2 瓣
　　　檸檬汁⋯⋯⋯⋯⋯⋯⋯⋯⋯⋯⋯⋯⋯⋯⋯⋯ 2 湯匙（tbsp）
　　　巴西里（荷蘭芹）⋯⋯⋯⋯⋯⋯⋯⋯⋯ 1 湯匙（tbsp），剁碎
▎做法：① 茄子用攝氏 177～204 度（華氏 350～400 度）焙烤約 1 小時。
② 茄子冷卻後去皮，濾掉多餘的水分，並輕輕擠壓。
③ 茄子加入蒜頭後，用食物調理機打成均勻的泥狀。
④ 加入檸檬汁和洋巴西里（荷蘭芹）後拌勻即可。

◎此醬料可搭配生蔬菜條食用；當作風味佐料也很實用。
◎小訣竅：可以加入濃稠優格（酸奶）。

簡易沙拉醬

▎準備時間：7 分鐘／2 人份
▎材料：檸檬汁（蘋果醋）⋯⋯⋯⋯⋯⋯⋯⋯⋯⋯⋯⋯⋯ 2 湯匙（tbsp）
　　　水⋯⋯⋯⋯⋯⋯⋯⋯⋯⋯⋯⋯⋯⋯⋯⋯⋯⋯⋯⋯⋯ 30 cc
▎以下食材可自由搭配：龍蒿（tarragon），去莖；紅蔥頭（或青蔥）少許，剁碎；蒜頭 2 瓣，去皮打碎；新鮮月桂葉、香茅（取其檸檬的香味）。

▍做法：將所有食材拌勻放入收納盒即可。

蔬菜用淋醬

▍準備時間：5 分鐘／2 人份

▍材料：檸檬汁（蘋果醋）·····················2 湯匙（tbsp）
　　　　水···30 cc
　　　　濃稠優格（酸奶）·······································適量

▍做法：混勻檸檬汁（蘋果醋），水和糖（若選擇加入）。再加入濃稠優格攪拌均勻即可。

青檸亞麻籽油醬

▍準備時間：5 分鐘／2 人份

▍材料：有機冷壓亞麻籽油·····················1 湯匙（tbsp）
　　　　檸檬汁···············10 cc（比例是 2/3 的油加 1/3 的檸檬汁）
　　　　蒜頭···少許
　　　　新鮮的葛森可用香料·······································少許
　　　　柳橙汁······················少許（★膠原性疾病的人不可加入）

▍做法：將所有食材攪拌均勻，淋在生菜沙拉上後立即享用。

香蒜青蔥醬

▍準備時間：5 分鐘／1 人份

▍材料：有機冷壓亞麻籽油·····················1 湯匙（tbsp）
　　　　檸檬汁（或蘋果醋）······································10 cc
　　　　蒜泥···1 瓣
　　　　青蔥···1 根
　　　　新鮮巴西里（荷蘭芹）、細香蔥、蒔蘿（dill）、甜茴香·········適量
　　　　薄荷···少量

▍做法：① 檸檬汁（或蘋果醋）與亞麻籽油混勻。
　　　　② 切碎青蔥、巴西里（荷蘭芹）、細香蔥。

③ 將蒜末、蔥末、巴西里末及細香蔥末與和上述所有的香草料混合後攪拌均勻。

◎此淋醬可直接拌生菜沙拉食用，或倒入蘸醬碟隨人取用。
◎小訣竅：若沒有新鮮香草，可以乾燥的有機香草料代替。

簡易淋醬

▎準備時間：5 分鐘／6 人份
▎材料：蘋果醋⋯⋯⋯⋯⋯⋯⋯⋯⋯⋯⋯⋯⋯⋯⋯⋯⋯⋯⋯⋯ 600 cc
　　　　水⋯⋯⋯⋯⋯⋯⋯⋯⋯⋯⋯⋯⋯⋯⋯⋯⋯⋯⋯⋯⋯⋯ 160 cc
▎做法：將上述食材調和均勻即可。

◎小訣竅・可嘗試加入以下食材：龍蒿（去莖）、紅蔥頭、青蔥段切碎、2 瓣大蒜敲碎，及 1 片新鮮的月桂葉。

香橙油醋醬

▎準備時間：6 分鐘／1 人份
▎材料：蒜頭⋯⋯⋯⋯⋯⋯⋯⋯⋯⋯⋯⋯⋯⋯⋯⋯⋯⋯⋯⋯⋯ 1 瓣
　　　　新鮮巴西里（荷蘭芹）⋯⋯⋯⋯⋯⋯⋯⋯⋯⋯⋯⋯ 2 湯匙（tbsp）
　　　　蘋果醋⋯⋯⋯⋯⋯⋯⋯⋯⋯⋯⋯⋯⋯⋯⋯⋯⋯⋯⋯ 2 湯匙（tbsp）
　　　　柳橙汁⋯⋯⋯⋯⋯⋯⋯⋯⋯⋯⋯⋯ 60 cc（★膠原性疾病不可使用）
　　　　有機冷壓亞麻籽油⋯⋯⋯⋯⋯⋯⋯⋯⋯⋯⋯⋯⋯ 1 湯匙（tbsp）
▎做法：將巴西里（荷蘭芹）和蒜頭切碎，然後加入蘋果醋、糖、柳橙汁及亞麻籽油即可。

蒜蜜優格醬

▎準備時間：6 分鐘／2 人份
▎材料：濃稠優格（酸奶）⋯⋯⋯⋯⋯⋯⋯⋯⋯⋯⋯⋯⋯⋯⋯ 170 克
　　　　大蒜⋯⋯⋯⋯⋯⋯⋯⋯⋯⋯⋯⋯⋯⋯⋯⋯ 1 瓣，剁成蒜泥
　　　　蜂蜜⋯⋯⋯⋯⋯⋯⋯⋯⋯⋯⋯⋯⋯⋯⋯⋯⋯⋯⋯ 1 茶匙（tsp）
　　　　水芹（豆瓣菜）⋯⋯⋯⋯⋯⋯⋯⋯⋯⋯⋯⋯⋯⋯⋯⋯ 適量
▎做法：將上述食材充分拌勻，用少許水芹點綴即可。

優格香草醋溜醬

▎準備時間：4 分鐘
▎材料：蘋果醋、水少量、蜂蜜、濃稠優格（酸奶）、巴西里（荷蘭芹）、龍蒿。
▎做法：將上述食材拌勻即可。

優格洋蔥醋溜醬

▎準備時間：4 分鐘
▎材料：濃稠優格（酸奶）、蘋果醋、洋蔥末。
▎做法：將上述食材拌勻即可。可搭配田園沙拉食用。

沙拉

胡蘿蔔蘋果沙拉

▎準備時間：15 分鐘／2 人份
▎材料：小型脆紅蘋果 ………………………………………… 1 顆
　　　　大根胡蘿蔔 …………………………………………… 1 根
　　　　青蔥 …………………………………………………… 1 根
　　　　白蘿蔔 ………………………………………… 1 根，切片
　　　　蘋果汁 ………………………………………………… 適量
　　　　薄荷 …………………………………………………… 適量
▎做法：① 蘋果和胡蘿蔔剁碎放入沙拉盤中。
　　　　② 加入蔥末、白蘿蔔片。
　　　　③ 倒入少量蘋果汁，撒上少許薄荷。
　　　　④ 與各色葉菜類，如紫葉菊苣，水芹（豆瓣菜）或巴西里（荷蘭芹）混合後食用。

水芹甜菜根沙拉

- 準備時間：5 分鐘
- 材料：煮熟的甜菜根、有機冷壓亞麻籽油、水芹（豆瓣菜）。
- 做法：甜菜根煮熟剁碎或切小丁；加入少許亞麻籽油混勻。最後拌入水芹後食用。

甜菜根優格沙拉

- 準備時間：20 分鐘
- 材料：煮熟的甜菜根、胡蘿蔔、西洋芹或芹菜、蘋果、巴西里（荷蘭芹）
- 沙拉淋醬：濃稠優格（酸奶）、檸檬汁、亞麻籽油。
- 做法：① 將熟甜菜根、胡蘿蔔、芹菜和蘋果切丁後放進沙拉碗。
  ② 拌勻淋醬的材料。
  ③ 將「步驟①」的蔬菜丁與淋醬攪拌均勻後配葉菜類沙拉。食用前再撒些巴西里點綴。

酸嗆甜菜根沙拉

- 準備時間：6 分鐘
- 材料：煮熟的甜菜根。
- 沙拉淋醬：優格（酸奶）、檸檬汁、磨碎的辣根。
- 做法：甜菜根煮熟切丁；淋上淋醬後拌勻，享用。

胡蘿蔔沙拉

- 準備時間：15 分鐘／2～4 人份
- 材料：胡蘿蔔⋯⋯⋯⋯⋯⋯⋯⋯⋯⋯⋯⋯⋯⋯⋯⋯⋯⋯ 240 克
  中型脆紅蘋果⋯⋯⋯⋯⋯⋯⋯⋯⋯⋯⋯⋯⋯⋯⋯ 1 顆
- 沙拉淋醬：濃稠優格（酸奶）⋯⋯⋯⋯⋯⋯⋯⋯⋯⋯⋯ 140 克
  柳橙⋯⋯⋯⋯⋯⋯⋯⋯⋯⋯⋯⋯⋯⋯大型 1 個，壓汁
- 做法：① 胡蘿蔔切丁放入碗中。
  ② 蘋果去核切成小塊，放進沙拉碗中，與胡蘿蔔拌勻。

③ 將濃稠優格（酸奶）與柳橙汁拌勻後倒入胡蘿蔔蘋果丁中。

◎ 小訣竅：可加入泡開的葡萄乾（泡開的做法：於前一天晚上泡在冷水中，或是淋上煮沸的熱水後等 2 小時）。無子葡萄也是不錯的選擇。

香橙胡蘿蔔佐椰棗沙拉

製作時間：15 分鐘／2 人份

- 材料：大型胡蘿蔔 ··················· 1 根
  - 柳橙 ······················· 1 顆
  - 椰棗（或棗子）··················· 少許
  - 燕麥片 ······················ 適量
- 沙拉淋醬：檸檬汁、亞麻籽油。
- 做法：① 胡蘿蔔切成細條。椰棗（棗子）切末。
  - ② 柳丁切瓣；加入胡蘿蔔條。
  - ③ 加入椰棗末、淋上淋醬後，在食用前灑點燕麥片。

胡蘿蔔葡萄乾沙拉

準備時間：10 分鐘（不包括葡萄乾浸泡時間）／2 人份

- 材料：大型胡蘿蔔 ··················· 3 根
  - 葡萄乾 ·················· 60 克，已浸泡過
  - 萵苣 ······················· 適量
  - 巴西里（荷蘭芹）··············· 2 茶匙，切碎
- 沙拉淋醬：大蒜 ················· 1 瓣，剁成泥
  - 亞麻籽油 ····················· 適量
  - 蘋果醋 ······················ 適量
  - 蜂蜜 ····················· 1/2 茶匙（tsp）
  - 檸檬汁 ····················· 2 茶匙（tsp）
- 做法：① 葡萄乾用冷水浸泡一個晚上或用滾水泡至膨脹。胡蘿蔔刨絲。
  - ② 胡蘿蔔絲和葡萄乾淋上淋醬後拌勻。
  - ③ 搭配萵苣類沙拉，在享用前灑上少許的巴西里末點綴。

胡蘿蔔蘋果洋蔥沙拉

▎準備時間：15 分鐘／2 人份

▎材料：胡蘿蔔絲 ···································· 340 克
　　　　蘋果絲 ······································ 230 克
　　　　洋蔥絲 ······································ 200 克

▎沙拉淋醬：濃稠優格（酸奶）···················· 280 克
　　　　　　檸檬汁 ···································· 10 cc

▎做法：① 胡蘿蔔絲、蘋果絲和洋蔥絲加入優格和檸檬汁後拌勻。
　　　　② 搭配什錦蔬果沙拉一起上桌。

西洋芹（芹菜）沙拉

▎準備時間：10 分鐘／2 人份

▎材料：西洋芹莖 ····················· 2 根（若是東方的細長芹菜，取 4～5 根）
　　　　小型蘋果 ·································· 2 顆
　　　　紅甜椒 ···························· 1/4 顆，切絲
　　　　各類萵苣葉 ·································· 適量

▎沙拉淋醬：蘋果醋 ·································· 適量
　　　　　　亞麻籽油 ································ 適量
　　　　　　蜂蜜 ···························· 1 茶匙（tsp）

▎做法：① 芹菜和蘋果切碎後，與紅甜椒絲一起放進大碗，淋上沙拉醬拌勻。
　　　　② 各類萵苣葉交錯擺放於沙拉盤上；倒入「步驟①」的混合沙拉後上桌。

聖女小番茄拌水芹（豆瓣菜）沙拉

▎準備時間：15 分鐘／2～4 人份

▎材料：聖女小番茄（紅或黃）；水芹（豆瓣菜）；新鮮細香蔥（或青蔥），切碎；葛森可用香料，切碎。

▎做法：① 番茄切半放進沙拉碗。

② 水芹用滾水蒸氣略蒸 10 秒後以冷水沖洗乾淨，並瀝乾水分，去除老梗。剩下的莖葉切碎後倒進沙拉碗。
③ 加入細香蔥末（或青蔥末）與香料拌勻即可。

香橙拌菊苣沙拉

▍準備時間：15 分鐘／2～4 人份
▍材料：嫩菊苣‥‥‥‥‥‥‥‥‥‥‥‥‥‥‥‥‥‥‥‥ 450 克
　　　 大型柳橙‥‥‥‥‥‥‥‥‥‥‥‥‥‥‥‥‥‥‥‥ 2 顆
　　　 中型青蔥‥‥‥‥‥‥‥‥‥‥‥‥‥‥‥‥‥ 1 根，切碎
▍沙拉淋醬：檸檬汁‥‥‥‥‥‥‥‥‥‥‥‥‥‥‥‥‥ 10 cc
　　　　　 亞麻籽油‥‥‥‥‥‥‥‥‥‥‥‥‥‥ 1 湯匙（tbsp）
　　　　　 蜂蜜‥‥‥‥‥‥‥‥‥‥‥‥‥‥‥‥ 1 茶匙（tsp）
▍做法：① 修剪凌亂的菊苣後，繞著中心點切成約 1 公分左右的薄片。
　　　 ② 將此菊苣片撥開，變成菊苣圈。
　　　 ③ 柳橙去皮，去白色的細絲後切成柳橙片。
　　　 ④ 將菊苣圈順著沙拉碗形排放；再順著沙拉碗緣鋪上柳橙片，排成中空的形狀。
　　　 ⑤ 蔥末灑進碗中央。
　　　 ⑥ 將檸檬汁、亞麻籽油及蜂蜜混合拌勻後淋上沙拉。
　　　 ⑦ 上桌前靜置幾分鐘，讓所有食材入味。

涼拌高麗菜（卷心菜）

▍準備時間：15 分鐘（不包括之前的預浸時間）
▍材料：葡萄乾‥‥‥‥‥‥‥‥‥‥‥‥‥‥‥‥‥‥‥‥ 少許
　　　 高麗菜‥‥‥‥‥‥‥‥‥‥‥‥‥‥‥‥‥‥‥‥‥ 隨意
　　　 蘋果‥‥‥‥‥‥‥‥‥‥‥‥‥‥‥‥‥‥‥‥‥‥ 隨意
　　　 西洋芹（芹菜）‥‥‥‥‥‥‥‥‥‥‥‥‥‥‥‥‥ 隨意
　　　 洋蔥‥‥‥‥‥‥‥‥‥‥‥‥‥‥‥‥‥‥‥‥‥‥ 隨意
▍沙拉淋醬：濃稠優格（酸奶）、檸檬汁、亞麻籽油。

■ 做法：① 葡萄乾事先用冷水浸泡一晚，或用滾水泡至膨脹。
　　　　② 將高麗菜（捲心菜）和蘋果切成細絲；芹菜和洋蔥切成細末。
　　　　③ 所有食材放進沙拉碗，加入葡萄乾後淋上沙拉醬後拌勻，享用。

彩色什錦沙拉

■ 準備時間：15 分鐘／2 人份
■ 材料：櫛瓜⋯⋯⋯⋯⋯⋯⋯⋯⋯⋯⋯⋯⋯⋯⋯⋯⋯⋯⋯⋯⋯⋯⋯⋯隨意
　　　　生甜菜根（或煮熟）⋯⋯⋯⋯⋯⋯⋯⋯⋯⋯⋯⋯⋯⋯⋯⋯⋯隨意
　　　　蘋果⋯⋯⋯⋯⋯⋯⋯⋯⋯⋯⋯⋯⋯⋯⋯⋯⋯⋯⋯⋯⋯⋯⋯⋯隨意
　　　　萵苣⋯⋯⋯⋯⋯⋯⋯⋯⋯⋯⋯⋯⋯⋯⋯⋯⋯⋯⋯⋯⋯⋯⋯⋯隨意
　　　　番茄⋯⋯⋯⋯⋯⋯⋯⋯⋯⋯⋯⋯⋯⋯⋯⋯⋯⋯⋯⋯⋯⋯⋯⋯隨意
　　　　柳橙⋯⋯⋯⋯⋯⋯⋯⋯⋯⋯⋯⋯⋯⋯⋯⋯⋯⋯⋯⋯⋯⋯⋯⋯隨意
■ 沙拉淋醬：蘋果醋以等比例的水稀釋、蜂蜜（或楓糖漿）、大蒜、檸檬汁（或
　　　　　　柳橙汁）。
■ 做法：① 櫛瓜、甜菜根、蘋果刨絲後加入已拌勻的沙拉淋醬。（或是放在萵
　　　　　苣葉菜上後再淋上沙拉醬）
　　　　② 以番茄片和柳橙片點綴。

三色高麗菜沙拉

■ 準備時間：15 分鐘（不包括葡萄糖的浸泡時間）／2 人份
■ 材料：葡萄乾⋯⋯⋯⋯⋯⋯⋯⋯⋯⋯⋯⋯⋯⋯⋯⋯⋯⋯⋯⋯⋯⋯57 克
　　　　白色、紫色、綠色高麗菜（捲心菜）⋯⋯⋯⋯⋯⋯⋯⋯各 115 克
　　　　胡蘿蔔⋯⋯⋯⋯⋯⋯⋯⋯⋯⋯⋯⋯⋯⋯⋯⋯⋯⋯⋯⋯⋯⋯115 克
　　　　中型洋蔥⋯⋯⋯⋯⋯⋯⋯⋯⋯⋯⋯⋯⋯⋯⋯⋯⋯1 顆，切細絲
　　　　小型甜蘋果⋯⋯⋯⋯⋯⋯⋯⋯⋯⋯⋯⋯⋯⋯⋯⋯⋯1 顆，切塊
　　　　水芹（豆瓣菜）⋯⋯⋯⋯⋯⋯⋯⋯⋯⋯⋯⋯⋯⋯⋯⋯⋯⋯適量
■ 沙拉淋醬：濃稠優格（酸奶）⋯⋯⋯⋯⋯⋯⋯⋯⋯⋯⋯⋯⋯140 克
　　　　　　亞麻籽油⋯⋯⋯⋯⋯⋯⋯⋯⋯⋯⋯⋯⋯⋯⋯⋯⋯⋯⋯少許

　　　　　大蒜 ··· 1 瓣，剁成泥

■ 做法：① 葡萄乾預先用冷水浸泡一個晚上或用滾水泡至膨脹。
　　　　② 高麗菜、洋蔥切細絲。胡蘿蔔刨絲。蘋果切塊。
　　　　③ 將「步驟②」的食材全部放入沙拉碗中，再加入葡萄乾拌勻。
　　　　④ 沙拉淋醬調勻後淋上「步驟③」的沙拉。
　　　　⑤ 最後以水芹點綴。

多彩冬季沙拉

■ 準備時間：20 分鐘／4～6 人份

■ 材料：酸蘋果 ··· 3 顆
　　　　檸檬汁 ··· 適量
　　　　中型紫色高麗菜 ··· 1/4 顆
　　　　中型胡蘿蔔 ··· 1 根
　　　　紅甜椒 ··· 半顆
　　　　西洋芹 ·· 2 根（東方芹菜約 4 根）
　　　　紅洋蔥 ··· 半顆
　　　　水芹（豆瓣菜）·· 少許

■ 做法：① 青蘋果去核切大塊；放進沙拉碗與檸檬汁拌勻。
　　　　② 紫高麗菜去心切成細絲。胡蘿蔔去皮刨絲（這是葛森療法中唯一可去胡蘿蔔皮的時候，若不去皮，刨成絲後會氧化成棕色）。紅甜椒去籽切碎。芹菜切絲。紅洋蔥去皮切碎。
　　　　③ 將「步驟②」中的所有食材放進沙拉碗中。最後用少許水芹點綴。

◎小訣竅：沙拉可加入一些茅屋起士（又稱白乾酪，為無鹽、無奶油及無脂）與自己喜歡的淋醬一起上桌。

鮮脆沙拉

▎準備時間：15 分鐘（不包括浸泡時間）／4～6 人份

▎材料： 杏桃乾 ··· 57 克
　　　　葡萄乾 ··· 85 克
　　　　白色高麗菜絲 ·· 450 克
　　　　青椒 ·· 1 顆
　　　　紅甜椒 ···························· 1 顆（或 1/2 把白蘿蔔）
　　　　水芹（豆瓣菜）··· 適量

▎沙拉淋醬：濃稠酸優格（酸奶）································ 170 克
　　　　　　大蒜 ································· 1 瓣，剁成泥
　　　　　　蜂蜜 ···································· 1 茶匙（tsp）

▎做法： ① 將杏桃乾和葡萄乾用冷水浸泡一個晚上或用滾水泡至膨脹。
　　　　② 高麗菜切細絲。甜椒（或白蘿蔔）切碎。
　　　　③ 所有食材放進沙拉碗拌勻。沙拉淋醬拌勻後淋上沙拉。最後用水芹點綴。

菊苣香橙沙拉

▎準備時間：15 分鐘／2 人份

▎材料： 小顆菊苣 ··· 1 個
　　　　紅甜椒 ·· 1 個
　　　　柳橙 ·· 2 顆
　　　　番茄 ·· 2 個
　　　　葛森可用香草 ···················· 1 湯匙（tbsp），切碎

▎沙拉淋醬：柳橙汁 ···················· 2 顆柳橙所擠出的汁
　　　　　　濃稠優格（酸奶）································ 140 克
　　　　　　蜂蜜 ·· 1 茶匙（tsp）

▎做法： ① 菊苣切碎後放進沙拉碗。紅甜椒去籽切成細條；放進沙拉碗。
　　　　② 柳橙去皮，去白絲後，果肉切塊；和番茄一起放進碗內。
　　　　③ 沙拉上淋上沙拉醬後拌勻。最後灑上切碎的香草即可。

果香冬季沙拉

▎準備時間：15 分鐘（不包括預浸時間）／2～4 人份

▎材料：葡萄乾···60 克
　　　　無花果乾···60 克
　　　　杏桃乾···60 克
　　　　白高麗菜··半顆
　　　　胡蘿蔔···2 根
　　　　紅蘋果···2 顆
　　　　濃稠優格（酸奶）··8 湯匙（tbsp）
　　　　檸檬···1 顆
　　　　巴西里（荷蘭芹）···少許，切末

▎做法：① 葡萄乾、無花果乾和杏桃乾用冷水浸泡一個晚上或用滾水泡至膨脹。
　　　　② 高麗菜切細絲；胡蘿蔔和蘋果切塊。（檸檬汁灑在蘋果可以防止氧化變色）
　　　　③ 所有食材放進沙拉碗。將濃稠優格（酸奶）、檸檬汁和巴西里（荷蘭芹）末拌勻後以湯匙加進沙拉。
　　　　④ 將沙拉和沙拉淋醬拌勻；充分入味。

葛森式涼拌高麗（捲心）菜

▎準備時間：15 分鐘／2～4 人份

▎材料：洋蔥···1 個
　　　　白高麗菜··1 顆
　　　　胡蘿蔔···1 根

▎沙拉淋醬：檸檬汁···2 湯匙（tbsp）
　　　　　　水···2 湯匙（tbsp）
　　　　　　濃稠優格（酸奶）···適量
　　　　　　白乾酪＝茅屋起士（無鹽、無奶或零脂肪）···適量

▎做法：① 洋蔥、高麗菜切絲或切碎。胡蘿蔔刨絲。
　　　　② 將 3 種食材混和拌勻。

③ 檸檬汁加水稀釋。濃稠優格（酸奶）與茅屋起士用力攪勻，以防結塊。接著加入檸檬汁及水的混合物拌勻。
④ 將淋醬倒入沙拉。

清爽櫛瓜沙拉

■ 準備時間：15 分鐘／2～4 人份
■ 材料：櫛瓜 ………………………………………………… 450 克
　　　　柳橙汁或萊姆汁 …………………………………… 30 cc
　　　　紅甜椒 ……………………………………………… 1 顆
　　　　大蒜 ………………………………………………… 1 瓣
　　　　萵苣 ………………………………………………… 適量
■ 做法：① 櫛瓜刨絲；紅甜椒切碎；大蒜拍碎。拌勻櫛瓜和紅甜椒。
　　　　② 加入柳橙汁（萊姆汁）和大蒜泥。
　　　　③ 食材充分入味後放在萵苣葉上。

匈牙利番茄沙拉

■ 準備時間：15 分鐘
■ 材料：整顆番茄、萵苣、細蔥末
■ 沙拉淋醬：濃稠優格（酸奶）、檸檬汁、冷壓亞麻籽油、辣根切成細絲
■ 做法：① 將整顆番茄在滾水中浸泡 1 分鐘後去皮。
　　　　② 拌勻沙拉淋醬。
　　　　③ 再將去皮後的整顆番茄放在萵苣葉上，以沙拉淋醬淋滿整顆番茄。最後以細香蔥末點綴。

巨無霸沙拉

■ 準備時間：20 分鐘（不包括預浸時間）／4～6 人份
■ 材料：各種顏色的萵苣葉、各種沙拉用的綠色蔬菜。
■ 以下食材任選：番茄、青椒（紅甜椒）、青蔥、胡蘿蔔、甜菜根、小紅蘿蔔、小茴香、葡萄、檸檬汁、亞麻籽油、乾蒔蘿草、葡萄乾。

做法：① 葡萄乾用冷水浸泡一個晚上或用滾水泡至膨脹。
② 萵苣葉和綠色蔬菜切成可一口食用的大小；放進沙拉碗逐層堆疊。
③ 放進各種食材；葡萄乾灑在食材上方。
④ 胡蘿蔔／甜菜根刨絲，放在沙拉的旁邊。（灑在沙拉上會蓋掉其它食材的味道）
⑤ 倒入檸檬汁、亞麻籽油；最後灑上乾蒔蘿草。
⑥ 沙拉可與藜麥、糙米、烤馬鈴薯塊或水煮馬鈴薯一起上桌。

清爽鮮脆沙拉

準備時間：15分鐘（不包括預浸時間）／2人份

材料：紅蘋果 ·· 1顆
　　　蘋果醋 ·· 適量
　　　西洋芹 ··· 1根（東方芹菜約2～3根）
　　　預浸好的葡萄乾 ·· 適量
　　　薄荷葉 ·· 適量
　　　萵苣 ·· 適量

做法：① 葡萄乾用冷水浸泡一個晚上或用滾水泡至膨脹。
② 蘋果去核；切成一口大小。加入蘋果醋（可加水稀釋）。
③ 芹菜切碎；和葡萄乾一起和蘋果拌勻。
④ 萵苣葉鋪在沙拉盤上；倒入沙拉。
⑤ 灑點碎薄荷葉（食用前先靜置等食材充分入味）。

◎小訣竅；蘋果醋可以和濃稠優格一起做成沙拉醬。

橙香菊苣拌水芹沙拉

準備時間：15分鐘／2～4人份

材料：柳橙 ·· 1顆
　　　菊苣 ·· 2個
　　　水芹 ·· 1把

沙拉淋醬：亞麻籽油 ·· 1湯匙

蘋果醋（檸檬汁）……………………………………半湯匙
大蒜………………………………………………1 瓣搗碎
青蔥…………………………………………………1 把
洋香菜、細香蔥、蒔蘿、茴香、薄荷。

▌做法：① 柳橙去皮；切成塊狀。菊苣去除葉子；菜心切成片狀。
② 菊苣心順著沙拉盤擺成圓圈。水芹和柳橙擺在中間。
③ 用力拌勻淋醬中的所有材料。（如果沒有新鮮香草，可以多加入一點乾燥香草來）
④ 沙拉上淋上沙拉醬，立即端上桌。

櫻桃蘿蔔蘋果芹菜沙拉

▌準備時間：15 分鐘（不包括葡萄乾的預浸時間）／2 人份
▌材料：櫻桃蘿蔔、青蘋果、芹菜、葡萄乾、萵苣。
▌沙拉淋醬：蘋果醋……………………………………1 湯匙（tbsp）
水……………………………………………1 湯匙（tbsp）
糖（或蜂蜜）………………………………………1 茶匙（tsp）
大蒜………………………………………1～2 瓣，搗碎
小茴香……………………………………………………切碎
濃稠優格（酸奶）……………………………………適量

▌做法：① 葡萄乾用冷水浸泡一個晚上或用滾水泡至膨脹。
② 櫻桃蘿蔔、青蘋果和芹菜切小塊；加入葡萄乾。
③ 蘋果醋、水、糖（蜂蜜）、大蒜泥和小茴香攪勻後，再加入適量濃稠優格（酸奶），拌勻成沙拉醬。
④ 萵苣葉鋪在沙拉盤上（可另外再加入紫葉菊苣或紅的散葉萵苣）。
⑤ 淋上沙拉醬後上桌。

◎小訣竅：可以用其它香草料取代茴香；濃稠優格（酸奶）可以改成少許亞麻籽油。

柳橙蕪菁拌水芹沙拉

▌準備時間：15 分鐘／2 人份
▌材料：蕪菁……………………………………………1 顆

　　　　　柳橙 ··· 1 顆
　　　　　水芹（豆瓣菜）··· 適量
■ 沙拉淋醬：柳橙汁、亞麻籽油。
■ 做法：① 蕪菁去皮切成一口大小。柳橙去皮切片後與蕪菁放進沙拉碗。
　　　　② 倒入沙拉醬後拌勻。

米香沙拉

■ 準備時間：15 分鐘／2 人份
■ 材料：青椒 ··· 1 顆
　　　　紅甜椒 ··· 1 顆
　　　　番茄 ··· 1 個
　　　　煮好的糙米（或藜麥）···················· 1 杯（★請以美規的量杯為準）
■ 沙拉淋醬：亞麻籽油 ··································· 1 湯匙（tbsp）
　　　　　蘋果醋 ··· 1 湯匙（tbsp）
　　　　　大蒜 ·· 1 瓣
■ 做法：① 切碎青椒、紅甜椒和番茄。
　　　　② 沙拉醬攪拌均勻後，加入甜椒和番茄。
　　　　③ 以湯匙舀些「步驟②」的成品，淋在糙米飯（或藜麥）上；與綜合綠蔬葉菜沙拉一起上桌。

香濃蘿蔓沙拉

■ 準備時間：10 分鐘
■ 材料：蘿蔓萵苣；細香蔥，切碎。
■ 沙拉淋醬：濃稠優格、少許有機黑糖、檸檬汁、大蒜泥。
■ 做法：① 蘿蔓萵苣切成細條。
　　　　② 沙拉淋醬材料拌勻後淋上蘿蔓萵苣。
　　　　③ 最後撒點細香蔥點綴。

生菜沙拉串

▌ 準備時間：15 分鐘
▌ 材料：番茄、櫛瓜、整條白蘿蔔、萵苣菜心、胡蘿蔔。
▌ 沙拉蘸醬：檸檬汁、優格（酸奶）、亞麻籽油、香草（薄荷、蒔蘿或巴西里）。
▌ 做法：① 番茄、櫛瓜、白蘿蔔、萵苣菜心和胡蘿蔔切成薄片後；串在烤肉叉上。
　　　　② 拌勻沙拉淋醬。
　　　　③ 沙拉串在食用之前，先蘸過沙拉蘸醬後再享用。

甜菜根沙拉

▌ 準備時間：15 分鐘
▌ 材料：煮熟的甜菜根、西洋芹莖、萵苣。
▌ 沙拉淋醬：亞麻籽油、檸檬汁。
▌ 做法：① 熟甜菜根、芹菜莖切細後拌入萵苣。
　　　　② 淋上沙拉醬。

西班牙沙拉

▌ 準備時間：15 分鐘／2 人份
▌ 材料：洋蔥；大蒜 1 瓣；紅甜椒；番茄，切片；巴西里（荷蘭芹），切碎。
▌ 沙拉淋醬：亞麻籽油

　　　　蘋果醋 ·· 1 湯匙（tbsp）
　　　　水 ·· 1 湯匙（tbsp）

▌ 做法：① 蒜頭切末後塗抹沙拉碗；洋蔥切細絲後放進碗裡。
　　　　② 紅甜椒去籽切絲；番茄切絲。
　　　　③ 甜椒絲放在洋蔥上後，再加一層番茄絲。
　　　　④ 蒜頭拍成泥；灑在「步驟③」的成品上。
　　　　⑤ 淋上沙拉醬；上桌前再灑上巴西里末。

番茄櫛瓜沙拉

- 準備時間：15 分鐘／2 人份
- 材料：番茄、櫛瓜、青蔥、甜菜根（生或熟皆可）、萵苣。
- 沙拉淋醬：亞麻籽油、濃稠優格（酸奶）、檸檬汁。
- 做法：① 番茄、櫛瓜切塊；青蔥切末。生甜菜根磨成碎泥（或將熟甜菜根切塊）。
  ② 萵苣放進沙拉碗打底；將「步驟①」中的食材倒入拌勻。
  ③ 淋上沙拉醬後享用。

番茄沙拉

- 準備時間：15 分鐘／2 人份
- 材料：番茄、洋蔥。
- 沙拉淋醬：蘋果醋⋯⋯⋯⋯⋯⋯⋯⋯⋯⋯⋯⋯⋯⋯⋯⋯⋯⋯⋯⋯ 1 湯匙（tbsp）
  水⋯⋯⋯⋯⋯⋯⋯⋯⋯⋯⋯⋯⋯⋯⋯⋯⋯⋯⋯⋯⋯⋯⋯⋯⋯⋯ 1 湯匙（tbsp）
  巴西里（荷蘭芹）⋯⋯⋯⋯⋯⋯⋯⋯⋯⋯⋯⋯⋯⋯⋯⋯適量，切碎
  細香蔥
- 做法：① 番茄切絲；鋪在沙拉碟上。洋蔥切絲；鋪在番茄上。
  ② 加入稀釋的蘋果醋。
  ③ 享用前撒上巴西里末和細香蔥末。

柚香水芹菊苣沙拉

- 準備時間：10 分鐘／2 人份
- 材料：水芹（豆瓣菜）、菊苣（或縐葉萵苣，或另一種菊苣，亦可兩者兼用）、葡萄柚、濃稠優格（酸奶）。
- 做法：① 水芹去除老莖後撕碎；和葉苣葉放進沙拉碗。
  ② 葡萄柚對切。一半榨汁；一半切小塊。柚肉塊放進沙拉。
  ③ 葡萄柚汁和優格拌勻後淋在沙拉上。
  ④ 完全拌勻後上桌。

刨櫛瓜沙拉

▍ 準備時間：10 分鐘／2～4 人份

▍ 材料： 大櫛瓜···3 根
　　　　番茄···1 磅
　　　　洋蔥···6 顆
　　　　芫荽（香菜）···適量，切碎

▍ 沙拉淋醬：蘋果醋···2 湯匙（tbsp）
　　　　　　亞麻籽油···2 湯匙（tbsp）
　　　　　　芫荽（香菜）·································適量，切碎

▍ 做法： ① 用蔬菜削皮器或起司刀將櫛瓜刨成長條帶狀。（以畫圓的方式刨才能保有綠色的外皮。）番茄切成 4 塊；洋蔥切細絲。
　　　　② 將櫛瓜片、番茄塊和洋蔥絲放進沙拉碗。
　　　　③ 淋上沙拉醬後上桌。

湯品

※ 注意：以下的所有湯品，都不可取代葛森療程中每日必需的希波克拉底湯。

茴香燉蘋果湯

▍ 準備時間：15 分鐘／烹調時間：30～45 分鐘／4 人份

▍ 材料： 中大型馬鈴薯···1 個
　　　　茴香···2 顆
　　　　西洋甜蒜苗···2 把
　　　　史密斯老奶奶有機青蘋果·····················2 顆
　　　　其它種酸蘋果·······································1 顆

▍ 做法： ① 馬鈴薯切丁。茴香剁碎。西洋甜蒜苗切絲。蘋果去核切成小塊。
　　　　② 所有材料下鍋，以水蓋過，開火煮到水滾。
　　　　③ 水滾後改用小火將馬鈴薯和甜茴香完全燉熟。
　　　　④ 所有材料倒進食物調理機（電動或手動的食物研磨器〔food mill〕都可以）

打成濃湯。

⑤ 加入酸蘋果塊後即可食用。

◎小訣竅：酸蘋果可以略過不加。若想要口感順口一點，可將馬鈴薯去皮。

阿蓋爾湯

▌準備時間：15 分鐘／烹調時間：45 分鐘／ 4 人份

▌材料： 大根胡蘿蔔 ⋯⋯⋯⋯⋯⋯⋯⋯⋯⋯⋯⋯⋯⋯⋯⋯⋯⋯⋯⋯ 2 根
　　　　大型洋蔥 ⋯⋯⋯⋯⋯⋯⋯⋯⋯⋯⋯⋯⋯⋯⋯⋯⋯⋯⋯⋯⋯ 2 個
　　　　西洋芹 ⋯⋯⋯⋯⋯⋯⋯⋯⋯⋯⋯⋯⋯ 4 根（或東方細長芹菜 8～9 根）
　　　　中大型馬鈴薯 ⋯⋯⋯⋯⋯⋯⋯⋯⋯⋯⋯⋯⋯⋯⋯⋯⋯⋯⋯ 1 顆
　　　　蒜頭 ⋯⋯⋯⋯⋯⋯⋯⋯⋯⋯⋯⋯⋯⋯⋯⋯⋯⋯⋯⋯⋯⋯⋯ 2 瓣
　　　　巴西里（荷蘭芹）⋯⋯⋯⋯⋯⋯⋯⋯⋯⋯⋯⋯⋯⋯⋯⋯⋯⋯ 少許

▌做法： ① 胡蘿蔔切絲。洋蔥切大塊。芹菜切絲。馬鈴薯切小塊。蒜頭搗成泥狀。

　　　　② 所有材料下鍋，以水蓋過，水滾後改用小火燉 45 分鐘。

　　　　③ 所有材料倒進食物調理機打成濃湯。（電動或手動的食物研磨器〔food mill〕都可以）

　　　　④ 最後灑上少許巴西里點綴。

◎小訣竅：若想要口感順口一點，可將馬鈴薯去皮。

秋焰湯

▌準備時間：15 分鐘／烹調時間：25 分鐘／ 4 人份

▌材料： 大型洋蔥 ⋯⋯⋯⋯⋯⋯⋯⋯⋯⋯⋯⋯⋯⋯⋯⋯⋯⋯⋯⋯⋯ 1 個
　　　　大型蒜頭 ⋯⋯⋯⋯⋯⋯⋯⋯⋯⋯⋯⋯⋯⋯⋯⋯⋯⋯⋯⋯⋯ 3 瓣
　　　　小南瓜 ⋯⋯⋯⋯⋯⋯⋯⋯⋯⋯⋯⋯⋯⋯⋯⋯⋯⋯⋯⋯⋯⋯ 1 個
　　　　大型紅甜椒 ⋯⋯⋯⋯⋯⋯⋯⋯⋯⋯⋯⋯⋯⋯⋯⋯⋯⋯⋯⋯ 4 個
　　　　牛番茄（大型番茄）⋯⋯⋯⋯⋯⋯⋯⋯⋯⋯⋯⋯⋯ 1 個，切碎
　　　　百里香 ⋯⋯⋯⋯⋯⋯⋯⋯⋯⋯⋯⋯⋯⋯⋯⋯⋯⋯⋯⋯⋯⋯ 適量
　　　　新鮮香草 ⋯⋯⋯⋯ 2 小片月桂葉、新鮮的巴西里〔荷蘭芹〕或芫荽

做法： ① 洋蔥剁碎；蒜頭搗成泥；南瓜去皮切塊；甜椒去籽切丁。
② 所有材料下鍋，以水蓋過，水滾之後轉小火。
③ 此時加入番茄塊、百里香及月桂葉。小火燉 20 分鐘。
④ 所有材料倒進食物調理機打成濃湯（電動或手動的食物研磨器〔food mill〕都可以）。食用前可以灑些自己喜愛的新鮮香草。

甜菜根濃湯

準備時間：15 分鐘／烹調時間：1 小時／4 人份

材料：
中等大小的甜菜根 ………………………………… 2 個
大型洋蔥 …………………………………………… 1 顆
中等大小的胡蘿蔔 ………………………………… 1 根
牛番茄（大番茄）…………………………………… 2 個
紫甘藍菜 ………………………………………… 切絲
月桂葉 ……………………………………………… 1 片
水 …………………………………………………… 適量
蘋果醋 …………………………………… 1 湯匙（tbsp）
檸檬汁 ………………………………………… 半顆檸檬
香草 ………………………………………………… 適量
濃稠優格（酸奶）…………………………………… 適量
巴西里（荷蘭芹）……………………………… 適量，切碎

做法： ① 除了洋蔥以外，甜菜根、洋蔥、胡蘿蔔和番茄都不削皮直接剁碎。
② 所有材料下大湯鍋。加入紫甘藍菜絲、及月桂葉，並以水蓋過。
③ 此時再加入蘋果醋、檸檬汁及香草。
④ 水滾後轉小火燉煮約 1 小時。
⑤ 所有材料倒進食物調理機打成濃湯（電動或手動的食物研磨器〔food mill〕都可以）。
⑥ 拌入優格後，灑些巴西里末享用。

高麗菜濃湯

■ 準備時間：10 分鐘／烹調時間：40 分鐘／2～4 人份

■ 材料：小型高麗菜 ··· 1 顆
　　　　西洋甜蒜苗 ··· 2 根
　　　　馬鈴薯 ··· 2 個，去皮
　　　　洋蔥 ··· 2 顆
　　　　西洋芹 ··························· 2 根（或東方細長芹菜 4～5 根）
　　　　蒜頭 ··· 1 瓣
　　　　濃稠優格 ··· 適量
　　　　巴西里（荷蘭芹） ································· 適量，切碎

■ 做法：① 所有蔬菜剁碎後下鍋，以水蓋過。
　　　　② 水滾後轉成小火，以慢火將蔬菜燉軟。
　　　　③ 所有材料倒進食物調理機（電動或手動的食物研磨器〔food mill〕都可以）打成濃湯。
　　　　④ 趁熱拌入濃稠優格並灑上少許巴西里末後享用。

綠花椰菜濃湯

■ 準備時間：15 分鐘／烹調時間：35 分鐘／2～4 人份

■ 材料：中型洋蔥 ·· 1 顆
　　　　小型馬鈴薯 ··· 1 顆
　　　　中型綠花椰菜 ······································· 1 顆
　　　　月桂葉 ·· 少許
　　　　濃稠優格（酸奶） ···································· 適量

■ 做法：① 洋蔥和馬鈴薯去皮切丁。花椰菜去莖分開。
　　　　② 留下部分花椰菜，其餘的花椰菜下鍋與洋蔥丁、馬鈴薯丁和月桂葉以水蓋過後開始煮。
　　　　③ 水滾後轉小火燉 20 分鐘。此時再將剩下的花椰菜下鍋，再另外燉 10 分鐘。
　　　　④ 撈掉月桂葉。撈起所有的花椰菜後放入一個熱盤子中。

⑤ 其餘煮好的湯料放進食物調理機（電動或手動的食物研磨器〔food mill〕都可以）中打勻。

⑥ 此時再加回花椰菜，稍微加熱後加入濃稠優格，拌勻，享用。

胡蘿蔔香橙湯

- 準備時間：10 分鐘／烹調時間：40 分鐘／2～4 人份
- 材料：胡蘿蔔⋯⋯⋯⋯⋯⋯⋯⋯⋯⋯⋯⋯⋯⋯⋯⋯ 455 克
  洋蔥⋯⋯⋯⋯⋯⋯⋯⋯⋯⋯⋯⋯⋯⋯⋯⋯⋯⋯ 230 克
  馬鈴薯⋯⋯⋯⋯⋯⋯⋯⋯⋯⋯⋯⋯⋯⋯⋯⋯⋯ 230 克
  柳橙⋯⋯⋯⋯⋯⋯⋯⋯⋯⋯⋯⋯⋯⋯⋯ 1 粒，榨汁
  百里香⋯⋯⋯⋯⋯⋯⋯⋯⋯⋯⋯⋯⋯⋯⋯⋯⋯⋯ 少許
- 做法：① 蔬菜切塊後下鍋，加入柳橙汁和百里香，以水蓋過。
  ② 水滾後轉小火將蔬菜燉軟。
  ③「步驟②」的湯品放進食物調理機（電動或手動的食物研磨器〔food mill〕都可以）中打成濃湯。

白花椰菜濃湯

- 準備時間：10 分鐘／烹調時間：40 分鐘／2～4 人份
- 材料：大型白花椰菜⋯⋯⋯⋯⋯⋯⋯⋯⋯⋯⋯⋯⋯⋯⋯ 1 顆
  洋蔥⋯⋯⋯⋯⋯⋯⋯⋯⋯⋯⋯⋯⋯⋯⋯⋯⋯⋯⋯ 1 個
  西洋芹⋯⋯⋯⋯⋯⋯⋯⋯⋯ 1 根（或東方細長芹菜 2～3 根）
  濃稠優格（酸奶）⋯⋯⋯⋯⋯⋯⋯⋯⋯⋯⋯⋯⋯⋯ 285 克
  巴西里（荷蘭芹）⋯⋯⋯⋯⋯⋯⋯⋯⋯⋯⋯⋯ 少許，切碎
- 做法：① 花椰菜去莖分開。洋蔥切丁。芹菜切絲。
  ② 所有材料下鍋後以水蓋過。
  ③ 水滾後轉小火燉 30 分鐘。
  ④ 所有材料放進食物調理機打成濃湯（電動或手動的食物研磨器〔food mill〕都可以）。
  ⑤ 拌入濃稠優格。
  ⑥ 上桌前稍微加熱，並灑上少許巴西里點綴。

芹菜蘋果燉胡蘿蔔濃湯

▎準備時間：10 分鐘／烹調時間：45 分鐘／2～4 人份

▎材料：芹菜 ································· 455 克
　　　　胡蘿蔔 ······························· 455 克
　　　　有機蘋果 ···························· 230 克
　　　　※ 推薦品種為紅粉佳人或加拉蘋果，或任何甜中帶酸品種。
　　　　蒔蘿（或香茅）···························· 適量
　　　　芹菜葉 ·································· 切碎

▎做法：① 芹菜切絲；胡蘿蔔切丁；蘋果切丁。
　　　　② 所有材料下鍋，以水蓋過開始煮。
　　　　③ 水滾後轉小火，加入蒔蘿（香茅）燉 40 分鐘。
　　　　④ 所有材料放進食物調理機（電動或手動的食物研磨器﹝food mill﹞都可以）打成濃湯，享用前灑上芹菜葉末。

西芹根燉牛皮菜湯

▎準備時間：10 分鐘／烹調時間：40 分鐘／2～4 人份

▎材料：小型西芹根 ···························· 1 個
　　　　中型西洋甜蒜苗 ························ 1 根
　　　　牛皮菜（瑞士菠菜）························ 55 克
　　　　蘋果醋（或檸檬汁）························ 適量
　　　　巴西里（荷蘭芹）·························· 適量

▎做法：① 西芹根和西洋甜蒜洗淨切好。牛皮菜撕成小段。
　　　　② 材料下鍋，加水蓋過，再加入蘋果醋（或檸檬汁），直到水滾開。
　　　　③ 將火轉小，以慢火將蔬菜燉軟，然後倒進食物調理機（電動或手動的食物研磨器﹝food mill﹞都可以）打成濃湯。
　　　　④ 湯品冷熱皆宜。上桌前灑些巴西里末點綴。

玉米蔬菜湯

▌準備時間：15 分鐘／烹調時間：45 分鐘／2～4 人份

▌材料：西洋芹·····························3 根（或東方細長芹菜 6～7 根）
　　　　大型馬鈴薯··1 個
　　　　大型洋蔥··1 個
　　　　大型青椒··1 顆
　　　　月桂葉····························1 片（或者是一小撮月桂葉末）
　　　　玉米···4 根，切下玉米粒
　　　　巴西里（荷蘭芹）···適量，切碎

▌做法：① 芹菜、馬鈴薯和洋蔥切丁，青椒去籽切丁。
　　　　② 材料下鍋加水蓋過，並加入月桂葉。
　　　　③ 以小火將蔬菜燉到快熟時放入玉米粒。
　　　　④ 再繼續將蔬菜煮熟，但是千萬不要煮爛（大概再 5 分鐘即可）。
　　　　⑤ 灑上巴西里末後即可食用。

蒔蘿燉馬鈴薯及高麗菜湯

▌準備時間：10 分鐘／烹調時間：40 分鐘／2～4 人份

▌材料：中型馬鈴薯··1 顆
　　　　中型洋蔥··1 顆
　　　　中型西洋甜蒜苗···1 根
　　　　高麗菜··隨個人喜好或適量，切碎
　　　　乾蒔蘿（dill）··4 茶匙（tsp）
　　　　細香蔥···少許，切碎

▌做法：① 馬鈴薯、洋蔥及西洋甜蒜苗切碎。
　　　　② 材料下鍋，以水蓋過煮至水滾。
　　　　③ 轉小火後加入 2 茶匙的蒔蘿（dill），繼續煮到馬鈴薯熟。
　　　　④ 材料倒進食物料理機（電動或手動的食物研磨器〔food mill〕都可以）中打成濃湯。
　　　　⑤ 加入剩下的 2 茶匙蒔蘿後稍微加熱湯，享用前灑些細香蔥末點綴。

薯泥濃湯

▎準備時間：20 分鐘／烹調時間：1 個半到 2 個小時／4～6 人份

▎材料： 大型洋蔥 ··· 1 顆
　　　　芹菜根 ··· 半顆
　　　　西洋芹莖 ······················· 2 根（或東方細長芹菜 3～4 根）
　　　　大型馬鈴薯 ··· 2 個
　　　　西洋甜蒜 ·· 1 根
　　　　巴西里（荷蘭芹） ··· 適量
　　　　水 ··· 2,200 cc

▎做法： ① 所有蔬菜切丁。
　　　　② 蔬菜、巴西里下鍋加蓋加水煮至水滾。
　　　　③ 轉小火燉煮 1 個半到 2 個小時。
　　　　④ 煮好後放進食物料理機（電動或手動的食物研磨器〔food mill〕都可以）磨成成泥狀濃湯。

酸甜高麗菜湯

▎準備時間：10 分鐘／烹調時間：15 分鐘／2～4 人份

▎材料： 中型洋蔥 ·· 2 顆
　　　　中型高麗菜 ··· 1 顆
　　　　蒜頭 ·· 2 瓣，剁成泥
　　　　中型番茄 ·· 2 個
　　　　有機黑糖 ·· 1 湯匙（tbsp）
　　　　大型檸檬 ··· 1 顆，榨成汁
　　　　葡萄乾 ·· 85 克
　　　　水 ·· 1 公升

▎做法： ① 洋蔥切片，泡水弄軟。
　　　　② 高麗菜切絲，加入洋蔥拌勻。接著加入蒜泥。
　　　　③ 番茄切塊後加入糖、檸檬汁、葡萄乾及水。
　　　　④ 水滾後轉小火，材料下鍋煮到高麗菜變軟（約 10 分鐘）。

◎可把此湯品當成主食享用，搭配有機黑麥麵包，之後以水果當甜點。

番茄濃湯

▌準備時間：10 分鐘／烹調時間：25 分鐘／2～4 人份

▌材料：番茄 ··· 455 克
　　　　胡蘿蔔 ·· 1 根
　　　　西洋芹 ·· 1 個
　　　　洋蔥 ·· 1 顆
　　　　紅甜椒 ·· 1 顆
　　　　柳橙汁 ·· 少量
　　　　濃稠優格（酸奶）··· 適量

▌做法：① 番茄、胡蘿蔔，切塊；芹菜和洋蔥，切碎；甜椒去籽，切碎。
　　　　② 所有材料下鍋，以水蓋過，煮至水滾。
　　　　③ 轉小火燉至蔬菜變軟。
　　　　④ 材料放進食品調理機（電動或手動的食物研磨器〔food mill〕都可以）打成濃湯。
　　　　⑤ 加入柳橙汁後稍微加熱。
　　　　⑥ 拌入濃稠優格，享用。

番茄洋蔥薯泥湯

▌準備時間：20 分鐘／烹調時間：40 分鐘／3～4 人份

▌材料：大型番茄 ··· 2 個
　　　　中型洋蔥 ··· 1 個
　　　　中型馬鈴薯 ··· 2 個
　　　　紅酒醋 ··· 1 茶匙（tsp）
　　　　月桂葉 ·· 小片

▌做法：① 所有蔬菜切丁。
　　　　② 材料下鍋，蓋上鍋蓋後用小火燉煮 35～40 分鐘。
　　　　③ 材料倒入食品調理機（電動或手動的食物研磨器〔food mill〕都可以）研磨成泥狀濃湯。
　　　　④ 稍微加熱後即可上桌。

主菜

烤紅椒番茄沙拉

▎準備時間：15 分鐘／烹調時間：30 分鐘／2～4 人份

▎材料：紅甜椒⋯⋯⋯⋯⋯⋯⋯⋯⋯⋯⋯⋯⋯⋯⋯⋯⋯⋯⋯⋯3 顆
　　　　大型番茄⋯⋯⋯⋯⋯⋯⋯⋯⋯⋯⋯⋯⋯⋯⋯⋯⋯⋯⋯⋯6 顆
　　　　中型紅洋蔥⋯⋯⋯⋯⋯⋯⋯⋯⋯⋯⋯⋯⋯⋯⋯⋯⋯⋯⋯1 顆
　　　　大蒜⋯⋯⋯⋯⋯⋯⋯⋯⋯⋯⋯⋯⋯⋯⋯⋯⋯⋯⋯⋯⋯⋯3 瓣
　　　　大型檸檬⋯⋯⋯⋯⋯⋯⋯⋯⋯⋯⋯⋯⋯⋯⋯⋯⋯1 顆榨成汁
　　　　新鮮薄荷末⋯⋯⋯⋯⋯⋯⋯⋯⋯⋯⋯⋯⋯⋯⋯3 湯匙（tbsp）
　　　　有機冷壓亞麻籽油⋯⋯⋯⋯⋯⋯⋯⋯⋯⋯⋯⋯⋯⋯⋯⋯適量

▎做法：① 整顆紅甜椒、番茄以攝氏 177 度（華氏 350 度）烤至半熟後去皮。
　　　　② 紅甜椒、番茄切大塊後放上沙拉盤。
　　　　③ 洋蔥切細絲；大蒜切成薄片。再倒進沙拉盤。
　　　　④ 加入檸檬汁和薄荷末後攪拌均勻。
　　　　⑤ 淋上亞麻籽油。

瑞士防風草根與馬鈴薯烤餅

▎準備時間：15 分鐘／烹調時間：1 小時 15 分鐘／2 人份

▎材料：防風草根（又稱歐洲蘿蔔）⋯⋯⋯⋯⋯⋯⋯⋯⋯⋯⋯230 克
　　　　馬鈴薯⋯⋯⋯⋯⋯⋯⋯⋯⋯⋯⋯⋯⋯⋯⋯⋯⋯⋯⋯230 克
　　　　洋蔥⋯⋯⋯⋯⋯⋯⋯⋯⋯⋯⋯⋯⋯⋯⋯⋯⋯⋯⋯1 顆，切末
　　　　新鮮細香蔥末⋯⋯⋯⋯⋯⋯⋯⋯⋯⋯⋯⋯⋯⋯2 湯匙（tbsp）
　　　　香草類香料⋯⋯⋯⋯⋯⋯⋯⋯⋯⋯⋯⋯⋯⋯⋯⋯⋯⋯適量
　　　　濃稠優格（酸奶）⋯⋯⋯⋯⋯⋯⋯⋯⋯⋯⋯⋯⋯⋯⋯100 克
　　　　辣根泥⋯⋯⋯⋯⋯⋯⋯⋯⋯⋯⋯⋯⋯⋯⋯⋯⋯少許（可省略）

▎做法：① 馬鈴薯及防風草根去皮後，對著大碗刨成粗絲。
　　　　② 在滿是馬鈴薯及防風草根的粗絲大碗中加入洋蔥末、細香蔥末、香草及濃稠優格充分攪拌。

③ 將此蔬菜泥放進淺碟內蓋好；放進烤箱用攝氏 190 度（華氏 375 度）烤 1 小時。
④ 移除蓋子；繼續烤到馬鈴薯變得金黃酥脆。
⑤ 此烤餅可與什錦沙拉、蔬菜沙拉一起上桌享用。

烤馬鈴薯

準備時間：5 分鐘

做法：馬鈴薯徹底洗淨後，不削皮就直接放進烤箱，用攝氏 149 度（華氏 300 度）烤 2～2.5 小時。（或用攝氏 177 度（華氏 350 度）烤 50 分鐘）。

烤甜菜根洋蔥馬鈴薯

準備時間：15 分鐘／烹調時間：1 個小時

材料：馬鈴薯 ………………………………………………… 1 顆
　　　大型洋蔥 ……………………………………… 1 顆，去皮
　　　熟甜菜根 …………………………………………………… 切丁
　　　濃稠優格（酸奶）…………………………………………… 適量
　　　蒔蘿 ………………………………………………………… 適量
　　　亞麻籽油 …………………………………………… 1 茶匙（可省略）

做法：① 馬鈴薯洗淨；與去皮的洋蔥一起放進鑄鐵鍋。
② 鍋內加入少許的水放進烤箱；直到烤熟馬鈴薯和洋蔥烤熟。
③ 熟洋蔥切碎；與熟甜菜丁一起放進湯鍋無油拌炒，直到二者皆熟透。
④ 馬鈴薯切開填入「步驟③」的炒料。
⑤ 將濃稠優格（酸奶）、蒔蘿和亞麻籽油拌勻後淋在完成「步驟④」的馬鈴薯上。（※註：若有用亞麻籽油，必須等到馬鈴薯變涼後才能加）
⑥ 與生菜沙拉一起享用。

洋蔥烤馬鈴薯

▎準備時間：15 分鐘／烹調時間：1 個半小時

▎材料：馬鈴薯 …………………………………………… 1 顆
　　　　洋蔥 ……………………………………………… 1 顆
　　　　熟甜菜根 ………………………………………… 適量
　　　　濃稠優格（酸奶）………………………………… 適量
　　　　蒔蘿 ……………………………………………… 適量

▎做法：① 馬鈴薯帶皮烤熟。洋蔥切片；甜菜根切丁。
　　　　② 慢煮洋蔥，直到變軟時加入已煮熟的甜菜丁，拌炒到甜菜丁熱透。
　　　　③ 切開烤熟的馬鈴薯；加入「步驟②」的炒料。
　　　　④ 馬鈴薯上淋上幾匙濃稠優格；灑些蒔蘿。
　　　　⑤ 「步驟④」的成品與生菜沙拉一起上桌。

烤番茄

▎準備時間：10 分鐘／烹調時間：20 分鐘／2 人份

▎材料：番茄 ………………………………………… 450 克
　　　　大蒜 …………………………………………… 1 瓣
　　　　中型洋蔥 ……………………………………… 1 顆
　　　　黑麥麵包屑 ………………………… 少許（或一把燕麥片）
　　　　蒔蘿 …………………………………………… 適量
　　　　亞麻籽油 ……………………………………… 適量

▎做法：① 番茄切片後放進烤盤。
　　　　② 大蒜拍碎切成蒜末，與切碎的洋蔥切碎同時灑在番茄上。
　　　　③ 以黑麥麵包屑（或一把燕麥片）蓋滿完成「步驟②」的番茄。
　　　　④ 烤盤放進烤箱，以攝氏 170 度（華氏 325 度）烤 20 分鐘。
　　　　⑤ 放涼後，上桌前灑上蒔蘿和亞麻籽油。

甜菜根

用攝氏 149～177 度（華氏 300～350 度）烤熟或不削皮以水煮熟。

奶香燉甜菜根

- 準備時間：15 分鐘／烹調時間：60～75 分鐘
- 材料： 甜菜根 ··· 3 顆，煮熟，切丁
  - 濃稠優格（酸奶） ································· 6 湯匙（tbsp）
  - 新鮮細香蔥末 ···································· 1 湯匙（tbsp）
  - 洋蔥末 ··· 2 湯匙（tbsp）
  - 巴西里（荷蘭芹） ································· 少許，切碎
- 做法：① 將煮熟切好的甜菜丁放入平底鍋中。
  - ② 加入濃稠優格、細香蔥末和洋蔥末後，以小火加溫。
  - ③ 熱透後裝盤；灑上巴西里末享用。

嗆辣甜菜根

- 準備時間：10 分鐘／烹調時間：1 到 1 個半小時／2～4 人份
- 材料： 甜菜根 ··· 6 顆
  - 濃稠優格（酸奶） ································· 適量
  - 辣根（horseradish） ······························ 2 茶匙
  - 細香蔥 ··· 適量
- 做法：① 甜菜根煮軟；去皮後每顆切成 4 塊。
  - ② 將濃稠優格和辣根拌勻；倒在甜菜根上。
  - ③ 灑上細香蔥末；立即享用。

比薩拉比亞的夢魘

▎準備時間：15 分鐘／烹調時間：40 分鐘／2 人份
▎材料：番茄；洋蔥；紅甜椒（或青椒），去籽；大蒜，拍碎剁成泥；香草；有機冷壓亞麻籽油。
▎做法：① 番茄去皮切片，洋蔥、甜椒（或青椒）也切片。
　　　　② 將「步驟①」的食材逐層鋪在烤盤上。灑上蒜泥及香草。
　　　　③ 用約攝氏 85～90 度之間的低溫（約華氏 175 度至 200 度間），慢慢烤熟所有食材。放涼。
　　　　④ 上桌前加點亞麻籽油，此道為冷盤菜。

◎這道菜名雖怪，但風味非凡！

燜烤高麗菜

▎準備時間：15 分鐘／烹調時間：1 小時／2 人份
▎材料：高麗菜⋯⋯⋯⋯⋯⋯⋯⋯⋯⋯⋯⋯⋯⋯⋯⋯⋯⋯⋯ 455 克
　　　　胡蘿蔔⋯⋯⋯⋯⋯⋯⋯⋯⋯⋯⋯⋯⋯⋯⋯⋯⋯⋯⋯ 115 克
　　　　洋蔥⋯⋯⋯⋯⋯⋯⋯⋯⋯⋯⋯⋯⋯⋯⋯⋯⋯⋯⋯⋯ 115 克
　　　　西洋芹⋯⋯⋯⋯⋯⋯⋯⋯⋯⋯⋯ 2 根（或東方細長芹菜 4～5 根）
　　　　蒔蘿籽⋯⋯⋯⋯⋯⋯⋯⋯⋯⋯⋯⋯⋯⋯⋯⋯⋯⋯⋯⋯ 適量
▎做法：① 高麗菜切成 4 等份；去除菜梗、菜心和任何變色的菜葉。
　　　　② 高麗菜下鍋；用少量的水煮 10 分鐘。
　　　　③ 胡蘿蔔、洋蔥、芹菜切丁後放進大烤盤；加入少量的水。
　　　　④ 煮過的高麗菜鋪在「步驟③」的食材上後；再均勻四散地灑上蒔蘿籽。
　　　　⑤ 烤盤蓋上蓋子或以鋁箔紙包密（但不與食材接觸）後放進烤箱；用攝氏 180 度（華氏 350 度）烤 1 小時或是直到所有的食材變軟，即完成。

香橙番茄燉茴香

▎準備時間：15 分鐘／烹調時間：30 分鐘／2 人份

▎材料： 中型茴香球莖⋯⋯⋯⋯⋯⋯⋯⋯⋯⋯⋯⋯⋯⋯⋯⋯⋯⋯⋯⋯⋯⋯ 1 顆
　　　　番茄⋯⋯⋯⋯⋯⋯⋯⋯⋯⋯⋯⋯⋯⋯⋯⋯⋯⋯⋯⋯ 455～680 克
　　　　番茄泥⋯⋯⋯⋯⋯⋯⋯⋯⋯⋯⋯⋯⋯⋯⋯⋯⋯⋯⋯ 1 湯匙（tbsp）
　　　　柳橙⋯⋯⋯⋯⋯⋯⋯⋯⋯⋯⋯⋯⋯⋯⋯⋯⋯⋯⋯ 半顆，榨成汁
　　　　香草⋯⋯⋯⋯⋯⋯⋯⋯⋯⋯⋯⋯⋯⋯⋯⋯⋯⋯⋯⋯⋯⋯⋯⋯ 適量
　　　　茴香的綠葉⋯⋯⋯⋯⋯⋯⋯⋯⋯⋯⋯⋯⋯⋯⋯⋯⋯⋯⋯⋯⋯ 適量

▎做法： ① 茴香去除菜心切小塊；低溫拌炒 8～10 分鐘。
　　　　② 在煮茴香的同時，將番茄煮成糊後加入番茄泥、柳橙汁和香草。
　　　　③ 將「步驟①」的茴香倒入「步驟②」的成品；蓋上蓋子後燜煮 12～15 分鐘。
　　　　④ 最後放上茴香葉點綴，上桌享用。

烤花椰菜

▎做法： ① 花椰菜放進鑄鐵鍋，加入洋蔥或少許的希波克拉底湯湯底後蓋上蓋子。
　　　　② 鑄鐵鍋放進烤箱，用攝氏 149 度（華氏 300 度）烤 1～2 個小時。
　　　　③ 加入番茄醬後享用。

蒔蘿花椰菜

▎準備時間：20 分鐘／烹調時間：25 分鐘／2 人份

▎材料： 花椰菜⋯⋯⋯⋯⋯⋯⋯⋯⋯⋯⋯⋯⋯⋯⋯⋯⋯⋯⋯⋯⋯⋯⋯ 2 顆
　　　　大蒜⋯⋯⋯⋯⋯⋯⋯⋯⋯⋯⋯⋯⋯⋯⋯⋯⋯⋯⋯⋯⋯ 4～6 瓣
　　　　洋蔥⋯⋯⋯⋯⋯⋯⋯⋯⋯⋯⋯⋯⋯⋯⋯⋯⋯⋯⋯ 半顆，切片
　　　　蒔蘿⋯⋯⋯⋯⋯⋯⋯⋯⋯⋯⋯⋯⋯⋯⋯⋯⋯⋯⋯⋯ 1/4 茶匙
　　　　希波克拉底湯湯底⋯⋯⋯⋯⋯⋯⋯⋯⋯⋯⋯⋯⋯⋯⋯⋯ 1/4 杯

做法：① 花椰菜的莖削皮，切下菜花的部份，莖與菜花分開。
② 大蒜和洋蔥下鍋煮至洋蔥變半透明。
③ 此時加入花椰菜的菜花和莖、蒔蘿及希波克拉底湯湯底。
④ 用小火將花椰菜煮軟。

梨香花椰菜

準備時間：5分鐘／烹調時間：20分鐘／2人份

材料：花椰菜、四季豆、梨子2顆，切丁。

淋醬：檸檬汁（或蘋果醋）、亞麻籽油。

做法：① 花椰菜和四季豆小火煮熟後放涼。
② 加入去皮去核切好的梨子丁。
③ 淋上淋醬；與烤馬鈴薯及生菜沙拉一起上桌享用。

夏南瓜泥

準備時間：10分鐘／烹調時間：35分鐘／2人份

材料：夏南瓜（又稱奶油瓜）················適量
　　　小型洋蔥························1顆
　　　濃稠優格（酸奶）····················適量

做法：① 夏南瓜去皮去籽後切大塊；與洋蔥一起下鍋。
② 如果夏南瓜的水分夠多，就不用再額外加水。慢火燉熟。
③ 燉熟後搗成泥；加入濃稠優格後攪拌均勻，享用。

法式高麗菜番茄砂鍋菜

準備時間：15分鐘／烹調時間：35分鐘／2人份

材料：小型高麗菜······················1顆
　　　洋蔥··························1顆
　　　甜蘋果························1顆
　　　大型番茄（牛番茄）··················4顆
　　　濃稠優格·······················適量

　　　　　　黑麥麵包屑 ·· 適量
　　　　　　巴西里（荷蘭芹）··· 適量，切末
▌做法：　① 高麗菜在水中用小火慢煮到熟，但仍保留其脆度。
　　　　　② 洋蔥、蘋果切碎，番茄去皮後一起小火慢煮，直到變成濃稠的糊狀。
　　　　　③ 高麗菜切絲後加進「步驟②」的菜糊裡，此時變成法式砂鍋。
　　　　　④ 將「步驟③」的成品倒入烤盤後加入濃稠酸乳酪，拌勻，並在表面灑上黑麥麵包屑。
　　　　　⑤ 放進烤箱烤至表面變成棕色。
　　　　　⑥ 最後灑上少許巴西里末，享用。

胡蘿蔔烤西洋甜蒜苗

▌準備時間：10 分鐘／烹調時間：1～2 個小時／2～4 人份
▌材料：　胡蘿蔔 ·· 450 克
　　　　　小型西洋甜蒜苗 ·· 4～5 根
　　　　　中型柳橙 ··· 2 顆
　　　　　葡萄乾 ··· 1 把
▌做法：　① 胡蘿蔔切丁或切片。甜蒜苗（或大蔥）切絲。柳橙榨汁。
　　　　　② 胡蘿蔔、甜蒜苗（或大蔥）放進烤盤灑上葡萄乾，倒入柳橙汁。
　　　　　③ 烤盤放進烤箱用攝氏 170 度（華氏 325 度）烤 1～2 個小時。
　　　　　④ 烤好後和烤馬鈴薯一起上桌。
◎小訣竅：柳橙汁中可以加入有機地瓜粉或太白粉，做成香橙醬勾芡。

法式胡蘿蔔番茄砂鍋菜

▌準備時間：15 分鐘／烹調時間：1 小時／2 人份
▌材料：　番茄 ··· 230 克
　　　　　新鮮鼠尾草末 ················ 1/2 湯匙（tbsp），切碎（或乾鼠尾草末 1/2 湯匙）
　　　　　中型洋蔥 ··· 2 顆
　　　　　胡蘿蔔 ··· 450 克
▌做法：　① 番茄切碎或切片後鋪在烤盤上當底，灑上鼠尾草。

② 洋蔥切片後鋪在已灑了鼠尾草的番茄上，鋪好後再灑些鼠尾草在洋蔥上。
③ 胡蘿蔔切片後鋪在已灑了鼠尾草的洋蔥上。
④ 再鋪些番茄片在已灑了鼠尾草的胡蘿蔔片上，最後再灑上少許鼠尾草。
⑤ 此時烤盤放進烤箱，用攝氏 180 度（華氏 350 度）烤到胡蘿蔔變軟（約需 1 小時）。
⑥ 享用時，可搭配生菜沙拉及烤馬鈴薯。

蜂蜜胡蘿蔔

▎準備時間：10 分鐘／烹調時間：45 分鐘／1～2 人份
▎材料： 胡蘿蔔‥‥‥‥‥‥‥‥‥‥‥‥‥‥‥‥‥‥‥‥‥‥‥ 適量
　　　　希波克拉底湯湯底‥‥‥‥‥‥‥‥‥‥‥‥‥‥‥‥‥ 適量
　　　　蜂蜜‥‥‥‥‥‥‥‥‥‥‥‥‥‥‥‥‥‥‥‥ 1/2 茶匙（tsp）
▎做法：① 不削皮的胡蘿蔔去頭去尾後切片。
　　　　② 胡蘿蔔放進少量的湯底中燉 45 分鐘，直到胡蘿蔔變軟。
　　　　③ 起鍋前的 5～10 分鐘時加入蜂蜜調味。享用。

番茄燉白花椰菜

▎準備時間：10 分鐘／烹調時間：45 分鐘
▎材料： 白花椰菜、番茄 2～3 顆。
▎做法： 白花椰菜分成數小段；和番茄塊一起用小火燉約 45 分鐘。

烤白花椰菜佐胡蘿蔔泥

▎準備時間：20 分鐘／烹調時間：50 分鐘
▎材料： 小型白椰花菜‥‥‥‥‥‥‥‥‥‥‥‥‥‥‥‥‥‥‥ 1 顆
　　　　胡蘿蔔‥‥‥‥‥‥‥‥‥‥‥‥‥‥‥‥‥‥‥‥‥‥ 3 根
　　　　亞麻籽油‥‥‥‥‥‥‥‥‥‥‥‥‥‥‥‥‥‥‥‥‥ 適量
▎做法：① 白花椰菜細切成數小朵後鋪在烤盤上。

② 烤盤中加入少量水，放進烤箱用攝氏 121 度（華氏 250 度）烤 40 分鐘或直到烤軟。烤好後瀝乾水。
③ 在烤白花椰菜的同時，胡蘿蔔加少許水用小火燉軟。
④ 「步驟③」的胡蘿蔔放入食物調理機後，加入亞麻籽油，打成胡蘿蔔泥。
⑤ 將胡蘿蔔泥淋在白花椰菜上後，在攝氏 121 ～ 149 度（華氏 250 ～ 300 度）的溫烤箱內（烤箱不開機），擺放 5 ～ 10 分鐘後上桌享用。

牛皮鑲菜捲

▎準備時間：40 分鐘／烹調時間：30 分鐘
▎材料：洋蔥 ……………………………………………………… 半顆，切片
　　　　中型馬鈴薯 ……………………………………………………… 6 顆
　　　　胡蘿蔔 ……………………………………………………………… 4 根
　　　　大型大蒜 ………………………………………………… 3 瓣，切成蒜末
　　　　牛皮菜 ……………………………………………………………… 1 把
▎做法：① 洋蔥和馬鈴薯下鍋煮熟。胡蘿蔔和大蒜用另一個鍋一起煮熟。
　　　　② 兩鍋的食材分別用食物調理機打成泥後，才混合在一起。
　　　　③ 牛皮菜用燙水迅速汆燙，確保不燙過頭。
　　　　④ 攤開牛菜菜葉，去除中間的老莖。
　　　　⑤ 將「步驟②」混好的蔬菜泥放進牛皮菜葉；小心緊緊地捲好後裝盤。
　　　　⑥ 番茄、洋蔥、大蒜和小顆馬鈴薯全在此時煮好後，以食物調理機打成番茄醬。
　　　　⑦ 將「步驟⑤」中的牛皮菜捲和番茄醬一起上桌，享用。

地瓜甜菜根沙拉

▎準備時間：10 分鐘／烹調時間：30 分鐘／2 人份
▎材料：大型地瓜 ………………………………………… 1 個（或小型地瓜 2 個）
　　　　煮熟的小型甜菜根 …………………………………………… 少許，切片

　　　　　芝麻菜葉（或萵苣） ··· 適量
▍淋醬：濃稠優格（酸奶）、檸檬汁、亞麻籽油、蒔蘿草（乾燥或新鮮皆可）
▍做法：① 地瓜帶皮和甜菜根用小火煮熟；冷卻後切絲。
　　　　② 芝麻葉（或萵苣）鋪在沙拉盤上；地瓜絲和甜菜根絲逐層放進沙拉盤。
　　　　③ 澆上淋醬，立即上桌享用。

玉米

▍準備時間：5 分鐘
▍做法：① 不去葉的玉米置於滿水的鍋中，加蓋，以中火煮 15 分鐘，或直至玉米粒變軟。
　　　　② 若是玉米粒，則用滾水汆燙約 7 分鐘。

烤玉米

▍準備時間：5 分鐘／烹調時間：1 小時／1～2 人份
▍材料：玉米 ··· 1～2 根
　　　　亞麻籽油 ·· 適量
　　　　巴西里（荷蘭芹） ·· 適量，切末
▍做法：① 不去葉的玉米放入無毒容器中，加蓋，放進烤箱中用攝氏 180 度（華氏 350 度）烤 1 小時。
　　　　② 玉米去葉冷卻後；淋上亞麻籽油和灑上巴西里末。
　　　　③ 烤玉米棒可當開胃菜或配菜來享用。

蔬菜烤玉米

▍準備時間：15 分鐘／烹調時間：1 個小時／供 2 人食用
▍材料：玉米 ··· 2 根
　　　　西洋芹 ··· 3 個

| | 胡蘿蔔 | 2 根 |
| | 櫛瓜 | 2 根 |

- 做法： ① 玉米去殼取出玉米粒。其餘蔬菜切片或切小塊。
  ② 玉米粒和蔬菜片放進烤盤，進烤箱用攝氏 93 度（華氏 200 度）烤 1 小時。

橙香烤玉米

- 準備時間：10 分鐘
- 材料： 玉米 .... 2 根
  柳橙汁 .... 1 杯
- 做法： ① 玉米去殼取出玉米粒，放進烤盤。
  ② 烤盤加蓋；進烤箱用攝氏 121 度（華氏 250 度）烤約 25～30 分鐘。
  ③ 玉米瀝乾；淋上柳橙汁。等待 5～10 分鐘後上桌。

玉米烤青椒

- 準備時間：20 分鐘／烹調時間：1 到 1 個半小時／2～3 人份
- 材料： 玉米 .... 3 根
  青椒 .... 1 顆，切片
- 做法： ① 玉米去殼取出玉米粒。2 根分量的玉米粒放進食物調理機打碎。
  ② 將剩下的玉米粒加入「步驟①」中打勻的玉米泥中。
  ③ 將「步驟 2」的成品倒入烤盤中，上面鋪上青椒片後放進烤箱，用攝氏 93～121 度（華氏 200～250 度）烤 1 個半小時。

優格（酸奶）四季豆

- 準備時間：5 分鐘／烹調時間：15 分鐘／2 人份
- 材料： 四季豆 .... 285 克
  濃稠優格（酸奶）... 適量

　　　　　　洋蔥……………………………………………………55克，切成末
- 做法：① 四季豆用小火煮。
　　　　② 四季豆快煮熟之前，在優格中加入洋蔥末以小火加熱。
　　　　③ 四季豆盛上已溫熱的盤子，淋上「步驟②」中的優格淋醬後上桌。

香濃高麗菜

- 準備時間：10分鐘／烹調時間：30分鐘／2人份
- 材料：高麗菜……………………………………………………適量
　　　　小型洋蔥……………………………………………………1顆
　　　　濃稠優格（酸奶）…………………………………… 2湯匙（tbsp）
　　　　乾蒔蘿葉末………………………… 1茶匙（tsp）（或是拍碎的蒔蘿籽）
- 做法：① 高麗菜切絲；洋蔥切末，加入少量的水燜煮。
　　　　② 高麗菜煮軟後，加入已拌勻蒔蘿葉末（或蒔蘿籽）的優格淋醬。

烤茄子

- 準備時間：15分鐘／烹調時間：2小時／2人份
- 材料：希波克拉底湯湯底…………………………………………適量
　　　　洋蔥……………………………………………………1顆，切碎
　　　　茄子……………………………………………………1個，切片
　　　　番茄…………………………………………………2個，去皮後切片
- 做法：① 高湯倒進有蓋子的大型烤盤。
　　　　② 將洋蔥末、茄子片和番茄片依序逐層放進烤盤。
　　　　③ 放進烤箱用攝氏149度（華氏300度）烤2小時。

茄香孔雀盤

- 準備時間：15分鐘／烹調時間：45分鐘／2人份
- 材料：大型洋蔥……………………………………………………1顆
　　　　大型西洋茄子…………………… 1根（或是細長型東方茄子3～4根）

大型紅番茄···1 顆（★請選擇不軟的）
　　百里香和墨角蘭···適量
　　小型大蒜···1 瓣，剁碎
▎做法：① 洋蔥切片，分開成洋蔥圈後，用小火在厚底湯鍋中慢慢煮熟。
　　② 在煮洋蔥的同時，開始準備其它食材。茄子頭尾不切，由離頭尾處約 2 公分處開始將茄子縱切成 4～5 片（細長茄子就切成 2～3 片）。
　　③ 番茄切片，片數為茄子切片的 2 倍。
　　④ 將茄子在洋蔥上排成一個扇形。
　　⑤ 將番茄片塞入「步驟④」中茄子切片中的空隙；再灑上香草末和蒜末。
　　⑥ 湯鍋蓋上蓋子，可在爐子上以小火慢煮，或是放入烤箱，以攝氏 149 度（華氏 300 度）烤至茄子變軟。

茄香沙拉

▎準備時間：15 分鐘／烹調時間：1 小時／2 人份
▎材料：西洋茄子···1 根（或東方細長型茄子 2 根）
　　小型洋蔥···1 個
　　巴西里（荷蘭芹）···適量
　　番茄···2 顆
　　醋···1.5 湯匙（tbsp）
　　亞麻籽油···少許
▎做法：① 茄子用攝氏 180 度（華氏 350 度）烤 1 小時。
　　② 切碎洋蔥和巴西里；番茄切片。
　　③ 將「步驟②」中的食材與烤好的茄子混合後，加入醋及亞麻籽油。

燉茄子

▍ 準備時間：20 分鐘／烹調時間：30 分鐘／2 人份

▍ 材料：西洋茄子⋯⋯⋯⋯⋯⋯⋯⋯⋯ 1 根（或東方細長型茄子 2～3 根），切塊
　　　　洋蔥⋯⋯⋯⋯⋯⋯⋯⋯⋯⋯⋯⋯⋯⋯⋯⋯⋯⋯⋯⋯⋯⋯ 2 顆，切碎
　　　　番茄⋯⋯⋯⋯⋯⋯⋯⋯⋯⋯⋯⋯⋯⋯⋯⋯⋯⋯ 3 個，去皮並切碎

▍ 做法：所有食材不加水放進燉鍋，以中小火燉軟或直到變軟（約 30 分鐘以上）。

蒜香馬鈴薯

▍ 準備時間：5 分鐘／烹調時間：1.5～2 小時

▍ 材料：馬鈴薯（土豆）⋯⋯⋯⋯⋯⋯⋯⋯⋯⋯⋯⋯⋯⋯⋯⋯⋯⋯ 適量
　　　　亞麻籽油⋯⋯⋯⋯⋯⋯⋯⋯⋯⋯⋯⋯⋯⋯⋯⋯⋯⋯⋯⋯ 適量
　　　　大蒜⋯⋯⋯⋯⋯⋯⋯⋯⋯⋯⋯⋯⋯⋯⋯⋯⋯ 適量，剁成泥

▍ 做法：① 馬鈴薯切片，但不要切斷也別切到底，放進烤盤中，在底部加入少許水後放入烤箱的上層。
　　　　② 用攝氏 170 度（華氏 325 度）烤 1.5～2 小時；或用攝氏 180 度（華氏 350 度）烤 1 小時。
　　　　③ 亞麻籽油和蒜泥拌勻當淋醬；烤好的馬鈴薯（土豆）靜置冷卻後淋上大蒜淋醬，立即享用。

烤球莖茴香

▍ 準備時間：15 分鐘／烹調時間：1～2 小時／2 人份

▍ 材料：茴香球莖⋯⋯⋯⋯⋯⋯⋯⋯⋯⋯⋯⋯⋯⋯⋯⋯⋯⋯⋯⋯ 1 顆
　　　　大型番茄⋯⋯⋯⋯⋯⋯⋯⋯⋯ 1 個，切成約 6 公分的番茄片
　　　　大蒜⋯⋯⋯⋯⋯⋯⋯⋯⋯⋯⋯⋯⋯⋯⋯ 2～3 瓣，去皮，切薄片

▍ 做法：① 球莖茴香去莖去葉縱向對半切開；用清水洗去泥沙。
　　　　② 茴香放進烤盤，切面向上，鋪上番茄片，再在番茄片上鋪上蒜片。
　　　　③ 蓋子蓋上烤盤（或用鋁箔紙蓋上）後放進烤箱。用攝氏 121 度（華氏 250 度）烤 1～2 小時。

◎ 小訣竅：這道料理可和烤馬鈴薯及蔬菜胡蘿蔔泥沙拉一起享用。

節慶綠花椰菜（或節慶四季豆）

▌準備時間：25 分鐘／烹調時間：45 分鐘／2～3 人份

▌材料： 大型綠花椰菜‥‥‥‥‥‥‥‥‥‥‥‥‥‥1 顆（或 3 杯半切好的四季豆）
　　　 小型洋蔥‥‥‥‥‥‥‥‥‥‥‥‥‥‥‥‥‥‥‥‥‥1 個，切末
　　　 大蒜‥‥‥‥‥‥‥‥‥‥‥‥‥‥‥‥‥‥‥‥‥‥‥1 瓣，剁碎
　　　 中型紅（或黃）甜椒‥‥‥‥‥‥‥‥‥‥‥‥‥‥‥‥1 顆，切條
　　　 檸檬汁‥‥‥‥‥‥‥‥‥‥‥‥‥‥‥‥‥‥‥‥‥2 茶匙（可省略）
　　　 乾蒔蘿‥‥‥‥‥‥‥‥‥‥‥‥‥‥‥1/4 茶匙（或 1 茶匙新鮮蒔蘿）

▌做法： ① 綠花椰菜挑出深綠色部份弄成數小朵，底下的莖削皮。
　　　 ②「步驟①」的成品與洋蔥和大蒜下鍋，蓋上蓋子以小火燉 45 分鐘或直到變軟。
　　　 ③ 燉煮 20 ～ 25 分鐘後加入甜椒條。
　　　 ④ 上桌前灑上蒔蘿和檸檬汁（烹調過程中加檸檬汁，會使綠花椰菜掉色）。

四季豆沙拉

▌準備時間：15 分鐘／烹調時間：10 分鐘／2 人份

▌材料：四季豆‥‥‥‥‥‥‥‥‥‥‥‥‥‥‥‥‥‥‥‥‥‥‥‥適量
　　　 小型洋蔥‥‥‥‥‥‥‥‥‥‥‥‥‥‥‥‥‥‥‥‥‥1 個，切碎
　　　 亞麻籽油‥‥‥‥‥‥‥‥‥‥‥‥‥‥‥‥‥‥‥‥‥‥‥適量
　　　 蘋果醋（或檸檬汁）‥‥‥‥‥‥‥‥‥‥‥‥‥‥‥‥‥‥‥適量
　　　 巴西里（荷蘭芹）‥‥‥‥‥‥‥‥‥‥‥‥‥‥‥‥‥‥‥‥適量
　　　 細香蔥‥‥‥‥‥‥‥‥‥‥‥‥‥‥‥‥‥‥‥‥‥‥‥‥適量

▌做法： ① 四季豆慢火煮軟後瀝乾；加入洋蔥末。
　　　 ② 食材放進沙拉盤；淋上亞麻籽油和蘋果醋（或檸檬汁）。
　　　 ③ 灑上細香蔥點綴後上桌。

果香紫甘藍

▌準備時間：10 分鐘（不包括浸泡時間）／烹調時間：15 分鐘／2 人份

▌材料：葡萄乾‥‥‥‥‥‥‥‥‥‥‥‥‥‥‥‥‥‥‥‥‥‥‥110 克

杏桃乾⋯⋯⋯⋯⋯⋯⋯⋯⋯⋯⋯⋯⋯⋯⋯110 克，切碎
　　　小型紫甘藍⋯⋯⋯⋯⋯⋯⋯⋯⋯⋯⋯⋯⋯⋯⋯⋯⋯1 顆
　　　甜蘋果⋯⋯⋯⋯⋯⋯⋯⋯⋯⋯⋯⋯⋯⋯2 顆，去核切碎
　　　蘋果醋，加入少許水⋯⋯⋯⋯⋯⋯⋯⋯⋯⋯⋯⋯⋯適量
▌做法：① 葡萄乾和杏桃乾事先以冷水浸泡一個晚上或用滾水泡至膨脹。
　　　② 紫甘藍切成細絲；用少量的水稍微浸軟。
　　　③ 紫甘藍放進沙拉碗，加入葡萄乾、杏桃乾末、蘋果末後，淋上已加了少許水的蘋果醋，拌勻。
　　　④ 這道料理可和烤馬鈴薯一起上桌。

葛森花園派（有點像素食版的牧羊人派）

▌準備時間：30 分鐘／烹調時間：2～2 個半小時／2～3 人份
▌材料：馬鈴薯⋯⋯⋯⋯⋯⋯⋯⋯⋯⋯⋯⋯⋯⋯⋯⋯⋯450 克
　　　西洋芹根⋯⋯⋯⋯⋯⋯⋯⋯⋯⋯⋯340 克（或地瓜、或洋蔥）
▌做法：① 馬鈴薯去皮後和其它蔬菜一起切成小塊。
　　　② 加水加到蔬菜的約 1/2 至 2/3 高度。
　　　③ 水滾後轉小火，煮到將水收乾，變軟的食材搗成泥。
　　　④ 若鍋裡還剩一點水，就倒進蔬菜馬鈴薯泥中一起拌成泥。
▌餡料：小型洋蔥⋯⋯⋯⋯⋯⋯⋯⋯⋯⋯⋯⋯1 顆（或少許油蔥）
　　　大蒜⋯⋯⋯⋯⋯⋯⋯⋯⋯⋯⋯⋯⋯⋯⋯2 瓣，剁泥
　　　胡蘿蔔⋯⋯⋯⋯⋯⋯⋯⋯⋯⋯227 克，切絲、切碎或切小丁
　　　櫛瓜⋯⋯⋯⋯⋯⋯⋯⋯⋯⋯⋯⋯⋯⋯227 克，切厚片
　　　西洋甜蒜苗⋯⋯⋯⋯⋯⋯⋯⋯⋯⋯227 克，去頭尾後切片
　　　番茄⋯⋯⋯⋯⋯⋯⋯⋯⋯⋯⋯⋯⋯⋯2 顆，去皮切碎
　　　巴西里（荷蘭芹）⋯⋯⋯⋯⋯⋯⋯⋯1～2 湯匙（tbsp），切末
　　　香草植物⋯⋯⋯⋯⋯⋯⋯⋯⋯⋯⋯⋯⋯⋯適量（調味用）
　　　黑麥麵包屑⋯⋯⋯⋯⋯⋯⋯⋯⋯⋯⋯⋯⋯⋯⋯⋯60 克
▌派的做法：① 蔬菜按照上列的順序下鍋後以小火慢煮。需要燉煮約 1 至 1.5 小時，建議使用平均散熱片（simmer plate）。燉煮的同時準

備好餡料和黑麥麵包屑。

② 蔬菜煮熟後加入黑麥麵包屑拌勻後倒進派模中。

③ 在「步驟②」的成品上加入馬鈴薯泥（或洋蔥地瓜泥，或西洋芹根泥），用叉子在蔬菜馬鈴薯泥上作畫當裝飾。

④ 「步驟③」的成品放入烤箱，以攝氏180度（華氏350度）烤45～60分鐘。

⑤ 烤好的派可和生菜沙拉或其它蔬菜一起上桌。

◎小訣竅：食材可以依照季節變化將餡料加入四季豆、豌豆及／或玉米。朝鮮薊也是很好的選擇。餡料可以不加西洋甜蒜苗，另外直接用食物調理機打成泥後當成派面料。

葛森式烤馬鈴薯

▌準備時間：5分鐘／烹調時間：1小時

▌材料：馬鈴薯⋯⋯⋯⋯⋯⋯⋯⋯⋯⋯⋯⋯⋯⋯⋯⋯⋯⋯1顆

▌做法：① 馬鈴薯對切半（太大顆的馬鈴薯可以切成4份）。

② 馬鈴薯的切面上劃幾刀；放進有少許水的烤盤。

③ 烤盤蓋上蓋子，放進烤箱用攝氏204～218（華氏400～425度）烤1小時。

④ 在食用前打開蓋子，讓馬鈴薯變成微棕色後上桌。

橙醬涮甜菜根

▌準備時間：25分鐘／烹調時間：1個半小時／6～8人份

▌材料：大型甜菜根⋯⋯⋯⋯⋯⋯⋯⋯⋯⋯⋯⋯⋯⋯⋯⋯⋯9顆

▌做法：① 甜菜根洗乾淨，放進5～7公分的水中煮1個半小時直到變軟。如果中途需要可加水。

② 甜菜根放進冷水中去皮後，切片或切成一口大小。

▌涮醬：新鮮柳橙汁⋯⋯⋯⋯⋯⋯⋯⋯⋯⋯⋯⋯⋯⋯⋯160 cc

地瓜粉⋯⋯⋯⋯⋯⋯⋯⋯⋯⋯⋯⋯⋯⋯⋯1茶匙（tsp）

蘋果醋⋯⋯⋯⋯⋯⋯⋯⋯⋯⋯⋯⋯⋯⋯⋯1.5茶匙（tsp）

蜂蜜（或有機黑糖，或有機楓糖）⋯⋯⋯⋯⋯⋯⋯⋯1茶匙

▎做法： 所有材料混合後用小火煮稠；放入甜菜根後充分拌勻。

◎小訣竅：可用 120 cc 的蘋果汁加 3 茶匙的檸檬汁來取代柳橙汁。

蒜香胡蘿蔔蕪菁

▎準備時間：10 分鐘／烹調時間：30 分鐘／2 人份

▎材料： 胡蘿蔔 ··· 230 克
　　　　蕪菁 ··· 230 克
　　　　香菜或蒔蘿末 ··· 少許

▎淋醬： 檸檬汁 ··· 1 湯匙（tbsp）
　　　　大蒜 ··· 1 瓣，剁碎
　　　　亞麻籽油 ·· 適量

▎做法：① 小火煮熟胡蘿蔔和蕪菁；切成細絲或薄片。
　　　　② 放進盤子，淋上淋醬。
　　　　③ 灑上香菜或蒔蘿末後上桌。

香草檸檬糖漬胡蘿蔔

▎準備時間：5 分鐘／烹調時間：30 分鐘／2 人份

▎材料： 胡蘿蔔 ·· 450 克
　　　　有機黑糖 ·· 1 茶匙（tsp）
　　　　水 ··· 少量
　　　　檸檬汁 ··· 1 湯匙（tbsp）
　　　　薄荷 ·· 適量
　　　　迷迭香 ·· 適量
　　　　巴西里（荷蘭芹） ··· 適量
　　　　亞麻籽油 ··· 適量

▎做法：① 整根胡蘿蔔下鍋用小火慢煮，當開始變軟時起鍋，並切成 6 公分長的胡蘿蔔條。
　　　　② 把切好的胡蘿蔔條放回平底鍋，加入有機黑糖及少量的水。
　　　　③ 繼續用小火加熱，直到黑糖溶化於水並收乾，胡蘿蔔全熟。

④ 加入檸檬汁和所有香草，再煮 2 分鐘後裝於已溫熱好的盤子。
⑤ 胡蘿蔔變涼時淋上亞麻籽油，上桌享用。

香橙糖漬胡蘿蔔

▍準備時間：5 分鐘／烹調時間：30 分鐘／2 人份

▍材料：胡蘿蔔⋯⋯⋯⋯⋯⋯⋯⋯⋯⋯⋯⋯⋯⋯⋯⋯ 450 克
　　　　有機黑糖⋯⋯⋯⋯⋯⋯⋯⋯⋯⋯⋯⋯⋯ 1 湯匙（tbsp）
　　　　柳橙半顆⋯⋯⋯⋯⋯⋯⋯⋯⋯⋯⋯⋯⋯⋯⋯⋯ 榨汁
　　　　亞麻籽油⋯⋯⋯⋯⋯⋯⋯⋯⋯⋯⋯⋯⋯⋯⋯⋯ 適量

▍做法：① 整根胡蘿蔔下鍋用小火慢煮，當開始變軟時起鍋，並切成 6 公分長的胡蘿蔔條。
　　　　② 把切好的胡蘿蔔條放回平底鍋，加入糖及柳橙汁。
　　　　③ 繼續用小火加熱，直到黑糖溶化於柳橙汁並收乾，胡蘿蔔全熟。
　　　　④ 裝盤，稍涼後淋上亞麻籽油，享用。

四季豆佐蜂蜜番茄醬

▍準備時間：15 分鐘／烹調時間：20 分鐘／2 人份

▍材料：細長四季豆⋯⋯⋯⋯⋯⋯⋯⋯⋯⋯⋯⋯⋯⋯ 450 克
▍醬料：中型洋蔥⋯⋯⋯⋯⋯⋯⋯⋯⋯⋯⋯⋯⋯⋯⋯ 1 顆
　　　　大蒜⋯⋯⋯⋯⋯⋯⋯⋯⋯⋯⋯⋯⋯⋯⋯⋯⋯ 2 瓣
　　　　番茄⋯⋯⋯⋯⋯⋯⋯⋯⋯⋯⋯⋯ 450 克，切大塊
　　　　蜂蜜⋯⋯⋯⋯⋯⋯⋯⋯⋯⋯⋯⋯⋯ 1 茶匙（tsp）
　　　　香草⋯⋯⋯⋯⋯⋯⋯⋯⋯⋯⋯⋯⋯⋯⋯⋯⋯ 適量

▍做法：① 四季豆去蒂；煮軟瀝乾。
　　　　② 做醬料：洋蔥切碎，大蒜拍成泥。
　　　　③ 洋蔥和大蒜加入少量的水煮軟後，加入番茄塊。水滾後轉小火，熬成濃醇的番茄醬。
　　　　④ 此時拌入蜂蜜和香草，攪勻。
　　　　⑤ 最後將四季豆加入「步驟④」中完成的醬料，放涼後上桌。

牛皮菜捲

▌準備時間：15 分鐘／烹調時間：2 小時

▌材料：白莖綠葉的牛皮菜葉 ························· 4 片
　　　　胡蘿蔔 ······································· 2 根
　　　　綠花椰菜 ···································· 1/4 顆
　　　　白花椰菜 ···································· 1/4 顆
　　　　小型櫛瓜 ····································· 2 根
　　　　玉米 ·································· 1 根（取出玉米粒）
　　　　生糙米 ······································ 半杯

▌醬料：番茄 ································· 1 ～ 1/2 顆
　　　　大蒜 ·· 2 瓣

▌做法：① 牛皮菜葉以熱水燙軟。
　　　　② 將綠花椰菜、白花椰菜、櫛瓜和玉米粒切成小塊後，下鍋並加入少量的水低溫慢煮。
　　　　③ 煮好後瀝乾水分。
　　　　④ 番茄和大蒜以食物調理機打成醬，淋在蔬菜和生米上。
　　　　⑤ 將「步驟④」中的成品置於牛皮菜葉中心點，捲成菜捲後放進烤盤。
　　　　⑥ 烤盤蓋上蓋子，放進烤箱用攝氏 121 度（華氏 250 度）烤 1 至 1.5 小時。

洋蔥燉青椒

▌準備時間：10 分鐘／烹調時間：30 分鐘／2 ～ 3 人份

▌材料：青椒 ······························· 2 ～ 4 顆，切片
　　　　洋蔥 ······························· 2 ～ 4 顆，切片

▌做法：① 青椒片、洋蔥片下鍋。
　　　　② 緊緊蓋上鍋蓋，不加水燉約 30 分鐘。起鍋，享用。

乾燒茄子

■ 準備時間：10 分鐘／烹調時間：20 分鐘／1 人份

■ 材料：西洋茄子 .... 1 根（或東方細長型茄子 2 根）
　　　　大蒜 .... 適量，拍碎
　　　　巴西里（荷蘭芹）.. 適量，切末
　　　　檸檬汁（萊姆汁）.. 適量

■ 做法：① 茄子縱向切條，煎鍋加熱（建議用有條紋溝槽的煎鍋）。
　　　　② 茄子條下熱鍋，轉小火慢慢乾煎。茄子條在鍋內要持續翻面。
　　　　③ 煎熟後加入拍碎的大蒜；灑上巴西里末。最後淋上檸檬汁。

◎這道料理很適合在午餐時與馬鈴薯一起食用。
◎小訣竅：同樣的料理方式可以應用在甜椒片、洋蔥片或櫛瓜。

蔥香烤馬鈴薯

■ 準備時間：15 分鐘／烹調時間：40 分鐘／2 人份

■ 材料：馬鈴薯 .... 450 克
　　　　小型西洋甜蒜 .... 1 根
　　　　燕麥粉（燕麥片放進食物調理機打碎）.. 適量

■ 做法：① 馬鈴薯帶皮煮至正要開始變軟但還未完全變軟時。
　　　　② 甜蒜白（或蔥白）切薄片。
　　　　③ 馬鈴薯去皮略為搗碎，拌入「步驟②」的成品後放進淺烤盤。
　　　　④ 烤盤灑上燕麥粉以防止沾黏。
　　　　⑤ 烤盤放進烤箱上層，用攝氏 180 度（華氏 350 度）烤至馬鈴薯開始
　　　　　變成褐色。（別烤太久，不然茄子會燒乾）
　　　　⑥ 烤好的馬鈴薯可和其它煮好的蔬菜，或生菜沙拉及番茄一起上桌。

希臘式西洋甜蒜（或櫛瓜）拼盤（à la Grecque）

■ 準備時間：10 分鐘／烹調時間：30 分鐘／2 人份

■ 材料：大蔥 .... 450 克（或櫛瓜 450 克）
　　　　番茄 .... 3 顆，切塊（可省略）

檸檬 ··· 1 顆，榨汁
　　月桂葉 ··· 適量
　　百里香 ··· 適量
　　香菜籽 ··· 適量

▌做法：西洋甜蒜苗（或櫛瓜）切成 3 公分的薄片；與番茄塊、檸檬汁、月桂葉、百里香和香菜籽一起下鍋，用小火煮熟。這道料裡可以趁熱吃，或是做成冷盤。

棉豆燉櫛瓜（食用前請詢問葛醫）

▌準備時間：15 分鐘／烹調時間：20 分鐘／1～2 人份
▌材料：大型洋蔥 ··· 1 顆
　　大蒜 ··· 1 瓣
　　希波克拉底湯湯底 ····································· 半杯
　　新鮮棉豆（lima beans） ······························· 1 杯
　　櫛瓜 ··· 3 杯
　　中型番茄 ··· 4 顆
　　玉米澱粉 ··· 半茶匙（tsp）
　　新鮮巴西里（荷蘭芹） ································· 4 束
　　百里香 ················· 少許（或鼠尾草，或乾的巴西里末）
▌做法：① 香草以外的食材混合均勻；下鍋燉軟（15 分鐘）。
　　② 玉米澱粉加少量水攪拌均勻，下鍋勾芡。
　　③ 享用前加入香草點綴上桌。

千層洋蔥馬鈴薯餅

▌準備時間：5 分鐘／烹調時間：1.5 小時／2 人份
▌材料：馬鈴薯 ··· 450 克
　　大型洋蔥 ··· 1 顆
　　水 ··· 2 湯匙（tbsp）
　　亞麻籽油 ··· 適量
　　蒜泥 ··· 適量

▎做法：① 馬鈴薯和洋蔥切成厚片；以兩片馬鈴薯厚片中間夾一片洋蔥的方式鋪滿烤盤。
② 烤盤中倒入少許水後放進烤箱。
③ 用攝氏 149～177 度（華氏 300～350 度）烤到馬鈴薯變成褐色。
④ 稍稍放涼後加入亞麻籽油及蒜泥，上桌。

烤胡蘿蔔馬鈴薯（土豆）泥

▎準備時間：10 分鐘／烹調時間：1 小時
▎材料：胡蘿蔔⋯⋯⋯⋯⋯⋯⋯⋯⋯⋯⋯⋯⋯⋯⋯⋯⋯⋯⋯⋯適量
馬鈴薯（土豆）⋯⋯⋯⋯⋯⋯⋯⋯⋯⋯⋯⋯⋯⋯⋯⋯⋯適量
▎做法：① 胡蘿蔔和馬鈴薯用小火煮軟後搗成泥，平鋪於烤盤。
② 用叉子在胡蘿蔔馬鈴薯（土豆）泥上畫上條紋；放進烤箱用攝氏 204～218 度（華氏 400～425 度）烤到馬鈴薯變成褐色。

香濃馬鈴薯泥

▎準備時間：20 分鐘／烹調時間：40 分鐘
▎材料：馬鈴薯（土豆）⋯⋯⋯⋯⋯⋯⋯⋯⋯⋯⋯⋯⋯⋯⋯⋯⋯適量
小型洋蔥⋯⋯⋯⋯⋯⋯⋯⋯⋯⋯⋯⋯⋯⋯⋯⋯⋯⋯⋯1 顆
濃稠優格（酸奶）⋯⋯⋯⋯⋯⋯⋯⋯⋯⋯⋯⋯⋯⋯⋯⋯適量
▎做法：① 馬鈴薯去皮切塊後下鍋，加入洋蔥和適量的水。
② 水煮開後繼續燉煮到水分收乾。
③ 馬鈴薯搗成泥後，拌入濃稠優格。

牛皮菜馬鈴薯泥

▎準備時間：15 分鐘／烹調時間：25 分鐘／4 人份
▎材料：牛皮菜⋯⋯⋯⋯⋯⋯⋯⋯⋯⋯⋯⋯⋯⋯⋯⋯1 把（綠或紅）
水（或希波克拉底湯湯底）⋯⋯⋯⋯⋯⋯⋯⋯ 4～5 湯匙（tbsp）
大型馬鈴薯⋯⋯⋯⋯⋯⋯⋯⋯⋯⋯⋯⋯⋯ 3 顆（或中型馬鈴薯 4 顆）
濃稠優格（酸奶）⋯⋯⋯⋯⋯⋯⋯⋯⋯⋯⋯⋯170～230 克

▌做法：① 牛皮菜切絲後下鍋。加水（或希波克拉底湯湯底）煮滾後轉小火慢煮。

② 同時，馬鈴薯削皮切塊後，置於鍋中的牛皮菜上，一起燉煮。

③ 馬鈴薯熟透後將水分瀝乾

④ 加入優格後搗成泥。如果太乾，可以多加一些優格。

◎小訣竅：同樣的料理方法也可用在羽衣甘藍上。若使用羽衣甘藍菜，記得下鍋前要切掉中間堅硬的菜莖。

葛森式馬鈴薯（土豆）泥

▌準備時間：10 分鐘／烹調時間：35 分鐘

▌材料：馬鈴薯、洋蔥。

▌做法：① 馬鈴薯、洋蔥去皮切小塊後下鍋，加水加到食材的一半。

② 蓋上蓋子將水煮滾，轉小火將馬鈴薯燉至熟透。（水分幾乎收乾）

③ 取出馬鈴薯和洋蔥，加少量水磨成泥。如果太乾可以加入些許希波克拉底湯高湯。

◎小訣竅：馬鈴薯泥可以依照喜好加入各種香草末。例如：巴西里（荷蘭芹）、薄荷或蒔蘿。

爐烤馬鈴薯（土豆）

▌準備時間：5～10 分鐘

▌做法：① 馬鈴薯切成薯條（或切小塊，或切薄片）狀，放進烤盤。

② 烤盤放進烤爐用攝氏 149 度（華氏 300 度）將馬鈴薯（土豆）烤熟。

◎備註：某些品種的馬鈴薯很容易就能烤熟，而且在攝氏 218 度（華氏 425 度）時會膨脹。馬鈴薯也可用烤肉架直接火烤，但是要預防烤焦。這道料理只能偶一為之。

馬鈴薯（土豆）滾巴西里（荷蘭芹）

▌材料：馬鈴薯⋯⋯⋯⋯⋯⋯⋯⋯⋯⋯⋯⋯⋯⋯⋯⋯⋯⋯⋯⋯⋯⋯⋯⋯⋯⋯⋯⋯⋯⋯適量

巴西里（荷蘭芹）⋯⋯⋯⋯⋯⋯⋯⋯⋯⋯⋯⋯⋯⋯⋯⋯⋯⋯⋯⋯⋯適量，切末

亞麻籽油⋯⋯⋯⋯⋯⋯⋯⋯⋯⋯⋯⋯⋯⋯⋯⋯⋯⋯⋯⋯⋯⋯⋯⋯⋯⋯⋯⋯⋯適量

- **做法：** ① 馬鈴薯（土豆）帶皮煮熟後去皮。
  ② 用刷子沾亞麻籽油後，輕刷於去皮的馬鈴薯（土豆）上，再放進巴西里末中滾邊。

烤地瓜與防風草根（歐洲蘿蔔）

- 準備時間：10 分鐘／烹調時間：40 分鐘／2～4 人份
- **材料：** 防風草根（又稱歐洲蘿蔔）……………………450 克，切成楔形
  地瓜……………………………………………450 克，切成楔形
  新鮮迷迭香……………………………………………………1 束
- **做法：** ① 將切成楔形的防風草根（歐洲蘿蔔）和帶皮地瓜放進烤盤後加入少量的水。
  ② 放入新鮮迷迭香束，加蓋放進烤箱中用攝氏 170 度（華氏 325 度）烤熟。
  ③「步驟②」的成品和烤馬鈴薯一起享用。

法式烤馬鈴薯（土豆）

- 準備時間：5 分鐘／烹調時間：40 分鐘
- **材料：** 新鮮馬鈴薯……………………………………………………適量
  番茄…………………………………………………………………適量
  新鮮迷迭香……………………………………………………1 束
  大蒜…………………………………………………………………適量
- **做法：** ① 馬鈴薯放進烤盤，加入番茄丁（或番茄片）、新鮮迷迭香束和大量的大蒜。
  ② 烤盤加蓋，放進烤箱用攝氏 149～177 度（華氏 300～350 度）烤至食材熟透。
  ③ 裝盤後與檸檬片及生菜沙拉一起上桌。

皮埃蒙特烤甜椒

▍準備時間：10 分鐘／烹調時間：1 小時／2 人份

▍材料： 番茄 ·· 2 個
　　　　紅甜椒 ··· 2 個
　　　　大蒜 ··· 2 瓣，切片
　　　　香草 ·· 適量

▍做法： ① 番茄去皮、大蒜切片、甜椒對切去籽（保留甜椒蒂），切口朝上放進烤盤。
　　　　② 將大蒜切片各放進半個甜椒中（因為總共有 2 個甜椒）。
　　　　③ 塞了大蒜的甜椒上方，以半顆去了皮的番茄覆蓋。
　　　　④ 烤盤放進烤箱用攝氏 180 度（華氏 350 度）將食材烤軟且變甜（約 1 個小時）。
　　　　⑤ 灑上香草後上桌（可放涼或趁熱享用）。

烤西洋芹根馬鈴薯（土豆）千層派

▍準備時間：15 分鐘／烹調時間：1 個半到 2 個小時／2 人份

▍材料： 小型至中型的洋蔥 ·· 1 顆
　　　　小型至中型的芹菜根 ············ 1 顆，刷洗乾淨（如有必要可以削皮）
　　　　中型馬鈴薯 ································· 1 顆，刷洗乾淨

▍做法： ① 所有材料切薄片，以千層派的方式在小烤碟中逐層疊好。（如：洋蔥片→西洋芹根片→馬鈴薯（土豆）片）。
　　　　② 加入少許的水。
　　　　③ 放入烤箱用攝氏 170 度（華氏 325 度）烤 1.5～2 小時。最上層要烤得金黃酥脆，而底部要保持鬆軟。
　　　　④ 烤好後與綠葉蔬菜及沙拉一起享用。

馬鈴薯（土豆）糕

▌準備時間：25 分鐘／烹調時間：30 分鐘／2～4 人份

▌材料： 馬鈴薯 ·· 450 克
　　　　大型胡蘿蔔 ·· 1 根
　　　　青椒 ·· 1 個
　　　　西洋芹 ························ 1 根（或東方細長芹菜 2～3 根）
　　　　燕麥粉 ·······················（傳統燕麥片放進食物調理機磨成粉）

▌做法： ① 馬鈴薯帶皮煮至八分熟（剛開始變軟的程度），放進食物調理機中打成泥（此時馬鈴薯皮會自然不見）。
　　　　② 胡蘿蔔切成火柴大小的細條。青椒和芹菜切碎。
　　　　③ 將「步驟②」的食材放進打好的馬鈴薯（土豆）泥中，弄成小蛋糕的形狀。
　　　　④ 烤盤上灑些燕麥粉，以防黏盤。
　　　　⑤ 將燕麥片覆蓋於「步驟③」的蛋糕上，置於已灑上燕麥粉的烤盤上。
　　　　⑥ 烤盤放進烤箱用攝氏 170 度（華氏 325 度）烤熟。

威斯特伐利亞式馬鈴薯（土豆）胡蘿蔔

▌準備時間：10 分鐘／烹調時間：35 分鐘／4 人份

▌材料： 小型胡蘿蔔 ················ 6～8 根（大型胡蘿蔔 4～5 根）
　　　　中型馬鈴薯 ·· 3 顆
　　　　大型洋蔥 ·· 1 個
　　　　希波克拉底湯湯底 ····················· 3～4 湯匙（tbsp）

▌做法： ① 胡蘿蔔切片、馬鈴薯（土豆）去皮切片、洋蔥切碎。
　　　　② 所有食材弄放進平底鍋，加入湯底以小火燉熟。
　　　　③ 若有需要，燉熟後再加入少許湯底，繼續煮到水分完全收乾。

馬鈴薯（土豆）百疊派

▍準備時間：20 分鐘／烹調時間：1～1.5 小時／2 人份

▍材料：洋蔥‥‥‥‥‥‥‥‥‥‥‥‥‥‥‥‥‥‥‥‥‥‥切丁或切絲
　　　　馬鈴薯（土豆）‥‥‥‥‥‥‥‥‥‥‥‥‥‥‥‥‥‥450 克
　　　　蒜末‥‥‥‥‥‥‥‥‥‥‥‥‥‥‥‥‥‥‥‥‥‥‥‥適量
　　　　濃稠優格（酸奶）‥‥‥‥‥‥‥‥‥‥‥‥‥‥‥‥‥‥適量
　　　　巴西里（荷蘭芹）‥‥‥‥‥‥‥‥‥‥‥‥‥‥‥‥適量，切末

▍做法：① 切丁或切絲的洋蔥放進湯鍋，加蓋後用小火慢煮，直到出水變軟（約 1 小時）。
　　　　② 煮好的洋蔥絲放進寬 10 英吋、厚度至少 1 英吋的無毒材質的派模中打底。
　　　　③ 派模噴一點水，以防洋蔥黏底。
　　　　④ 將馬鈴薯（土豆）切成超薄的薄片，以百疊的方式，一層層地鋪在洋蔥上。
　　　　⑤ 灑上蒜末及少許優格（酸奶）。
　　　　⑥ 以同樣的步驟再疊兩層，然後從上方往下將食材壓到密實（層與層間無空隙）。
　　　　⑦ 容器用大張錫箔紙或以另一個派模加蓋，放進烤箱用攝氏 180 度（華氏 350 度）烤 1～1.5 小時，或直到馬鈴薯（土豆）變軟。（用叉子戳馬鈴薯（土豆）來測量）。
　　　　⑧ 烤到中途時，別忘了檢查，若馬鈴薯（土豆）變太乾，可加入少許濃稠優格（酸奶）。
　　　　⑨ 烤完後將成品倒於盤子上，灑上巴西里末後上桌。

馬鈴薯（土豆）泡芙

▍準備時間：5 分鐘／烹調時間：45～50 分鐘

▍材料：烤馬鈴薯。

▍做法：① 將馬鈴薯切成約 1 公分厚的薄片。
　　　　② 將馬鈴薯片一片片放進烤箱中的烤架上，用攝氏 218 度（華氏 425 度）烤至馬鈴薯片膨脹。

③ 將每片馬鈴薯片翻面，烤箱打開一條小縫，改用攝氏 163 度（華氏 325 度）再烤 20 分鐘。

④ 當馬鈴薯片兩面都變成棕色時，代表已烤好。

⑤ 此時馬鈴薯片會兩面膨脹、變得香脆可口，幾乎像炸馬鈴薯片。

※ 這道料理為休閒零食，只能偶一為之。

馬鈴薯（土豆）沙拉

■ 準備時間：10 分鐘／烹調時間：20 分鐘／2 人份

■ 材料： 新鮮馬鈴薯 ························· 450 克，刷洗乾淨
　　　　 薄荷 ······························· 1 大束
　　　　 新鮮巴西里（荷蘭芹）末 ················ 1 湯匙（tbsp）

■ 淋醬： 濃稠優格（酸奶）····················· 110 克
　　　　 亞麻籽油 ···························· 少量
　　　　 大蒜 ······························· 2 瓣，搗成泥

■ 做法： ① 馬鈴薯和少許的水下鍋，用小火煮至八分熟（仍脆硬）。
　　　　 ② 馬鈴薯趁熱切片，放進預熱過的沙拉盤。淋上淋醬。
　　　　 ③ 灑上薄荷末和新鮮巴西里末後上桌。

懶人版烤馬鈴薯

■ 準備時間：5 分鐘／烹調時間：1 小時

■ 材料：馬鈴薯、亞麻籽油。

■ 做法： ① 馬鈴薯縱向對切，用刀在皮上對角線斜劃幾刀。
　　　　 ② 馬鈴薯放進烤箱用攝氏 149 ～ 177 度（華氏 300 ～ 350 度）烤約 50 分鐘。
　　　　 ③ 烤好的馬鈴薯放涼後，淋上亞麻籽油，上桌。

番茄佐櫛瓜

▌準備時間：5 分鐘／烹調時間：30 分鐘／2 人份
▌材料：中型番茄 ·· 2 顆
　　　　大蒜 ································· 1 瓣，搗成泥
　　　　中型櫛瓜 ·· 1 根
▌做法：① 番茄切片鋪在平底鍋上，加入蒜泥。
　　　　② 櫛瓜切片放在番茄上，用小火低溫慢煮。
　　　　③ 番茄快熟的時候，攪拌，然後蓋上蓋子再煮約 20 分鐘。

葛森式普羅旺斯燉菜

▌準備時間：15 分鐘／烹調時間：1 小時／2～4 人份
▌材料：洋蔥 ·· 230 克
　　　　青或紅或黃椒 ································· 230 克
　　　　茄子 ·· 230 克
　　　　番茄 ·· 4 個
　　　　大蒜 ·· 1 瓣
　　　　蘋果醋 ······································ 2 茶匙（tsp）
　　　　墨角蘭（morgoram）····························· 少許
▌做法：① 洋蔥切片，甜椒或青椒去籽，切薄片，兩樣食材都置於烤盤。
　　　　② 茄子由上往下縱切成 4 長片後，再切成約半公分厚的茄子片，放入烤盤。
　　　　③ 番茄切碎，大蒜剁成泥，放入烤盤。
　　　　④ 加入蘋果醋，灑上墨角蘭，放入烤箱，以攝氏 170 度（華氏 325 度）烤熟。
◎小訣竅：也可放在爐子上以小火慢煮到熟。

清燉紫甘藍

▌準備時間：25 分鐘／烹調時間：1 小時／2～3 人份

▌材料： 紫甘藍⋯⋯⋯⋯⋯⋯⋯⋯⋯⋯⋯⋯⋯⋯⋯⋯⋯半顆，切碎
　　　　醋⋯⋯⋯⋯⋯⋯⋯⋯⋯⋯⋯⋯⋯⋯⋯⋯⋯3 茶匙（tsp）
　　　　大型洋蔥⋯⋯⋯⋯⋯⋯⋯⋯⋯⋯⋯⋯⋯⋯⋯3 顆，切末
　　　　月桂葉⋯⋯⋯⋯⋯⋯⋯⋯⋯⋯⋯⋯⋯⋯⋯⋯⋯⋯⋯2 片
　　　　希波克拉底湯湯底⋯⋯⋯⋯⋯⋯⋯⋯⋯⋯⋯⋯⋯⋯⋯少許
　　　　蘋果⋯⋯⋯⋯⋯⋯⋯⋯⋯⋯⋯⋯⋯⋯⋯3 個，去皮刨絲
　　　　有機黑糖⋯⋯⋯⋯⋯⋯⋯⋯⋯⋯⋯⋯⋯⋯1 茶匙（tsp）

▌做法：① 將切好準備好的紫甘藍、醋、洋蔥、月桂葉、湯底全部一起下鍋。
　　　　② 用小火燉煮約 1 小時。（在煮了半小時的時候加入蘋果和糖）

焗烤紫甘藍與蘋果

▌準備時間：15 分鐘／烹調時間：1 個半小時／2 人份

▌材料： 中型紫甘藍⋯⋯⋯⋯⋯⋯⋯⋯⋯⋯⋯⋯⋯⋯⋯⋯⋯⋯1 個
　　　　蘋果（酸蘋果）⋯⋯⋯⋯⋯⋯⋯⋯⋯⋯⋯⋯⋯⋯⋯⋯⋯適量
　　　　柳橙⋯⋯⋯⋯⋯⋯⋯⋯⋯⋯⋯⋯⋯⋯⋯⋯⋯1 個，榨汁
　　　　蘋果醋⋯⋯⋯⋯⋯⋯⋯⋯⋯⋯⋯⋯⋯⋯⋯⋯⋯⋯⋯⋯適量
　　　　楓糖漿⋯⋯⋯⋯⋯⋯⋯⋯⋯⋯⋯⋯⋯⋯⋯⋯⋯⋯⋯⋯適量

▌做法：① 紫甘藍切絲，蘋果切片後，逐層鋪在焗烤盤上。
　　　　② 倒入柳橙汁、蘋果醋和楓糖漿。
　　　　③ 烤盤加蓋密封，放進烤箱用攝氏 180 度（華氏 350 度）烤 1.5 小時，或直到食材變軟。
　　　　④ 攪拌均勻後上桌。若沒吃完重新加熱，風味更佳！

紅栗南瓜佐時蔬

▌準備時間：15 分鐘／烹調時間：30 分鐘／2～4 人份

▌材料： 紅栗南瓜⋯⋯⋯⋯⋯⋯⋯⋯⋯⋯⋯⋯⋯⋯⋯⋯⋯⋯⋯1 個

　　　　水 · 1 湯匙（tbsp）
　　　　小型地瓜 · 1 根，煮熟
　　　　小型櫛瓜 · 1 根，煮熟
　　　　紅甜椒（或青椒）· 1 個，煮熟
　　　　番茄 · 1 個，去皮
　　　　洋蔥粉（或大蒜粉）· 適量
　　　　新鮮香料 · 適量
■ 做法： ① 紅栗南瓜用利刃對半切開，去籽；放進有水的烤盤。
　　　　② 烤盤加蓋，放進烤箱用攝氏 149 ～ 177（華氏 300 ～ 350 度）度烤熟
　　　　　（約 30 分鐘；可用刀戳南瓜檢查熟度）。
　　　　③ 若烤箱的空間足夠，可同時一起烤熟蔬菜。或者用另一個烤箱把
　　　　　蔬菜烤熟，或是在爐子上以小火慢煮蔬菜。
　　　　④ 將烤好／煮好的蔬菜放進烤好的南瓜中，灑上洋蔥粉（大蒜粉）或
　　　　　新鮮香料。
　　　　⑤ 這道料理可和綜合沙拉一起上桌。

烤櫛瓜甜椒沙拉

■ 準備時間：10 分鐘／烹調時間：30 分鐘／2 人份
■ 材料： 櫛瓜 · 450 克
　　　　紅甜椒 · 2 個
　　　　濃稠優格（酸奶）· 適量
　　　　薄荷末 · 3 湯匙（tbsp）
■ 淋醬： 檸檬汁 · 2 湯匙（tbsp）
　　　　大蒜 · 2 瓣，搗成泥
　　　　亞麻籽油 · 適量
■ 做法： ① 櫛瓜去頭尾縱向對切，甜椒去籽切 4 份。櫛瓜和甜椒切口朝上放
　　　　　進烤盤。
　　　　② 烤盤進烤箱用攝氏 170 度（華氏 325 度）烤半小時。烤好冷卻後切
　　　　　成約 3 公分的長條。
　　　　③ 櫛瓜條和甜椒條放進沙拉盤，淋上淋醬及灑上薄荷末。
　　　　④ 灑上少許茅屋起士（只能用無鹽並 100%脫脂）後上桌。

牛皮菜捲

▌ 準備時間：10 分鐘／烹調時間：30 分鐘

▌ 材料： 牛皮菜葉 ……………………………………… 適量
　　　　 青蔥 …………………………………………… 適量
　　　　 豌豆 …………………………………………… 適量
　　　　 蘆筍 …………………………………………… 適量
　　　　 胡蘿蔔條 ……………………………………… 適量
　　　　 綠花椰菜 ……………………………………… 適量
　　　　 紅牛皮菜莖 …………………………………… 適量

▌ 做法： ① 牛皮菜葉放旁邊備用。青蔥、豌豆、蘆筍、胡蘿蔔條和綠花椰菜以少數的水小火慢煮後切碎。

　　　　 ② 牛皮菜葉用熱水汆燙，將「步驟①」中的食材放進菜葉捲好。

　　　　 ③ 菜捲放進烤箱用攝氏 149 ～ 177 度（華氏 300 ～ 350 度）略烤幾分鐘，直到完全熱透。

　　　　 ④ 趁熱或放涼後上桌皆宜。

根類蔬菜馬鈴薯餅

▌ 準備時間：10 分鐘／烹調時間：1 小時／2 人份

▌ 材料： 小型洋蔥 ……………………………………… 1 顆
　　　　 馬鈴薯 ………………………………………… 230 克
　　　　 胡蘿蔔 ………………………………………… 110 克
　　　　 蕪菁（或大頭菜）……………………………… 110 克
　　　　 蒔蘿 …………………………………………… 適量

▌ 做法： ① 洋蔥切薄片，用少許的水燜熟。

　　　　 ② 馬鈴薯、胡蘿蔔和蕪菁（或大頭菜）以小火煮熟後瀝乾水份，靜置冷卻。

　　　　 ③ 冷卻後搗碎馬鈴薯、胡蘿蔔和蕪菁（或大頭菜）後放入碗裡，拌入燜軟的洋蔥和蒔蘿。

　　　　 ④ 將「步驟③」的成品放進烤箱，用攝氏 180 度（華氏 350 度）烤半小時，或直到表面變金黃色。

⑤ 烤好後立即享用。

煸炒地瓜

▌ 準備時間：15 分鐘／烹調時間：20 分鐘／2～4 人份
▌ 材料：中型地瓜⋯⋯⋯⋯⋯⋯⋯⋯⋯⋯⋯⋯⋯⋯⋯⋯⋯⋯⋯⋯4 根
　　　　柳橙⋯⋯⋯⋯⋯⋯⋯⋯⋯⋯⋯⋯⋯⋯⋯⋯⋯⋯⋯1 個，榨汁
　　　　有機黑糖⋯⋯⋯⋯⋯⋯⋯⋯⋯⋯⋯⋯⋯⋯⋯⋯⋯⋯⋯⋯少許
　　　　亞麻籽油⋯⋯⋯⋯⋯⋯⋯⋯⋯⋯⋯⋯⋯⋯⋯⋯⋯⋯⋯⋯適量
　　　　新鮮的巴西里（或細香蔥）⋯⋯⋯⋯⋯⋯⋯⋯⋯⋯適量，切末
▌ 做法：① 地瓜帶皮煮熟。稍微冷卻後切丁放進平底鍋，加入柳橙汁和糖。
　　　　② 小火慢煮，別讓鍋內水份沸騰。煮好後盛盤，稍微冷卻。
　　　　③ 加入亞麻籽油，拌勻後，灑上少新鮮的巴西里末（或細香蔥末）後
　　　　　 和蔬菜沙拉一起上桌。

烤馬鈴薯（土豆）派（不加優格）

▌ 準備時間：15 分鐘／烹調時間：1～2 小時
▌ 材料：洋蔥⋯⋯⋯⋯⋯⋯⋯⋯⋯⋯⋯⋯⋯⋯⋯⋯⋯⋯⋯⋯⋯⋯1 顆
　　　　馬鈴薯（土豆）⋯⋯⋯⋯⋯⋯⋯⋯⋯⋯⋯⋯⋯⋯⋯⋯⋯適量
　　　　番茄⋯⋯⋯⋯⋯⋯⋯⋯⋯⋯⋯⋯⋯⋯⋯⋯⋯⋯⋯⋯⋯⋯切片
　　　　墨角蘭（或百里香）⋯⋯⋯⋯⋯⋯⋯⋯⋯⋯⋯⋯⋯⋯⋯適量
▌ 做法：① 洋蔥切碎後鋪在玻璃烤盤內。
　　　　② 馬鈴薯切片鋪在洋蔥上。
　　　　③ 番茄切片鋪在馬鈴薯片上。番茄片上再鋪上一層洋蔥末。
　　　　④ 洋蔥末上灑上少許的墨角蘭（或百里香）。
　　　　⑤ 烤盤放進烤箱，用攝氏 149 度（華氏 300 度）烤 1～2 個小時或直
　　　　　 到烤熟。

烤馬鈴薯（土豆）派（加優格）

▌ 準備時間：15 分鐘／烹調時間：1～1.5 小時／2 人份

| 材料：馬鈴薯（土豆）..................................... 450 克
|　　　小型洋蔥 .... 1 顆
|　　　大蒜 .... 1 瓣
|　　　濃稠優格（酸奶）...................................... 適量
| 做法：① 馬鈴薯煮八分熟（仍脆硬）時切成薄片。
|　　　② 洋蔥和大蒜切成細末後鋪在派盤上；再鋪上馬鈴薯薄片，食材能鋪幾層就鋪幾層後淋上優格。
|　　　③ 烤盤放進烤箱中用攝氏 180 度（華氏 350 度）烤 1.5 小時，或直到馬鈴薯變金黃色。

乾燒菠菜

| 準備時間：10 分鐘／烹調時間：20 分鐘
| 材料：菠菜、洋蔥末。
| 做法：① 菠菜去根後重複清洗 3～4 次，放入已鋪有洋蔥末的大湯鍋上。
|　　　② 不加水直接以小火將菠菜煮軟。
|　　　③ 煮好後倒掉多餘的水分。
|　　　④ 與檸檬片一起上桌。

菠菜（或牛皮菜）佐番茄醬

| 準備時間：15 分鐘／烹調時間：15 分鐘
| 材料：菠菜（或牛皮菜）...................................... 適量
|　　　香茅 .... 適量
|　　　新鮮迷迭香 .... 適量
|　　　多香果（牙買加胡椒）................................... 少許（可省略）
| 做法：① 菠菜和香茅、迷迭香及少許多香果（可省略）一起煮熟。
|　　　② 去掉菜梗、保留完整的菜葉。
|　　　③ 煮熟後淋上番茄醬，盛盤上桌。

茄盅鑲蔬菜泥

▎準備時間：20 分鐘／烹調時間：1 小時／2 人份

▎材料：西洋茄子·······················1 根（或東方細長茄子 2～3 根）
　　　　番茄···115 克
　　　　中型洋蔥··1 顆
　　　　大蒜···1 瓣搗成泥
　　　　新鮮巴西里（荷蘭芹）末································1 湯匙（tbsp）

▎做法：① 茄子整根放進大湯鍋，用開水浸 10 分鐘，再放進冷水冷卻。
　　　　② 煮茄子的同時，把番茄放進另一個湯鍋用超小火煮 5 分鐘。
　　　　③ 煮好的番茄放進濾網擠壓，去皮保留果肉。
　　　　④ 冷卻的茄子縱向對切。茄子肉挖出後切碎，留著約 1 公分厚的茄子皮（只適用於西洋大茄子）。
　　　　⑤ 將挖空的茄子盅放進淺烤盤，烤盤內加少量的水。
　　　　⑥ 烤盤放進烤箱用攝氏 180 度（華氏 350 度）烤半小時。
　　　　⑦ 洋蔥和蒜末加少許滾水炒至變軟，加入巴西里末拌勻後再加入番茄肉和茄子肉，以中火煮 20 鐘，直到變濃稠。
　　　　⑧ 將「步驟⑦」中完成的蔬菜泥鑲入茄子盅。可留在烤箱裡保溫，直到要上桌享用再拿出來，或者放涼後再上桌。

什錦蔬菜盅

▎準備時間：25 分鐘／烹調時間：30 分鐘／2～4 人份

▎材料：櫛瓜··1 根
　　　　西洋茄子···1 根
　　　　小型洋蔥··2 個，切碎
　　　　大蒜··剁成泥
　　　　墨角蘭··適量
　　　　青椒（或紅甜椒）···1 個
　　　　希波克拉底湯湯底··適量

▎做法：① 櫛瓜和茄子對半切開，取出茄子肉（完整保留茄子的外形）。
　　　　② 茄子肉與洋蔥、蒜泥和墨角蘭一起煮熟。

③ 甜椒對切去籽。
④ 將茄子盅、櫛瓜和甜椒盅鑲入「步驟②」的成品後，放進已鋪了一層洋蔥圈打底的淺烤盤。
⑤ 烤盤放進烤箱，用攝氏 149～177 度（華氏 300～350 度）烤至甜椒盅變熟為止。
⑥ 在烤的過程，若發現似乎烤得有點乾時，可加入少許湯底。
⑦ 最後盛盤，與番茄醬一起上桌。

惜福甜椒盅

▌準備時間：10 分鐘／烹調時間：50 分鐘／1 人份
▌材料：紅甜椒（或青椒）、沒吃完的剩菜，或新鮮切碎的各類蔬菜 …… 適量
　　　　番茄 ……………………………………………………… 適量，切片
▌做法：① 甜椒對切半去籽，切口向上擺進烤盤。
　　　　② 剩菜或切碎的蔬菜鑲入甜椒，番茄片鋪在上面。
　　　　③ 烤盤放進烤箱中用攝氏 180 度（華氏 350 度）烤 40～50 分鐘，或直到甜椒盅變軟。
　　　　④ 烤好後與綠花椰菜或其它深綠色蔬菜一起上桌。

橡子南瓜鑲蔬菜

▌準備時間：30 分鐘（不包括預先浸泡的時間）／4～6 人份
▌材料：橡子南瓜 ………………………………………………… 3～4 個
　　　　洋蔥丁 ……………………………………………………… 半杯
　　　　芹菜丁 ……………………………………………………… 半杯
　　　　胡蘿蔔丁 …………………………………………………… 半杯
　　　　有機糙米 …………………………………………… 1.25 杯，煮熟
　　　　發芽的小扁豆 ……………………………………………… 半杯
　　　　葡萄乾（或切碎的蜜棗乾）………………… 1/4 杯，預先浸泡過並瀝乾
　　　　新鮮巴西里（荷蘭芹）末 ………………………………… 3 茶匙（tsp）
　　　　鼠尾草 …………………………………………………… 半茶匙（tsp）

百里香·····························半茶匙（tsp）
大蒜······························1 瓣，拍碎剁成泥

▌做法：① 葡萄乾（或蜜棗乾）用冷水浸泡一個晚上或用滾水泡至膨脹。
　　　　② 橡子南瓜縱向對切後去籽，塞入葡萄乾（蜜棗乾）。
　　　　③ 其餘食材拌勻後塞入已加了葡萄乾的橡子南瓜盅，放進烤盤。
　　　　④ 烤盤加蓋後放進烤箱用攝氏 149 ～ 163 度（華氏 300 ～ 325 度）烤 1.5 小時或直到橡子南瓜變軟。
　　　　⑤ 這道料理非常適合搭配「烤白花椰菜佐胡蘿蔔泥」這道菜中的胡蘿蔔泥。（請見 370 頁）

◎ 小訣竅：若想要更有味道，可以試著加入 6 ～ 8 瓣的完整蒜瓣（別拍碎）。因為若放入拍碎的新鮮蒜頭，將會有濃烈的大蒜味，而完整的蒜瓣在烤完後，則有溫和的蒜香。

烤地瓜蘋果派

▌準備時間：15 分鐘／烹調時間：1 小時／2 人份

▌材料：地瓜·······························230 克
　　　　甜蘋果····························2 個，切片
　　　　水·································少量
　　　　有機黑糖···························少量
　　　　多香果（牙買加胡椒）···············適量（可省略）

▌做法：① 地瓜帶皮以小火煮熟後靜置冷卻；地瓜冷卻後切片；蘋果切片。
　　　　② 地瓜片和蘋果片輪流分層鋪於烤盤上。每鋪一層就灑一些水、糖（和多香果）。
　　　　③ 烤盤加蓋放進烤箱用攝氏 149 ～ 177 度（華氏 300 ～ 350 度）烤 20 分鐘，接著拿掉蓋子再烤 10 分鐘。
　　　　④ 若沒用多香果，就當作主菜和沙拉一起上桌。如果有用多香果，就當作甜點。

焗酸甜蔬菜

準備時間：20 分鐘／烹調時間：1 個半～2 個小時／2 人份

材料： 　大型蘋果 ·· 1 個（小型蘋果 2 個）
　　　　西洋甜蒜 ·· 數片（先把蔥白切片）
　　　　小型洋蔥 ·· 1 個
　　　　小型地瓜 ·· 1 根
　　　　小型防風草根（歐洲蘿蔔）······························ 1 根
　　　　月桂葉 ··· 適量
　　　　番茄 ·· 1 個
　　　　大型大蒜 ·· 1 瓣
　　　　百里香 ··· 適量
　　　　小型櫛瓜 ·· 1 根，切片

做法： ① 蘋果去皮切片，將一半的蘋果片鋪在焗烤盤底。
　　　　② 西洋甜蒜切片鋪在蘋果片上。
　　　　③ 洋蔥去皮切片鋪在西洋甜蔥片上。
　　　　④ 地瓜切片、歐防風草去核切碎後，一起鋪在洋蔥上。在鋪的時候，交錯加入剩下的蘋果片後加入少許月桂葉。
　　　　⑤ 番茄去皮切片，鋪在完成「步驟④」的食材層上。
　　　　⑥ 大蒜拍碎剁碎，和百里香一起灑在番茄片上。
　　　　⑦ 櫛瓜片鋪在完成「步驟⑥」的成品上。
　　　　⑧ 焗烤盤加蓋後，放進烤箱用攝氏 180 度（華氏 350 度）烤 1.5～2 小時。

燉蔬菜鍋

準備時間：20 分鐘／烹調時間：1 小時

材料： 　洋蔥 ·· 適量，切片
　　　　番茄片 ··· 適量
　　　　西洋甜蒜（或日本大蔥）································· 適量
　　　　馬鈴薯（土豆）·· 適量

櫛瓜 ………………………………………………………… 適量
甜椒 ………………………………………………………… 適量
胡蘿蔔 ……………………………………………………… 適量

▌做法：① 準備有蓋子的厚鍋，將洋蔥片、番茄片和西洋甜蒜片鋪在鍋底（或三種擇一）。
② 其餘的食材切片、切碎或切丁後下鍋，鋪至約略少於八分滿。
③ 若有需要，加入少許水後用小火慢燉 45 分鐘或直到食材全熟。

焗烤冬季蔬菜

▌準備時間：20 分鐘／烹調時間：2 小時／2 人份

▌材料：地瓜 ……………………………………………… 適量
防風草根（歐洲蘿蔔）…………………………………… 適量
蕪菁（或大頭菜）………………………………………… 適量
西洋芹根 ………………………………………………… 適量
西洋芹（或東方細長芹菜）……………………………… 適量
茴香球莖 ………………………………………………… 適量
番茄 ……………………………………………………… 適量
抱子甘藍（又稱球芽甘藍）……………………………… 適量
月桂葉 …………………………………………………… 適量
水（或希波克拉底湯湯底）……………………………… 適量
新鮮巴西里（荷蘭芹）…………………………… 適量，切末

▌做法：① 將球芽甘藍和巴西里以外的食材切片、切碎或切丁。切好後放進大焗烤盤。
② 焗烤盤內先放入月桂葉並加少量水（或湯底），以防蔬菜黏鍋。
③ 焗烤盤加蓋，放進烤箱中用攝氏 170 度（華氏 325 度）烤 1.5 小時。
④ 抱子甘藍去莖對切後，放進烤盤中繼續烤半個小時。
⑤ 享用前，灑上新鮮的巴西里末點綴後上桌。

烤櫛瓜馬鈴薯

準備時間：20 分鐘／烹調時間：1.5 小時／2 人份

材料：
- 櫛瓜薄片 ······ 450 克
- 馬鈴薯（土豆）薄片 ······ 450 克
- 洋蔥薄片 ······ 450 克
- 大蒜 ······ 2 瓣，拍碎切成末
- 濃稠優格（酸奶） ······ 280 克
- 新鮮巴西里（荷蘭芹） ······ 適量，切末

做法：
① 在焗烤盤內輪流鋪上櫛瓜，馬鈴薯及洋蔥薄片，層與層的中間灑上蒜末。
② 鋪好後，將烤盤放進烤箱，用攝氏 149～17 度（華氏 300～350 度）烤 1.5 小時。
③ 烘烤的同時，將剩下的蒜末加進濃稠優格中。
④ 「步驟②」的成品烤好後，從烤箱取出，在烤好的表面均勻抹上已拌入蒜末的優格。
⑤ 最後再灑上新鮮的巴西里末後上桌。

蒜香櫛瓜條

準備時間：15 分鐘／烹調時間：35 分鐘／2 人份

材料：
- 櫛瓜 ······ 450 克
- 巴西里（荷蘭芹）末 ······ 3 湯匙（tbsp）
- 大蒜 ······ 2 瓣
- 檸檬汁 ······ 1 顆，擠汁
- 亞麻籽油 ······ 適量

做法：
① 櫛瓜去頭去尾後，整根下鍋煮熟。
② 在煮櫛瓜的同時，將巴西里切成細末、大蒜拍碎，加入檸檬汁和亞麻籽油，拌勻後放進大碗裡。
③ 取出煮熟的櫛瓜，若櫛瓜是小型的，就縱向對切；若櫛瓜很大根，就切成厚片。

④ 櫛瓜趁熱放進大碗中，和「步驟②」的醬料拌勻後，立即和烤甜椒、烤馬鈴薯和生菜沙拉一起享用。

薄荷櫛瓜

▍準備時間：10 分鐘／烹調時間：30 分鐘／2 人份

▍材料：小型櫛瓜 .... 4 條
　　　　蘋果醋 .... 2 湯匙（tbsp）
　　　　水 .... 2 湯匙（tbsp）
　　　　薄荷末 .... 2 湯匙（tbsp）
　　　　蘋果醋 .... 少許

▍做法：① 小火煮櫛瓜至熟但仍脆硬，去頭去尾後切成斜片。
　　　　② 將切好的櫛瓜斜片放進小型的焗烤碟中。
　　　　③ 將蘋果醋、水和薄荷末拌勻後倒在櫛瓜斜片上。
　　　　④ 放進烤箱用攝氏 149 度（華氏 300 度），將櫛瓜烤到全熟。
　　　　⑤ 冷卻後和烤馬鈴薯、生菜沙拉一起上桌。

甜點

香甜蘋果泥

▍準備時間：10 分鐘／製作時間：15～20 分鐘／2 人份

▍材料：中型蘋果 .... 3 個
　　　　蜂蜜（或有機黑糖） .... 適量（可省略）

▍做法：① 蘋果削皮去核切片。
　　　　② 蘋果片放進平底鍋；加入半鍋冷水，再加入蜂蜜（或者有機黑糖）調味。
　　　　③ 以滾水煮約 15 分鐘或直到蘋果變軟。
　　　　④ 煮好的蘋果放進食品研磨機中打成綿密的蘋果醬。

新鮮蘋果泥

▌準備時間：10 分鐘／2 人份

▌材料：中型蘋果 ··· 3 個
　　　　蜂蜜（或有機黑糖）······································· 適量

▌做法：蘋果削皮去核切片，放進榨汁機中，研磨成綿密的蘋果醬。最後可加蜂蜜（或有機黑糖）調味。

香料蘋果蛋糕

製作時間：40 分鐘

▌材料：蜂蜜（或楓糖）·· 1/4 杯
　　　　新鮮蘋果泥·· 1 杯
　　　　燕麥粉·· 1.5 杯
　　　　小黑麥粉·· 3/4 杯
　　　　有機黑糖·· 3/4 杯
　　　　多香果（牙買加胡椒）······································ 一小撮
　　　　肉豆蔻·· 一小撮
　　　　胡荽（coriander）··· 1/4 茶匙（tsp）
　　　　葡萄乾（或碎椰棗）·· 2 杯

▌做法：① 燕麥粉、小黑麥粉加入蜂蜜（或楓糖）和蘋果泥後攪成麵糊。
　　　　② 有機黑糖、多香果、肉豆蔻和胡荽一起灑上麵糊，再加入葡萄乾（或碎椰棗）。
　　　　③ 攪好的麵糊倒進蛋糕烤模。
　　　　④ 把燕麥片磨成細片後混入所有的香料，加入夠量的楓糖（或蜂蜜）使其黏稠後，灑在蛋糕表面，這樣蛋糕出爐時，表面才會酥脆。
　　　　⑤ 將蛋糕烤模放進烤箱，用攝氏 163 度（華氏 325 度）烤 40 分鐘或直到烤好。
　　　　⑥ 烤好的蛋糕可以淋上幾匙新鮮的蘋果泥或濃稠優格（酸奶）享用。

蘋果地瓜（蕃薯）布丁

▍準備時間：20 分鐘／製作時間：30 分鐘／2～3 人份

▍材料： 番薯 ··· 1 根
　　　　蘋果 ··· 1 個
　　　　葡萄乾 ································· 1 茶匙（tsp）
　　　　麵包屑 ··· 半杯
　　　　有機黑糖 ····························· 1 茶匙（tsp）
　　　　柳橙汁 ··· 半杯
　　　　濃稠優格（酸奶） ················· 3 茶匙（tsp）

▍做法： ① 番薯煮熟去皮切片。蘋果去皮切片。
　　　　② 番薯片、蘋果片鋪在烤盤上後，灑上葡萄乾、麵包屑、有機黑糖及柳橙汁。
　　　　③ 放進烤箱用攝氏 177 度（華氏 350 度）烤 30 分鐘。
　　　　④ 烤好的布丁淋上濃稠優格（酸奶），趁熱享用。

焦糖香蕉

▍準備時間：5 分鐘／製作時間：10 分鐘／1 人份

▍材料： 香蕉 ··· 1 根
　　　　有機黑糖 ····························· 1 茶匙（tsp）
　　　　檸檬汁 ··· 適量

▍做法： ① 香蕉不去皮對切後放進平底鍋。
　　　　② 加糖和幾滴檸檬汁；留著皮用小火乾煎 10 分鐘後，趁熱享用。

燉櫻桃

▍準備時間：10 分鐘／製作時間：12 分鐘／2 人份

▍材料： 櫻桃 ·· 230 克，去梗
　　　　地瓜粉 ································· 1 茶匙（tsp）
　　　　冷水 ·· 30 cc
　　　　有機黑糖 ························· 2 茶匙（可省略）

▎做法：① 櫻桃放進平底鍋，加水，水量只需剛好覆蓋過櫻桃，以水小火煮10分鐘。
② 地瓜粉加冷水調成粉漿。
③ 水滾後倒入太白粉漿勾芡，並再煮2分鐘。冷卻後享用。
◎小叮嚀：櫻桃是非常健康的水果，生吃效果最好。

黑醋栗

▎準備時間：5分鐘／1～2人份
▎材料：紅色的黑醋栗⋯⋯⋯⋯⋯⋯⋯⋯⋯⋯⋯⋯⋯⋯⋯⋯⋯⋯⋯⋯110克
　　　　有機黑糖⋯⋯⋯⋯⋯⋯⋯⋯⋯⋯⋯⋯⋯⋯⋯⋯⋯⋯⋯⋯⋯3茶匙（tsp）
　　　　濃稠優格（酸奶）⋯⋯⋯⋯⋯⋯⋯⋯⋯⋯⋯⋯⋯⋯⋯⋯⋯⋯⋯適量
▎做法：紅色的黑醋栗洗乾淨去梗後放在碗中加糖享用；也可搭配濃稠優格（酸奶）做成黑醋栗優格淋醬。

燉雙桃

▎準備時間：5分鐘／烹調時間：13～15分鐘／3人份
▎材料：新鮮櫻桃⋯⋯⋯⋯⋯⋯⋯⋯⋯⋯⋯⋯⋯⋯⋯⋯⋯⋯⋯⋯⋯⋯⋯300克
　　　　新鮮杏桃⋯⋯⋯⋯⋯⋯⋯⋯⋯⋯⋯⋯⋯⋯⋯⋯⋯⋯⋯⋯⋯⋯⋯300克
　　　　水⋯⋯⋯⋯⋯⋯⋯⋯⋯⋯⋯⋯⋯⋯⋯⋯⋯⋯⋯⋯⋯⋯⋯⋯⋯⋯⋯2杯
　　　　有機黑糖⋯⋯⋯⋯⋯⋯⋯⋯⋯⋯⋯⋯⋯⋯⋯⋯⋯⋯⋯⋯⋯⋯⋯1/2杯
　　　　地瓜粉⋯⋯⋯⋯⋯⋯⋯⋯⋯⋯⋯⋯⋯⋯⋯⋯⋯⋯⋯⋯⋯⋯2茶匙（tsp）
▎做法：① 櫻桃、杏桃對切去籽去核。地瓜粉加入40cc的水調成粉漿。
② 把櫻桃、杏桃放進平底鍋加水加糖。慢火煮10分鐘。
③ 水滾後加入地瓜粉漿再煮3分鐘。冷卻後享用。

糖漬香梨

▎準備時間：15分鐘／製作時間：15分鐘／4人份
▎材料：成熟的梨子⋯⋯⋯⋯⋯⋯⋯⋯⋯⋯⋯⋯⋯⋯⋯⋯⋯⋯⋯⋯⋯4～5個
　　　　水⋯⋯⋯⋯⋯⋯⋯⋯⋯⋯⋯⋯⋯⋯⋯⋯⋯⋯⋯⋯⋯⋯⋯⋯⋯110cc

蜂蜜（或有機黑糖）·············· 4 湯匙（tbsp）

▍做法： ① 梨子對切去核放上烤盤後，淋上蜂蜜（或黑糖）水。
　　　　② 放進烤箱用攝氏 121 度（華氏 250 度）烤熟。

◎小訣竅：上桌前可刷些果汁調味。

蜂蜜燕麥糕

▍準備時間：20 分鐘／製作時間：45 分鐘／6 人份

▍材料： 燕麥 ·············· 4 杯（未煮過的）
　　　　胡蘿蔔 ·············· 2 根，磨碎
　　　　蜂蜜和葡萄乾 ·············· 隨喜好決定數量

▍做法： ① 燕麥片、胡蘿蔔泥、蜂蜜、葡萄乾拌勻後放上烤盤。
　　　　② 不加蓋放進烤箱，用攝氏 121 度（華氏 250 度）烤 45 分鐘。
　　　　③ 烤好的燕麥糕搭配濃稠酸優格。

糖漬蜜桃

▍準備時間：15 分鐘／製作時間：10 分鐘／1～2 人份

▍材料： 各類桃子 ·············· 230 克
　　　　有機黑糖 ·············· 2 茶匙（tsp）

▍做法： ① 桃子放在滾水中煮 30 秒；濾乾後去皮去核對切。
　　　　② 處理好的桃子再下湯鍋加入滾水。水量是桃子的一半。
　　　　③ 蓋上鍋蓋燜 10 分鐘。靜置冷卻後加糖享用。

黑糖燉梨

▍準備時間：5 分鐘／製作時間：20 分鐘／1 人份

▍材料： 大型梨子 ·············· 1 個
　　　　有機黑糖 ·············· 1 茶匙（tsp）

▍做法： ① 水梨去皮去核對切後放進湯鍋。
　　　　② 加水至梨子的一半。
　　　　③ 加入糖，以小火燉煮 20 分鐘。

糖漬李子／梅子

▌準備時間：10 分鐘／製作時間：15 分鐘／ 1 人份
▌材料：李子／梅子 ……………………………………………… 230 克
　　　　有機黑糖 ………………………………………… 2 茶匙 (tsp)
▌做法：① 李子／梅子對切去核後放進湯鍋，加水蓋過後煮 15 分鐘（也可以不切，整顆放入鍋中煮）。
　　　　② 煮軟的李子／梅子放涼後加糖享用。

蜜棗香蕉泥

▌準備時間：10 分鐘（不包括蜜棗乾的浸泡時間）製作時間：10 分鐘／ 2 人份
▌材料：蜜棗乾 ………………………………………………………1 杯
　　　　小型香蕉 …………………………………………… 2 根，搗成泥
　　　　檸檬 ………………………………………………1/4 個，擠成汁
　　　　有機黑糖 ………………………………………… 1 茶匙 (tsp)
▌做法：① 蜜棗乾用冷水浸泡一個晚上或用滾水泡至膨脹後煮 10 分鐘。
　　　　② 香蕉剝皮搗成香蕉泥。
　　　　③ 蜜棗和香蕉泥快速拌勻後，變成像奶油的感覺後放進冰箱冷藏 1 小時。
　　　　④ 上桌前可以切片，加上微甜的優格（酸奶）享用。

棗到杏福薏仁粥

▌準備時間：5 分鐘（不包括材料的浸泡時間）／製作時間：15 分鐘／ 2 人份
▌材料：蜜棗乾 …………………………………………… 230 克，預浸
　　　　杏桃乾 …………………………………………… 230 克，預浸
　　　　薏仁 (barley) 或大麥 ……………………………………… 1/3 杯
▌做法：① 蜜棗乾和杏桃乾用冷水浸泡一個晚上或用滾水泡至膨脹。（水留著備用）
　　　　② 用泡過蜜棗乾和杏桃乾的水來煮薏仁，約煮 10 分鐘，或直到薏仁熟透。
　　　　③ 煮好的薏仁或大麥粥放涼後即可食用。

附錄

葛森資源供應商

在葛森療程中常用到的一些項目，無法從藥店、藥廠、超市及一般的診所／醫院中取得，為了幫助選擇葛森療法的病人們，我們建議以下的供應商。供應商清單時常在更新，最新的清單請參考葛森機構官網 www.gerson.org 中的供應網址 http://gerson.org/gerpress/supplies/。

在本中文版中，由於只有榨汁機及營養補充品需要從美國直接購買，其餘的灌腸用咖啡及灌腸設備、薄荷茶／洋甘菊茶、濾水器、蒸餾水機、亞麻籽油等，在台灣／中國大陸／香港等多個地區已陸續有當地的進口商進口。故此單元將只針對需要直接從美國購買的項目進行說明。另外，請注意，葛森機構及所有正規的葛森從業人員，並不販售任何直銷產品。所有直銷商所供應的商品，並無經過葛森機構認證及檢視，所以是否符合葛森機構在執行葛森療法上的要求，我們無從得知。決定選擇葛森療法的病患們，在選擇葛森資源時，請務必小心謹慎。

建議的榨汁機

請參考第十一章〈葛森所需的居家設計〉中的「榨汁機」（第165頁）。另外，請注意，所有的柑橘類果汁（柳橙汁或葡萄柚汁），必須要用絞刀式的果汁機來榨取（電動或手動的），才能避免榨到此類水果果皮中會干擾到自癒過程的成分。

葛森療法中最好，也是最貴的榨汁機，就是 Norwalk 液壓式榨汁機。可適用於 220～240 伏特電壓。

- 聯繫｜Richard Boger, Norwalk Factory Representative
- 美國本土｜(800) 405-8423

- 美國境外｜+1 (760) 436-9684
- 傳真｜(760) 436-9651
- 網址｜www.nwjcal.com

葛森資訊

葛森機構（Gerson Institute）

- 辦公室｜4631 Viewridge Ave, San Diego CA 92123, U.S.A.
- 信件地址｜P.O. Box 161358, San Diego CA 92176, U.S.A.
- 電話｜+1 (858) 694-0707 或美國境內：1-888-443-7766
- 傳真｜+1 (858) 694-0757
- 電郵｜info@geron.org
- 網址｜www.gerson.org

《Healing The Gerson Way》

現在可取得的翻譯版本為：阿拉伯文、克羅地亞文、德文、匈牙利文、義大利文、日文、韓文、波蘭文、羅馬尼亞文、斯洛文尼亞文、西班牙文、法文及繁體中文（即本書）。若您未在清單上看到您的母語，請與葛森機構聯繫。

《Dr. Max Gerson: Healing the Hopeless》

馬克斯·葛森醫師的傳記，現在也有德文版，若想取得，請與葛森機構聯繫。

營養補充品供應商

Time-Honored Formulas

- 地址｜1235 S. Santa Fe, Wichita, Kansas 67211, U.S.A.
- 電話｜美國本土：800-543-3026

美國海外：+1（316）838-5600
- 電郵｜cindyancientform@yahoo.com
- 網址｜www.ancientformulas.com

Statmx.com

- 地址｜416 W. San Ysidro Blvd., Suite L-229, San Diego, CA 92173-2450, U.S.A.
- 電話｜+1(619) 428-4574
- 傳真｜+1(619) 428-4474
- 電郵｜info@statmx.com
- 網址｜www.statmx.com

ISHI

- 地址｜524 W. Calle Primera Rd., Suite 1005-E，San Ysidro, CA 92173,U.S.A.
- 美國本土訂購專線｜866-LAB-ISHI 或（866）522-4744
- 美國海外｜+1(619) 428-6085
- 傳真｜(619) 428-6095
- 電郵｜anama@sbcglobal.net

The Key Company

- 地址｜1313 West Essex Avenue，St. Louis, MO 63122，U.S.A.
- 電話｜(800) 325-9592
- 傳真｜(800) 455-0306
- 網址｜www.thekeycompanyusa.com

Midwest Health and Nutrition

- 地址｜PO Box 2325 Tarpon Springs, FL 34689
- 電話｜1 855 201 1239
- 網址｜www.midwesthealthandnutritioninc.com

GersonGood.com
Recommended coffee for enema use

www.ingramcontent.com/pod-product-compliance
Lightning Source LLC
Chambersburg PA
CBHW071437300426
44114CB00013B/1469